常见罪名类型化

审判技能与实操指引

唐亚南 | 主编

法律出版社
LAW PRESS · CHINA
北京

图书在版编目（CIP）数据

常见罪名类型化审判技能与实操指引 / 唐亚南主编.
北京：法律出版社，2024. -- ISBN 978-7-5197-9223-7
Ⅰ. D914.3
中国国家版本馆 CIP 数据核字第 20240FG455 号

常见罪名类型化审判技能与实操指引
CHANGJIAN ZUIMING LEIXINGHUA SHENPAN JINENG YU SHICAO ZHIYIN

唐亚南 主编

责任编辑 孙 慧
装帧设计 李 瞻

出版发行 法律出版社
编辑统筹 司法实务出版分社
责任校对 王语童
责任印制 胡晓雅
经　　销 新华书店

开本 710 毫米×1000 毫米 1/16
印张 28　**字数** 332 千
版本 2024 年 9 月第 1 版
印次 2024 年 9 月第 1 次印刷
印刷 三河市龙大印装有限公司

地址：北京市丰台区莲花池西里 7 号（100073）
网址：www.lawpress.com.cn
投稿邮箱：info@lawpress.com.cn
举报盗版邮箱：jbwq@lawpress.com.cn

销售电话：010-83938349
客服电话：010-83938350
咨询电话：010-63939796

书号：ISBN 978-7-5197-9223-7
定价：98.00 元

凡购买本社图书，如有印装错误，我社负责退换。电话：010-83938349

《常见罪名类型化审判技能与实操指引》编辑委员会

编委会委员介绍

于同志 最高人民法院刑二庭审判长、二级高级法官，法学博士、博士后。在二十余年的司法生涯里，参与过多个重大疑难刑事案件的办理和多份司法文件的起草。曾获评第九届“全国杰出青年法学家”提名奖等全国性学术奖励十余次。出版《刑事实务十堂课》《案例指导研究》《死刑裁量》《网络犯罪》《刑法热点裁判与规则适用》《刑事审判前沿问题思考》《金融犯罪前沿问题审判实务》等著作十余部，在《法学研究》等刊物发表论文100余篇。

方文军 2006年起在最高人民法院刑事审判庭工作、二级高级法官，法学博士，全国审判业务专家。长期从事刑事审判和调研指导工作，统筹起草了惩治毒品犯罪、走私犯罪、醉酒驾车犯罪以及有关死刑复核案件裁判方式、死缓限制减刑制度等方面的多部司法解释和指导文件。在《法律适用》《人民司法》《刑事审判参考》《人民法院报》等刊物上发表论文50余篇，独著《毒品犯罪司法实务精解》一书（法律出版社2024年出版），主持或参与编写多部业务著作。

石经海 西南政法大学法学院教授（二级）、博士生导师，博士后合作导师，法学博士，刑法学科带头人（负责人），中国犯罪学学会副会长，中国刑法学研究会常务理事，重庆市法学会刑法学研究会副会长，重庆市法学会未成年人法学研究会常务副会长，重庆市（法学）学术技术带头人，重庆市高层次人才特殊支持计划哲学社会科学领军人才，国家社科基金重大项目首席专家，获国家教学成果二等奖和教育部科研优秀成果二等奖。

李振林 华东政法大学刑事法学院副院长、教授，法学博士、博士后，中国刑法学研究会国际刑法学分会常务理事、上海监狱学会副会长，上海市法学会刑法学研究会副秘书长。参与国家社科基金项目、国家法治与法学理论研究项目等多项课题的研究。独著《刑法中法律拟制论》，合著《金融犯罪防治研究》《集资类案件中的刑民交错现象及其归宿》《未成年人构罪论》等；在《政治与法律》《法学》《华东政法大学学报》等重要报刊杂志上发表论文数十篇，并被《新华文摘》等转摘或转载多篇。

罗庆东 最高人民检察院第一检察厅副厅长，一级高级检察官，法学博士。曾被评为中央国家机关优秀共产党员和全国政法系统优秀党员干警。先后担任最高人民检察院法律政策研究室法律应用研究处副处长、检察委员会秘书处处长、刑事申诉检察厅副厅长，曾援藏担任西藏自治区人民检察院党组成员、副检察长。全国检察业务专家、检察理论研究人才、国家检察官学院高级教官，中国政法大学应用型法学博士合作导师。中国法学会法律文书学研究会副会长。独立编著、主编、参编法学书籍50余部，发表法学论文50余篇。曾获全国检察机关精神文明建设“金鼎奖”一等奖。

袁登明 人民法院出版社副总编辑，中国应用法学研究所博士后合作导师，享受国务院政府特殊津贴专家，法学博士。主要从事刑法学、刑事司法制度、刑事执行法学等领域的教学科研工作，在《法学家》《法律适用》等学术刊物上发表学术论文50多篇，主持和参与完成省部级以上课题11项，出版有《行刑社会化研究》《刑罚适用疑难问题精解》《刑法48讲》等个人专著3部，合著有《有组织犯罪比较研究》《刑事审判实务教程》等著作10余部。

彭新林 北京师范大学法学院教授、博士生导师。英国牛津大学犯罪学中心访问学者，美国纽约城市大学约翰杰刑事司法学院访问学者。兼任中国廉政法制研究会常务理事兼副秘书长、北京市法学会常务理事暨北京企业法律风险防控研究会会长等职务。中央广播电视总台内参舆情中心特约专家、《今日说法》主讲专家，《廉政瞭望》智库专家，海德智库主任专家。在《法学研究》《中国法学》《HONG KONG LAW JOURNAL》《人民日报》《光明日报》等期刊上发表中英文文章140余篇，出版独著7部，主持国家社科基金项目等国家级、省部级课题10余项。

编写成员介绍

丁净玉 江苏省南通市中级人民法院刑事审判庭审判员，负责撰写：第二章帮助信息网络犯罪活动罪。

王永兴 浙江省台州市中级人民法院刑二庭副庭长、审判员，负责撰写：第五章集资诈骗罪，第七章交通肇事罪。

王登辉 法学博士，西南政法大学法学院讲师，负责撰写：第十四章抢劫罪，第十六章敲诈勒索罪。

石　魏 北京市东城区人民法院审判员，负责撰写：第十七章妨害公务罪，第十八章走私、贩卖、运输、制造毒品罪。

朱铁军 法学博士，现任上海市普陀区人民检察院党组成员、副检察长，三级高级检察官，负责撰写：第三章洗钱罪。

许　浩 上海市高级人民法院法官，负责撰写：第四章诈骗罪，第十二章盗窃罪。

李碧辉 上海市普陀区人民检察院检察官，负责撰写：第六章金融凭证诈骗罪。

余向阳 现为江西省萍乡市中级人民法院审判委员会专职委员，江西首届刑事审判专家，负责撰写：第十章聚众斗殴罪，第十一章寻衅滋事罪。

赵拥军 上海市徐汇区人民法院刑事审判庭审判员，负责撰写：第八章非法吸收公众存款罪，第九章虚开发票罪，第十三章强奸罪，第十五章抢夺罪。

唐亚南 人民法院新闻传媒总社编辑，负责撰写前言、第一章、第二章至第十八章的“立法嬗变”；同时，对全书进行修改统稿。

序　言

在法治社会的构建过程中，司法审判作为维护正义、保障公民权益的重要环节，其公正与效率直接关系到法律权威的树立和社会公信的建立。随着社会的发展与法律实践的深入，对司法审判的科学性、规范性和专业性提出了更高的要求。《常见罪名类型化审判技能与实操指引》一书，正是在这样的背景下应运而生，旨在为司法实务者提供一部系统梳理和深入分析常见罪名审判规律与特点的专业著作。

本书以我国现行刑法为依据，选取了当前司法实践中较为常见的17个罪名，通过类型化的方法论，对这些罪名的立法嬗变、构成要件、法律适用、证据规则等方面进行了细致的剖析。主编、编委会委员和作者均具有扎实的理论功底与丰富的实践经验，他们立足于理论研究的高度，更注重实践操作的深度，试图搭建起一座连接理论与实践的桥梁，使得司法审判工作能够在确保法律统一性的同时，更加贴近司法实际，更具针对性和操作性。

本书中，首先，明确了类型化司法审判的概念与意义。类型化的司法审判，是指将具有相似特征的案件归纳为同一类型，并针对该类型案件的特点制定相应的审判规则和方法。这种方法有助于解决案件“定性”准确的问题，为法官在审理类似案件时提供清晰而简便的模型，有利于法官在审理类似案件时把握关键；同时也能够在一定程度上减少裁判结果的不确定性，增强法律的预测性和稳定性。

其次，对每个常见罪名进行了深入的类型化分析。例如，在分析盗窃罪时，不仅深入分析了各种盗窃行为的司法认定，还详细讨论了如何区分盗窃与侵占、抢劫等相近罪名的界限，以及在不同情况下如何准确适用法律条文。

再次，还重点探讨了证据的收集与审查，证据是司法审判的基础，没有确凿的证据，就无法做出公正的判决。主编从证据的合法性、相关性、充分性等方面入手，在同一罪名不同类型案件的审理中如何寻找和锁定关键证据给与了指引。

最后，在讨论了具体罪名的审判规律后，主编又将视角转向了司法审判的整体流程。指出，一个完整的司法审判过程不仅包括对事实的查明和法律的适用，还包括对审判程序的严格遵守和对当事人权利的保护；因此，法官在进行审判时，应当严格遵守诉讼法规定的程序，确保当事人的诉讼权利得到充分的行使和保护。

《常见罪名类型化审判技能与实操指引》一书以其深刻的理论内涵、丰富的实践和明晰的操作指南，为司法工作者提供了一份宝贵的知识财富。它不仅能够帮助法官提高审判质量和效率，更能够促进法律职业共同体对于司法审判规律的认识和探索，推动我国司法审判事业的不断进步。

作为一名法学研究者，我深感本书的出版是我国刑法学界和司法实践领域的一件好事；它不仅丰富了刑法司法实践的研究成果，而且为我国司法审判的科学化、规范化和专业化的发展提供了一个思路。随着信息技术的发展和大数据的应用，类型化的司法审判将更加科学和精准；优化审判资源的配置，提高司法审判的整体水平；同时，我们也应该清醒地认识到，类型化审判并非万能，法官在实践中仍需严谨思考，防止机械化审判导致的个案不公。我相信，每一位阅读此书的法学学子和司法实务者，都将从中受到启发和思考，共同推动我国司法审判事业迈向更加公正、高效和智慧的未来。

在此，我希望更多刑法研究者都能在法治的道路上积极探索，为构建更加公正的司法审判贡献自己的力量。

高铭暄（人民教育家）

2024 年 7 月 6 日

前　言

2021年6月16日，最高人民法院、最高人民检察院（以下简称“两高”）印发《关于常见犯罪的量刑指导意见（试行）》的通知指出：“《量刑指导意见》自2021年7月1日实施后，全国各级人民法院、人民检察院要全面实施到位。对于符合规范范围的二十三种常见犯罪的量刑，都应当按照《量刑指导意见》提出量刑建议、规范量刑。”这是“两高”对司法实践中23种常见犯罪量刑的规范。①

据此，本书以23种常见犯罪为参考，对司法实践中17个常见罪名的司法认定进行“类型化”研究。“类型化”的研究方法源于德国学者马克斯·韦伯的理想类型。它是研究社会和解释现实的一种概念工具，是一种重要的、有效的社会科学的研究方法。它与概念式的思考不同，类型化的思考是一种同时容纳了归纳与演绎两种流程的双向思考，是一种开放性的思考，是一种关系化的、结构化的思考。“类型化”的思考方法在世界各国的法学中得到广泛的应用；但在中国，“类型化”作为一种具有重要价值的思考方式，并未引起应有的关注。本书以德国学者马克斯·韦伯提出的“理想类型”理论为切入点，密切联系我国的司法实际，尝试探讨“类型化”的刑事审判方法，旨在充分运用司法方法在技术上

① 参见吴思远：《我国控辩协商模式的困境及转型——由“确认核准模式”转向“商谈审查模式”》，载《中国刑事法杂志》2020年第1期。

的"类型化"评价，从而找到规范正义与事物正义调和的中间点，使法官在司法实践中由经验上升为科学与理性，从而促进司法公正。

随着社会经济的不断发展变化，刑法也随着现代化的进程不断演化。1979年7月1日第五届全国人民代表大会第二次会议通过的刑法典，于1997年3月14日第八届全国人民代表大会第五次会议进行了修订。之后，从1999年12月25日至2023年12月29日，全国人大常委会对现行刑法典先后又进行了12次修订；与此同时，司法者、执法者的思想意识、法律理念等也都悄然地发生着改变，一些构成刑法的各种要素也随着社会的进步被赋予了新的内涵。在司法中，公众对法院判决有时会提出质疑，如天津大妈打气枪案、大学生掏鸟窝案等一系列案件都严重影响了我们的司法公信力。如何在缜密的法律思维中，获得对审判正义的有力提升？我们认为，刑事案件类型化审判研究不失为一种有益探索。因为研究方法在很大程度上决定着研究的过程和命运。也就是说，一切事物的研究归根结底都是方法论的研究。常见罪名类型化审判研究就是要为实现审判公正找到一种科学合理的途径。

创造性是生命力的源泉。司法创造不是法官对法律的创造，而是对司法方法的创造。英国著名的哲学家培根（Francis Bacon）曾经将方法与灯笼相比较，他说："……就是瘸子，如果他带着灯笼沿着道路前行，也会比那些在没有道路的情况下奔跑的人走得快。"也正如孔子所说："工欲善其事，必先利其器。"常用罪名类型化审判就是要为科学审判提一盏灯笼，磨一种利器，找到一种实现审判公正的途径。

目　　录

第一章

常见罪名类型化审判概要

第一节　类型化概述

一、什么是类型化

从一般意义上讲，类型化并不是指某一类事物的集合体，而是相对于类别的一个概念。类别，又称“抽象概念”，它是指具有相同特征的事物。例如，在“纺织工人”与“建筑工人”中，前者的特征：（1）做纺织工作；（2）是人。后者的特征：（1）建造房屋；（2）是人。也就是说，他们所做的工作不同，他们都是人，属于一类。类型，尽管某些特征相同，其他方面却有所不同。例如，某事物具有a、b、c、d、e特征，另一事物具有a、b、c、f、g特征，由于它们都有a、b、c特征，故其就属于类型化中的同一“类型”。所谓类型化，就是将本质相同的事物分类，这种分类方法有概括、归纳、说明；同时，类型化也是把生活事实与系列规范对应调试的同化过程，是介于具体规范与抽象概念之间的一种中间思考方式，是一种有效的、重要的社会科学研究方法，在法学研究中得到广泛的应用。

“类型”只能是“可以加以说明”，它虽然有一个固定的核心，但没有固定的界限，因此，“类型”可以适应复杂多样的现实。我们无法将很多事实涵摄于概念之下，但能将很多的具体事实归类于类型，并使之产生对应。因此，类型不再是一种精确的形式逻辑概念。总之，类型比概念宽泛、模糊，概念比类型“盲目”，完全将类型概念化是不可能的，概念只能是一种类推的过程。类型是明确的，同时又是抽象的。

在刑法学领域，类型化同样是一个基本的研究方法。其目的是按照一定的标准对以某一项事物进行分类总结，为相应的救济途径的设计或漏洞弥补奠定实证基础。类型化，作为一种分类研究的方法能够为本书提供一个清晰而简便的理论模型，有利于我们在比较和分析这些研究模型中深刻把握其本质。同时，作为一种理论，类型化又能为我们的实践提供依据。类型永远比抽象的概念在内容上显得更直观、更丰富、更有思想和意义。概念是抽象的、封闭的，它是一种“分离式”“非此即彼”的思维；而类型则是开放的、流动的、有联系的、有意识的关联，它无法严格分清界限，可以适应现实生活的各种变化。类型无法被定义只能被描述，例如，《德国刑法》第185条规定“侮辱”将如何处罚。因此，类型只能以一种较高的程度，将具体事实“归类”于类型之下，“使其产生对应”。类型与个别出现的具体事物不同，它是反复出现的事物，在刑罚理论上它就是刑罚理念与生活事实的中间点。立法者的任务就是在立法过程中描述生活事实中反复出现的各种类型，并借助抽象概念，将其制定成为刑法规范。因此，规范类型仍然成为制定法背后的基础。司法者必须在刑法规范所意涵的类型中掌握生活事实，以便对其加以正确评价。刑事判决的结果，必须不断地探求作为制定法基础的“不法类型”，以求正确评价其所面临的生活事实。因此，要想探索审判公正，首先必须对审判方法类型化进行科学研究和探讨。德国著名的法学家亚图·考夫曼说：“类型是我们取得标准的模范，它比理念更优良，比概念更遑论。”

类型化是容纳了归纳与演绎的双向思考。德国的法学家卡尔·拉伦茨说，“当抽象概念及其逻辑体系不足以掌握生活现象或意义脉络的多样表现形态时，大家首先想到的就是类型”。[①] 类型在社会学里实际上是一种补充思考形式，如今很多学科都在利用这种思考形式获得无法破解的难题。虽然人们对类型的理解可能不尽相同，甚至完全不同，但丝毫不影响类型在人们心目中的价值。类型化，作为一种分类研究的方法，能够为我们的司法审判提供一个清晰而简便的理论模型，有利于我们在比较和分析这些研究模型中深究把握其本质。同时，作为一种理论，类型化又能为我们的实践提供依据。

二、常见罪名类型化审判的司法价值

司法实践中，类型化的方法论意义一直以来没有得到应有的重视，因此，在法律问题上产生了很多歧义。例如，一些学者在解释我国《刑法》规定的金融诈骗罪中的8种罪名是否以“以非法占有为目的”时就产生了歧义。根据我国《刑法》的规定，金融诈骗罪包括以下8种，即集资诈骗罪、贷款诈骗罪、票据诈骗罪、金融凭证诈骗罪、信用证诈骗罪、信用卡诈骗罪、有价证券诈骗罪、保险诈骗罪。但我国《刑法》只对集资诈骗罪、贷款诈骗罪规定了“以非法占有为目的”。有学者认为，其他6种罪名不需要“以非法占有为目的”。这种理解显然是错误的。例如，金融诈骗罪中的8种罪之一的“票据诈骗罪”，是指用虚构事实或者隐瞒真相的方法，利用金融票据骗取财物，数额较大的行为。这里没有“以非法占有为目的”。再如，“金融凭证诈骗罪”，是指使用伪造、变造的委托收款凭证、汇款凭证、银行存单等其他银行结算凭证进行诈骗活动，数额较大的行为。这里仍然没有“以非法占有为目的”。但是，如果

① 欧阳本祺：《类型思维下的目的犯——真正非法定目的犯概念之提倡》，载《华东政法大学学报》2007年第4期。

我们运用类型化的思维，就会很容易理解这种情况：这 8 种犯罪都是金融诈骗罪的类型之一，而金融诈骗、合同诈骗等又是诈骗罪的类型，“以非法占有为目的”是诈骗罪的一个共同特征。那么，从类型化体系脉络中就能得出其他犯罪也应“以非法占有为目的”。[①] 类型化思维所具有的上述特征，使我们对司法中的诸多难题获得了更具有说服力的认识和理解。类型化审判的思维方式既适用于司法，也适用于立法。因而，类型化审判研究的重点就在于如何确保案件在审理过程中对法律规范的遵守。事实上，法律不仅调整当事人的行为，也要规范法官的审判行为。在法律调整过程中，法律方法论的重点就是维护法治，法治要求法官服从和遵守法律，而案件类型化审判在限制法官在审理案件时任意权的行使，对防止司法腐败起着重要的保障作用。[②]

从理论上讲，常见罪名类型化审判是实现法律规范向科学化、合理化的审判结果转化的关键，审判是为实现法律目的服务的，法律目的是概括的、抽象的，法官通过类型化的审判将抽象的法律目的落实到具体的案件结果中。从实践上讲，刑事案件类型化审判有着重要的自身价值，但更重要的是其工具价值。刑事案件类型化审判的目的在于实现司法的公正合理，从而震慑犯罪，预防和减少违法行为的发生，维护社会稳定。在解释学上，刑事案件类型化审判有两个层次。第一，它是与世界观相对应的一般方法论，与哲学方法论相同，属于形而上学的知识论体系。也就是说，把哲学方法引入司法领域来指导研究法律问题。同时，还可以用来研究法律的某个具体的问题。第二，在法学这一学科领域对案件审判问题研究所采用的一系列的方式方法，是一种综合性的知识理论体系，其中包括一些具体的研究方法，如分析比较法、实证法、经验法、

① 刘伟刚、王晓敏：《环境侵权的类型化及民事责任探析》，载《学理论》2012 年第 6 期。

② 参见唐亚南：《刑事案件类型化审判研究》，载《江海学刊》2021 年第 1 期。

规范，等等。[①] 综上所述，类型化审判是一种审判方式，旨在通过对常见罪名进行类型化研究，实现裁判思路和类案裁判规则的统一，维护司法过程和裁判结果的稳定。这种方式可以防止刑事案件司法认定的错误，使案件的裁判结论更加公正。

第二节　常见罪名类型化审判应遵循的原则

案件类型化审判原则，是贯穿整个审判活动的始终，并对全部案件类型化审判具有指导和制约作用的基本准则，同时，也是审判理论研究中应该遵循的指导原则。案件类型化审判原则是审判方法规则体系的重要基础，对引导和规范法官的自由裁量权、确保量刑公正均衡的实现以及法律目的的完成具有重要意义。我国法律对案件类型化审判原则没有作出专门规定，但根据司法实践，案件类型化审判原则是指人民法院依据法律的规定，制定出科学合理的审判方法，决定对案件的当事人的行为合法性的判断的指导思想和准则。案件类型化审判原则主要包括合法性原则、均衡性原则。

一、合法性原则

案件类型化审判要以法律为准绳。对合法性原则的理解存在两个层面：第一，要合乎法律规范性的要求与合乎法律核心价值理念和基本原则；第二，要合乎法律根本目的的要求。对法治核心价值理念、基本原则及根本目的的不懈追求是实质法治的典型特征，它关乎法治的权威，

① 参见颜超明：《故意杀人行为的“类型化”思考》，载《江西公安专科学校学报》2010年第2期。

尤其是对一个正处于转型时期、法制逐步完善的社会而言。但是，肆意超越法律具体规范的约束去实现司法者自认的个案“正义”，必然会动摇法治的根基。因此，合法性原则是案件类型化审判形式与目的的统一，是手段与价值的统一。但是，上述两个层面在适用上是有先后顺序的。一般情况下，案件类型化审判适用应当有法律上的明确规定，且不得超出法定的种类和幅度范围。案件类型化审判应建立在正当程序和广泛的个案公正的基础之上，审判形式与目的统一是对法治实践规律的总结和概括，旨在限制“个案公正”下司法者自由裁量权的扩张；手段与价值的统一是对实践主体理性能力的反思，旨在通过自由裁量权的正当行使挖掘隐藏于法条背后并对法条适用具有最终指导意义，借以弥补立法随着社会的发展凸显的不足。在审判实践中，人民法院在审理案件过程中很容易受到其他外界因素的影响，尤其是有些案件通过报纸、网络等媒体的炒作，在社会上造成了不良影响，并对法院依法办案产生一定压力。因此，无论在什么样的环境下，法官必须坚持依法审判。同时，人民法院在坚持依法审判的前提下，应当兼顾办理案件的法律效果和社会效果。

二、均衡性原则

均衡性原则，是指案情相同或相似的案件，对被告人的审判结果不是应当相同，而是应当基本均衡。均衡是实现社会公平正义、树立司法权威的需要。由于我国法律规定过于宽泛，对于各种案件情节没有规定具体的调节幅度，造成不同法官之间、不同法院之间、不同地区之间的类似案件的审判结果出入很大，在一定程度上造成人民群众的误解和不满，案件类型化审判的目的就是从制度上确保不同的法院对案件事实基本相同的当事人作出的裁判结果保持基本均衡。在现代司法过程中，公正是司法人员追求的最基本的价值目标。均衡是法官对相似的案件应当作出相似的处理。但是，法律在被平等实施的同时还可能包含着非正义的因素，即对相似的案件作相似的处理并不足以保证实质正义的实现。在同一时空条件下，性质相同、情节相当的案件的社会危害性和人身危险性可能有所不同。因此，虽然法律规范化以实现案件裁判结果均衡为重要目标，但案件类型化审判并不等于裁判结果统一化，也不是要绝对消除同案异判和同罪异罚。相似的案件适用相同的法律只是表明这些案件的案情基本相同，而不意味着它们的裁判结果也必须完全相同。案件类型化审判原则上不仅要体现一般威慑还要体现特别威慑。当刑罚强调一般威慑时，刑罚必须体现罪刑相当性、刑罚均衡性；而当刑罚强调特别威慑时，法官根据被告人的具体情况决定刑罚。审判必须注重法律效果，由于审判的终极目的是维护社会利益，促进社会的和谐发展，因此，审判的合理性更多地取决于裁判结果能否被社会所接受，即裁判的社会效果如何。法官的目光只有在法律文本与审判目的之间不断地往返，才能科学审判。

一般而言，现实生活中发生的案情比立法者预设的情况要复杂得多。案情的多样性与法律、司法解释规定的有限性之间的矛盾非常突出，有些案件情节在案件发生之前是不可预料的，有些酌定量刑情节事实上也不可能量化，审判要想做到绝对的公平是不可能的。因此，刑事案件类型化审判使法官在审判时既能考虑案件的整体公正，又能考虑个案的特殊性，并针对个案的具体情况作具体的分析，从而使审判活动成为能动的、个别化的活动，使个体化的裁判结果最终为法律制度所认可，以缓和普遍公正与个案公正、稳定的法律与变动的事实之间的紧张关系。①

综上所述，在刑事审判中，类型化作为一种方法论对司法的价值在

① 参见张叶语：《论一般人格权侵权的认定》，浙江师范大学2019年博士学位论文。

于：通过对刑事案件进行分类，可以更好地理解和把握不同类型的案件的特点和规律；有助于提高法官审理案件的效率；有助于保障公正、公平地审理案件。

第二章

帮助信息网络犯罪活动罪类型化审判

第一节 帮助信息网络犯罪活动罪的立法嬗变及相关问题

一、帮助信息网络犯罪活动罪的立法嬗变

帮助信息网络犯罪活动罪是指明知他人利用信息网络实施犯罪，为其犯罪提供互联网接入、服务器托管、网络存储、通讯传输等技术支持，或者提供广告推广、支付结算等帮助，情节严重的行为。

随着信息网络技术的发展，相关法律法规对于网络犯罪的定义和处理方式也在不断变化和完善。在我国，关于网络犯罪的立法始于 1997 年的《刑法》修订。当时，《刑法》中增加了“非法侵入计算机信息系统罪、破坏计算机信息系统罪”，对计算机信息系统犯罪进行了规定。此后，随着互联网的普及和信息技术的发展，相关法律法规不断更新。

2009 年，《刑法修正案（七）》对网络犯罪进行了进一步的规定，将“非法侵入计算机信息系统罪”修改为“非法获取计算机信息系统数据、非法控制计算机信息系统罪”，并增加了“提供侵入、非法控制计算机信息系统程序、工具罪”。2015 年，《刑法修正案（九）》再次对网络犯罪

进行了修改，将“提供侵入、非法控制计算机信息系统程序、工具罪”修改为“帮助信息网络犯罪活动罪”，并将该罪名纳入《刑法》第287条。这一修改使法律对于网络犯罪的打击范围更加广泛，不仅包括直接实施网络犯罪的行为，还包括为网络犯罪提供帮助的行为。此外，我国还出台了一系列专门针对网络安全的法律法规，如《网络安全法》《电信条例》等，进一步加强了对网络犯罪的打击力度。

总之，随着信息网络技术的快速发展，帮助信息网络犯罪活动罪的立法嬗变反映了我国对于网络安全问题的高度重视，适应了时代发展的需求。

二、审理帮助信息网络犯罪活动罪的总体思路

自2015年《刑法修正案（九）》新增了帮助信息网络犯罪活动罪后，该类案件的数量逐年增长。2021年我国检察机关起诉的帮助信息网络犯罪活动罪人数接近13万人，位列刑事犯罪第三。同时，大部分被告人较为年轻，不少人受过高等教育。

1. 定性问题。对于某些网络帮助行为，如何确定其性质是关键。例如，支付结算型网络帮助行为可能同时涉及帮助信息网络犯罪活动罪和掩饰、隐瞒犯罪所得、犯罪所得收益罪。在司法实践中，对这两种罪名的适用标准可能存在分歧，因此，需要法官根据行为人在网络黑灰产犯罪链条中的位置来判断。

2. 量刑规则。帮助信息网络犯罪活动罪并不是帮助行为正犯化，仍然属于帮助犯。但由于刑法分则条文对该帮助犯设置了独立的法定刑，所以需要排除刑法总则关于从犯（帮助犯）的处罚规定。

3. 客观条件的查证。在某些情况下，因为客观条件的限制而无法查证被帮助对象是否确实实施了犯罪，但根据相关司法解释，如果相关数额总计达到立案标准的5倍以上，或者造成了特别严重的后果，应当以

帮助信息网络犯罪活动罪追究行为人的刑事责任。

4. 与其他罪名的区分。帮助信息网络犯罪活动罪与诈骗罪帮助犯在适用上存在较多重叠，因此在审理时需要考虑两者之间的独立性认定要点。

综上所述，审理帮助信息网络犯罪活动罪时，不仅要准确把握法律条文的规定，还要结合实际情况和司法实践经验，公正、公平地审理每一起案件。

三、帮助信息网络犯罪活动罪构成要件解读

（一）主体要件

本罪的主体是一般主体，凡达到刑事责任年龄、具有刑事责任能力的自然人均可构成。单位可以成为本罪的主体。单位犯本罪的，对单位判处罚金，并对其直接负责的主管人员和其他直接责任人员，依照帮助信息网络犯罪活动罪处罚。需要注意的是，本罪的适用存在特定的出罪情形，虽然司法坚持依法从严惩处和全面惩处，注重打击电信网络诈骗全链条犯罪，但办理帮助信息网络犯罪活动刑事案件，应当贯彻宽严相济的刑事政策，尤其对于未成年人、在校大学生实施帮助信息网络犯罪活动罪的，应当坚持以教育挽救为主；认罪悔罪、犯罪情节轻微的，可以免予刑事处罚；情节显著轻微危害不大的，不以犯罪论处。

（二）客体要件

本罪侵犯的客体为复杂客体，行为人通过提供技术、广告、资金通道等行为方式，帮助信息网络犯罪行为的实施，其在侵犯信息网络管理秩序的同时，客观上也侵害了关联信息网络犯罪被害人的人身、财产等合法权益。犯罪客体是受刑法所保护而为犯罪行为所侵害的社会关系，其具体表现为刑法所保护的利益即法益。本罪保护的法益包括集体法益

（信息网络管理秩序）和个体法益（人身财产利益）两个方面的内容，如果只是侵犯其中之一，同样可能构成既遂；如果同时侵犯两个方面的法益，对其量刑时应当参照侵害一个法益的标准从重处罚。

刑法所保护的法益在很大程度上直接决定罪名的规制范围，本罪保护的法益具有双重性。首先，本罪被规定在《刑法》分则第六章“妨害社会管理秩序罪”第一节“扰乱公共秩序罪”之中，本罪保护的法益首先是一种信息网络秩序法益。其次，本罪规定在《刑法》第287条，“利用计算机实施”有关犯罪，依据《刑法》第287条之二第3款规定，本罪同时构成其他犯罪的，依照处罚较重的规定定罪处罚。司法实务中，本罪所关联的“信息网络犯罪”范围十分广泛，信息网络犯罪侵害的法益具有复杂多样性，本罪背后层法益是被害人的人身财产利益。如果认为本罪只能或者主要保护社会秩序法益，忽视本罪背后层法益，将难以对本罪保护的法益予以准确认定，那么本罪的适用范围也存在认定不当的风险。以其背后层面的法益为例，无论“帮信行为”是在关联信息网络犯罪的事前阶段介入的，还是在事中阶段介入的，其对网络犯罪行为侵害的法益都会产生危险性影响。对于事后阶段介入的帮助行为能否成立帮助信息网络犯罪活动罪，理论界与实务界存在较大争议，实务界倾向于认为无论是事前、事中还是事后，都可以成立帮助信息网络犯罪活动罪。

（三）主观要件

故意犯罪的主观状态包括认识因素（明知）和意志因素（希望或放任）。刑法中的“明知”是对某一行为存在社会危害性的主观认知，根据对危害结果发生的认知程度，可将明知划分为“明知确定”和“明知可能”。不管认知程度如何，只要行为人已认识到社会危险性的现实存在或潜在风险，就已达到故意犯罪的主观认知状态。实践中争议较大的“可能明知”并不属于明知的范畴，原因在于：“明知”是一种实然状态，意味着行为人已经认识到了社会危害性。“可能明知”则是一种应然状态，是外界对行为人主观状态的一种判断，至于行为人实际的主观状态并不确定；“可能明知”的另一层含义就是可能不明知，这种不确定性意味着其不属于明知范畴。[①] 质言之，“明知可能”指行为人认识到其行为的社会危险性存在潜在风险，这里的可能针对的是对客观危害结果的认知程度；“可能明知”指行为人主观上缺乏相对确定的认知，这里的可能针对的则是行为人并不确定的主观心态。故本罪的主观明知仅包括“明知确定”和“明知可能”，“可能明知”并不属于本罪的主观状态。

本罪与特定罪名的帮助共犯、其他罪名的帮助共犯在主观要件上的界分主要体现为认识因素上的不同，具体分析如下。

一是本罪的主观要件为“明知”。本罪的主观要件为明知他人利用信息网络实施犯罪，这里的“明知”，在司法实践中多为概括的明知，而非确定的明知。对于主观明知的认定，应当作妥当把握，既不能泛化理解为“可能知道”他人利用信息网络实施犯罪，也不要求对他人利用信息网络实施的犯罪达到确切的程度，应当限定为相对具体的认知，但不要求达到确切的程度。根据司法实践，《最高人民法院、最高人民检察院关于办理非法利用信息网络、帮助信息网络犯罪活动等刑事案件适用法律若干问题的解释》第11条总结列举了认定“明知”他人利用信息网络实施犯罪的七种情形，根据该司法解释的规定，对于明知的认定可以采取推定明知的方式，只要行为人具备司法解释所列举的七种情形之一，就可以推定其主观上是明知的。为应对司法实践中案件的复杂多变，在适用该司法解释规定的“其他情形”推定明知的兜底性规定时，需要结合经验法则，综合考量被告人的认知能力、文化程度、行为次数和手段、

① 参见王安、安琪：《支付结算型帮助信息网络犯罪活动罪与掩饰、隐瞒犯罪所得罪的主观界分》，载《人民法院报》2023年6月29日。

既往经历等作出审慎判断。

二是特定罪名被帮助犯罪共犯的主观要件为“单方明知”。单方明知，即行为人在认识因素层面单方面认识到被帮助犯罪的具体罪名，在意志因素层面积极追求或者放任结果的发生。在本罪增设前后，多部司法解释都将有特定罪名共犯的主观要件降低为单方明知。例如，《最高人民法院、最高人民检察院关于办理利用互联网、移动通讯终端、声讯台制作、复制、出版、贩卖、传播淫秽电子信息刑事案件具体应用法律若干问题的解释（二）》第6条规定，明知是淫秽网站，为其提供互联网接入、服务器托管、网络存储空间、通讯传输通道、代收费等服务……以传播淫秽物品牟利罪定罪处罚；又如，《最高人民法院、最高人民检察院、公安部关于办理网络赌博犯罪案件适用法律若干问题的意见》第2条规定，明知是赌博网站，为赌博网站提供资金支付结算服务……属于开设赌场罪的共同犯罪；再如，《最高人民法院、最高人民检察院、公安部关于办理电信网络诈骗等刑事案件适用法律若干问题的意见》第4条规定，明知他人实施电信网络诈骗犯罪……以共同犯罪论处。上述关于特定罪名的司法解释与本罪的构成要件在主观方面和客观行为的规定都存在较大差异，上述解释对明知内容的要求标准更高。本罪与司法解释规定的特定罪名是一般法与特别法的关系，在二者存在竞合时，应当以特定罪名定罪处罚。

三是其他罪名被帮助犯罪共犯的主观要件为“通谋”。对于帮助他人利用信息网络实施司法解释未特别规定的其他犯罪，适用关联犯罪的共同犯罪以帮助犯论处的，应当仅限于“通谋”的情形，即行为人与被帮助对象之间存在双向的意思联络，具有相互利用各自行为的意思，并且就如何实施犯罪进行商议。对于主观上仅具有明知，且对于后续实施的关联犯罪未实际参与的，原则上应当以本罪论处。

（四）客观要件

本罪在客观方面表现为为他人实施信息网络犯罪，提供互联网接入、服务器托管、网络存储、通讯传输等技术支持，或者提供广告推广、支付结算等帮助，情节严重的行为。其行为方式主要包括以下四种类型：第一，技术支持类帮助信息网络犯罪，即为他人实施网络犯罪提供互联网接入、服务器托管、网络存储、通讯传输等技术支持。其中，“互联网接入”指为他人提供连接互联网或者在互联网发布信息的通路；“服务器托管”，又称主机托管，是指将服务器及相关设备托管到具有互联网数据中心的机房；“网络存储”，通常是指通过网络将存储设备相互连接，进而提供存储、传输、共享相关数据的载体空间；“通讯传输”是指用户之间传输、交换信息的通路。第二，广告推广类，指为他人利用信息网络实施犯罪提供制作、投放广告等服务，进而进行广告推广等帮助。第三，支付结算类，指为他人利用信息网络实施犯罪，提供收付款、转账、结算、提现等资金流转方面的帮助。第四，其他。本罪的行为方式没有严格限制，几乎涵盖了信息网络犯罪的信息获取、推广引流、技术支持、支付结算等各个环节。司法实践中，较为常见的类型是支付结算类和通讯传输技术支持类帮助信息网络犯罪。

1. 帮信行为的性质

本罪在司法适用中存在一系列的疑难复杂问题，涉及本罪与被帮助信息网络犯罪之间的关系，“明知”的理解与认定，本罪与非法利用信息网络罪，掩饰、隐瞒犯罪所得罪，诈骗罪等关联罪名的区分，帮信行为人“黑吃黑”行为的定性，罪数处理等问题，其中至关重要的基础性问题在于帮信行为的性质究竟是共犯行为还是正犯行为抑或是预备行为，这个问题能否正确合理的解决，直接关系到刑法罪名的适用与预防遏制犯罪的效果。随着学界对帮助信息网络犯罪活动罪研究的深入，学者基于不同视角提出各自阐释的路径。

第一，共犯立场的观点。多数学者基于传统共犯理论，试图从共犯立场探讨帮信行为的行为性质，具体又可分为三种有代表性的观点。其一，中立帮助说。帮信罪中的帮信行为具有典型的中立性信息网络服务的外部行为样态，只有违反相关行业规范，深度参与他人犯罪活动，提供针对特定对象专门用于犯罪活动的帮助行为，才可能成立帮信罪或者诈骗等罪共犯。[①] 其二，量刑规则独立的帮助说（或称量刑规则说）。有学者认为帮信行为依然是帮助行为，其成立犯罪以正犯实施了符合构成要件的不法行为为前提，《刑法》第 287 条之二属于注意性规定，并非独立的罪名，只是帮助犯的量刑规则。[②] 其三，正犯的帮助行为说（或称帮助行为正犯化说）。有学者提出立法对于帮信行为统一规定了独立的罪名和法定刑，原有的“帮助行为”即“共犯行为”通过立法独立为新的“实行行为”即正犯化，帮信罪属于立法论上帮助行为正犯化的典型代表，虽然具有共犯独立性的立场，但仍应遵循共犯从属性等要求。[③]

第二，预备犯立场的观点。有学者认为帮信行为属于一般主体在互联网环境下的基础性参与行为，由于本罪未限定行为人所帮助犯罪行为的范围，且立足于本罪保护的法定主体信息专有权的观点，帮信行为属于侵犯法定主体信息专有权的事实性预备行为，规制的构成要件行为以及处罚标准均具备独立性。[④]

---

① 参见陈洪兵：《帮助信息网络犯罪活动罪的限缩解释适用》，载《辽宁大学学报（哲学社会科学版）》2018 年第 1 期；王华伟：《网络服务提供者刑事责任的认定路径——兼评快播案的相关争议》，载《国家检察官学院学报》2017 年第 5 期。

② 参见张明楷：《论帮助信息网络犯罪活动罪》，载《政治与法律》2016 年第 2 期；黎宏：《论“帮助信息网络犯罪活动罪”的性质及其适用》，载《法律适用》2017 年第 21 期。

③ 参见王华伟：《网络语境中的共同犯罪与罪量要素》，载《中国刑事法杂志》2019 年第 2 期；于冲：《帮助行为正犯化的类型研究与入罪化思路》，载《政法论坛》2016 年第 4 期；劳东燕：《双重视角下的电信网络诈骗犯罪规制》，载《人民检察》2022 年第 16 期。

④ 敬力嘉：《网络参与行为刑事归责的“风险犯”模式及其反思》，载《政治与法律》2018 年第 6 期。

第三，正犯立场的观点。有学者提出基于正犯立场来分析帮信行为的性质，又可分为两种有代表性的观点：其一，积量构罪说（或称累积犯说）。有学者认为帮信罪有独立的公共法益、罪刑构造和犯罪竞合条款，不是传统犯罪的帮助犯或未完成的犯罪形态，而是包含了多种危害行为模式的独立犯罪。① 其二，独立的参与说（或称正犯行为共犯化说）。有学者指出基于帮信行为的参与性、法益侵害的独立性、刑事处罚的独立性，帮信罪属于“正犯行为共犯化”，而非“共犯行为正犯化”，正犯立场才是解读帮信行为性质的应然立场。②

学界对于帮信行为性质的研究多见于一般理论范畴的探讨，与帮助信息网络犯罪活动罪的司法实践尚有距离。只有通过审视本罪的实证与理论之间的衔接研究，立足本罪的现实展开调研、加强研究，才能弥补理论的实证供给不足，助力理论研究，服务审判实践。目前，司法实践采取折中的态度，既坚持了正犯的帮助行为说，又有条件地采纳了独立的参与说。

2. 被帮助犯罪的认定

如何解释“明知他人利用信息网络实施犯罪”中的“犯罪”，由于这一罪状表述是“犯罪”而非“违法犯罪”，故通常要求以被帮助对象实施的行为构成犯罪为前提。根据《最高人民法院、最高人民检察院关于办理非法利用信息网络、帮助信息网络犯罪活动等刑事案件适用法律若干问题的解释》第12条第2款的规定，本罪中的“犯罪”在特定情形下，被扩大为包括了《刑法》分则规定的行为类型但尚未构成犯罪的行为，亦即被帮助行为只要符合《刑法》分则规定的行为类型即可，但上述情况的适用受到严格限制。适用该解释通常要求被帮助对象人数众多，

---

① 参见皮勇教授在2022年1月2日中国刑法学研究会首期实务论坛“帮助信息网络犯罪活动罪的司法适用”研讨实录中的发言。

② 王肃之：《网络犯罪原理》，人民法院出版社2019年版，第397页。

帮助单个或者少数对象利用信息网络实施犯罪的不适用该条款，不能将该条款作为一般情形予以适用。此外，根据《最高人民法院、最高人民检察院关于办理非法利用信息网络、帮助信息网络犯罪活动等刑事案件适用法律若干问题的解释》第 13 条的规定，被帮助行为可以确认犯罪即可，被帮助对象尚未到案、尚未依法裁判或者因未达到刑事责任年龄等原因依法未予追究刑事责任的，不影响本罪的认定。

3. 本罪与被帮助犯罪的关系厘清

将本罪置于信息网络犯罪整体中予以考察，可知本罪所涉帮助行为发生的时间节点包括关联犯罪的预备阶段、实行阶段直至既遂阶段。换言之，本罪所涉的帮助行为可以是事前、事中的帮助行为，但不包括事后的帮助行为。从司法实务来看，目前争议较大的案件表现在本罪与关联犯罪共犯、关联犯罪的赃物犯罪之间的定性之争，基于此，可以从时间节点、主观明知、行为性质等方面对本罪与其他关联罪名之间作出界分。

4. 情节严重的认定

本罪必须是为他人信息网络犯罪提供帮助情节严重的行为，其罪状表述明确将“情节严重”作为本罪的罪量要素。《最高人民法院、最高人民检察院关于办理非法利用信息网络、帮助信息网络犯罪活动等刑事案件适用法律若干问题的解释》第 12 条第 1 款明确规定了“情节严重”的 6 项具体标准和 1 个兜底项“其他情节严重的情形”，其中，第 1 项属于积量构罪的罪刑结构，指向的是行为人向 3 个以上无关联犯罪人实施不同的犯罪提供帮助；第 2、3、4、6 项规定了危害后果，这些后果不要求单次危害行为造成，较多的是积量构罪结构；第 7 项属于兜底项，在适用时需要综合判断其与同类条款的相当性，既要考虑审理帮助信息网络犯罪案件的效果，又要恪守审慎认定的司法立场。

该司法解释第 12 条第 2 款针对“确因客观条件限制无法查证被帮助对象是否达到犯罪的程度”情形，设置了特别罪量标准，即达到基本罪量标准的五倍以上或者造成特别严重的后果。从当前的司法实践来看，网络犯罪整个链条的查获日益困难，故特别罪量标准更具现实针对性。[①] 然而如前所述，由于本罪的罪状表述是“犯罪”而非“违法犯罪”，通常要求以被帮助对象实施的行为构成犯罪为前提，故原则上应当慎重适用该条款。

对于该司法解释第12条第1款第1项“为三个以上对象提供帮助的”，所涉争论包括三个对象能否为同一对象，在不同对象的情况下，究竟要求三个以上对象均查证达到犯罪程度，还是只要求一个对象达到犯罪程度。《最高人民法院刑事审判第三庭、最高人民检察院第四检察厅、公安部刑事侦查局关于“断卡”行动中有关法律适用问题的会议纪要》在第2条中对上述争论予以回应，即该项所规定的“为三个以上对象提供帮助”，不应理解为同一对象，应当理解为分别为三个以上行为人或团伙组织提供帮助，且被帮助的行为人或团伙组织实施的行为均达到犯罪程度，以避免本罪在司法适用中的泛化。

第二节 帮助信息网络犯罪活动罪类型化裁判

类型化一：为电信诈骗提供“手机口”通讯传输帮助行为的司法认定

1. 司法实践中存在的主要分歧：为电信诈骗提供“手机口”通讯传输帮助的行为定性究竟认定为帮助信息网络犯罪活动罪还是诈骗罪帮助犯，抑或认定为同时构成帮助信息网络犯罪活动罪与诈骗罪。第一种意见认为，行为人明知他人利用信息网络实施犯罪，仍为之提供“手机口”

① 参见喻海松：《帮助信息网络犯罪活动罪的司法限定与具体展开》，载《国家检察官学院学报》2022年第6期。

通讯传输帮助，被害人被诈骗数额特别巨大，符合情节严重的入罪标准，构成帮助信息网络犯罪活动罪。第二种意见认为，行为人明知他人实施诈骗犯罪，仍为他人以“手机口”的方式代拨诈骗电话，诈骗数额已达到特别巨大的标准，属于为诈骗分子针对不特定多数人实施诈骗提供通讯传输帮助的行为，行为人与上家构成诈骗共同犯罪，系诈骗罪从犯。第三种意见认为，《刑法》第287条之二帮助信息网络犯罪活动罪的规定与两高《关于办理诈骗刑事案件具体应用法律若干问题的解释》第7条“明知他人实施诈骗犯罪，为其提供……手机卡……费用结算等帮助的，以共同犯罪论处”的规定发生法条竞合，行为人的行为同时构成帮助信息网络犯罪活动罪和诈骗罪，应当依据法条竞合的原则处理。

2. 审理该类型案件的主要思路：首先，查明行为人的客观行为。行为人是如何帮助诈骗分子实施“手机口”通讯传输行为的。其次，查明行为人的主观故意。行为人对于诈骗分子实施诈骗犯罪的主观状态。最后，查明诈骗分子通过“手机口”实施的欺骗行为属于诈骗预备行为还是诈骗实行行为。诈骗分子通过“手机口”实施的欺骗行为如果是使被害人陷入处分财产认识错误的欺骗行为，具有使对方陷入处分财产错误认识的紧迫危险性，则属于诈骗实行行为，反之则属于诈骗预备行为。

审理该类型案件需要查明如下证据：（1）被告人的供述与辩解；（2）被告人与诈骗分子的QQ或者微信聊天记录；（3）被害人陈述；（4）被告人手机通话情况，具体包括拨打电话次数、通话时长以及被告人与被害人手机通讯记录、通话时长等；（5）被害人银行往来明细、转账记录；（6）被害人手机电子提取笔录、被害人与诈骗分子的微信聊天记录等。

在认定事实时还需要考虑：行为人对被帮助者利用“手机口”实施诈骗行为的明知属于“未必的故意”（间接故意）还是“意图的故意”（直接故意），具体包括行为人对被帮助者实施诈骗行为是否具有明确认知，是否参与利益分成，行为人与被帮助者是否存在诈骗的犯意联络或通谋行为或者形成稳定的配合、协作关系等。

3. 该类型案件的裁判规则：行为人明知他人可能利用信息网络实施诈骗犯罪，向他人的诈骗预备行为提供“手机口”通讯传输帮助，情节严重的，其行为构成帮助信息网络犯罪活动罪。具体分析如下：

第一，帮助信息网络犯罪活动罪与诈骗罪帮助犯不存在法条竞合关系。法条竞合是法条之间的竞合，而不是犯罪的竞合。两罪的构成要件虽然在客观行为方面形成了交叉关系，但在主观要素方面仍具有明显区别，两个法条之间也不存在如特别关系、补充关系等包容关系。一方面，帮助信息网络犯罪活动罪的明知多为“明知可能”（或称“未必的故意”），对于诈骗犯罪确定会发生没有认识、预见，仅是认识、预见了其发生的盖然性；而诈骗罪帮助犯的明知则是“意图的故意”，要求行为人对被帮助者实施诈骗行为具有明确认知，认识到其行为是诈骗犯罪的一部分，并意图实现犯罪。另一方面，帮助信息网络犯罪活动罪的行为人不参与利益分成，与被帮助者属于容易被取代的松散关系，不存在诈骗的犯意联络或通谋行为；而诈骗罪帮助犯与被帮助者之间往往存在犯意联络，或者自身行为已成为诈骗犯罪不可或缺的环节，双方形成了稳定的配合、协作关系。故两罪主观要素的构成要件上具有互斥性，行为人提供通讯传输帮助的行为不可能同时符合两罪的构成要件。

第二，行为人提供的“手机口”通讯传输帮助系对诈骗预备行为的帮助。诈骗罪的基本构造包括：行为人实施欺骗行为、被害人陷入认识错误并处分财产、行为人取得财产、被害人遭受财产损失。欺骗行为必须是使被害人陷入处分财产认识错误的欺骗行为，如果欺骗行为不具有使对方陷入处分财产错误认识的紧迫危险性，那么这种欺骗行为就不是诈骗罪的实行行为而是预备行为。预备行为原则上不受处罚，除非刑法予以例外规定。行为人为上家提供“手机口”通讯传输帮助，实现诈骗分子直接与被害人通话，从双方的通话时长、通话内容等方面分析，属于诈骗犯罪的预备行为而非实行行为。行为人的通讯传输帮助只是为后续诈骗创造前提条件，虽然间接促进了后续诈骗犯罪的进行，但该帮助行为仅限于帮助预备行为，未进一步实施帮助诈骗犯罪实行的行为，不能以诈骗罪的共同犯罪论处。

第三，行为人提供“手机口”通讯传输帮助行为“情节严重”的认定标准。不同于支付结算型帮信罪案件的情节严重定罪标准，依据两高《关于办理非法利用信息网络、帮助信息网络犯罪活动等刑事案件适用法律若干问题的解释》第 12 条规定，通讯传输型帮信行为的“情节严重”应当符合第 4 项“违法所得一万元以上的”、第 6 项“被帮助对象实施的犯罪造成严重后果的”及第 7 项兜底项“其他情节严重的情形”。由于行为人的违法所得往往达不到 1 万元以上，而被帮助对象造成严重后果一般需要致人伤残、自杀等或者与之相当的严重后果。对于行为人的通讯传输帮助行为认定“情节严重”，宜从该解释第 12 条第 7 项兜底项“其他情节严重的情形”入手，具体概括为“正当性”和“相当性”两个方面。帮助信息网络犯罪活动罪是轻罪，适用场景主要是基层法院，司法解释不可能穷尽所有的情形，兜底性规定具有其独特的适用价值，在适用兜底项时可以根据相当性原则来把握。通讯传输型帮信犯罪的波及面广，触发风险管控要慢于银行系统，较之支付结算型帮信犯罪的社会危害性更大，对前者的量刑一般应当重于后者，在入罪时举轻以明重，可比照支付结算型帮信行为“情节严重”的相关认定标准。

第四，对行为人定罪的相关考量因素。行为人提供“手机口”网络传输帮助，对其定罪既要符合打击电信网络诈骗现实需要，又要契合罪责刑相适应原则，综合考虑被帮助诈骗犯罪的形态、行为人代拨诈骗电话时长、通话内容及获利情况等，结合社会公众的一般认知，做到罚当其罪，对“手机口”通讯传输帮助行为的定性作出妥当的认定。

类型化二：为实施诈骗活动发送信息的司法认定

以非法获利为目的，通过信息网络发送刷单诈骗信息行为的司法认定。

1. 司法实践中存在的主要分歧：通过信息网络发送刷单诈骗信息的行为构成帮助信息网络犯罪活动罪还是非法利用信息网络罪。帮助信息网络犯罪活动罪与非法利用信息网络罪均是《刑法修正案（九）》增设的罪名，这两个罪名都具有兜底性且法定刑相同。

2. 审理该类型案件的主要思路：首先，查明行为的性质。从刷单信息的对象、内容、方式判断，行为人是否针对不特定对象发布刷单诈骗信息。其次，判断刷单信息是否是被害人被骗的主要原因，即行为人的行为是否有导致被害人陷入认识错误而作出财产处分的紧迫危险。

审理该类型案件需要查明如下证据：（1）被告人及同案犯的供述；（2）被告人及同案犯发布的刷单信息、诈骗分子与被害人的聊天记录等电子证据；（3）银行转账记录；（4）被害人的陈述；（5）发、破案经过等。

在认定事实时还需要考虑：诈骗分子用何种方法对被害人实施诈骗，被害人被骗取财物的数额，行为人的非法获利情况等。

3. 该类型案件的裁判规则：通过信息网络发送刷单诈骗信息，本身系诈骗犯罪预备，刷单诈骗关联的诈骗犯罪尚未开始实行，更为符合非法利用信息网络罪的关联行为。行为人以非法获利为目的，通过信息网络发送刷单诈骗信息，其行为系诈骗犯罪预备，构成非法利用信息网络罪。帮助信息网络犯罪活动罪与非法利用信息网络罪之间既有关联，又存在差异，具有各自的适用条件，具体可从四个方面予以厘清：

第一，两罪的主观故意内容不同。帮助信息网络犯罪活动罪的主观要件为明知他人利用信息网络实施犯罪，这里的“明知”，既不能泛化理解为“可能知道”他人利用信息网络实施犯罪，也不要求对他人利用信息网络实施的犯罪达到确切的程度，应当限定为相对概括性认知。对于非法利用信息网络罪的主观要件刑法没有明确表述规定，根据该罪名行为方式中“用于”“有关”“为”等限定性描述，结合司法解释的规定，非法利用信息网络罪的主观故意在于实施违法犯罪或者用于实施违法犯罪。两罪在主观故意方面的区别在于非法利用信息网络罪更侧重从行为方式判断行为人的真实意图，并不要求行为人明知他人实施违法犯罪，对关联违法犯罪行为现实可能性的要求更低。

第二，两罪的行为方式不同。帮助信息网络犯罪活动罪的行为方式主要包括技术支持类、广告推广类、支付结算类以及其他兜底类，其行为方式没有严格限制，几乎涵盖了信息网络犯罪的信息获取、推广引流、技术支持、支付结算等环节。非法利用信息网络罪的行为方式具有特定范围，仅限于设立用于实施违法犯罪活动的网站、通讯群组的设立行为和发布违法犯罪信息的发布行为。

第三，两罪关联行为的内容不同。帮助信息网络犯罪活动罪对关联行为的罪状表述是“犯罪”，通常要求以被帮助者实施的行为构成犯罪为前提。与帮助信息网络活动罪不同，非法利用信息网络罪的关联行为并不限于“犯罪”，其指向更为广泛，立法采取了“违法犯罪”的表述，既包括犯罪行为，也包括违法行为。此后的司法解释对“违法行为”作出进一步限缩规定，即属于刑法分则规定的行为类型但尚未构成犯罪的违法行为。在司法解释出台的同时，2019 年 10 月 25 日最高人民法院公布典型案例被告人黄某明、陶某新非法利用信息网络案，肯定其关联行为的主体可以是他人也可以是自己，即行为人的设立发布行为可以用于自己实施违法犯罪或者为了自己实施违法犯罪。

第四，两罪对关联行为的审查标准不同。对于帮助信息网络犯罪活动罪，司法实践采取审慎的态度，虽然有条件地采纳了独立的参与说，但仍然坚持正犯帮助行为说的基本立场，原则上以被帮助对象着手实行犯罪为前提，避免依据不确定的风险评价行为人的行为。非法利用信息网络罪是行为犯、抽象危险犯，只要行为人实施设立行为或者发布行为，即使关联的违法犯罪尚未着手实行，也不影响罪名的成立。故非法利用信息网络行为较之帮助信息网络犯罪行为更具有独立性，没有证据证实关联行为人实施具体违法犯罪或者是否到案受到刑事追究，并不影响非法利用信息网络罪的定罪处罚。

类型化三：提供银行卡等帮助转移赃款的司法认定

事先提供银行卡、事后进行刷脸转账帮助他人转移赃款的司法认定。

1. 司法实践中存在的主要分歧：行为人明知钱款系犯罪所得，事先提供银行卡，事后进行刷脸转账，帮助他人转移赃款，其行为构成帮助信息网络犯罪活动罪还是掩饰、隐瞒犯罪所得罪，抑或是以帮助信息网络犯罪活动罪和掩饰、隐瞒犯罪所得罪数罪并罚。

2. 审理该类型案件的主要思路：首先，查明行为人的客观行为。行为人通过何种方式提供银行卡，行为人向他人提供银行卡的数量，银行卡转移钱款的金额以及查实转移犯罪所得的金额。其次，查明行为人提供银行卡、刷脸转账的主观明知，是否明知卡内钱款系赃款。

该类型案件需要查明如下证据：（1）银行卡内钱款的往来明细；（2）银行卡内钱款的赃款性质、扣押或者冻结情况；（3）行为人及同案犯的供述；（4）被害人的陈述。

在认定事实时还需要考虑：行为人的认知能力、既往经历及交易对象，行为人所提供银行卡的资金流动异常性、银行卡是接收查实赃款的一级卡还是后续多层级卡，行为人获利情况等。

3. 该类型案件的裁判规则：行为人明知钱款系犯罪所得，事先提供银行卡，事后进行刷脸转账，帮助他人转移赃款的，构成掩饰、隐瞒犯罪所得罪。就司法实践而言，如果行为人提供的银行卡是直接接收被害人资金的一级卡，且仅单纯提供银行卡未实施转账、取现行为，被害人在关联诈骗犯罪既遂之前起帮助作用，符合帮助信息网络犯罪活动罪的客观行为要件；如果行为人提供的银行卡是资金流转过程中的后续多层级的信用卡，或者虽然行为人提供的银行卡是直接接收被害人资金的一级卡但此后卡内钱款又被行为人取现、转账，则行为人是在关联犯罪既遂后帮助转移赃款，则符合掩饰、隐瞒犯罪所得罪的客观要件。行为人事先提供银行卡，在诈骗既遂钱款到账后进行刷脸转账，属于一个概括故意支配下的犯罪行为，应当以掩饰、隐瞒犯罪所得罪定罪处罚，没有必要数罪并罚。

支付结算型帮助信息网络犯罪与掩饰、隐瞒犯罪所得罪虽然在行为方式上存在交叉关系，但是两罪在构成要件上存在明显不同。

一是两罪在主观明知方面存在区别。帮助信息网络犯罪活动罪对涉案资金性质的明知大多是“明知可能”，且不要求明确知道是犯罪所得，只要求概括性知道是非法资金即可。掩饰、隐瞒犯罪所得罪则要求行为人知道或者应当知道涉案钱款系犯罪所得及其收益。故支付结算型帮助信息网络犯罪活动犯罪与掩饰、隐瞒犯罪所得罪在主观明知方面各自的侧重点不同。若行为人将账户的大额钱款迅速进行频繁转账，对于此种高度隐蔽、频繁转账的资金流动方式，可以推断其明知转账钱款系犯罪所得。

二是两罪客观行为的实行时间节点不同。将两罪置于信息网络犯罪整体链条中予以考察，可知支付结算型帮助信息网络犯罪实行的时间节点包括关联犯罪的预备阶段、实行阶段直至既遂阶段。换言之，帮助信息网络犯罪活动罪所涉的帮助行为只可以是事前、事中的帮助行为，但不包括事后的帮助行为。掩饰、隐瞒犯罪所得罪则发生在关联犯罪既遂之后，行为人帮助掩饰、隐瞒资金、逃避刑事追究，属于事后帮助行为。

类型化四：提供引流微信群行为的司法认定

非法获取股民手机号码并向诈骗团伙提供引流微信群行为的司法认定。

1. 司法实践中存在的主要分歧：对于行为人明知他人利用信息网络实施犯罪仍为之提供个人信息的帮助行为，究竟认定为帮助信息网络犯罪活动罪，还是认定为侵犯公民个人信息罪。

2. 审理该类型案件的主要思路：首先，查明行为人的客观行为。行为人通过何种方式获取手机号码，如何形成微信群，手机号码、微信群的数量、类型及人员信息。其次，查明行为人的主观明知。行为人主观上是否明知他人利用信息网络实施犯罪，仍为之提供引流微信群。

审理该类型案件需要查明如下证据：（1）提取笔录、调取和接收的证据材料（包含手机号码等内容的文档信息）；（2）行为人的资金往来情况；（3）微信、QQ 的个人资料、群资料及聊天记录；（4）行为人及同案犯的供述；（5）被害人的陈述。

在事实的认定时还需要考虑：涉案手机号码和微信群的可识别性，能否反映自然人特定身份或活动情况，行为人与诈骗团伙是否形成稳定的配合、协作关系，行为人的违法所得情况。

3. 该类型案件的裁判规则：行为人明知他人利用信息网络实施犯罪，仍为之提供公民个人信息，此时公民个人信息罪与帮助信息网络犯罪活动罪的行为方式出现部分重合，二者之间的重合交叉关系，成立帮助信息网络犯罪活动罪和侵犯公民个人信息罪的想象竞合而非法条竞合，应当适用从一重罪处断原则。

分析两罪构成要件的逻辑关系可以得知，帮助信息网络犯罪活动罪的行为方式有可能包含提供公民个人信息的行为，也就是说，属于侵犯公民个人信息罪行为方式的出售、提供公民个人信息的行为，也可以是帮助信息网络犯罪活动罪的信息帮助行为，同时两罪又都有其他的行为方式，因此两罪之间存在一定的交叉关系。然而，这仅仅符合法条竞合的形式标准。法条竞合与想象竞合区分的实质标准：一是法益的同一性，即一个行为侵害了两个以上犯罪的保护法益时，就不可能是法条竞合，而只能认定为想象竞合。二是不法的包容性，即在一个行为同时触犯两个法条，只适用其中一个法条就能够充分、全面评价行为的所有不法内容时，两个法条才可能是法条竞合；倘若适用任何一个法条都不能充分、全面评价行为的不法内容，即使符合形式标准与法益的同一性标准，也只能认定为想象竞合。① 帮助信息网络犯罪活动罪和侵犯公民个人信息罪在行为方式上的交叉关系属于想象竞合而非法条竞合，理由如下：

第一，认定想象竞合更符合犯罪实质。两罪的主观、客观构成要素均有不同，情节严重认定的侧重点亦有所不同，不存在包容关系。虽然两罪都有向他人提供公民个人信息的行为方式，表面上看存在一定的交叉，但从实质上进一步考察可知两罪侵犯的法益不同，前罪侵犯的法益是信息网络秩序，属于社会管理秩序罪中的公共秩序；后者侵犯的法益是复合法益，既包括公民人身、民主权利的私法益，还包括以信息安全、网络空间秩序为主要内容的公法益。

第二，认定想象竞合更能体现充分评价原则和罪责刑相适应原则。对于明知他人利用信息网络实施犯罪仍向其提供公民个人信息帮助的行为人，既是侵犯公民个人信息罪的正犯，又是帮助信息网络犯罪活动罪的正犯，由于是单个行为同时触犯两个罪名，不能数罪并罚重复评价，适用想象竞合从一重罪处断的原则，这样不会放纵犯罪，也兼顾了想象竞合犯的数罪性质，能够对行为的不法性做出最充分的评价，做到罪责刑相适应。

---

① 参见张明楷：《法条竞合与想象竞合的区分》，载《法学研究》2016 年第 1 期。

第三，认定想象竞合具有法律依据。根据《刑法》第287条之二第3款规定，有帮助信息网络犯罪活动罪的行为，同时构成其他犯罪的，依照处罚较重的规定定罪处罚。“依照处罚较重的规定定罪处罚”（从一重罪处断）是想象竞合犯和牵连犯的处置原则在刑法中的条文表征，“从特别规定”才是对法条竞合的规范表述。明知他人利用信息网络实施犯罪仍向其提供公民个人信息帮助的行为系同一行为而非两个行为，并不涉及手段行为与目的行为或者原因行为与结果行为的牵连关系，该条款表述的罪数形态应当是想象竞合的基本规定。

类型化五：跑分卡主劫取银行卡内赃款的司法认定

跑分卡主预谋“黑吃黑”劫取自己银行卡内赃款的行为定性和罪数处理。

1. 司法实践中存在的主要分歧：供卡行为与掐卡行为的罪数应当如何处理是认定二者存在牵连关系择一重罪处罚还是实行数罪并罚的关键。

2. 审理该类型案件的主要思路：首先，查明行为人的客观行为，包括行为人所实施的供卡行为和“黑吃黑”掐卡行为，行为人掐卡犯意的形成等。其次，查明被害人被诈骗钱款的数额。

该类型案件需要查明如下证据：（1）线索来源、发破案经过及抓获经过；（2）微信账户信息及聊天记录、银行卡账户信息、交易流水及扣押情况等；（3）行为人及同案犯的供述；（4）被害人的陈述；（5）行为人的行踪轨迹、交通、住宿登记信息；（6）相关证人证言等。

在认定事实时还需要考虑：劫取银行卡犯意的形成时间，行为人在劫取银行卡共同犯罪的地位作用以及非法获利等情况。

3. 该类型案件的裁判规则：行为人预谋掐卡，为上家提供银行卡后，又伙同他人采取暴力方式控制上家，强行带出已转入赃款的本人银行卡。行为人的供卡行为和掐卡行为分别符合帮助信息网络犯罪活动罪和抢劫罪的构成要件，掐卡行为并非特定的某种犯罪，供卡行为不是掐卡行为的关键手段，掐卡行为也非供卡行为的通常目的，应当实行数罪并罚以实现量刑合理化，不能将之归入牵连犯。主要理由如下。

第一，主观犯意的类型化处理具有内在逻辑与现实矛盾。颇具代表性的观点认为，根据掐卡犯意产生的时间，掐卡行为可以分为事先预谋掐卡和事中临时起意掐卡两种情况。对于预谋掐卡，应当适用牵连犯择一重处。对于临时起意的掐卡，与供卡行为构成两罪，实行数罪并罚。[①]这种类型化的做法面临着一个无法回避的问题，即预谋的主观恶性通常大于临时起意的主观恶性，对预谋掐卡的供卡行为综合评价，对临时起意掐卡的供卡行为单独评价，不利于实现罪责刑相适应原则。另外，查清掐卡犯意产生的时间，然后进行精准定罪量刑，只是理想的状态。司法实践的困难往往在于很难查清当事人犯意的产生时间和具体内容。这样的罪数认定，也容易诱导被告人做出其系预谋掐卡这样有悖常理的辩解。

第二，只有实行数罪并罚才能实现量刑的合理化。一方面，就供卡行为而言，行为人供卡的具体情形不同，所涉及的罪名除了帮信罪[②]轻罪外，还可能是掩饰、隐瞒犯罪所得罪、[③] 洗钱罪、[④] 妨害信用卡管理罪[⑤]等重罪。另一方面，就掐卡行为而言，债权凭证的占有状态不同，行为人针对债权凭证实施的行为方式不同，刑法评价的罪名相应不同，可能

---

① 参见《电信网络诈骗中“黑吃黑”（俗称“掐卡”）行为的司法认定》，“108 号探案”2023 年第 2 期。

② 陕西省镇巴县人民法院（2023）陕 0728 刑初 28 号刑事判决书。

③ 安徽省铜陵市郊区人民法院（2022）皖 0711 刑初 61 号刑事判决书。

④ 北京市昌平区人民法院（2022）京 0114 刑初 176 号刑事判决书。

⑤ 湖南省湘潭市岳塘区人民法院（2022）湘 0304 刑初 7 号刑事判决书。

涉及侵占罪、[①] 盗窃罪、[②] 抢劫罪、[③] 诈骗罪、[④] 抢夺罪[⑤]等诸多罪名。此外，两者针对的行为对象即赃款数额往往不同，仅对掐卡行为予以处罚，不足以评价供卡行为的不法内涵。司法实践中具有复杂性和特殊性，供卡行为和掐卡行为并非特定的某种罪，仅适用一个重罪的法定刑，可能导致量刑失衡，必须实行数罪并罚，才能做到合理化量刑。

第三，供卡行为与掐卡行为不具有牵连关系。关于牵连关系的认定，通说采用类型说，即将牵连犯的手段与目的、原因与结果的关系类型化；[⑥] 只有具有类型化的关系时，也就是当某种手段通常用于实施某种犯罪，或者某种原因通常导致某种结果行为时，才宜认定为牵连犯。[⑦] 如前所述，掐卡行为并非罪名特定的某种犯罪，供卡行为不是掐卡行为的关键手段，掐卡行为也难言是供卡行为的通常目的。在通常情况下，供卡只是掐卡的准备行为或者先行行为，对掐卡并非起决定性作用的关键手段，不属于该类型手段行为的通常行为，应当对供卡行为与掐卡行为实行数罪并罚，不能将之归入牵连犯。

第四，对两罪实行并罚有利于刑事诉讼的进行。相较将供卡行为与掐卡行为整体评价的做法，对两罪实行并罚，可以清楚地看出前后行为如何定罪量刑，被告人据此考量能否接受，从而决定是否上诉；公诉机关据此判断是否公正，从而决定是否抗诉。司法实践往往是复杂多变的，供卡行为与掐卡行为的罪数如何处理，既要考虑到案件类型化处理的需要，也要警惕案件类型化之下可能掩盖的特殊情形，从而做出恰如其分

① 重庆市第一中级人民法院（2020）渝01刑终438号刑事裁定书。
② 河南省正阳县人民法院（2022）豫1724刑初27号刑事判决书。
③ 湖南省长沙市雨花区人民法院（2022）湘0111刑初546号刑事判决书。
④ 湖南省宁乡市人民法院（2022）湘0182刑初104号刑事判决书。
⑤ 湖南省新邵县人民法院（2022）湘0522刑初252号刑事判决书。
⑥ 参见甘添贵：《罪数理论之研究》，台北，元照出版有限公司2006年版，第212页。
⑦ 参见张明楷：《刑法原理》（第2版），商务印书馆2017年版，第470页。

的裁判。因此，对两罪实行数罪并罚，这样的罪数处理是妥当的，有利于刑事诉讼程序的进行和特殊情况的处理。

第三节　本罪涉及的主要法律法规、司法解释及案例索引

一、法律法规、司法解释及相关规范性文件索引

1.《中华人民共和国刑法》第二百八十七条之一、第二百八十七条之二、第三百一十二条、第二百六十三条

2.《中华人民共和国反电信网络诈骗法》（2022年9月2日公布，2022年12月1日施行）

3.《最高人民法院、最高人民检察院关于办理利用互联网、移动通讯终端、声讯台制作、复制、出版、贩卖、传播淫秽电子信息刑事案件具体应用法律若干问题的解释（二）》（法释〔2010〕3号，2010年2月2日公布，2010年2月4日施行）

4.《最高人民法院、最高人民检察院、公安部关于办理网络赌博犯罪案件适用法律若干问题的意见》（公通字〔2010〕40号，2010年8月31日公布，2010年8月31日施行）

5.《最高人民法院关于审理毒品犯罪案件适用法律若干问题的解释》（法释〔2016〕8号，2016年4月6日公布，2016年4月11日施行）

6.《最高人民法院、最高人民检察院、公安部关于办理电信网络诈骗等刑事案件适用法律若干问题的意见》（法发〔2016〕32号，2016年12月19日公布，2016年12月20日施行）

7.《最高人民法院、最高人民检察院关于办理非法利用信息网络、

帮助信息网络犯罪活动等刑事案件适用法律若干问题的解释》（法释〔2019〕15号，2019年10月21日公布，2019年11月1日施行）

8.《最高人民法院、最高人民检察院、公安部关于印发〈办理跨境赌博犯罪案件若干问题的意见〉的通知》（公通字〔2020〕14号，2020年10月16日公布，2020年10月16日施行）

9.《最高人民法院、最高人民检察院、公安部关于办理电信网络诈骗等刑事案件适用法律若干问题的意见（二）》（法发〔2021〕22号，2021年6月17日公布，2021年6月17日施行）

10.《最高人民法院刑事审判第三庭、最高人民检察院第四检察厅、公安部刑事侦查局关于“断卡”行动中有关法律适用问题的会议纪要》（2022年3月22日公布，2022年3月22日施行）

11.《浙江省高级人民法院、浙江省人民检察院、浙江省公安厅印发〈关于办理电信网络诈骗犯罪案件若干问题的解答〉的通知》（浙高法〔2020〕44号，2020年4月24日公布，2020年4月24日施行）

12.《重庆市高级人民法院、重庆市人民检察院、重庆市公安局关于办理电信网络诈骗及其关联犯罪案件法律适用问题的会议纪要》（渝检会〔2021〕7号，2021年4月25日公布，2021年4月25日施行）

13.《广东省高级人民法院、广东省人民检察院、广东省公安厅关于办理电信网络诈骗等刑事案件的工作指引（试行）》（粤公通字〔2021〕159号，2021年12月21日公布，2021年12月21日施行）

二、案例索引

1. 赵某帮助信息网络犯罪活动案（2019年10月25日最高人民法院发布非法利用信息网络罪、帮助信息网络犯罪活动罪典型案例之三）

2. 侯某元、刘某祈等帮助信息网络犯罪活动案（2019年10月25日最高人民法院发布非法利用信息网络罪、帮助信息网络犯罪活动罪典型

案例之四）

3．隆某柒帮助信息网络犯罪活动案（2022 年 9 月 6 日最高人民法院发布依法惩治电信网络诈骗犯罪及其关联犯罪典型案例）

4．薛某帮助信息网络犯罪活动案（2022 年 9 月 6 日最高人民法院发布依法惩治电信网络诈骗犯罪及其关联犯罪典型案例）

第三章

洗钱罪类型化审判

第一节 洗钱罪的立法嬗变及相关问题

一、洗钱罪的立法嬗变

洗钱罪是指为掩饰、隐瞒恐怖活动犯罪、走私犯罪、破坏金融管理秩序犯罪、金融诈骗犯罪、黑社会性质的组织犯罪、毒品犯罪、贪污贿赂犯罪等七类犯罪的犯罪所得及其产生的收益的性质和来源，采取各种形式、方法，使其表面上看起来“合法”的行为。该行为的基本构造如下：对象为上游七种类型特定犯罪所得及其收益——实施掩饰、隐瞒的性质和来源行为（包括自洗钱）——犯罪故意。

我国反洗钱方面的相关立法起始于1990年第七届全国人民代表大会常务委员会第十七次会议通过的《关于禁毒的决定》（现已失效），原《关于禁毒的决定》第4条关于对掩饰、隐瞒毒赃行为的相关规定，标志着“掩饰、隐瞒毒赃犯罪”设立，就此我国反洗钱刑事立法正式出现。随着1997年《刑法》的修订，《刑法》第191条、第312条、第349条规定的洗钱罪，掩饰、隐瞒犯罪所得、犯罪所得收益罪以及窝藏、转移、隐瞒毒品、毒赃罪共同构成了我国洗钱相关罪名体系。其中，洗钱罪先后经历了 2001 年《刑法修正案（三）》、[①] 2006 年《刑法修正案（六）》[②] 的修正完善，将规制的上游犯罪类型逐步充实到上述七类犯罪，并把犯罪主体界定为单位和自然人。2006 年 10 月 31 日，第十届全国人民代表大会常务委员会第二十四次会议通过《反洗钱法》。[③] 同时我国从 2004 年开始就探索与国际反洗钱法律制度接轨，2004 年 10 月作为创始成员之一成立区域性反洗钱组织"欧亚反洗钱和反恐融资小组"（Eurasian Group on Combating Money Laundering and Financing of Terrorism，EAG），2007 年 6 月正式成为全球反洗钱组织"金融行动特别工作组"（Financial Action Task Force on Money Laundering，FATF）成员。中国特色的反洗钱法律制度初步成熟并且融入全球化趋势。

2017 年 8 月，国务院办公厅出台《关于完善反洗钱、反恐怖融资、反逃税监管体制机制的意见》，从政策层面进一步强调要持续推进反洗钱监管的机制体制创新，同时明确要求推动研究完善反洗钱犯罪等相关刑事立法。2020 年 12 月，全国人大常委会通过《刑法修正案（十一）》，大幅度修改了洗钱罪的相关规定，将自洗钱行为犯罪化予以确认：一是将原条文中的"明知"删除；二是将原条文中第 2、3、4 项具体行为方式中的"协助"用语删除；三是在原条文中第 1 款第 3 项规定中增加"支付"方式；四是把原条文中"将资金汇往境外"修改为"跨境转移资产"；五是修改罚金刑，增加了单位犯罪双罚制下对直接责任人处以罚金刑，罚金刑的额度也从比例罚原则改为不限额。2024 年 8 月 19 日，最

① 上游犯罪中增加恐怖活动罪，并提高单位犯罪的法定刑。

② 上游犯罪中增加破坏金融管理秩序犯罪、贪污贿赂犯罪、金融诈骗犯罪，并把洗钱罪的行为方式之一"协助将财产转换为现金、金融票据"修改为"协助将财产转换为现金、金融票据、有价证券"。

③ 2024 年 4 月 23 日，在十四届全国人大常委会第九次会议上，反洗钱法修订草案首次审议。修订草案明确反洗钱是指为了预防和遏制通过各种方式掩饰、隐瞒犯罪所得及其收益的来源和性质的洗钱活动，以及相关犯罪活动，依照本法规定采取相关措施的行为。参见《反洗钱法修订草案首次审议 加强反洗钱监督管理》，载《人民日报》2024 年 4 月 25 日，第 4 版。

高人民法院、最高人民检察院发布《关于办理洗钱刑事案件适用法律若干问题的解释》（以下简称《洗钱解释》），就洗钱罪相关法律适用问题作出细化规定：一是明确“自洗钱”“他洗钱”犯罪的认定标准，以及“他洗钱”犯罪主观认识的审查认定标准；二是明确洗钱罪“情节严重”的认定标准；三是明确“以其他方法掩饰、隐瞒犯罪所得及其收益的来源和性质”的七种具体情形；四是明确洗钱罪与掩饰、隐瞒犯罪所得、犯罪所得收益罪的竞合处罚原则；五是明确罚金数额标准；六是明确从宽处罚的标准。

二、审理洗钱罪的总体思路

1. 上游犯罪的认定：在审理洗钱罪时，即使上游犯罪尚未依法裁判或因特殊原因不予追究刑事责任，只要查证属实，便不影响洗钱罪的审判。此外，上游犯罪事实可以确认，但依法以其他罪名定罪处罚的，也不影响洗钱罪的认定。

2. 法律规定的修改：洗钱罪的相关法律规定已经进行了修改，包括删除了“明知”要件和“协助”限制要件，这意味着降低了洗钱罪主观方面的认定标准，并且将“自洗钱”行为纳入了洗钱罪的规制范畴。同时，罚金只设置了下限并无上限，人民法院可以根据个案情况决定财产刑金额。

3. 洗钱行为的界定：洗钱罪的成立并不限于上游犯罪结束，只要在上游犯罪所得及其收益产生后即可成立。需要注意的是，上游犯罪实行行为组成部分的“提供资金账户”等行为，不应再评价为洗钱罪。

4. “他洗钱”范畴中的“知道或者应当知道”认定：在审理洗钱罪时，应当根据行为人所接触、接收的信息，经手他人犯罪所得及其收益的情况，犯罪所得及其收益的种类、数额，犯罪所得及其收益的转移、转换方式，交易行为、资金账户等异常情况，结合行为人职业经历、与上游犯罪人员之间的关系以及其供述和辩解，同案人指证和证人证言等情况综合审查判断。

5. 证据的收集与判断：在办理洗钱刑事案件时，应当严格按照法律规定和司法解释的要求，收集和审查证据，确保证据的合法性、相关性和充分性。

6. 金融监管与合作：由于洗钱行为通常涉及金融机构，因此在审理过程中，法院可能需要与金融监管部门合作，获取相关的金融交易记录和证据。

7. 国际合作：对于跨国洗钱行为，可能需要考虑国际法律协作，如通过司法协助、引渡等方式，加强与其他国家的合作，共同打击洗钱犯罪。

综上所述，在审理洗钱罪时，法院应当综合考虑上述各方面的问题，确保案件的公正审理，有效打击洗钱犯罪活动，维护国家经济金融安全。

三、洗钱罪构成要件解读

本罪侵犯的客体或者法益包括国家金融管理秩序以及正常司法活动秩序。本罪主体为自然人与单位，上游犯罪的行为人也能成立洗钱罪。本罪客观方面表现为行为人实施掩饰、隐瞒的处置行为，行为对象范围是《刑法》第191条规定的毒品犯罪等七类犯罪的犯罪所得及其收益，包括犯罪行为的直接所得与间接所得。本罪的主观方面表现为直接故意，即行为人具备对前述上游犯罪所得及其收益的认识。

1. 洗钱罪客体或法益的认定。关于洗钱罪侵犯的客体或者说保护的法益，目前理论和实践中主要存在三种观点：第一种观点认为洗钱罪的客体仅限于金融管理秩序；第二种观点则认为洗钱罪包含上游犯罪和金融管理秩序的双重法益;[①] 第三种为通说观点，认为洗钱罪侵害的是正常的国家金融管理秩序和司法活动秩序。

对此问题，我们倾向于第三种通说观点。第一，洗钱罪被规定在“破坏金融管理秩序罪”一节中，并不等同于洗钱罪侵害的客体仅仅只是金融管理秩序。一种犯罪侵害两种以上客体或法益的情况在我国刑法中并不罕见，在承认存在交叉关系的法条竞合的情况下，《刑法》第191条洗钱罪和第312条的掩饰、隐瞒犯罪所得、犯罪所得收益罪具有法条竞合关系，洗钱罪属于犯罪对象特殊的特别规定，规定在“破坏金融管理秩序罪”一节中以体现对金融管理秩序的特别保护。第二，如果认为洗钱罪应包括侵害上游犯罪的法益，那么上游犯罪和下游的洗钱犯罪就侵害了同样的法益，由于没有侵害新的法益，对自洗钱行为予以刑事处罚也就没有了理论根基。第三，将洗钱罪解释为以侵害金融管理秩序为主、以司法秩序为次的复合法益，能为自洗钱行为应受惩罚性提供支撑。无论是自洗钱还是他洗钱，都侵害了上游犯罪法益之外的金融管理秩序，给予刑事处罚是应当且必要的。

2. 上游犯罪范围的司法认定。洗钱罪的法定七类上游犯罪是指犯罪行为，而不是罪名。七类上游犯罪中走私犯罪、破坏金融管理秩序犯罪、金融诈骗犯罪归属《刑法》分则第三章，毒品犯罪、贪污贿赂犯罪也有章节罪名的归类位置。但另外两种类型恐怖活动犯罪、黑社会性质的组织犯罪，《刑法》没有明确的类罪名，这里应当解释为具有黑社会性质或者恐怖组织实施的杀人、绑架、爆炸等暴力性犯罪，以及破坏性的经济犯罪。比如，对于“两抢”犯罪、敲诈勒索、强买强卖等财产经济犯罪，虽然没有明确规定在洗钱罪的上游犯罪中，但若其系恐怖组织或者黑社会性质组织实施的，则可以纳入恐怖活动犯罪、黑社会性质的组织犯罪

---

① 参见张明楷：《洗钱罪的保护法益》，载《法学》2022年第5期。

的解释中。正如《洗钱解释》第 8 条规定所明确，“黑社会性质的组织犯罪的所得及其产生的收益”，是指黑社会性质组织及其成员实施相关犯罪的所得及其产生的收益，包括黑社会性质组织的形成、发展过程中，该组织及组织成员通过违法犯罪活动聚敛的全部财物、财产性权益及其孳息、收益。

根据最高人民法院、最高人民检察院于 2024 年 8 月 19 日发布的《洗钱解释》，认定洗钱犯罪不以上游犯罪生效刑事判决为前提，其具有下游犯罪的相对独立性（有下列情形的，不影响洗钱罪的认定：上游犯罪尚未依法裁判，但有证据证明确实存在的；有证据证明上游犯罪确实存在，因行为人逃匿未到案的；有证据证明上游犯罪确实存在，因行为人死亡等原因依法不予追究刑事责任的；有证据证明上游犯罪确实存在，但同时构成其他犯罪而以其他罪名定罪处罚的），只要有证据证明存在上游犯罪事实，即可同步开展洗钱罪的认定与查处。关于这一点，2021 年最高人民检察院与中国人民银行联合发布的典型案例之三“陈某枝洗钱案”，其裁判要旨明确洗钱罪的认定与追诉可与上游犯罪不同步进行，基于打击犯罪的功利性与效率考量，即便上游犯罪未经刑事判决确认，依然可以结合现有证据认定查处洗钱罪，洗钱罪并不依附于上游犯罪存在。

3. 洗钱行为的司法认定。洗钱活动实践中具体包括三个阶段：第一阶段是行为人把上游犯罪所得现金通过存款流入银行，或者借助其他流通工具转移到金融系统；第二阶段是行为人通过金融手段或者资金交易等形式，促使犯罪所得脱离出来，逐步脱钩于非法来源；第三阶段是资金回收或者汇总阶段，即通过将犯罪所得的“脏钱”经过清洗和漂白，使其套上合法来源的外在形式，再经过一系列投资消费转移或者流通进入合法领域。

根据《刑法》第 191 条第 1 款的规定，洗钱罪的行为手段具体包括五种行为方式。[①] 一是所谓“提供资金账户”，是指行为人提供来自境内或境外的、具有资金支付等功能的金融机构账户。这里的账户既包括使用真实身份信息注册的资金账户，也包括使用虚假身份信息、匿名身份注册的资金账户。需要指出的是提供资金账户不包括上游犯罪的行为人，因为上游犯罪的行为人将赃款存入账户的行为只是物理性转移，并未改变赃款性质，未起“化学反应”，此种情形不应纳入洗钱行为范畴。二是对于“将财产转换为现金、金融票据、有价证券”而言，它体现出行为人将上游犯罪所得及其收益，进行财产形式上的转换的过程。现金即为可以立即投入流通的货币；金融票据，指依法具有货币融通功能的、行使特定的票据，在我国包括票据法所规定的汇票、本票和支票；有价证券，是指具有经济价值，证明了持有者对特定财产享有物权或债权的权利凭证。三是“通过转账或者其他支付结算方式转移资金”，转账针对的是资金在不同账户中的流通，而“其他支付结算方式”则是指除转账之外，能够让涉案资金来源掩盖来源、改变持有主体，并且具有支付结算性质的手段，一般是指和票据的承兑、贴现等使涉案金融票据变现相关、有金融机构参与的支付结算手段。2019 年 2 月 1 日起施行的《最高人民法院、最高人民检察院关于办理非法从事资金支付结算业务、非法买卖外汇刑事案件适用法律若干问题的解释》列举了四种“非法从事资金支付结算业务”情形：使用受理终端或者网络支付接口等方法，以虚构交易、虚开价格、交易退款等非法方式向指定付款方支付货币资金的；非法为他人提供单位银行结算账户套现或者单位银行结算账户转个人账户服务的；非法为他人提供支票套现服务的；其他非法从事资金支付结算业务的情形。四是所谓“跨境转移资产”，是指在境内外之间使涉案资产

① 《刑法》第 191 条第 1 款列明的五种行为方式为：（1）提供资金账户；（2）将财产转换为现金、金融票据、有价证券；（3）通过转账或者其他支付结算方式转移资金；（4）跨境转移资产；（5）以其他方法掩饰、隐瞒犯罪所得及其收益的来源和性质的。

实现来源、所在地和持有主体转移的行为，包括境内外双向或者多向的资产转移洗钱行为。“转移”不仅包括通过金融机构汇往，还包括物理性的邮寄或运输等，资产的范围也要广于资金，包括货币、债权及实物等。[①]五是以其他方法掩饰、隐瞒犯罪所得及其收益的来源和性质的兜底条款，《洗钱解释》对此予以细分了 7 种情形。[②]

第二节 洗钱罪类型化裁判

类型化一：行为人对涉案财物的来源及属性主观认识的司法认定

1. 司法实践中存在的主要分歧：《刑法修正案（十一）》虽然删除了 2017 年修正的《刑法》第 191 条有关“明知”的规定，但根据主客观相一致的原则，认定为他人实施洗钱犯罪的，在主观上仍然要求“知道或者应当知道”是《刑法》第 191 条规定的七类上游犯罪所得及其产生的收益。实践中对于如何理解把握洗钱罪中主观要件，存在诸多分歧。例如，关于“知道或者应当知道”对象的理解，一种意见认为需认识到具体上游犯罪罪名的犯罪所得及收益，另一种意见认为只要对上游犯罪所得有概括的认知即可，还有意见认为应理解为一切犯罪所得及收益；再

① 参见董浩然：《洗钱罪立法修订审思与罪数问题》，载《人民司法》2022 年第 4 期。

② 《洗钱解释》第 5 条认定为《刑法》第 191 条第 1 款第 5 项规定的“以其他方法掩饰、隐瞒犯罪所得及其收益的来源和性质”有：（1）通过典当、租赁、买卖、投资、拍卖、购买金融产品等方式，转移、转换犯罪所得及其收益的；（2）通过与商场、饭店、娱乐场所等现金密集型场所的经营收入相混合的方式，转移、转换犯罪所得及其收益的；（3）通过虚构交易、虚设债权债务、虚假担保、虚报收入等方式，转移、转换犯罪所得及其收益的；（4）通过买卖彩票、奖券、储值卡、黄金等贵金属等方式，转换犯罪所得及其收益的；（5）通过赌博方式，将犯罪所得及其收益转换为赌博收益的；（6）通过“虚拟资产”交易、金融资产兑换方式，转移、转换犯罪所得及其收益的；（7）以其他方式转移、转换犯罪所得及其收益的。

如，关于“知道或者应当知道”程度的解读，同样存在“确定性”认识说、“概括性”认识说、“可能性”认识说等多种意见。

2. 审理该类型案件的主要思路：首先，对行为人实施自洗钱行为的，实践中无须再特意证明“知道或者应当知道”；行为人实施为他人洗钱行为的，仍须证明其主观“知道或者应当知道”要件，即并未改变“他洗钱”犯罪的认定条件。因此，要查明行为人的主观认识，行为人是否知道或者应当知道涉案财产来源及属性。其次，查明行为人的客观方面实施的行为，行为人如何与上游犯罪人联系对接，如何实施掩饰、隐瞒的行为。

审理该类型案件需要查明如下证据：(1) 行为人所接触、接收的信息、经手他人犯罪所得及其收益情况；(2) 犯罪所得及其收益的种类、数额以及转移、转换方式；(3) 涉案资金或者财产的流转记录、行为人与上游犯罪人的联系记录情况；(4) 行为人职业经历、与上游犯罪人员之间的关系；(5) 犯罪嫌疑人、被告人的供述和辩解、同案人指认和证人证言。

在认定事实时还需要考虑：行为人的身份与认知情况，接触犯罪所得及其产生的收益的时空环境，交易行为、资金账户的异常情况及行为人的一贯表现等主客观因素。对于自洗钱犯罪的认定，行为人既要有洗钱的故意，也要有实施刑法和司法解释规定的洗钱行为，要考虑是否属于上游犯罪的自然延伸、是否属于事后不可罚、是否具有刑法上期待可能性等情况，严格依照主客观一致原则认定。①

3. 该类型案件的裁判规则：行为人确实知道或者在案证据足以推定行为人可能认识到经手财物为七类上游犯罪所得及其产生的收益的，主观要件即可成立，进而认定为洗钱罪。理由如下。

第一，对于“他洗钱”行为，《洗钱解释》第2条明确采用“知道或者应当知道”作为洗钱罪主观要件的认定内容，同时第3条进一步规

① 参见李勇：《深入贯彻习近平法治思想　推动新时代金融犯罪审判工作高质量发展》，载《人民法院报》2023年11月16日。

定了作为推定“知道或者应当知道”的基础事实依据，该条第 2 款又明确，行为人实施洗钱行为时，在七类上游犯罪范围内发生了罪名认识错误，不影响“知道或者应当知道”的认定，即行为人将《刑法》第 191 条规定的七类上游犯罪所得及其收益中的其中一种误认为该条规定的其他六种上游犯罪的，不影响洗钱罪主观认识的认定。

第二，《刑事审判参考》第 286 号案例指出，对于洗钱罪中主观认定的对象内容与认识程度，只要证明行为人概括性认识到案涉财产属于七类犯罪所得及其产生的收益，就已达到“知道或者应当知道”的程度。首先，我国刑事立法明确地规定了洗钱罪的主观认识对象，即七类上游犯罪所得及收益，区别于国外“一刀切”的立法模式，国外将洗钱罪对象理解为所有犯罪所得，与我国的立法框架不相同。其次，从我国刑法认识论、错误论的理论角度出发，将洗钱罪主观认识对象解释为概括性的上游犯罪所得及收益更加周延，理论上也排斥将“知道或者应当知道”内容限定为具体类别罪名的解释。最后，应当区分应然与实然两个层面，“知道与应当知道”的这种注意义务是应然层面的，与行为人实然的可能性认知心理状态存在差异，因此证明标准不一样是可以接受的。换言之，只要行为人对经手财物系赃物存在可能性认识，即可成立主观上的“知道或者应当知道”。[①]

类型化二：行为人在非法集资等犯罪连续期间掩饰、隐瞒犯罪所得及收益的行为性质的司法认定

1. 司法实践中存在的主要分歧：成立洗钱罪一般是要求上游犯罪达到既遂或者虽未既遂但行为已完结，实践中存在某些上游犯罪是连续性的、持久性的，对于此类上游犯罪进行过程中产生的犯罪所得或者收益

① 参见中华人民共和国刑事审判第一、二、三、四、五庭主办：《中国刑事审判指导案例》（第 3 卷·破坏社会主义市场经济秩序罪），法律出版社 2017 年版，第 185 页。

予以掩饰、隐瞒，能否独立构成洗钱罪，存在一定争议。一种观点认为，构成洗钱罪的前提是上游犯罪事实成立并已经既遂，无论上游犯罪是否为连续性犯罪，不影响洗钱罪的认定。另一种观点则认为，洗钱罪的成立独立于上游犯罪，无须依赖上游犯罪完结，对于连续性犯罪存在多个链条的，可以分别认定洗钱罪。

2. 审理该类型案件的主要思路：首先，查明上游犯罪的类型特点。上游犯罪行为是否具有连续性，是否有多个可独立的阶段，各个阶段是否分别产生犯罪所得及收益，多个阶段之前行为的紧密性与区分度如何。其次，查明行为人的客观行为。行为人是否存在对上游犯罪一个环节的犯罪所得或收益进行洗钱行为，是否具有“边吸边洗”的行为特征。最后，查明行为人的主观认识。行为人对案涉财物行为与来源的认识程度如何，是否达到“知道或者应当知道”标准。

审理该类型案件需要查明如下证据：（1）行为人与上游犯罪分子的交流信息；（2）行为人帮助转移财产记录（时间、次数）；（3）犯罪所得的种类、数额；（4）行为人的供述。

在认定事实时还需要考虑：行为人何时开始参与帮助转移上游犯罪所得，帮助转移、转换行为共多少次，收取了多少报酬。

3. 该类型案件的裁判规则：在上游犯罪过程中，行为人实施掩饰、隐瞒犯罪所得及收益的行为，不一定成立上游犯罪的共犯。若上游犯罪行为具有连续性，在上游犯罪单个行为完成后的转移犯罪所得行为，可以认定为洗钱罪。理由如下：

第一，洗钱罪的构成不以上游犯罪是否结束为前提要件，在上游犯罪实施终了前着手实施洗钱的，同样可以认定为洗钱罪。从《洗钱解释》的规定看，即使上游犯罪未依法裁判，但有确实、充分的证据足以证实洗钱行为的，仍然可以成立洗钱罪。在上游连续性犯罪过程中，行为人对上游犯罪阶段性的犯罪所得及收益实施掩饰、隐瞒的行为，若符合洗钱罪的构成要件，则可予以独立认定评价，这也有利于实现对洗钱行为的精准、有效打击。相反，若将洗钱罪的成立限定于上游犯罪必须完结，则会不当压缩洗钱罪的司法适用的空间，不仅有违罪刑法定之嫌，更与当前反洗钱罪相关政策相违背。

第二，实践中对于非法集资犯罪中边吸边洗的行为已认定为洗钱罪。在最高人民检察院、中国人民银行2020年联合发布的惩治洗钱犯罪典型案例之二：雷某、李某洗钱案中，裁判要旨明确非法集资犯罪的构成表现为连续性地单个非法吸收资金行为的组合，在独立的各个集资环节阶段性完成后，通过洗钱的各种方式转移、混同资金性质与来源，已符合洗钱罪的犯罪构成，但是独立于上游犯罪非法吸收资金行为的，不能与其混为一谈，应单独认定为下游洗钱犯罪。

类型化三：行为人藏匿贿赂物等犯罪所得的行为性质的司法认定

1. 司法实践中存在的主要分歧：对单纯物理意义上的藏匿、转移七类洗钱上游犯罪所得的行为，究竟是认定构成洗钱罪还是掩饰、隐瞒犯罪所得、犯罪所得收益罪，存在一定争议。一种意见认为，《洗钱解释》第6条规定明确了洗钱罪与掩饰、隐瞒犯罪所得、犯罪所得收益罪竞合时的罚则，[①] 两罪名的关系应当理解为特别法与普通法，其区分标准就是看其上游犯罪是否属于《刑法》第191条洗钱罪所规定的七种犯罪之一，而两罪中“掩饰、隐瞒”的实行行为均应当包括“窝藏、转移、获取”等不具有改变犯罪所得来源和性质的行为在内，所以藏匿、转移上游犯罪所得的行为成立洗钱罪。另一种意见认为，《刑法》第191条规定的洗

---

① 《洗钱解释》第6条规定：“掩饰、隐瞒刑法第一百九十一条规定的上游犯罪的犯罪所得及其产生的收益，构成刑法第一百九十一条规定的洗钱罪，同时又构成刑法第三百一十二条规定的掩饰、隐瞒犯罪所得、犯罪所得收益罪的，依照刑法第一百九十一条的规定定罪处罚。实施刑法第一百九十一条规定的洗钱行为，构成洗钱罪，同时又构成刑法第三百四十九条、第二百二十五条、第一百七十七条之一或者第一百二十条之一规定的犯罪的，依照处罚较重的规定定罪处罚。”

钱罪的本质是侵害了金融管理秩序，从法益保护的立场出发，洗钱罪实行行为应该限缩解释为对特定上游犯罪所得及其收益来源和性质的掩饰、隐瞒行为，即要具有“洗”的效果，单纯物理意义上的窝藏、转移赃物的行为，不能认定为洗钱罪。

2. 审理该类型案件的主要思路：首先，查明行为人的客观行为。行为人用何种方式掩饰、隐瞒赃物，赃物是否为原始状态，是否存在财产形式转化。其次，查明行为人的主观认识。行为人是否有掩饰、隐瞒性质和来源的目的。

审理该类型案件需要查明如下证据：（1）犯罪所得及其收益的物证；（2）行为人帮助转移财产记录（时间、次数）；（3）行为人的供述；（4）上游犯罪人的证言。

在认定事实时还需要考虑：上游犯罪的范围，行为人与上游犯罪人的交流信息，窝藏、转移犯罪所得的地点。

3. 该类型案件的裁判规则：对藏匿、转移贿赂物等犯罪所得的行为，区别掩饰、隐瞒犯罪所得、犯罪所得收益罪与洗钱罪，要综合考量具体行为方式、主观故意以及所侵害的法益或客体等因素，不能仅以上游犯罪范围不同区分为准。物理意义上的转移赃物行为，仅仅是改变实物本身的空间状态，并未实际转换财产形式流入金融领域的，应认定为掩饰、隐瞒犯罪所得罪。理由如下：

第一，《刑法》将掩饰、隐瞒犯罪所得、犯罪所得收益罪以及窝赃、转移、隐瞒毒品、毒赃罪设置在“妨害社会管理秩序罪”章节，而单列洗钱罪将其置于“破坏金融管理秩序罪”一节中，并设置相对更高的法定刑，是立足于维护金融、经济安全的现实需要，洗钱罪的上游犯罪本身规模与社会危害性巨大，而洗钱行为对上游犯罪的持续助推作用理应予以特别规则。所以，相较于掩饰、隐瞒犯罪所得、犯罪所得收益罪，洗钱罪更加侧重于破坏金融安全以及金融管理秩序的性质，其行为手段应当表现为掩饰、隐瞒赃物性质和来源损害正常的金融流通秩序，即通常所说的把“黑钱”洗成“白钱”，通过金融手段给脏钱披上了合法的外衣。而掩饰、隐瞒犯罪所得、犯罪所得收益罪，其属性主要在于妨害司法机关的追赃活动，行为方式不局限于洗钱这种手段，还涵括窝赃、转移犯罪所得及其收益的空间处所等其他情况。两罪的主要区分点是行为对象中的上游犯罪类型，而在行为方式和行为性质上也存在一定差异，洗钱罪应当体现对国家的金融管理秩序的保护。

第二，即便说掩饰、隐瞒犯罪所得、犯罪所得收益罪与洗钱罪是法条竞合关系，前者是后者的一般条款，但这并不否认洗钱罪成立的特殊要件，要求行为人实施的掩饰、隐瞒行为必须具有“漂白”赃物的属性，并且主观上有掩饰、隐瞒性质和来源的目的。而在行为人缺乏转换财产形式主观认识而使用占有犯罪所得及其收益的场合，以《刑法》第312条的规定追究刑事责任，符合罪刑法定原则和立法本意。

第三，《刑事审判参考》第1103号案例指出，成立洗钱罪要求行为人的掩饰隐瞒罪犯所得及其收益行为通过一定金融手段来实现，通常要具有资金交易、票证兑换等涉金融流通领域的财产转换过程。实践中行为人对于贿赂犯罪所得实物或者现金的藏匿保管，因其只是物理意义上的窝藏转移行为，并未发生财产形式上的转换变化，不属于洗钱罪实质意义上掩饰、隐瞒赃物的性质和来源，因此只能构成掩饰、隐瞒犯罪所得、犯罪所得收益罪。①

类型化四：利用他人账户收取贿款后转入本人账户行为性质的司法认定

1. 司法实践中存在的主要分歧：行为人通过利用他人提供资金账户

① 参见《中国刑事审判指导案例》编写组编：《中国刑事审判指导案例》（第3卷·破坏社会主义市场经济秩序罪），法律出版社2021年版，第120页。

的行为定性，构罪与否及成立何罪等存在争议。第一种意见认为，不应构成洗钱罪。其认为单纯地提供资金账户行为属日常生活行为，并不涉及侵犯金融管理秩序，因为资金账户都为实名制，账户内的资金流向也是透明可查的，并没有导致金融流通中资金流的断点，谈不上形式上的资金“洗白”，无法达成掩饰、隐瞒犯罪所得的性质与来源的目的。行为人将赃款打入账户的行为后被转账、取现是上游犯罪的自然延伸，属于上游犯罪的一部分；而提供者与上游犯罪行为人联系紧密，明知其提供的资金账户被前置犯罪人用以收取犯罪所得及其收益，则可以构成前置犯罪的帮助犯。第二种意见则认为成立洗钱罪。理由是通过提供资金账户行为可以发现，这种行为阻碍了犯罪者与不法所得之间的因果关联，混淆了资金往来，切断了上游犯罪发展完整链条，损害了正常的金融秩序，属于洗钱罪“掩饰、隐瞒”犯罪所得来源的行为，随着自洗钱入罪后，自己提供资金账户的行为作为独立的环节，同样有必要予以实质性处罚。

2. 审理该类型案件的主要思路：首先，查明行为人利用他人资金账户的性质。行为人利用他人资金账户收取货款是否为上游犯罪的组成部分，是否起到了资金混同的效果。其次，查明行为人是否具有掩饰、隐瞒赃款的主观故意。

审理该类型案件需要查明如下证据：（1）行为人利用他人资金账户的交易记录；（2）行为人与账户提供者的关系；（3）行为人的供述；（4）账户提供者的证言。

在认定事实时还需要考虑：赃款何时流入他人账户，他人账户是否完全由行为人控制，通过用他人账户收取赃款后转入本人账户的方式转移多少款项。

3. 该类型案件的裁判规则：利用他人账户收取赃款后转入本人账户的行为，如果能起到资金混同、切断上游犯罪所得来源的，应以洗钱罪认定。理由如下：

第一，符合洗钱罪的构成要件。随着《刑法修正案（十一）》对洗钱罪的修正，犯罪主体扩大为自洗钱上游犯罪本犯和他洗钱者。“提供资金账户”作为洗钱行为方式之一，实践中利用他人提供资金账户、代为收取赃款是上游犯罪分子常用的掩饰、隐瞒手段。只要客观上实现了资金混同，达到切断赃款与上游犯罪的直接联系的效果，主观上有掩饰、隐瞒赃款的故意，即成立洗钱罪。

第二，有相关实践案例支撑。对利用他人账户接受毒资后转回自己账户的行为认定为洗钱罪，最高人民法院发布的 2022 年十大毒品（涉毒）犯罪典型案例之五——“万某能贩卖毒品、洗钱案”中裁判要旨明确，“为掩饰、隐瞒毒品犯罪所得的来源和性质，采取收买他人微信账号收取毒资后转至自己账号的支付结算方式转移资金，其行为又构成洗钱罪”。

类型化五：将上游犯罪所得及其收益自用的行为性质的司法认定

1. 司法实践中存在的主要分歧：行为人使用本人上游犯罪赃款进行购物消费等自用的行为，是否可以认定为自洗钱存在争议。[①] 有意见认为，应当以“是否为生活所需”为标准区别看待，对于自用行为明显超出了日常生活消费的可认定为自洗钱，若自用行为系生活所需必要的经济活动则可不认定为自洗钱；也有意见认为，应根据“数额”来区别认定，将违法收入作为自用消费的行为原则上具备掩饰、隐瞒属性，一般可认定行为人构成自洗钱，但排除小额非法收入的生活使用消费。

2. 审理该类型案件的主要思路：首先，查明行为人自用的方式。行为人是否将上游犯罪所得及其收益按照其本来属性加以利用，行为人日常生活消费习惯为何，收支是否正常合理。其次，判断行为人的主观故

① 参见黎宏：《“自洗钱”行为认定的难点问题分析》，载《法学评论》2023 年第 3 期。

意。行为人是否知道或者应当知道其为犯罪所得及其产生的收益，是否具有掩饰、隐瞒来源和性质的故意。

审理该类型案件需要查明如下证据：（1）犯罪所得及其收益的种类、数额；（2）犯罪所得的流向；（3）行为人的供述；（4）相关证人证言。

在认定事实时还需要考虑：行为人何时将犯罪所得自用，行为人用何种方式自用，自用次数、涉及金额多少。

3. 该类型案件的裁判规则：行为人对上游犯罪所得及其收益的利用，只是单纯地延续或者维持上游犯罪行为原有状态，不构成洗钱罪；行为人在完结上游犯罪后，通过自用方式切断混淆赃物来源与性质，实现了动态“漂白赃物”目的，可成立洗钱罪。理由如下：

第一，从犯罪构成本质上讲，判断行为能否成立犯罪，不仅形式上要符合构成要件该当性，而且实质意义上要有法益侵害的违法性，对于将犯罪所得及其收益自用的行为定性，应当综合行为是否符合掩饰、隐瞒赃物性质与来源的特点，是否具有洗钱“由黑变白”的性质，是否引起上游犯罪评价范围之外金融秩序法益的侵害等方面的判断认定。实践中，行为人以“自用”为名实施掩饰、隐瞒赃物来源和性质的“漂白”行为，通常也被认定为洗钱罪。比如，行为人将赃款投入股市并以自己或者他人名义投资理财、炒股、炒期货的，或者将违法犯罪所得用于囤房炒房、买珠宝炒黄金甚至投资开公司的，本质上都属于洗钱行为。

第二，最高人民检察院于 2022 年 11 月发布的第二批惩治洗钱犯罪典型案例中“冯某才等人贩卖毒品、洗钱案”明确，该案中虽然冯某才辩称毒赃是用于偿还其个人借款，但法院在审理中查明其陈述均含混不清，毒赃流向呈现即收即转的特点，案涉大部分资金转账时间与作案时间相吻合，也缺乏借款合同以及还款过程的证据佐证，最终法院认定其系“漂白”赃款的行为，具有掩饰、隐瞒犯罪所得及其收益的来源和性质的故意，构成贩卖毒品罪、洗钱罪。

类型化六：以虚构债权债务、转卖房产、投资入股等多种方式转移犯罪违法所得中洗钱犯罪数额的司法认定

1. 司法实践中存在的主要分歧：对于洗钱行为持续时间长、方式复杂多样情形，在洗钱罪数额的认定标准上存在一定争议。一种意见认为，应将行为人实施的所有洗钱行为涉及的财产价值与金额进行累计认定为洗钱数额。另一种意见认为，应区分进账与出账，对于同一笔进账，无论其后续是否多次转换，都只将进账的部分计算一次洗钱金额。

2. 审理该类型案件的主要思路：首先，查明行为人的客观行为。行为人用哪几种手段实施洗钱，分别涉及多少钱款，案发前归还了多少。其次，查明上游犯罪的情形。行为人掩饰、隐瞒了多少件上游犯罪所得，进账与出账的异常。

审理该类型案件需要查明如下证据：(1) 行为人的收款记录；(2) 行为人的出款记录；(3) 已退赔和追缴违法所得的数额；(4) 行为人的供述；(5) 其他同案犯或上游犯罪人的供述。

在认定事实时还需要考虑：转移赃款的方式、时间，以及收款与出款的时间，具体数额能否对应。

3. 该类型案件的裁判规则：长时间、多种方式洗钱的犯罪数额，以区分进出账的方式，对上游犯罪违法所得的首次洗钱行为计算入账金额。理由如下：

第一，行为人使用接收的上游犯罪违法所得资金进行转换、转移的行为属于洗钱方式的不同，并未从本质上增加被“洗白”资金的总数。若根据洗钱行为的次数累计计算洗钱金额，将会重复计算实际的洗钱金额，导致洗钱金额认定虚高，甚至造成无限制扩大洗钱金额的可能，不能客观反映行为人洗钱的真实数额进而影响对上游犯罪的司法认定和责任追究。上游犯罪违法所得历经数次洗钱行为后，可能形成的涉案财产

存在形式虽有不同，但财产的来源与性质并未发生实质性变化，对洗钱金额不进行累计计算有利于从客观上反映和查明上游犯罪所得及其收益的实际情况。

第二，洗钱犯罪数额的计算，《刑事审判参考》第1477号案例也予以了明确。该案中的裁判要旨指出，上游毒品犯罪人员刘某反侦查意识较强，在实施毒品犯罪过程中，伙同杨某敏、刘某通过购买房产、商铺、豪车，利用他人名义转存资金等多种方式掩饰、隐瞒自己的毒品犯罪违法所得。而以区分进出账的方式，对上游犯罪违法所得的首次洗钱行为计算入账金额，有利于方便认定洗钱金额的具体数额。

第三节　本罪涉及的主要法律法规、司法解释及案例索引

一、法律法规、司法解释及相关规范性文件索引

1.《中华人民共和国刑法》第一百九十一条

2.《最高人民法院、最高人民检察院关于办理洗钱刑事案件适用法律若干问题的解释》（法释〔2024〕10号，2024年8月20日施行）

3.《最高人民法院、最高人民检察院、公安部、司法部关于办理恐怖活动和极端主义犯罪案件适用法律若干问题的意见》（高检会〔2018〕1号，2018年3月16日施行）

4.《最高人民法院、最高人民检察院关于办理非法从事资金支付结算业务、非法买卖外汇刑事案件适用法律若干问题的解释》（法释〔2019〕1号，2019年2月1日施行）第五条

5.《最高人民法院、最高人民检察院、公安部、司法部关于办理黑

恶势力刑事案件中财产处置若干问题的意见》（2019 年 4 月 9 日施行）

6.《最高人民法院、最高人民检察院、海关总署关于印发〈打击非设关地成品油走私专题研讨会会议纪要〉的通知》（署缉发〔2019〕210 号，2019 年 10 月 24 日施行）

7.《最高人民检察院关于充分发挥检察职能服务保障“六稳”“六保”的意见》（高检发〔2020〕10 号，2020 年 7 月 22 日施行）第五条

8.《最高人民法院、最高人民检察院关于办理窝藏、包庇刑事案件适用法律若干问题的解释》（法释〔2021〕16 号，2021 年 8 月 11 日施行）第七条

9.《最高人民法院刑事审判第三庭、最高人民检察院第四检察厅、公安部刑事侦查局关于“断卡”行动中有关法律适用问题的会议纪要》（2022 年 3 月 22 日施行）第一条

二、案例索引

1. 杨某洗钱案（2019 年 6 月 25 日最高人民检察院发布检察机关依法惩治和预防毒品犯罪典型案例之四）

2. 曾某洗钱案，雷某、李某洗钱案，陈某枝洗钱案，张某洗钱案，林某娜、林某吟等人洗钱案，赵某洗钱案（2021 年 3 月 19 日最高人民检察院会同中国人民银行发布 6 件惩治洗钱犯罪典型案例）

3. 彭某峰受贿，贾某语受贿、洗钱违法所得没收案（2021 年 12 月 9 日最高人民检察院发布检例第 128 号）

4. 万某能等贩卖毒品、洗钱案［2022 年 6 月 25 日最高人民法院发布 2022 年十大毒品（涉毒）犯罪典型案例之五］

5. 袁某志洗钱案、周某成洗钱案（2022 年 9 月 22 日最高人民法院发布十起人民法院依法惩治金融犯罪典型案例之九、十）

6. 黄某洗钱案，丁某环、朱某洗钱、鹿某掩饰、隐瞒犯罪所得收益

案，李某华洗钱案，马某益受贿、洗钱案，冯某才等人贩卖毒品、洗钱案（2022年11月3日最高人民检察院发布检察机关惩治洗钱犯罪典型案例）

7. 天津孟某、苏某飞贩卖毒品、洗钱案（2022年11月23日最高人民检察院发布）

8. 袁某贩卖、制造毒品、洗钱案（2023年6月25日最高人民检察院发布）

9. 汪某洗钱案（《刑事审判参考》第286号案例）

10. 潘某民、祝某贞、李某明、龚某洗钱案（《刑事审判参考》第471号案例）

11. 李某红等内幕交易、泄露内幕信息案（《刑事审判参考》第735号案例）

12. 姜某掩饰、隐瞒犯罪所得案（《刑事审判参考》第1103号案例）

13. 刘某、杨某敏洗钱案（《刑事审判参考》第1477号案例）

第四章

诈骗罪类型化审判

第一节　诈骗罪的立法嬗变及相关问题

一、诈骗罪的立法嬗变

诈骗罪是指以非法占有为目的，用虚构事实或者隐瞒真相的方法，骗取数额较大的公私财物的行为。该行为的基本构造如下：行为人实施了欺诈行为——欺骗行为使对方产生了错误认识——被害人（含被骗者）基于错误认识“自愿”处分财物——行为人或者第三人取得了数额较大的财物——被害人遭受了财产损失。

诈骗罪的立法在我国经历了一系列的演变过程，我国刑法对诈骗罪的规定，体现了立法者对于诈骗行为认定的基本逻辑，即行为人通过虚构事实或隐瞒真相的方式实施欺诈，导致被害人产生错误认识并基于此错误认识处分财产，最终使行为人非法获得财产。这一逻辑体现了诈骗罪构成的主观和客观要件，以及行为人与被害人之间的互动关系。

随着社会的发展和犯罪形态的变化，诈骗罪的立法也在不断地完善和发展。例如，为了更好地惩治和预防诈骗犯罪，我国《刑法》第 266 条对诈骗罪的规定进行了科学合理的设计，为有效打击诈骗罪提供了法律依据。同时，为了适应金融领域的特殊性，《刑法》分则第三章第五节专门规定了金融诈骗罪的特殊法条，包括集资诈骗罪、贷款诈骗罪等八个具体罪名。在未来，诈骗罪的立法和司法实践前景将继续发展，可能会更多地提出关于诈骗罪立法完善的建议，以使刑事立法更加科学和合理。这些改进可能涉及对现有法律条文的修订，或是新增相关条款以覆盖新出现的诈骗方式，从而确保法律能够有效应对各种新型诈骗行为。

二、审理诈骗罪的总体思路

1. 审查行为人是否有诈骗行为：诈骗行为是虚构事实、隐瞒真相的行为，但是，并非所有虚构事实、隐瞒真相的行为都构成诈骗罪。

2. 审查被害人是否因行为人的诈骗行为而产生错误认识：如果被害人没有产生错误认识，或者产生错误认识后没有自愿将财产交给行为人，那么就不能认定为诈骗罪。

3. 审查行为人是否具有非法占有目的：如果行为人没有非法占有目的，而是因其他原因占有了被害人的财产，那么就不能认定为诈骗罪。

4. 审查行为人是否采取了欺诈手段：如果行为人没有采取欺诈手段，而是通过其他手段占有了被害人的财产，那么就不能认定为诈骗罪。

在审理电信网络诈骗类案件时，还需要关注行为人是否利用通讯工具或互联网等技术手段，发布虚假信息、设置骗局，通过远程控制方式实施诈骗。此外，根据《刑法》的相关规定，对于涉嫌诈骗罪的被告人，可能会被判处3年以下有期徒刑、拘役或者管制，并处或者单处罚金。

三、诈骗罪构成要件解读

本罪侵犯的客体是公私财物的所有权。本罪主体为一般主体，只能由自然人构成，单位不能成为本罪的主体。本罪的主观方面为直接故意，且具有非法占有公私财物的目的。本罪客观方面表现为行为人虚构事实、隐瞒真相骗取他人财物，数额较大的行为。

1. 诈骗行为的认定。诈骗罪中的诈骗行为包括虚构事实和隐瞒真相两种。虚构事实是指对被害人捏造客观上并不存在的事实；隐瞒真相是指对被害人隐瞒客观存在的某种事实。虚构事实和隐瞒真相两种行为虽然存在一定的区别，但其目的都是使被害人产生认识错误而处分财物，从而实现非法占有被害人的财物。如果行为人虚构事实、隐瞒真相的行为不具有上述目的，就不能认为是诈骗罪中的诈骗行为。比如，行为人虚构领导有急事找被害人的事实，目的是想把被害人支开，进而窃取被害人的财物。这种虚构事实的欺诈行为因不具有骗取被害人财物的目的，因此不属于诈骗罪中的诈骗行为。实践中还有很多骗借案件，要注意与以借贷为名行诈骗之实的案件区分开来，骗借案件中行为人虽然也存在虚构事实、隐瞒真相的行为，但其目的是借得资金使用，并不具有非法占有目的，因此，也不属于诈骗罪中的诈骗行为。关于这一点，《刑事审判参考》第 1342 号案例黄某诈骗案的裁判要旨就曾指出，虽然编造谎言、隐瞒真相，骗借被害人的钱款，但有证据表明被告人有提出还款要求的行为，具有还款意愿，且有偿还能力，故其主观上并没有非法占有的目的，不构成诈骗罪，属于民间借贷纠纷。

单纯利用对方错误的行为是否属于隐瞒真相的诈骗行为，这一问题在德日刑法中是一个颇有争议的问题。例如，顾客在退货过程中，商家因失误多退了货款给顾客，顾客明知商家多退了钱而默默领受。有德日学者认为，顾客违背诚信原则未告知商家多退了货款的事实，可以认为是隐瞒真相型的不作为欺诈，可以构成诈骗罪。不过，在我国刑法中，对这一问题基本达成共识，那就是这种情况属于民法上的不当得利，不能构成诈骗犯罪。因为其不符合诈骗罪的基本构成，行为人虽然有隐瞒真相的行为，但其隐瞒真相的行为并不是使对方产生认识错误进而处分财物的原因，因此不属于诈骗罪中的诈骗行为。

2. 他人认识错误的认定。使他人产生认识错误，是行为人实施的诈骗行为能得以既遂的必要条件。如果他人并未因行为人的诈骗行为产生认识错误，即使其向行为人给付了财物，行为人的诈骗行为也不能构成既遂，而只能构成未遂。

关于诈骗罪中的他人认识错误，一直以来有个争议较大的问题就是机器能否被骗。有观点认为，机器不存在认识错误问题，不能被骗，因此针对ATM、自动售货机等机器实施的欺骗行为，比如用类似硬币的金属片代替投币，都不能构成诈骗罪，而只能构成盗窃罪。也有观点认为，机器对财物的处置体现的是其背后的人的意志，对机器使诈，实际上就是对其背后的人使诈，使其陷入认识错误，进而根据预设程序指令机器完成财物交付行为，因此，可以构成诈骗罪。对此问题，我们倾向于后一种观点。机器只是一种辅助人开展工作的工具，并不是一个主体，人们在自动售货机上购买物品，这些物品并不是自动售货机卖给顾客的，而是设置自动售货机的商家卖给顾客的。因此，自动售货机并不存在是否被骗的问题，它的错误实际上就是商家的一种程序性的认识错误，基于这种程序性的认识错误，商家指令自动售货机交付财物，因而被骗。以机器不能被骗为由对此类案件一律认定为盗窃罪是站不住脚的，照此观点，在ATM上冒用骗来的他人信用卡取款的行为，也要认定为盗窃罪，这显然与法律规定相悖。

3. 处分行为的认定。被害人有基于认识错误的处分财物行为是诈骗罪基本构造的必备环节。排除诈骗未遂等特殊形态，如果被害人没有基于认识错误的处分财物行为，即使被害人的财物转移为行为人占有，也不能认定行为人的行为构成诈骗罪。因为诈骗罪在最终的取财环节一定是被动接受型，即接受被害人对财物的处分而获取财物，如果被害人不存在处分财物行为，那行为人获取财物的主要原因一定不是诈骗，而是盗窃、抢夺或者其他侵犯财产行为，并据此构成盗窃罪、抢夺罪或其他侵犯财产犯罪。

认定处分行为时需要把握以下四个要点：一是被害人一定要有处分财物的主观意思，没有主观处分意思的单纯的交付转移财物的身体动作不构成处分行为。二是处分行为以转移财物的占有为标准。被害人是否有转移财物所有权的意思不影响处分行为的成立，但转移占有也不等同于转移持有，需要注意区分。有的情况下，被害人虽因受骗而将财物转移给行为人持有，但财物仍在被害人的视线范围内，此时不宜认定被害人实施了处分财物行为。三是对财物的种类、数量等的认识错误不影响处分行为的成立。四是诈骗罪中处分财物行为不以对财物的自由支配为前提，商店的营业员对商店里的商品虽然没有自由支配的权利，但其被骗交付商品的行为仍然属于对财物的处分行为。

根据2011年《最高人民法院、最高人民检察院关于办理诈骗刑事案件具体应用法律若干问题的解释》第1条的规定，诈骗公私财物价值3000元至1万元以上、3万元至10万元以上、50万元以上的，应当分别认定为《刑法》第266条规定的“数额较大”“数额巨大”“数额特别巨大”。各省、自治区、直辖市高级人民法院、人民检察院可以结合本地区经济社会发展状况，在规定的数额幅度内，确定本地区执行的具体数额标准，报最高人民法院、最高人民检察院备案。根据2016年《最高人民法院、最高人民检察院、公安部关于办理电信网络诈骗等刑事案件适用法律若干问题的意见》的规定，电信网络诈骗“数额较大”“数额巨大”“数额特别巨大”的标准为3000元以上、3万元以上、50万元以上。

诈骗数额接近《最高人民法院、最高人民检察院关于办理诈骗刑事案件具体应用法律若干问题的解释》第1条规定的“数额巨大”“数额特别巨大”的标准，并具有以下情形之一的，应当分别认定为《刑法》第266条规定的“其他严重情节”“其他特别严重情节”：（1）通过发送短信、拨打电话或者利用互联网、广播电视、报纸杂志等发布虚假信息，对不特定多数人实施诈骗的；（2）诈骗救灾、抢险、防汛、优抚、扶贫、移民、救济、医疗款物的；（3）以赈灾募捐名义实施诈骗的；（4）诈骗残疾人、老年人或者丧失劳动能力人的财物的；（5）造成被害人自杀、精神失常或者其他严重后果的；（6）系诈骗集团首要分子的。需要注意的是，电信网络诈骗“其他严重情节”一般不适用该条解释认定，因为接近《最高人民法院、最高人民检察院关于办理诈骗刑事案件具体应用法律若干问题的解释》第1条规定的“数额巨大”标准的数额一般也都高于电信网络诈骗的“数额巨大”标准3万元以上。

电信网络诈骗中，诈骗数额难以查证，但具有下列情形之一的，应当认定为《刑法》第266条规定的“其他严重情节”，以诈骗罪（未遂）定罪处罚：（1）发送诈骗信息5000条以上的，或者拨打诈骗电话500人次以上的；（2）在互联网上发布诈骗信息，页面浏览量累计5000次以上的。数量达到上述标准10倍以上的，应当认定为《刑法》第266条规定的“其他特别严重情节”，以诈骗罪（未遂）定罪处罚。电信网络诈骗是指通过电信网络针对不特定多数人实施的诈骗犯罪，因此，如果诈骗行为是针对特定人实施的，即使是通过电信网络实施，也不属于电信网络诈骗犯罪。

第二节　诈骗罪类型化裁判

类型化一：对“财物失控”型的司法认定

被害人已经失去对财物的控制，但行为人尚未取得财物的犯罪形态的司法认定。

1. 司法实践中存在的主要分歧：关于诈骗罪的既遂标准，存在一定争议。第一种意见认为，应以被害人失去对财物的控制为诈骗罪既遂标准，《检察机关办理电信网络诈骗案件指引》对此明确规定“电信网络诈骗应以被害人失去对被骗钱款的实际控制为既遂认定标准”。第二种意见认为，应以行为人取得涉案财物为诈骗罪既遂标准。

2. 审理该类型案件的主要思路：首先，查明行为人的客观行为。行为人通过何种方式实施诈骗行为，诈骗财物价值多少。其次，查明被骗财物的状态。被骗财物是否已为行为人所控制。

审理该类型案件需要查明如下证据：（1）涉案钱款的转账及撤销转账记录；（2）涉案财物的查封、扣押、冻结凭证；（3）行为人的供述；（4）被害人的陈述。

在认定事实时还需要考虑：涉案行为发生的时间、地点，被告人通过何种方式实施诈骗，被害人被诈骗了多少财物，这些被诈骗的财物哪些已经为行为人所控制，哪些还尚未被行为人控制。

3. 该类型案件的裁判规则：诈骗罪应以行为人取得涉案财物为既遂标准，被害人已经失去对财物的控制，但行为人尚未取得财物的，不认定诈骗既遂。理由如下：

第一，诈骗罪不同于盗窃罪，其既遂标准不宜采用被害人失控说，这是由诈骗罪的基本构造决定的，在诈骗罪完成形态的基本构造中行为人取得财物是最后一个环节，只有全部环节具备，诈骗罪才构成既遂。所以，诈骗罪宜以行为人取得财物为既遂标准。

第二，诈骗罪既遂的行为人控制说标准，也得到了指导性案例的认可。《刑事审判参考》第 1065 号案例王某杰诈骗案裁判要旨指出，假借国家公权力强制执行类诈骗案件中，因为作为独立第三者的人民法院的介入，基于公权力将涉案财物予以扣押、冻结时，财物虽然已经脱离了被害人的控制，但并不意味着诈骗犯罪既遂，因为涉案财物此时处于国家公权力控制之中，并未为被告人控制，只有当涉案财物为被告人控制或者按照被告人的意愿进行处置后，被告人的诈骗犯罪才构成既遂。

第三，《检察机关办理电信网络诈骗案件指引》规定“电信网络诈骗应以被害人失去对被骗钱款的实际控制为既遂认定标准”，似乎与诈骗罪以取得财物为既遂标准存在矛盾。但我们的理解是，这句话有其特殊的语境，它是针对被害人是否对财物失去控制这一问题而言的。这句话后面紧接着的表述是“一般情形下，诈骗款项转出后即时到账构成既遂。但随着银行自助设备、第三方支付平台陆续推出‘延时到账’‘撤销转账’等功能，被害人通过自助设备、第三方支付平台向犯罪嫌疑人指定账户转账，可在规定时间内撤销转账，资金并未实时转出。此种情形下被害人并未对被骗款项完全失去控制，而犯罪嫌疑人亦未取得实际控制，应当认定为未遂”。在电信网络诈骗中，被害人对财物的失控与行为人对财物的控制基本都是同步产生的，所以失控说和控制说在电信网络诈骗犯罪既未遂认定中的效果基本没有差别。

类型化二：帮助“取款”行为的司法认定

明知他人实施电信网络诈骗犯罪而帮助其取款行为的司法认定。

1. 司法实践中存在的主要分歧：明知他人实施电信网络诈骗犯罪而帮助诈骗犯罪分子取款的行为，究竟是构成诈骗共犯还是掩饰、隐瞒犯罪所得、犯罪所得收益罪，存在一定争议。第一种意见认为，根据《最高人民法院、最高人民检察院、公安部关于办理电信网络诈骗等刑事案件适用法律若干问题的意见》规定，明知他人实施电信网络诈骗犯罪，具有下列情形之一的，以共同犯罪论处，但法律和司法解释另有规定的除外：（1）提供信用卡、资金支付结算账户、手机卡、通讯工具的；（2）非法获取、出售、提供公民个人信息的；（3）制作、销售、提供“木马”程序和“钓鱼软件”等恶意程序的；（4）提供“伪基站”设备或相关服务的；（5）提供互联网接入、服务器托管、网络存储、通讯传输等技术支持，或者提供支付结算等帮助的；（6）在提供改号软件、通话线路等技术服务时，发现主叫号码被修改为国内党政机关、司法机关、公共服务部门号码，或者境外用户改为境内号码，仍提供服务的；（7）提供资金、场所、交通、生活保障等帮助的；（8）帮助转移诈骗犯罪所得及其产生的收益，套现、取现的。因此，明知他人实施电信网络诈骗犯罪而帮助诈骗犯罪分子取款的行为，符合该规定第（8）项情形，应认定为诈骗罪共犯。第二种意见认为，明知他人实施电信网络诈骗犯罪而帮助诈骗犯罪分子取款的行为，并不一定构成“明知而帮助型”共犯。关键是要看行为人的帮助取款行为是否参与到了诈骗犯罪中，如参与到了诈骗犯罪中，就构成共犯；如未参与到诈骗犯罪中，就构成掩饰、隐瞒犯罪所得、犯罪所得收益罪。

2. 审理该类型案件的主要思路：首先，查明行为人的客观行为。行为人帮助电信诈骗犯罪分子取诈骗款，是否存在事先共谋，是否在多次合作中形成了某种默契，从而实质性地参与到电信诈骗犯罪中成为一个环节。其次，查明行为人的主观认识。行为人是否明知其帮助取的是电信诈骗犯罪的诈骗款。

审理该类型案件需要查明如下证据：（1）行为人与电信诈骗犯罪分子的交流信息；（2）行为人帮助取款记录（时间、次数）；（3）行为人的供述；（4）被害人的陈述。

在认定事实时还需要考虑：行为人何时开始受电信诈骗犯罪分子的指使，帮助其实施取款行为，帮助取款行为共多少次，取款金额有多少，收取了多少报酬。

3. 该类型案件的裁判规则：明知他人实施电信网络诈骗犯罪而帮助诈骗犯罪分子取款的行为，并不一定构成“明知而帮助型”共犯。关键是要看行为人的帮助取款行为是否参与到了诈骗犯罪中，如参与到了诈骗犯罪中，就构成共犯；如未参与到诈骗犯罪中，就构成掩饰、隐瞒犯罪所得、犯罪所得收益罪。理由如下：

第一，《最高人民法院、最高人民检察院、公安部关于办理电信网络诈骗等刑事案件适用法律若干问题的意见》规定，明知他人实施电信网络诈骗犯罪，帮助转移诈骗犯罪所得及其产生的收益，套现、取现的，构成共犯。该规定是指取款等行为参与到了电信诈骗犯罪当中。比如，行为人明知是诈骗犯罪团伙，持续地实施诈骗犯罪，反复多次帮助取现诈骗犯罪收益，即使事先无明确的犯罪意思联络，也可以认为其与诈骗团伙已经形成了默契，帮助取款行为已经参与到了诈骗犯罪之中，故可以认定为"明知而帮助型"诈骗共犯。

第二，帮助取款行为是否构成电信网络诈骗共犯，不能机械理解上述规定，还要遵循基本的法理。如果行为人明知他人实施诈骗行为，而在他人诈骗既遂后帮助实施了一次取款行为，其行为就不能构成诈骗罪的共犯，因为他人的诈骗行为已经实施完毕，行为人并未参与到他人的诈骗行为中，故其行为一般构成掩饰、隐瞒犯罪所得、犯罪所得收益罪。

类型化三：诱骗他人参赌的行为的司法认定

设置圈套诱骗他人参赌的行为的司法认定。

1. 司法实践中存在的主要分歧：设置圈套诱骗他人参赌的行为，究竟是构成赌博罪还是诈骗罪存在一定争议。第一种意见认为，此类行为应认定赌博罪。1991 年 3 月 12 日最高人民法院研究室曾在《关于设置圈套诱骗他人参赌获取钱财的案件应如何定罪问题的电话答复》（以下简称《1991 年答复》）中指出："对于行为人以营利为目的，设置圈套，诱骗他人参赌的行为，需要追究刑事责任的，应以赌博罪论处。"1995 年 11 月 6 日《最高人民法院关于对设置圈套诱骗他人参赌又向索还钱财的受骗者施以暴力或暴力威胁的行为应如何定罪问题的批复》（以下简称《1995 年批复》）中指出："行为人设置圈套诱骗他人参赌获取钱财，属赌博行为，构成犯罪的，应当以赌博罪定罪处罚。参赌者识破骗局要求退还所输钱财，设赌者又使用暴力或者以暴力相威胁，拒绝退还的，应以赌博罪从重处罚；致参赌者伤害或者死亡的，应以赌博罪和故意伤害罪或者故意杀人罪，依法实行数罪并罚。”目前，《1991 年答复》已被废止，但《1995 年批复》仍现行有效。第二种意见认为，设置圈套诱骗他人参赌的行为，如果输赢结果完全是由行为人控制的，便不具有赌博性质，而是诈骗行为，应以诈骗罪定性；如果行为人只是通过概率来获利，即使过程中有“出千”等弄虚作假行为的，也属于赌博的范畴，应以赌博罪认定。

2. 审理该类型案件的主要思路：首先，查明行为人设置的圈套性质，行为人设置的圈套是通过概率来获利还是输赢结果完全由行为人控制。其次，查明行为人的获利数额，行为人通过“赌博”圈套获取了多少财物。最后，查明行为人是否以此为业或者聚众实施此类行为。如果行为人设置的圈套是通过概率获利，就要进一步查明行为人的行为是否符合赌博罪的构成要件。

审理该类型案件需要查明如下证据：（1）行为人的诱赌道具；（2）行为人存款记录和接收转账记录；（3）行为人的供述；（4）被害人的陈述。

在认定事实时还需要考虑：行为人何时通过何种方式设置何种圈套诱骗他人参与赌博，输赢结果是否完全由行为人控制，通过设置圈套的方式获取多少财物；如果不是纯粹的骗局，是否存在聚众赌博或者以赌博为业的情况。

3. 该类型案件的裁判规则：设置圈套诱骗他人参赌的行为，如果输赢结果完全是由行为人控制的，便不具有赌博性质，而是诈骗行为，应以诈骗罪定性；如果行为人只是通过概率来获利，即使过程中有“出千”等弄虚作假行为的，也属于赌博的范畴，应以赌博罪认定。理由如下：

第一，《1995年批复》有其时代背景，且该规定也只是说“属赌博行为，构成犯罪的，应当以赌博罪定罪处罚”。如果输赢结果完全是由行为人控制的，已经不属于赌博行为，而是诈骗行为，故可认为不属于该批复规制的情况。

第二，对于设置圈套诱骗他人参赌行为，实践中也早已有以诈骗罪定性的案例，如《最高人民法院公报》2007年第8期就曾刊载了黄某、袁某军等诈骗案，指出该案行为人出于非法占有他人财产的目的，采取虚构事实、隐瞒真相、设置圈套的方法诱使他人参加赌博，并以欺诈手段控制赌局的输赢结果，从而骗取他人财物，应构成诈骗罪。

类型化四：表见代理骗财行为的司法认定

行为人利用单位职务便利，通过表见代理骗取他人财物行为的司法认定。

1. 司法实践中存在的主要分歧：关于行为人利用单位职务便利，通过表见代理骗取他人财物的行为，究竟是构成诈骗罪还是职务侵占罪，曾长期存在争议。第一种意见认为，行为人虚构事实、隐瞒真相，使对方陷入认识错误，从而“自愿”将财物交付给行为人，属于诈骗行为，应构成诈骗罪。第二种意见认为，职务侵占也可以骗取的方式实施，行为人利用职务便利，通过表见代理骗取他人财物，后果归属于单位，骗取的他人财物应属于单位财物，行为人利用职务便利据为己有的，应构成职务侵占罪。对于第二种意见，指导性案例的观点也有变化。在《刑事审判参考》第484号案例虞某强职务侵占案中，裁判要旨认为，利用职务便利实施诈骗，如果构成对本单位的表见代理，则获取的财物应属于单位财物，利用职务便利将该财物占为己有的，构成职务侵占罪。而在《刑事审判参考》第1218号案例杨某诈骗案中，裁判要旨则认为，行为人是否具有代理权以及是否构成表见代理，对于行为人占有、处分被害人所交付的财物，是构成诈骗罪还是职务侵占罪，没有刑法上的意义。判断行为人占有、处分被害人财物的行为性质，必须看该财产是否处于行为人所在单位占有和控制下。如果是，那么行为人的行为性质属于职务侵占；如果不是，那么行为人的行为性质属于诈骗。

2. 审理该类型案件的主要思路：首先，查明行为人的客观行为。行为人是否利用职务便利虚构事实、隐瞒真相对相对方实施诈骗，相对方因受骗而交付的财物金额多少，行为人是如何处置的。其次，判断行为人的行为是否构成表见代理，相对方是否有权据此向行为人的单位主张权利并获得支持。

审理该类型案件需要查明如下证据：（1）行为人的工作职责；（2）行为人与受骗单位开展商业活动的一贯模式；（3）行为人代表本单位与受骗单位签订的合同；（4）受骗单位的发货记录或者钱款支付凭证；（5）行为人单位的合同履行情况；（6）行为人的供述；（7）行为人单位和受骗单位相关人员的陈述。

在认定事实时还需要考虑：何时，行为人利用便利冒用本单位名义与相对方签订合同，骗取相对方支付的钱款多少或交付的货物价值多少，行为人的行为是否构成表见代理，相对方支付的钱款或者交付的货物是否可以被认为是本单位的钱款或货物。

3. 该类型案件的裁判规则：行为人利用职务便利，通过表见代理骗取他人财物的行为，应构成职务侵占罪；行为人利用职务便利骗取财物的行为，如果不构成表见代理的，就可能构成诈骗罪或者合同诈骗罪。理由如下：

第一，此类案件形式上虽然是行为人诈骗对方单位的财物，但基于表见代理关系，对方单位在向行为人交付财物时，财物的所有权就已经转移给了行为人所在的单位，所以涉案财物可以认为系行为人单位的财物，行为人此时可以被视为系代表本单位控制、占有涉案财物，其利用职务便利将本单位财物非法占为己有，应该构成职务侵占罪。

第二，根据表见代理的原理，本单位与对方单位的合同有效，有向对方单位支付对价的义务，对方单位受到表见代理制度的保护，因此，案件最主要的被害人也应该是本单位，而不是对方单位。

第三，认定职务侵占罪，本单位视为被害人，也使违法所得追缴发还更为顺畅，否则，本单位根据表见代理规则向对方单位支付对价后，如若以诈骗罪认定对方单位系被害人，则违法所得追缴后还要发还对方单位，刑事与民事关系之间就会存在不协调。

第四，在《刑事审判参考》第1218号案例杨某诈骗案中，被害人应行为人的要求将订购商铺的款项汇入其个人银行账户，而非汇入房产公司的账户，未尽到审慎的注意义务，因此，难以得到表见代理制度的保护。行为人用其个人账户收取的被害人汇入的钱款难以视为已为房产公司所有，房产公司也并没有向被害人交付商铺的义务。所以，意欲购买商铺的被害人实际上是遭到了行为人的诈骗。

类型化五：利用合同诈骗行为的司法认定

利用合同形式实施诈骗行为的司法认定。

1. 司法实践中存在的主要分歧：诈骗罪与合同诈骗罪在司法实践中的界限一直比较模糊。特别是在签订合同的情况下实施的诈骗行为，实践中有的以诈骗罪定性，有的以合同诈骗罪定性，“同案不同判”的情况较为常见。由于诈骗罪与合同诈骗罪的定罪量刑标准存在较大差异，类案的不同定性很容易造成量刑的不平衡，有时甚至会造成罪与非罪的差异。因此，厘清两者之间的区别十分必要。对于如何区分诈骗罪与合同诈骗罪，第一种意见认为，合同诈骗是诈骗的特殊形式，属于特别规定，利用合同形式实施诈骗的，就应按照特别规定优于一般规定原则认定为合同诈骗罪。第二种意见认为，利用合同形式实施诈骗，究竟构成诈骗罪还是合同诈骗罪，需要从合同是否在经济活动中签订、合同是否系导致被害人陷入认识错误而作出财产处理的主要原因两个方面，只有两个方面均符合的，才认定合同诈骗罪。

2. 审理该类型案件的主要思路：首先，查明合同的性质。合同是否在经济活动中签订，是否属于经济活动中的合同。其次，判断合同是否是被害人被骗的主要原因，即合同是否系导致被害人陷入认识错误而作出财产处理的主要原因。

审理该类型案件需要查明如下证据：（1）合同文本；（2）资金转账、货物往来记录；（3）行为人的供述；（4）被害人的陈述。

在认定事实时还需要考虑：何时，行为人与被害人签订了一个什么合同，行为人用何种方法对被害人实施诈骗，骗取财物金额多少，合同是否是被害人被骗的主要原因。

3. 该类型案件的裁判规则：利用合同形式实施诈骗，究竟构成诈骗罪还是合同诈骗罪，需要综合考量合同是否在经济活动中签订、合同是否系导致被害人陷入认识错误而作出财产处理的主要原因两个方面，只有两个方面均符合的，才认定合同诈骗罪，否则，应当认定为诈骗罪。理由如下：

第一，合同诈骗罪属于扰乱市场秩序罪，因此，应发生在涉及市场经济活动中，如果是不涉及市场经济活动，如基于民间借贷合同的诈骗，不能认定为合同诈骗罪，而应认定为诈骗罪。

第二，《刑事审判参考》第1264号案例吴某、张某路、刘某诈骗案裁判要旨指出，合同诈骗罪的本质是被害人基于合同陷入错误认识而交付财物，对于只是利用合同形式，但被害人之所以陷入错误认识并非主要基于合同的签订、履行，而是合同以外的因素使其陷入错误认识而交付财物的，应认定为诈骗罪。

类型化六：用假冒伪劣产品交易行为的司法认定

以假充真、以次充好、以不合格产品冒充合格产品与被害人交易行为的司法认定。

1. 司法实践中存在的主要分歧：交易型诈骗与销售伪劣产品犯罪两者都以交易的形式实施，又均含有对被害人欺诈的因素，实践中两者之间的界限非常模糊。理论上来说，两者存在以下区别：第一，两罪侵犯的法益不同。交易型诈骗侵犯的法益是公私财物的所有权，而销售伪劣产品侵犯的法益是市场经济秩序。第二，两罪的主观目的不同。交易型诈骗具有非法占有目的，销售伪劣产品目的是牟取不正当的超额利润。但理论上的上述区别对于实践中区分两者实际上并无太大助益。对于实践中如何区分两者，第一种意见认为，可以通过交付物品是否具备种类物的通常功能和使用价值来区分。具有种类物的通常功能和使用价值的，构成销售伪劣产品罪；不具有的，构成交易型诈骗罪。第二种意见认为，交易型诈骗与销售伪劣产品犯罪的区分，需要结合实际交付物品与承诺交付物品是否具有形式上的一致性、实际交付物品是否为伪劣产品、实际交付物品与承诺交付物品的价值差距、行为主体是否属于正规的商品销售主体等因素综合判断。

2. 审理该类型案件的主要思路：首先，查明行为人的客观行为。行为人实际交付物品与承诺交付物品是否具有形式上的一致性，实际交付物品是否为伪劣产品，实际交付物品与承诺交付物品的价值差距多大，交易的具体场景如何。其次，查明行为人的主体资质，行为人是否属于正规的商品销售主体。最后，查明行为人的主观目的是赚取高额利润还是骗取他人财物。

审理该类型案件需要查明如下证据：（1）涉案物品及其价值评估；（2）销售价格；（3）销售模式；（4）行为人的供述；（5）被害人的

陈述。

在认定事实时还需要考虑：何时，行为人用何种模式销售何种产品，产品是否与承诺交付物品的形式一致，是否属于道具，是否具有同类产品的功能，产品价值多少，与销售价格相比差距多少。

3. 该类型案件的裁判规则：以假充真、以次充好、以不合格产品冒充合格产品与被害人交易的行为，究竟是交易型诈骗还是销售伪劣产品犯罪，需要结合以下因素进行综合判断。其一，实际交付物品与承诺交付物品是否具有形式上的一致性。如果实际交付物品与承诺交付物品连形式上都不一致，比如顾客要购买的是苹果手机，行为人却给交付了一包苹果，那当然属于交易型诈骗。不过，即使实际交付物品与承诺交付物品形式上一致，也并不能否定构成诈骗罪，究竟是构成销售伪劣产品罪还是诈骗罪，还要结合其他要素来综合判断。其二，实际交付物品能否被称为伪劣产品。如果行为人交付的物品虽然形式上一致，比如苹果手机的壳子里面实际上装了个玩具模拟屏幕，那就不能称为伪劣产品，只能被称为诈骗道具，当然只能构成诈骗罪。同样地，即使实际交付物品是伪劣产品，也并不一定就构成销售伪劣产品罪，也有可能构成诈骗罪，这也要结合其他要素来综合判断。其三，实际交付物品与承诺交付物品的价值是否差距很大。一般情况下价值差距越大，越可能构成诈骗罪；价值差距越小，越可能构成销售伪劣产品罪。其四，是否属于正规的商品销售主体。同样是将山寨手机冒充苹果手机销售的行为，如果是正规商家销售，就应认定构成销售伪劣产品罪；但如果是个人在车站码头兜售，那就应当认定构成诈骗罪。理由如下：

第一，单一指标不足以区分交易型诈骗和销售伪劣产品犯罪。有意见认为，可以通过交付物品是否具备种类物的通常功能和使用价值来区分。具有种类物的通常功能和使用价值的，构成销售伪劣产品罪；不具有的，构成交易型诈骗罪。但该观点显然与指导性案例的观点存在相悖之处，《刑事审判参考》第1373号案例阚某诈骗案中，被告人将普通的普洱茶冒充具有收藏价值的“97水蓝印”普洱茶出售给被害人。普通的普洱茶应当具备种类物的通常功能和使用价值，但该案仍然被定性为诈骗罪。

第二，多因素综合判断，可以产生更为合理地区分两者的效果。因为这些因素大多都是条件式的，而非界限式的，即符合该条件，可以得出肯定或者否定的结论；但不符合该条件，并不能得出对应的相反结论。而且，有些因素是较为模糊的，比如实际交付物品与承诺交付物品的价值差究竟多大才适合归入诈骗罪之列，很可能就需要结合其他因素综合考量。

类型化七：退款后“数额”的司法认定

案发前已经退还钱款情形下，诈骗犯罪数额的司法认定。

1. 司法实践中存在的主要分歧：诈骗犯罪数额认定中，关于案发前已经归还的钱款是否应当从犯罪数额中扣除的问题，理论上一直存在争议。第一种意见认为，案发前归还的钱款属于被告人诈骗得逞后对赃款的处分行为，不应当从诈骗犯罪数额中扣除，但其案发前归还钱款的行为可作为从轻处罚情节予以考量。第二种意见认为，对于案发前已经归还的钱款，往往难以证明被告人的非法占有目的，从有利于被告人的角度考虑，在计算诈骗犯罪数额时予以扣除为妥。

2. 审理该类型案件的主要思路：首先，查明行为人的客观行为。行为人用何种手段实施诈骗，诈骗金额多少，案发前归还了多少，是否存在以后骗还前骗的情况。其次，查明行为人的主观目的。行为人为什么要在案发前归还诈骗钱款，是迫于压力不得不还，还是为了维持骗局运转必须要骗新还旧，或者是良心发现，主动归还，等等。

审理该类型案件需要查明如下证据：（1）行为人的收款记录；（2）行

为人的还款记录；(3) 案发前还款原因证据；(4) 行为人的供述；(5) 被害人的陈述。

在认定事实时还需要考虑：何时，行为人用何种方式实施诈骗，骗得了多少财物。归还财物的原因，于案发前归还了多少财物，还有多少财物没有归还。

3. 该类型案件的裁判规则：有充分的证据证明被告人对于案发前已经归还的钱款具有非法占有目的的，案发前已经归还的钱款不应当从犯罪数额中扣除。但如果没有充分的证据证明被告人对于案发前已经归还的钱款具有非法占有目的，还是从犯罪数额中予以扣除为妥。理由如下：

第一，关于案发前已经归还的钱款是否应当从诈骗犯罪数额中扣除的问题，1991 年 4 月 23 日最高人民法院研究室曾在《关于申付强诈骗案如何认定诈骗数额问题的电话答复》中指出："在具体认定诈骗犯罪数额时，应把案发前已被追回的被骗款额扣除，按最后实际诈骗所得数额计算。但在处罚时，对于这种情况应当做为从重情节予以考虑。"1996 年最高人民法院印发的《关于审理诈骗案件具体应用法律的若干问题的解释》(已失效) 更是在一定程度上强化了这一观点，该解释第 9 条规定"对于多次进行诈骗，并以后次诈骗财物归还前次诈骗财物，在计算诈骗数额时，应当将案发前已经归还的数额扣除，按实际未归还的数额认定，量刑时可将多次行骗的数额作为从重情节予以考虑"。虽然《关于申付强诈骗案如何认定诈骗数额问题的电话答复》和最高人民法院《关于审理诈骗案件具体应用法律的若干问题的解释》明确了认定规则，但一律予以扣除的认定规则有过于武断之嫌，理论上存在无法自洽之处。如果证明被告人非法占有目的的证据确凿的情况下，比如被告人诈骗得逞后玩失踪，被被害人找到并威胁后无奈之下归还了全部诈骗款，被害人拿回钱款后，觉得还不解气，遂报案并将其扭送公安机关，被告人到案后对其诈骗目的和行为做了如实交代，是否还能以案发前归还的诈骗款予以扣除的规则认定被告人的诈骗数额为零，因此不构成诈骗罪呢？扣除规则这样的逻辑演绎结果显然不妥。

第二，2011 年《最高人民法院、最高人民检察院关于办理诈骗刑事案件具体应用法律若干问题的解释》中并未继续规定后骗还前骗的数额认定扣除规则。对于 1996 年《最高人民法院关于审理诈骗案件具体应用法律的若干问题的解释》（已失效）中明确规定而在上述 2011 年司法解释中予以删除的诈骗数额认定扣除规则，是否还适用的问题，虽然司法实务中大多还是延续一贯的做法，对案发前已经归还的钱款在认定诈骗数额时予以扣除，但对此已有不同的观点。例如有观点认为，《最高人民法院关于审理诈骗案件具体应用法律的若干问题的解释》被明令废止后，“案发前归还的部分予以扣除”已经没有了司法解释依据，所以案发前归还的诈骗款不应从犯罪数额中扣除，否则将会造成诈骗既遂后在案发前归还不构成犯罪，而诈骗未遂反而构成犯罪的不合理结果。

第三，案发前归还的诈骗款不应从犯罪数额中扣除是符合法理的。但在司法实践中，证明问题是十分现实的难题，不扣除的前提是要证明案发前已经归还的钱款是诈骗款，即要证明被告人对案发前已经归还的钱款具有非法占有目的，而这一点在客观上钱款已经归还的情况下，证明起来是有一定难度的。在“庞氏骗局”中，甚至很难说被告人对前期收取的钱款具有非法占有目的，因为前期的收款及兑付实际上是为了营造赚钱的假象，进而吸引和收割后来的投资者，被告人对于前期投资者的投资从来都没有非法占有目的。因此，在“庞氏骗局”中，对案发前已经归还的，在计算犯罪数额时予以扣除，仅以案发时实际造成的损失认定犯罪数额是完全合理的。尽管很多案发前已经归还的情况，很难证明被告人的非法占有目的，但也不能排除存在证明被告人非法占有目的的证据确凿的情形。以司法解释的方式将案件事实证明上的问题统一做有利于被告人的认定规则设置显然并不妥当。因此，2011 年“两高”在新的司法解释中并没有继受《最高人民法院关于审理诈骗案件具体应用法律的若干问题的解释》中关于计算诈骗数额时将案发前已经归还的钱款予以扣除的规定。这是司法解释的一个进步。

类型化八：交易型诈骗犯罪数额的司法认定

1. 司法实践中存在的主要分歧：关于交易型诈骗的犯罪数额认定问题，主要争议在于行为人以交易形式交付给被害人的财物是否应当从诈骗犯罪数额中予以扣除？第一种意见认为，行为人为实施交易型诈骗而交付给被害人的财物属于为实施犯罪而支出的成本，不应从犯罪数额中扣除。第二种意见认为，交易型诈骗的犯罪数额认定应采用整体财产减少说，被害人在被骗的同时也收到了行为人交付的财物，整体财产减少数额应当扣除行为人交付的财物价值。第三种意见认为，交易型诈骗的犯罪数额认定中，行为人交付给被害人的财物是否从犯罪数额中扣除，应视具体情形而定。对于诈骗道具商品，虽然有一定的价值，但因并非被害人需求之物，其价值一般不应从犯罪数额中扣除；但行为人交付的如果是货币等一般等价物，如低价购买型诈骗，因为货币等一般等价物对于被害人而言也具有同等价值，故应从犯罪数额中扣除，即以差额计算犯罪数额。

2. 审理该类型案件的主要思路：首先，查明行为人的客观行为。行为人通过交易的方式实施诈骗，从被害人处骗得的财物价值多少，作为“交易对价”交付给被害人的财物价值多少。其次，查明行为人交付的财物是否满足被害人的交易目的。行为人交付的财物如能满足被害人的交易目的，可以用诈骗数额中扣除，如不能满足被害人的交易目的，不从诈骗数额中扣除。

审理该类型案件需要查明如下证据：（1）行为人的交易收款或者付款记录；（2）涉案交易物品及其价值评估；（3）行为人的供述；（4）被

害人的陈述。

在认定事实时还需要考虑：何时，行为人用交易方式实施诈骗，用作交易的财物价值多少，骗得了被害人多少财物，行为人交付的财物是否满足被害人的交易目的。

3. 该类型案件的裁判规则：在交易型诈骗中，行为人交付给被害人的财物是否从犯罪数额中扣除，应视具体情形而定。对于诈骗道具商品，虽然有一定的价值，但因并非被害人需求之物，其价值一般不应从犯罪数额中扣除；但行为人交付的如果是货币等一般等价物，如低价购买型诈骗，因为货币等一般等价物对于被害人而言也具有同等价值，故应从犯罪数额中扣除，即以差额计算犯罪数额。理由如下：

第一，对于诈骗道具商品的价值不从诈骗犯罪数额中扣除，例如，被告人将普通的普洱茶冒充具有收藏价值的“97 水蓝印”普洱茶出售给被害人。该案裁判要旨指出，虽然该普洱茶是目前市场上正常流通的商品，有确定的市场价值，并能够满足一般消费者的食用需求，但被害人购买“97 水蓝印”普洱茶的目的是收藏和投资，不是日常饮用，被告人以低档普洱茶冒充高档普洱茶向被害人交货，无法满足被害人的上述收藏和投资需求，对弥补被害人所受的财产损失没有实际意义，故不应将交付的低档普洱茶的价值从被告人骗得的货款中扣除。[①]

第二，对于行为人交付的是货币等一般等价物，因为货币等一般等价物对于被害人而言也具有同等价值，从被害人的角度看，其因诈骗犯罪遭受的损失也应当扣除行为人给付的货币等一般等价物，故在诈骗数额认定中应当予以扣除。

类型化九：“薅羊毛”行为的司法认定

虚构事实、隐瞒真相“薅羊毛”行为的司法认定。

---

① 参见《刑事审判参考》第 1373 号案例阚某诈骗案。

1. 司法实践中存在的主要分歧："薅羊毛"一词最早是指搜集各类商家的优惠信息来占便宜的行为。商家为了实现广告效应，培养消费者的消费习惯和抢占市场份额，会推出各种优惠券、积分、补贴等活动。近年来，甚至政府为了促进消费，也推出了向群众发放消费券的活动。这些优惠活动在吸引普通消费者的同时，也让别有用心者看到了有利可图之处，于是恶意"薅羊毛"的情况时有发生，有的甚至形成组织化的"薅羊毛"黑灰产。这些恶意的、组织化的"薅羊毛"行为往往伴随着利用系统漏洞、虚假交易、冒用他人身份信息等行为。比如，利用系统积分兑换商品却不扣积分的漏洞套利，虚假刷单交易骗取平台补贴款，虚假刷单交易套现政府发放的消费券，冒用他人身份信息获取大量的新人优惠券等。对于此类"薅羊毛"行为性质如何认定，存在一定争议。第一种意见认为，"薅羊毛"行为是利用规则漏洞的行为，应首先通过填补规则漏洞、完善规则加以规制，该行为最多属于民法上的不当得利，不应作为犯罪处理。第二种意见认为，恶意"薅羊毛"行为完全可能触犯刑法规定，对于符合诈骗罪等犯罪构成要件的行为，同样要依照刑法规定予以惩治。此外，对于利用商家积分兑换商品却不扣积分的系统漏洞，通过商家门店和网店不断兑换商品套利的行为如何定性也存在一定争议，第一种意见认为该行为构成盗窃罪，第二种意见认为该行为构成诈骗罪。

2. 审理该类型案件的主要思路：首先，查明行为人的客观行为。行为人通过何种方式"薅羊毛"，是否存在虚构事实、隐瞒真相的行为，薅取了价值多少的财物。其次，查明政府或商家发放优惠补贴、开展优惠活动的目的，是为了促进消费还是为了打广告。最后，查明"薅羊毛"行为是否妨碍了活动目的的实现，即虚构事实、隐瞒真相的"薅羊毛"行为是否会使优惠补贴的促销费目的和优惠活动的广告目的落空。

审理该类型案件需要查明如下证据：（1）行为人的刷单交易记录、

虚假注册信息、积分兑换记录等；（2）购物券、优惠券、积分的使用记录等；（3）行为人的供述；（4）被害人的陈述。

在认定事实时还需要考虑：何时，行为人用何种方式实施了“薅羊毛”行为，薅的财物价值多少，“薅羊毛”过程中是否具有虚构事实、隐瞒真相的行为，是否使得政府或商家开展补贴、优惠活动的目的受到妨碍，从而侵犯了政府或商家的财产。

3. 该类型案件的裁判规则：虚构事实、隐瞒真相“薅羊毛”的行为是否构成诈骗罪，需要结合“薅羊毛”行为是否使商家或者政府设置优惠补贴的目的落空来判断。如果“薅羊毛”行为使得商家或者政府设置优惠补贴的目的落空，应当认定诈骗罪；如果“薅羊毛”行为并未使商家或者政府设置优惠补贴的目的落空，一般不认定诈骗罪，“薅羊毛”其手段行为构成非法获取计算机信息系统数据罪等犯罪的，可以其手段行为定罪处罚。利用商家积分兑换商品却不扣积分的系统漏洞，通过商家门店和网店不断兑换商品套利的行为，不构成盗窃罪，而应构成诈骗罪。理由如下：

第一，虚构事实、隐瞒真相“薅羊毛”的行为如果使商家或者政府设置优惠补贴的目的落空，商家或政府就存在实际损失，而这损失就是因为“薅羊毛”行为而造成的，“薅羊毛”行为事实上就构成了侵犯财产的犯罪行为。比如，政府发送消费券的目的是促进民众消费，但行为人囤积大量消费券后，通过虚假交易刷单的方式将消费券套现的行为，显然使得政府发放消费券的促消费目的并未实现，政府存在实际损失，行为人采用虚构交易事实的方式，骗取政府的消费补贴，其行为完全符合诈骗罪的构成要件，应以诈骗罪定罪处罚。又如，商家为了吸引新客、开拓市场，设置了很多的新客优惠，行为人通过非法获取的大量公民个人信息，不断注册虚假的新客户，套取商家的优惠，其行为使商家设置新客优惠的目的没有实现，应当认为商家因此遭受了损失，行为人虚假注册新用户并享受优惠的行为属于虚构事实，骗取商家的新客优惠补贴的行为，侵犯了商家的财产，完全符合诈骗罪的构成要件，也应以诈骗罪定罪处罚。

第二，针对行为人利用商家积分兑换商品却不扣积分的系统漏洞，通过商家门店和网店不断兑换商品套利的行为定性，持盗窃罪观点者主要是认为门店营业员或网店工作人员只有机械地交付财物行为而没有对财物的处分行为，所以不构成诈骗罪；行为人是利用商家对系统漏洞的不知情，借助门店营业员或者网店工作人员之手秘密窃取了商家的财物，属于盗窃的间接正犯。对此观点，我们不能认同，因为其对诈骗罪中的处分行为的界定过于狭窄了，门店营业员和网店工作人员交付财物的行为是职务行为，其行为代表商家，应当视为商家自己实施的处分财物行为。行为人向商家隐瞒了存在系统漏洞的真相，以积分兑换商品的方式，使商家陷入认识错误，从而“自愿”将商品交付给行为人，其行为完全符合诈骗罪的构成要件，应当认定为诈骗罪。

第三节　本罪涉及的主要法律法规、司法解释及案例索引

一、法律法规、司法解释及相关规范性文件索引

1.《中华人民共和国刑法》第二百六十六条、第二百一十条第二款

2.《全国人民代表大会常务委员会关于〈中华人民共和国刑法〉第二百六十六条的解释》（2014 年 4 月 24 日第十二届全国人民代表大会常务委员会第八次会议通过）

3.《最高人民法院关于诈骗犯罪的被害人起诉要求诈骗过程中的保

证人代偿“借款”应如何处理问题的复函》（〔1990〕民他字第38号，1990年10月13日施行）

4.《最高人民法院研究室关于申付强诈骗案如何认定诈骗数额问题的电话答复》（1991年4月23日公布）

5.《最高人民法院关于诈骗犯罪的被害人起诉要求诈骗过程中的收取担保费用的保证人代偿“借款”应如何处理的请示的复函》（1994年9月6日施行）

6.《公安部法制局对〈关于对将已经仪器识别为不中奖的彩票出售的行为如何定性处理的请示〉的答复》（公法〔2000〕83号，2000年5月23日施行）

7.《最高人民法院关于审理扰乱电信市场管理秩序案件具体应用法律若干问题的解释》（法释〔2000〕12号，2000年5月24日施行）第九条

8.《公安部关于受害人居住地公安机关可否对诈骗犯罪案件立案侦查问题的批复》（公复字〔2000〕10号，2000年10月16日施行）

9.《公安部关于对伪造学生证及贩卖、使用伪造学生证的行为如何处理问题的批复》（公刑〔2002〕1046号，2002年6月26日施行）

10.《最高人民检察院法律政策研究室关于通过伪造证据骗取法院民事裁判占有他人财物的行为如何适用法律问题的答复》（〔2002〕高检研发第18号，2002年10月24日施行）

11.《最高人民法院、最高人民检察院关于办理妨害预防、控制突发传染病疫情等灾害的刑事案件具体应用法律若干问题的解释》（法释〔2003〕8号，2003年5月15日施行）第七条

12.《公安部法制局关于办理赌博违法案件有关法律适用问题的电话答复》（2005年9月5日施行）

13.《最高人民法院关于审理伪造货币等案件具体应用法律若干问题

的解释（二）》（法释〔2010〕14 号，2010 年 11 月 3 日施行）第五条

14.《最高人民法院、最高人民检察院关于办理诈骗刑事案件具体应用法律若干问题的解释》（法释〔2011〕7 号，2011 年 4 月 8 日施行）

15.《公安部关于印发新修订〈关于公安机关处置信访活动中违法犯罪行为适用法律的指导意见〉的通知》（公通字〔2013〕25 号，2013 年 7 月 19 日施行）第十九条

16.《公安机关侦办电信诈骗案件工作机制（试行）》（公传发〔2016〕130 号，2016 年 3 月 14 日施行）

17.《中国银行业监督管理委员会、公安部关于印发〈电信网络新型违法犯罪案件冻结资金返还若干规定〉的通知》（银监发〔2016〕41 号，2016 年 8 月 14 日施行）

18.《最高人民法院、最高人民检察院、公安部关于办理电信网络诈骗等刑事案件适用法律若干问题的意见》（法发〔2016〕32 号，2016 年 12 月 20 日施行）

19.《检察机关办理电信网络诈骗案件指引》（高检发侦监字〔2018〕12 号，2018 年 11 月 9 日施行）

20.《最高人民法院、最高人民检察院、公安部、司法部关于办理“套路贷”刑事案件若干问题的意见》（法发〔2019〕11 号，2019 年 4 月 9 日施行）

21.《最高人民法院、最高人民检察院、公安部、司法部关于依法惩治妨害新型冠状病毒感染肺炎疫情防控违法犯罪的意见》（法发〔2020〕7 号，2020 年 2 月 6 日施行）

22.《最高人民法院、最高人民检察院、公安部关于依法办理“碰瓷”违法犯罪案件的指导意见》（公通字〔2020〕12 号，2020 年 9 月 22 日施行）

23.《最高人民法院、最高人民检察院、公安部关于办理电信网络诈

骗等刑事案件适用法律若干问题的意见（二）》（法发〔2021〕22号，2021年6月17日施行）

24.《最高人民法院、最高人民检察院关于常见犯罪的量刑指导意见（试行）》（法发〔2021〕21号，2021年7月1日施行）（十二）诈骗罪

二、案例索引

1. 董某等4人诈骗案（2017年10月12日最高人民检察院发布检例第38号）

2. 张某闵等52人电信网络诈骗案（2020年3月28日最高人民检察院发布检例第67号）

3. 虞某强职务侵占案（《刑事审判参考》第484号案例）

4. 王某柳、黄某峰诈骗案（《刑事审判参考》第836号案例）

5. 卢某林盗窃案（《刑事审判参考》第847号案例）

6. 王某杰诈骗案（《刑事审判参考》第1065号案例）

7. 林某清等人诈骗案（《刑事审判参考》第1203号案例）

8. 杨某诈骗案（《刑事审判参考》第1218号案例）

9. 吴某、张某路、刘某诈骗案（《刑事审判参考》第1264号案例）

10. 工某诈骗案（《刑事审判参考》第1320号案例）

11. 黄某诈骗案（《刑事审判参考》第1342号案例）

12. 陈某岗等人非法拘禁、敲诈勒索、诈骗案（《刑事审判参考》第1362号案例）

13. 张某江等14人诈骗案（《刑事审判参考》第1363号案例）

14. 黄某章诈骗案（《刑事审判参考》第1372号案例）

15. 阚某诈骗案（《刑事审判参考》第1373号案例）

16. 李某诈骗案，上海市高级人民法院参考性案例第75号（裁判法院：上海市虹口区人民法院；案号：（2018）沪0109刑初708号）

第五章

集资诈骗罪类型化审判

第一节　集资诈骗罪的立法嬗变及相关问题

一、集资诈骗罪的立法嬗变

集资诈骗罪，是指以非法占有为目的，使用诈骗方法非法集资，数额较大的行为。

自 20 世纪 90 年代以来，随着经济的快速发展和金融市场的日益活跃，集资诈骗行为呈现爆发性增长，对此，我国立法机关逐步增强了对此类犯罪的刑事立法力度。最初的立法背景是为了应对 20 世纪 90 年代集资诈骗行为的激增，属于救急性立法。在 1997 年《刑法》修订时，由于对金融犯罪的特殊性认识不足，很多规定借鉴了传统诈骗罪的思维方式。之后的刑法修正案加重了对集资诈骗罪的惩处力度。2021 年实施的《刑法修正案（十一）》对非法吸收公众存款罪和集资诈骗罪的刑法条文进行了重大修改，提高了最低法定刑，并增加了积极退赃退赔作为法定从轻、减轻处罚情节的规定。

此外，对于集资诈骗罪的数额认定，不应仅限于行为人实际骗得的数额，而应考虑受害人遭受的实际损失。这在一定程度上提高了集资诈骗罪的入罪“门槛”，符合宽严相济的刑事政策，鼓励行为人积极偿还欠款。总的来说，集资诈骗罪的立法变化体现了我国刑法对金融诈骗犯罪认识的不断深化和完善，以及对保护市场经济秩序和公民财产安全的重视。立法对刑法的不断修正，旨在更有效地打击和预防集资诈骗犯罪，维护金融市场的稳定和公平。

二、审理集资诈骗罪的总体思路

1. 确定犯罪事实：首先要查明被告人是否实施了集资诈骗行为，包括筹集资金的方式、金额、对象等。其次要查明被告人是否存在非法占有的目的，以及是否使用了诈骗手段。

2. 区分集资诈骗与其他经济犯罪：在审理过程中，要注意区分集资诈骗与其他经济犯罪（如非法吸收公众存款罪、非法经营罪等），这需要对相关法律法规有深入的了解和准确的把握。

3. 认定犯罪主体：根据《刑法》的规定，集资诈骗罪的主体可以是自然人、法人或者其他组织。在审理过程中，要查明被告人是否具备犯罪主体资格。

4. 确定刑事责任：根据《刑法》的规定，集资诈骗罪的刑事责任分为有期徒刑、拘役或者管制，并处或者单处罚金。在审理过程中，要根据被告人的犯罪事实、性质、情节和社会危害程度，依法确定其刑事责任。

5. 保护被害人权益：在审理过程中，要充分保护被害人的合法权益，及时追缴赃款赃物，确保被害人的损失得到赔偿。

6. 严格适用法律：在审理集资诈骗案件时，要严格适用法律，确保案件的公正审理。对于被告人的辩护意见，要认真审查，确保辩护权的充分行使。

7. 强化预防和教育：通过审理集资诈骗案件，要加强对社会公众的法制教育，提高公众的法律意识，防止类似犯罪的发生。同时，要加强对金融行业的监管，规范金融市场秩序，维护国家金融安全。

三、集资诈骗罪构成要件解读

本罪侵犯的客体是国家金融管理秩序和公私财物所有权。本罪的主体是一般主体。依据《刑法》第200条的规定，单位也可以成为本罪主体。本罪在主观方面由故意构成，且行为人具有非法占有集资款的目的。所谓非法占有的目的，在通常情况下，具体表现为将非法募集的资金转归自己所有，或任意挥霍，或占有资金后逃跑。[①] 根据《最高人民法院关于审理非法集资刑事案件具体应用法律若干问题的解释》第7条第2款的规定，使用诈骗方法非法集资，具有下列情形之一的，可以认定为“以非法占有为目的”：集资后不用于生产经营活动或者用于生产经营活动与筹集资金规模明显不成比例，致使集资款不能返还的；肆意挥霍集资款，致使集资款不能返还的；携带集资款逃匿的；将集资款用于违法犯罪活动的；抽逃、转移资金、隐匿财产，逃避返还资金的；隐匿、销毁账目，或者搞假破产、假倒闭，逃避返还资金的；拒不交代资金去向，逃避返还资金的；其他可以认定非法占有目的的情形。

根据司法实践以及相关规定，集资诈骗罪中的非法占有目的，应当区分情形进行具体认定。以共同犯罪的行为人来区分，非法集资共同犯罪中部分行为人具有非法占有目的，其他行为人没有非法占有集资款的共同故意和行为的，对具有非法占有目的的行为人以集资诈骗罪定罪处罚。从行为人的行为来区分，行为人部分非法集资行为具有非法占有目的的，对该部分非法集资行为所涉集资款以集资诈骗罪定罪处罚。

本罪客观方面表现为行为人使用诈骗方法集资，骗取集资款数额较

---

① 参见马克昌主编：《百罪通论》，北京大学出版社2014年版，第287页。

大的行为。所谓集资，是指自然人或者法人为实现某种经济目的而进行的募集资金的行为。以集资活动是否合法为依据，集资可以分为合法集资和非法集资。合法集资，是指公司、企业或者其他个人、团体依照法律、法规规定的条件和程序，通过向社会、公众发行有价证券或者利用融资租赁、联营、合资、企业集资等方式在资金市场上筹集所需的资金。如公司为了设立或者生产、经营的需要，而发行股票和债券。从当前资金市场的情况看，从事集资活动的主要是企业。一般来说，企业的集资行为必须符合以下四个条件：（1）集资的主体应当是符合《公司法》规定的有限责任公司或者股份有限公司或者其他依法设立的具有法人资格的企业；（2）公司、企业聚集资金的目的是用于公司、企业的设立或者公司、企业的生产和经营，不得用于弥补公司、企业的亏损和其他非经营性开支；（3）公司、企业募集资金主要通过发行股票、债券或者融资租赁、联营、合资等方式进行，其中发行股票和债券是主要的集资方式；（4）公司、企业在资金市场上募集资金的行为必须符合法律的规定。也就是说，公司、企业在资金市场上募集资金的行为必须按照《公司法》及其他有关募集资金的法律、法规的规定，严格按照法定的方式、程序、条件、期限、募集的对象等进行，违反法律规定募集资金的行为是不允许的。[①] 本罪所称的非法集资，根据相关规定，是指公司、企业、个人或其他组织未经批准或违反法律、法规，通过不正当的渠道，向社会公众或者集体募集资金的行为。

根据《最高人民法院关于审理非法集资刑事案件具体应用法律若干问题的解释》的规定，以非法占有为目的，使用诈骗方法实施下列行为的，应当以集资诈骗罪定罪处罚：不具有房产销售的真实内容或者不以房产销售为主要目的，以返本销售、售后包租、约定回购、销售房产份

① 参见马克昌主编：《百罪通论》，北京大学出版社2014年版，第283页。

额等方式非法吸收资金的；以转让林权并代为管护等方式非法吸收资金的；以代种植（养殖）、租种植（养殖）、联合种植（养殖）等方式非法吸收资金的；不具有销售商品、提供服务的真实内容或者不以销售商品、提供服务为主要目的，以商品回购、寄存代售等方式非法吸收资金的；不具有发行股票、债券的真实内容，以虚假转让股权、发售虚构债券等方式非法吸收资金的；不具有募集基金的真实内容，以假借境外基金、发售虚构基金等方式非法吸收资金的；不具有销售保险的真实内容，以假冒保险公司、伪造保险单据等方式非法吸收资金的；以投资入股的方式非法吸收资金的；以委托理财的方式非法吸收资金的；利用民间“会”“社”等组织非法吸收资金的；其他非法吸收资金的行为。

本罪的诈骗是指行为人以非法占有为目的，编造谎言，捏造或者隐瞒事实真相，骗取他人的资金的行为。在实践中，犯罪分子使用诈骗方法非法集资行为主要是利用公众缺乏投资知识、盲目进行投资的心理，例如，有的行为人谎称其集资得到政府领导和有关主管部门同意；有时甚至伪造有关批件，以骗取社会公众信任；有的大肆登载虚假广告，引起社会公众投资盈利心理；有的打着举办集体企业或发展高科技的幌子，以良好的经济效益和优厚的红利为诱饵；有的虚构实际上并不存在的企业或企业计划。只要行为人采用了隐瞒真相或虚构事实的方法进行集资的，均属于使用欺骗方法非法集资行为。[①]

使用诈骗方法非法集资必须达到数额较大。根据《最高人民法院关于审理非法集资刑事案件具体应用法律若干问题的解释》的规定，个人进行集资诈骗，数额在 10 万元以上的，应当认定为“数额较大”。单位进行集资诈骗，数额在 50 万元以上的，应当认定为“数额较大”。集资诈骗的数额以行为人实际骗取的数额计算，在案发前已归还的数额应予

① 参见天津市南开区人民检察院课题组：《涉众型经济犯罪疑难问题研究及预防对策》，载《天津法学》2020 年第 2 期。

扣除。行为人为实施集资诈骗活动而支付的广告费、中介费、手续费、回扣，或者用于行贿、赠与等费用，不予扣除。行为人为实施集资诈骗活动而支付的利息，除本金未归还可予折抵本金以外，应当计入诈骗数额。

第二节　集资诈骗罪类型化裁判

类型化一："非法占有为目的"的司法认定

1. 司法实践中存在的主要分歧：由于对被告人的主观心态无法取证，司法实践中必须通过被告人客观行为表现来推定其主观上是否具有非法占有的目的。在适用时应审慎分析案件具体情况，特别是对被告人不能归还集资款的具体情形，防止机械地认定被告人具有"以非法占有为目的"，落入客观归罪的窠臼，违背主客观相统一原则。集资诈骗犯罪中的"以非法占有为目的"，是指被告人具有将集资款置于其自身控制、占有，并且最终不予归还被害人的主观意图。如果被告人非法集资但不是出于非法占有集资款的目的，而是将集资款用于正常生产经营活动，由于经营不善、市场风险等意志以外的原因导致集资款无法返还的，则不能认定被告人具有非法占有的目的。

2. 审理该类型案件的主要思路：查明被告人是否具有非法占有目的，通过被告人客观行为表现来推定其主观上是否具有非法占有的目的，在适用时应审慎分析案件具体情况，特别是被告人不能归还集资款的具体原因。除查明涉案资金的用途、流向以外，还应当查明被告人集资后是否有真实的项目，是否真实从事生产经营活动，被告人是否具有偿还募集资金的能力，是否具有偿还的实际行为。

审理该类型案件需要查明如下证据：（1）被告人资产、资信情况的司法会计鉴定；（2）收取集资所出具借据、欠据、收条、证明等；（3）被骗资金进出记录、银行流水账及相关票据（支票、汇票、本票）；（4）被告人的会计凭证、会计账本、资金进出记录、银行流水账等；（5）关联账户资金进出记录；（6）被告人利用所集资金挥霍、消费、购买物品（含不动产）产生的消费凭据、票据、产权证明等；（7）被告人供述和辩解，非法集资的时间、地点、承诺资金的用途，非法集资的方式，包括但不限于项目开发、发行股票、认领股份、会员卡、商品销售与回购、电子商铺、签订商品经销合同、设立投资基金、电子黄金投资等形式，非法聚集资金的流向、被告人账务情况及资金流向关联账户的情况；（8）证人证言，集资审批及其他相关单位人员、集资单位（个人）工作人员、中间人、知情人的证人证言。

3. 该类型案件的裁判规则：由于对被告人的主观心态无法取证，司法实践中必须通过被告人客观行为表现来推定其主观上是否具有非法占有的目的。为此，《最高人民法院关于审理非法集资刑事案件具体应用法律若干问题的解释》和《全国法院审理金融犯罪案件工作座谈会纪要》（以下简称《金融犯罪纪要》）规定了可以认定为“非法占有目的”的客观情形，这为司法实践操作提供了实务指引。但在适用时应审慎分析案件具体情况，特别是被告人不能归还集资款的具体原因，防止机械认定被告人具有“以非法占有为目的”，落入客观归罪的窠臼，违背主客观相统一原则。正因如此，《金融犯罪纪要》同时规定：“在处理具体案件时要注意以下两点：一是不能仅凭较大数额的非法集资款不能返还的结果，推定行为人具有非法占有的目的；二是行为人将大部分资金用于投资或生产经营活动，而将少量资金用于个人消费或挥霍的，不应仅以此便认定具有非法占有的目的。”因此，在判断被告人是否具有非法占有目的时，应注意把握好以下几点。

第一，被告人是否具有利用意思。这种利用意思要求被告人在不具有占有他人财产或者使他人转移财产给被告人（或第三人）的合法根据时，意图利用、处分被害人的财产。在集资诈骗罪中，由于被告人存有利用集资款的意思，在转移占有集资款后，并不会按集资时与被害人的约定将财产用于生产经营活动，即使用于生产经营活动，所用资金与筹集资金规模也明显不一致。这说明被告人并不想通过经营、管理集资款来保护投资人的财产，其并没有履行集资约定的诚意，而仅仅是想通过非法集资单纯、直接获益。

第二，被告人是否具有排除意思。这种排除意思要求被告人在实际控制被集资人的财产后，还意图使财产完全脱离被集资人的控制。在集资诈骗罪中，被告人出于趋利避害的本能反应，一般不会供认其具有占有的意思，通常以使用的意思意图作为脱罪理由。相应地，判断被告人是否具有排除意思的证明就只能借助于被告人是否挥霍集资款，是否抽逃、转移资金等客观行为来推定。因上述行为反映了被告人具有逃避返还的意思，故也就能证明被告人意图排除被集资人对财产的占有、利用，就具备了刑事可罚性，应认定被告人具有非法占有的目的。

第三，在具体判断被告人是否具有非法占有目的时，除了查明涉案资金的用途、流向以外，还应重点考察以下情况：（1）被告人集资后是否有真实的项目，是否真实从事生产经营活动；（2）被告人是否具有偿还募集资金的能力，是否具有偿还的实际行为。如果被告人对于筹集的资金确有真实项目，且检察机关的指控不能证明被告人不具备偿还能力或行为的，即使被告人当时不能归还资金，按照罪刑法定原则的要求，在定性上也不宜认定为集资诈骗罪，而应认定为非法吸收公众存款罪或者其他犯罪。

“非法占有”是集资诈骗罪的主观目的，即行为人是怀着诈骗意图，以捏造虚假事实的方法，取得他人财产的行为。诈骗主观目的应理解为自己或第三人非法所有非法集资款，就集资诈骗来说，“非法所有包括行为人取得和占有集资款的非法性，对实际取得集资款的实际控制性及对集资款的所有权的全面侵犯，非法所有数额较大集资款的应受刑罚惩罚等等”。[①] 行为人以零风险、高回报为诱饵向公众非法集资，事实上行为人不可能通过证券、期货交易获取其向集资者允诺的高回报，也无其他履行承诺的方式和履行能力，且之后再未进行证券交易活动。面对众多投资者的撤资和支付高息的要求，行为人虚构仍在进行投资活动的事实，并隐瞒了上述情况和资金的真实用途，骗取集资者的钱款用于返还集资本金、支付高息和组织集资者进行活动等支出，以便继续对集资者进行欺骗，其具有非法占有集资者钱款的目的和行为，符合集资诈骗罪的构成要件。

类型化二：“诈骗方法”的司法认定

1. 司法实践中存在的主要分歧：诈骗方法是指行为人通过虚构资金用途，以虚假的证明文件为幌子，以高回报率为诱饵，骗取集资参与人的集资款的方法。将“虚构资金用途”和“以虚假的证明文件为幌子”两种行为方式作为集资诈骗罪的“诈骗方法”并无争议，但以“高回报率为诱饵”吸引被害人投资是否属于使用“诈骗方法”存在不同观点。

2. 审理该类型案件的主要思路：查明被告人集资诈骗罪中的“诈骗方法”，被告人使用诈骗方法的具体形式以及使用诈骗方法与非法集资的关系。

审理该类型案件需要查明如下证据：（1）被告人资产、资信情况的司法会计鉴定；（2）收取集资所出具的借据、欠据、收条、证明等；（3）被骗资金进出记录、银行流水账及相关票据（支票、汇票、本票）；

---

① 李艳：《集资诈骗罪的法律问题研究》，载《产业与科技论坛》2012 年第 1 期。

(4) 被告人的会计凭证、会计账本、资金进出记录、银行流水账等; (5) 关联账户资金进出记录; (6) 被告人利用所集资金挥霍、消费、购买物品（含不动产）产生的消费凭据、票据、产权证明等; (7) 被告人供述和辩解; (8) 证人证言，集资审批及其他相关单位人员、集资单位（个人）工作人员、中间人、知情人的证人证言; (9) 被告人获得集资后的表现，即不用于生产经营活动或用于生产经营活动与筹集资金规模明显不成比例，肆意挥霍集资款，携带集资款逃匿，将集资款用于违法犯罪活动，抽逃、转移资金、隐匿财产，隐匿、销毁账目，搞假破产、假倒闭，拒不交代资金去向。

3. 该类型案件的裁判规则：按照《刑法》第192条的规定，就集资诈骗罪的行为特征来说，“使用诈骗方法”和“非法集资”两个要素缺一不可，共同构成了集资诈骗罪的客观要素。

被告人在明知不可能产生高额收益甚至不可能产生任何收益的情况下，仍然承诺给予被害人高额回报，实际上就是被告人对被害人所不明知的真相的隐瞒，其行为本身就符合虚构事实、隐瞒真相的特征。此外，集资诈骗罪中的“诈骗方法”还包括：虚报注册资本，伪造、变造、买卖国家机关公文、证件、印章，伪造公司、企业、事业单位和其他社会团体印章等行为。当然，上述行为构成犯罪的，因与集资诈骗罪之间系牵连犯关系，故应按照从一重处断的原则处罚。

类型化三：支付的广告费、佣金、租赁费等是否认定为诈骗成本

1. 司法实践中存在的主要分歧：被告人支付的广告费、佣金、租赁费等“诈骗成本”，如果上述费用来源于被害人的集资款，在被告人使用这些款项时就意味着其在对诈骗所得财物进行处分，这与成功骗取他人财物后用于挥霍的行为并无区别，故应将此部分资金计入被告人的犯罪

数额。

2. 审理该类型案件的主要思路：查明被告人支付的广告费、佣金、租赁费等费用以及各被害人的盈亏情况。

审理该类型案件需要查明如下证据：（1）被告人资产、资信情况的司法会计鉴定；（2）收取集资所出具借据、欠据、收条、证明等；（3）被骗资金进出记录、银行流水账及相关票据（支票、汇票、本票）；（4）被告人的会计凭证、会计账本、资金进出记录、银行流水账等；（5）关联账户资金进出记录；（6）被告人利用所集资金挥霍、消费、购买物品（含不动产）产生的消费凭据、票据、产权证明等；（7）被告人供述和辩解；（8）非法聚集资金的流向、被告人账务情况及资金流向关联账户的情况。

3. 该类型案件的裁判规则：根据《最高人民法院关于审理非法集资刑事案件具体应用法律若干问题的解释》的规定，案发前已归还的被害人的数额，不计入被告人的犯罪数额。这样规定的理由在于集资诈骗罪的特殊性，即案发前被告人返还被害人一部分本金的，被告人主观上并不具有对该部分资金的非法占有目的，客观上也并未实际取得，即使被告人返还该部分本金是为了骗取被害人的信任，进而实现获取更多的非法集资款的目的，但对于被害人来讲，该部分本金也没有发生实际损失，被告人实质上并未对该部分资金转移占有。所以，如果将被告人并未实际占有的这部分资金也纳入其犯罪数额，对被告人则显得不公平，实际上是人为加重了被告人的刑事责任。

司法实践中，对于受害人人数众多的集资诈骗罪的犯罪数额认定，应注意区分以下几种情况：一是盈利集资参与人的集资本金应计入非法集资总额；二是盈利集资参与人案发前所获得的高额利息是被告人犯罪的成本和必要手段，不属于应扣除归还数额，而应计入其犯罪数额；三是认定被告人的犯罪数额不能笼统地以其集资总额减去向被害人还本付息总额，通常应“一对一”计算出各被害人的盈亏情况，以案发前各被害人的损失总额作为犯罪数额。

类型化四：涉案财物的处置

1. 司法实践中存在的主要分歧：近年来，有的非法集资案件数额特别巨大，往往涉及集资参与人众多。如何妥善处理涉案财物已成为司法实践中较为关注的问题。集资诈骗罪中涉案财物的处理方式，主要要明确涉案财物的处置程序、涉案财物的处理范围和涉案财物漏判的处理规则。

2. 审理该类型案件的主要思路：查明涉案财产的权属关系，明确查封、扣押、冻结的财物及其孳息，写明名称、金额、数量、存放地点及其处理方式。

审理该类型案件需要查明如下证据：（1）物证，包括被集资本（货币、动产、知识产权、专有技术、工业产权及其他）、财产性收益、利用赃款所购买的物品（含不动产）、作案工具及这些物证的照片；（2）被告人资产、资信情况的司法会计鉴定；（3）被告人的会计凭证、会计账本、资金进出记录、银行流水账等；（4）关联账户资金进出记录；（5）被告人利用所集资金挥霍、消费、购买物品（含不动产）产生的消费凭据、票据、产权证明等；（6）被告人供述和辩解；（7）证人证言；（8）非法集资的流向、被告人账务情况及资金流向关联账户的情况。

3. 该类型案件的裁判规则：第一，关于涉案财物的处置程序。集资参与人的损害赔偿应当通过刑事追赃、退赔的方式解决。对于提起附带民事诉讼，或者另行提起民事诉讼请求返还被非法占有、处置的财产的，人民法院不予受理。上述规定适用于包括集资诈骗罪在内的非法集资案件。因非法集资涉及参与人众多，实践中司法机关往往以公告形式，对涉案财物处置情况进行说明。

第二，关于涉案财物的处理范围。非法集资案件中涉及财产众多，对于刑事诉讼程序中的具体裁判方式，对查封、扣押、冻结的财物及其孳息，应当在判决书中写明名称、金额、数量、存放地点及其处理方式等。涉案财物较多，不宜在判决主文中详细列明的，可以附清单。判决追缴违法所得或者责令退赔的，应当写明追缴、退赔的金额或者财物的名称、数量等情况；已经发还的，应当在判决书中写明。

第三，对于涉案财物漏判的处理规则。对于涉众型犯罪案件或者其他涉案财物情况复杂的案件，财物的处置可能存在遗漏等情况，《最高人民法院关于适用〈中华人民共和国刑事诉讼法〉的解释》（以下简称《刑事诉讼法解释》）第446条中专门对此作出了规定："第二审期间，发现第一审判决未对随案移送的涉案财物及其孳息作出处理的，可以裁定撤销原判，发回原审人民法院重新审判，由原审人民法院依法对涉案财物及其孳息一并作出处理。判决生效后，发现原判未对随案移送的涉案财物及其孳息作出处理的，由原审人民法院依法对涉案财物及其孳息另行作出处理。"该条第1款规定，二审期间对一审判决未对随案移送的涉案财物及其孳息作出处理的，可以裁定撤销原判，发回原审人民法院重新审判，由原审人民法院依法对涉案财物及其孳息一并作出处理。此种情形不违反上诉不加刑原则的要求。第2款规定，判决生效后对原判漏判涉案财物的处理规则。这两种情形对于涉案财物处理仅限于"随案移送的涉案财物及其孳息"。①

在处置集资类刑民交叉案件的财产过程中，要查实集资款的去向，对涉案财物依法查封和冻结，并予以证据固定，同时在对移送的所有涉案财产应明确判决。在处置集资类刑民交叉案件的财产过程中，应当遵循以下几个原则。

① 李长坤、张亚男：《一审对违法所得财物未判决的纠正路径》，载《人民司法》2021年第29期。

非法集资案件立案后，公安机关应及时查实集资款的去向，对涉案财物依法查封和冻结，并予以证据固定。

人民法院已经启动民事程序并采取保全措施的相关涉案财产，因当事人行为涉嫌犯罪而将案件移送公安机关侦查的，或公安机关立案并采用查封、扣押、冻结措施后，经审查不构成犯罪，当事人再提起民事诉讼的，人民法院和公安机关应做好民事财产保全与扣押、冻结和查封转换的沟通、衔接工作，以避免行为人利用刑事和民事程序交接失控而转移财产。

对于已经扣押和冻结的涉案财产，办案机关应当随案及时移送。如果冻结、扣押的财物系易腐败、变质、贬值财物，可以根据具体情况，经履行批准手续，由扣押和冻结单位通过拍卖等方式予以处理。处理后的价款暂予保存，待诉讼终结后一并处理。

对于案件既涉及非法集资犯罪又涉及行为人以自有财产提供担保向他人合法融资的，在有确凿证据证明担保财产不属于非法集资犯罪所得，如担保财产系在非法集资犯罪行为发生前购置等情况下，应当允许合法融资行为的债权人依法实现担保物权。

人民法院对移送的所有涉案财产应明确判决处理，避免因法院判决书不明确，导致相关涉案财产得不到及时合法处理。

类型化五：非法集资行为的司法认定

以高额利息为诱饵虚构资金用途非法集资的行为的司法认定。

1. 司法实践中存在的主要分歧：行为人以高额回报为诱饵，置还款风险于不顾，通过虚假宣传经营利润、发展前景等，诱骗易于上当的人群参与投资并签订虚假合同，向社会不特定多数人进行非法集资，所骗取的巨额款项，集资后用于生产经营活动的资金与筹集资金规模明显不成比例，主观上具有非法占有集资款的故意；而在司法实践中，对于行为人主观明知问题存在不同的理解，因为主观是否明知要根据行为人的客观行为来认定，因此，不同的法官有不同的观点。

2. 审理该类型案件的主要思路：查明被告人高额利息为诱饵虚构资金用途的具体方式，被告人有无具体项目，是否以高额回报为诱饵，有无虚假宣传经营利润、发展前景等，所骗取的巨额款项与筹集资金规模是否明显不成比例。

审理该类型案件需要查明如下证据：（1）被告人资产、资信情况的司法会计鉴定；（2）收取集资所出具的借据、欠据、收条、证明等；（3）被骗资金进出记录、银行流水账及相关票据（支票、汇票、本票）；（4）被告人的会计凭证、会计账本、资金进出记录、银行流水账等；（5）关联账户资金进出记录；（6）被告人利用所集资金挥霍、消费、购买物品（含不动产）产生的消费凭据、票据、产权证明等；（7）被告人供述和辩解；（8）证人证言，集资审批及其他相关单位人员、集资单位（个人）工作人员、中间人、知情人的证人证言；（9）被告人获得集资后的表现。

3. 该类型案件的裁判规则："非法占有"是集资诈骗罪的主观目的。行为人以零风险、高回报为诱饵向公众非法集资，司法实践中，行为人一般情况下不可能通过证券、期货交易获取其向集资参与人允诺高回报，事实上行为人本身也没有履行承诺的有效途径和履行的经济能力。面对众多集资参与人的撤回资本以及支付的高额利息的现实，行为人只能通过进一步虚构投资活动，同时隐瞒了资金缺乏、无能力支付以及资金的真实用途，骗取集资参与人的资金用于返还集资本金、支付高息和组织集资者进行活动等支出，以便继续对集资者进行欺骗，其具有非法占有集资者钱款的目的和行为，符合集资诈骗罪的构成要件。

对于尚无利润或尚在洽谈中的项目，行为人以高额回报为诱饵，并置还款风险于不顾，通过虚假宣传经营利润、发展前景等，诱骗易于上当的人群参与投资并签订虚假合同，向社会不特定多数人进行非法集资；行为人所骗取的巨额款项，仅有小部分用于与投资人约定的项目，集资后用于生产经营活动的资金与筹集资金规模明显不成比例；主观上具有非法占有集资款的故意；客观上实施了以诈骗方法获取他人资金，严重扰乱国家金融管理秩序，侵犯他人财产所有权的，构成集资诈骗罪。

类型化六：集资诈骗罪与非法经营罪辨析

1. 司法实践中存在的主要分歧：行为人伙同他人采取以高额分红、高回报率为诱饵，虚构事实的方法非法集资，且在案发后携款潜逃，其行为主观上系出于非法占有的目的，客观上符合集资诈骗的特征，且不以传销方式经营货物的内容，故属于集资诈骗，而不属于传销行为。

2. 审理该类型案件的主要思路：查明被告人以高额分红、高回报率为诱饵进行诈骗的具体方式；吸收公众投资的行为过程中，被告人占有的经营利润在集资款中所占比例是否较大，未返还的集资款占集资款总额的比例是否较大，如果均存在较大情况，可认定为以非法占有为目的，从而区分集资诈骗与非法传销的行为。

审理该类型案件需要查明如下证据：（1）被告人资产、资信情况的司法会计鉴定；（2）收取集资所出具的借据、欠据、收条、证明等；（3）被骗资金进出记录、银行流水账及相关票据（支票、汇票、本票）；（4）被告人的会计凭证、会计账本、资金进出记录、银行流水账等；（5）关联账户资金进出记录；（6）被告人利用所集资金挥霍、消费、购买物品（含不动产）产生的消费凭据、票据、产权证明等；（7）被告人供述和辩解；（8）证人证言，集资审批及其他相关单位人员、集资单位（个人）工作人员、中间人、知情人的证人证言；（9）被告人获得集资后的表现。

3. 该类型案件的裁判规则：集资即向社会公众募集资金，本身可以是资本运营方式和经营活动，因而借传销之名以配股的方式吸收公众投资的行为，既可以称为集资行为，也可以称为经营行为。在这种情况下，非法占有的目的是区分集资诈骗罪与非法经营罪的重要标准。

从目前的司法实践看，对借传销之名而以配股的方式吸收公众投资的行为有不同的认定和处理。有的按非法经营罪认定和处理，有的则按集资诈骗罪认定和处理。对以上同类行为认定和处理不同，根本原因在于行为人主观特征不同。有的行为人主观上存在非法占有的目的，有的则不具有非法占有的目的。

认定非法占有目的历来是理论和司法实务上的一个难题。对借传销之名而以配股的方式，吸收公众投资的行为人的非法占有目的的认定亦不例外。虽然最高人民法院对认定集资诈骗犯罪中的非法占有目的曾提出过若干标准，但对不同案件仍然应当具体问题具体分析。行为人借传销之名以配股的方式吸收公众投资的情况，不能一概认定为具有非法占有的目的，而要注意区分非法营利的目的和非法占有的目的。在借传销之名而以配股的方式吸收公众投资的行为过程中，如果行为人采取了欺诈的方法，且按约定返还投资者大部分集资款，由于经营不当或以发展下线方式牟利这种经营方式本身固有的缺陷，导致小部分集资款无法返还，而行为人获取经营利润在集资款中所占比例极小，则此时应当认定行为人具有非法营利的目的，而不具有非法占有的目的。如果行为人占有的经营利润在集资款中所占比例较大，未返还的集资款占集资款总额的比例亦较大，则应当认定行为人具有非法占有目的，而不具有非法营利的目的。

类型化七：吸收或传播集资信息行为的认定

通过亲友间接向社会公众吸收资金或以口头方式发布、传播集资信息行为的认定。

1. 司法实践中存在的主要分歧：行为人以向亲友集资为名，实质上希望或者放任亲友向社会介绍，通过亲友间接向社会公众吸收资金的，不影响其向社会公众吸收资金的认定；以口头方式发布、传播集资信息，以达到通过口口相传向社会公众非法集资的目的，符合向社会公开宣传的本质特征；行为人在非法集资过程中产生非法占有目的，应当只对非法占有目的支配下的非法集资犯罪行为以集资诈骗罪定性处罚。对于之前实施的行为，构成非法吸收公众存款罪等其他犯罪的，应按相关犯罪处理，并实行数罪并罚。①

2. 审理该类型案件的主要思路：查明行为人以向亲友集资为名，还是实质上通过亲友间接向社会公众吸收资金的。如果行为人先期仅向亲友“借款”，没有扩大，后来再转为向不特定对象集资，向该亲友的“借款”可不认定为犯罪数额。如系通过亲友向社会公众集资，或者被告人主观上产生了非法集资的目的后，在向社会不特定对象集资的同时，亦向亲友集资，则亲友的集资数额不应从犯罪数额中剔除。

审理该类型案件需要查明如下证据：（1）被告人供述和辩解；（2）收取集资所出具的借据、欠据、收条、证明等；（3）被骗资金进出记录、银行流水账及相关票据（支票、汇票、本票）；（4）被告人的会计凭证、会计账本、资金进出记录、银行流水账等；（5）关联账户资金进出记录；（6）证人证言，集资审批及其他相关单位人员、集资单位（个人）工作人员、中间人、知情人、亲友的证人证言。

3. 该类型案件的裁判规则：违反规定向社会公众即社会不特定对象吸收资金的行为，要坚持主客观相统一原则，准确界定“不特定对象”“亲友”。对不特定对象的认定，要根据主客观相统一的原则整体加以把握。集资对象是否特定的判断，既要考察行为人主观上是否仅向特定对

① 参见肖国耀、陈增宝：《非法集资类犯罪的司法认定》，载《人民司法》2012年第8期。

象吸收资金，又要考察其客观上所实施的行为是否可控。如果行为人对集资行为的辐射面事先不加以限制、事中不做控制，或者在蔓延至社会后听之任之，不设法加以阻止的，应当认定为向社会不特定对象吸收资金。行为人以向单位内部职工或亲友集资为名，通过内部职工或亲友间接向社会公众吸收资金的，可以认定为向社会不特定对象吸收资金。对涉及“亲友”的案件，应当针对案件具体情况具体对待，如果行为人先期仅向亲友“借款”，没有扩大，后来再转为向不特定对象集资，向该亲友的“借款”可不认定为犯罪数额。如系通过亲友向社会公众集资，或者被告人主观上产生了非法集资的目的后，在向社会不特定对象集资的同时，亦向亲友集资，则亲友的集资数额不应从犯罪数额中剔除。

向社会公开宣传的认定。向社会公开宣传系判定行为人主观上具有向社会不特定对象集资的客观依据之一。公开宣传的具体途径可以多种多样，不应局限于司法解释所列举的通过媒体、推介会、传单、手机短信等几种。对于以口头等方式发布、传播集资信息是否属于公开宣传，能否将口口相传的效果归责于集资行为人，应根据主客观相统一的原则，结合行为人对此是否知情、态度如何，有无具体参与、是否设法加以阻止等主客观因素具体认定。同时，公开宣传既包括针对社会各阶层、广大群体通过媒体宣传，又包括为逃避监管，针对具体的不特定集资对象，采用相对隐蔽的手段向不特定群体进行宣传。

类型化八：集资类案件涉及的相关刑民交叉问题的处理

1. 司法实践中存在的主要分歧：集资类案件过程中涉及的相关刑民交叉问题，主要是赃款流向的追缴，在非法集资案件中，犯罪所得可能被用于对外投资，形成了对外债权。如何追回这部分资金，确保受害人权益得到妥善处理，是目前法院普遍面临的难题，有观点认为应该以刑事法处置，也有观点认为应以民事案件处理。

2. 审理该类型案件的主要思路：查明集资诈骗中刑民交叉的具体情况，明确民事裁判是否生效、借贷合同的基本情况。

审理该类型案件需要查明如下证据：（1）物证，包括被集资本（货币、动产、知识产权、专有技术、工业产权及其他）、财产性收益、利用赃款所购买的物品（含不动产）、作案工具及这些物证的照片；（2）关联账户资金进出记录；（3）被告人供述和辩解；（4）为集资所签订的合同文本、补充协议、会议纪要（记录）、往来传真等；（5）非法集资的流向、被告人账务情况及资金流向关联账户的情况；（6）相关民事判决。

3. 该类型案件的裁判规则：针对集资类诈骗案件应当按以下几个原则区别对待。

第一，对于公安机关已立案侦查的涉嫌非法集资类犯罪事实，债权人以相同的事实向人民法院提起民事诉讼的，法院原则上不予受理。

第二，对于人民法院已经作为民事案件受理、尚在审理之中的借款纠纷事实，如公安机关认为该事实已涉嫌非法集资，有必要作为犯罪事实予以追究的，公安机关应及时函告相关法院。法院经审查认为该民事诉讼事实涉嫌非法集资犯罪的，可裁定驳回起诉，并将相关材料移送公安机关。

第三，对于民事裁判已生效、尚在执行中的涉案事实，公安机关审查认为该民事裁判确认的事实涉嫌非法集资犯罪、须纳入刑事追究范围的，应当及时函告相关法院。相关法院核查后，应对民事裁判中止执行，与刑事案件一并执行。

第四，对于民事裁判已经生效并已执行到位的涉案事实，除涉及虚假诉讼、非法转移赃款等严重侵害其他债权人利益依法应当撤销生效裁判文书的情形外，可视为当事人在案发前已经归还的借款，可不再将相关事实纳入刑事追究的范围，公安机关不再立案侦查，检察机关不再立案监督。

上述涉及刑民交叉问题的生效民事法律文书，除涉及虚假诉讼、非法转移赃款等严重侵害其他债权人利益情形，依法应当撤销外，一般不宜再提起审判监督程序予以撤销。审理民间借贷纠纷案件时，如果相关刑事判决已经生效，且讼争借款已被刑事裁判认定为非法集资犯罪事实的，为避免刑事、民事判决冲突，原则上应认定借贷合同无效。根据《民法典》的精神，涉及非法集资类犯罪的借贷合同无效的，担保合同一般应认定为无效。担保人承担的责任应根据案件实际情况按以下原则区别对待。

第一，刑事被告人以其实际控制的财产为非法集资提供担保的，一般不认定出借人对担保财产享有优先受偿权。

第二，第三人提供担保的，可依照《最高人民法院关于适用〈中华人民共和国民法典〉有关担保制度的解释》第2条的规定，当事人在担保合同中约定担保合同效力独立于主合同，或者约定担保人对主合同无效的法律后果承担担保责任，该有关担保独立性的约定无效。主合同有效的，有关担保独立性的约定无效不影响担保合同的效力；主合同无效的，人民法院应当认定担保合同无效，但是法律另有规定的除外。

第三节　本罪涉及的主要法律法规、司法解释及案例索引

一、法律法规、司法解释及相关规范性文件索引

1.《中华人民共和国刑法》第一百九十二条

2.《全国法院审理金融犯罪案件工作座谈会纪要》（法〔2001〕8号，2001年1月21日施行）

3.《最高人民法院、最高人民检察院、公安部关于办理非法集资刑事案件若干问题的意见》（高检会〔2019〕2号，2019年1月30日施行）

4.《最高人民法院、最高人民检察院关于常见犯罪的量刑指导意见（试行）》（法发〔2021〕21号，2021年7月1日施行）

5.《最高人民法院关于审理非法集资刑事案件具体应用法律若干问题的解释》（法释〔2022〕5号，2022年3月1日施行）

6.《最高人民检察院、公安部关于公安机关管辖的刑事案件立案追诉标准的规定（二）》（公通字〔2022〕12号，2022年5月15日施行）

二、案例索引

1. 许某成、许某卿、马某梅集资诈骗案（《最高人民法院公报》2009年第10期）

2. 袁某、欧某湘、李某集资诈骗案（《刑事审判参考》第167号案例）

3. 周某集资诈骗案（2018年7月3日最高人民检察院发布检例第40号）

4. 张某强等人非法集资案（2023年5月11日最高人民检察院发布检例第175号）

第六章

金融凭证诈骗罪类型化审判

第一节　金融凭证诈骗罪的立法嬗变及相关问题

一、金融凭证诈骗罪的立法嬗变

金融凭证诈骗罪是指以非法占有为目的，采用虚构事实、隐瞒真相的方法，使用伪造、变造的汇款凭证、委托收款凭证、银行存单等其他银行结算凭证骗取他人财物，数额较大的行为。该行为的基本构造如下：行为人使用伪造、变造的金融凭证诈骗——利用金融凭证所具有的兑付、信用等特殊功能——骗取了数额较大的财物——侵犯金融管理秩序、公私财产遭受损失。

我国刑法对金融诈骗相关罪名的规定经历了逐步完善和调整的过程，主要嬗变体现在以下几个方面。

1. 全国人大常委会通过的决定：1995 年全国人大常委会通过了《全国人民代表大会常务委员会关于惩治破坏金融秩序犯罪的决定》，其中第 12 条对金融票据诈骗活动进行了规定，明确了数额较大的情形将受到刑事处罚。

2. 刑法修正案：随着金融市场的发展和金融犯罪手段的变化，刑法修正案对金融诈骗罪的相关规定进行了多次修改。例如，《刑法修正案（六）》增设了骗取贷款、票据承兑、金融票证罪，而《刑法修正案（十一）》则作了进一步修改，删除了“有其他严重情节的”这一构罪标准，并对刑罚进行了调整。

3. 学术研究：学术界也在不断探讨金融诈骗罪的理论问题，提出了各种完善构想。有学者指出，当前刑法理论在解读金融诈骗罪时存在缺陷，需要重新审视保护法益等问题。①

4. 法律实践：在法律实践中，金融凭证诈骗罪的判决和辩护也反映出对法律规定的不断适应和完善。随着金融市场的复杂性增加，金融犯罪的辩护策略也在不断改进。

综上所述，金融凭证诈骗罪的立法嬗变反映了我国对金融诈骗行为的打击力度的不断加强，同时也体现了立法者对金融市场发展的响应和对法律适用性的持续优化。这些变化旨在更好地保护金融市场秩序，维护金融机构和公众的合法权益。

二、审理金融凭证诈骗罪的总体思路

1. 划清罪与非罪的界限：需要明确行为人是否具有非法占有的目的，以及是否使用了伪造或变造的金融凭证进行诈骗。如果仅仅是伪造或变造了金融凭证，但没有用于诈骗活动，或者没有达到法定的数额较大标准，可能不构成犯罪。

2. 数额较大标准的确定：根据法律规定，金融凭证诈骗罪的构成需要达到“数额较大”的标准。在审理过程中，应当具体分析案件中的金额是否达到了刑法规定的标准。

3. 证据的审查：审理时应对使用伪造、变造的金融凭证的证据进行

① 参见劳东燕：《金融诈骗罪保护法益的重构与运用》，载《中国刑事法杂志》2021 年第 4 期。

严格审查，包括金融凭证的真实性、相关交易记录、银行账户信息等，以确保证据的合法性和充分性。

4. 行为人的主观故意：需要证明行为人有使用伪造、变造金融凭证进行诈骗的主观故意。这通常通过行为人的行为表现、作案手段、以往的经历等方面进行综合判断。

5. 与其他罪名的区别：在某些情况下，金融凭证诈骗罪可能与其他罪名如诈骗罪、票据诈骗罪等存在交叉。审理时应仔细区分，按照法律规定从一重罪定罪处罚。

6. 法律适用：审理金融凭证诈骗罪应依据《刑法》第 194 条第 2 款的规定，结合案件事实，正确适用法律。

7. 量刑因素：在判决时，应当考虑行为人的动机、手段、造成的后果、是否有悔罪表现等因素，依法作出公正合理的量刑。

总之，审理金融凭证诈骗罪时，法官应当全面审查案件事实，严格依法操作，确保法律的正确实施和司法公正。

三、金融凭证诈骗罪构成要件解读

本罪侵犯的客体或法益是国家正常的金融结算凭证管理秩序以及公共或他人财产权。客观方面表现为利用伪造、变造的汇款凭证、委托收款凭证、银行存单及其他银行结算凭证实施诈骗行为，骗取数额较大的财物。本罪主体包括自然人和单位。主观方面是具有非法占有为目的，系直接故意。

1. 伪造、变造的金融凭证的认定。本罪中的金融凭证主要指银行结算凭证，是收付款双方及银行办理银行转账结算的书面凭证，也是银行结算的组成内容以及支付结算的重要参考依据。《刑法》第 194 条第 2 款列举了委托收款凭证、汇款凭证和银行存单三种银行结算凭证。委托收款是指收款人通过授权银行代替自己向他人收取款项的结算方式，办理该业务时所需的凭证即为委托收款凭证。汇款凭证是指汇款人办理银行代为将其款项支付给他人业务时所需的凭证，包括信汇凭证和电汇凭证。银行存单是由行为人在银行开户后办理存款业务，由银行出具的载有用户一系列个人信息的到期后银行无条件付款结算的证明和凭据。银行存单不限于银行出具的存单、存折等，还包括邮政储蓄机构等具有吸收存款资格的金融机构出具的存单。除此之外，本罪中的“其他银行结算凭证”是指上述三种凭证之外的可证明客户与银行等金融机构相关资金给付与结算业务的权利凭证，例如拨款凭证、银行进账存单、托收承付凭证等均属于银行结算凭证。

伪造的金融凭证，是指未经批准擅自仿制、印刷虚假的金融凭证或者对银行空白金融凭证进行虚假背书记载的行为。实践中包括无形与有形伪造两种情形，[①] 即以是否具有制作文书权限加以区分，前者系滥用权限做虚假文书的行为，后者则是无权限而擅自制作的行为。对“从无到有”的有形伪造，认定为刑法意义上的伪造并无争议，但对于内容违反真实性的无形伪造能否认定为伪造，理论上存在肯定说与否定说两种观点：前者认为伪造应作广义解释，包括真实文书上做虚假内容的情形；后者则认为伪造应限定于有形伪造。对伪造行为进行规制的本质在于减少违法和虚假，实践中无形伪造的金融凭证比有形伪造的金融凭证更具有欺骗性，利用无形伪造的金融凭证骗取财产的危害性更大，特别是在数字经济背景下更是如此，因此没有理由将无形伪造排除在伪造概念之外。因此，使用银行或其他金融机构工作人员无形伪造的银行结算凭证骗取财物的，也构成金融凭证诈骗罪。

变造的金融凭证，是指通过拼接、填补、剪贴、粘盖、涂改等方法改变真实金融凭证主要内容的行为，比如调整变化数额、结算日期时间

① 参见吴仁碧：《金融凭证诈骗罪疑难问题探析》，载《北方法学》2014 年第 3 期。

等内容。

具体对于伪造、变造的银行结算凭证的理解适用问题，有观点认为，行为人事先购买真实的空白凭证，通过偷盖他人印鉴章的方式获取款项，根据刑法的文义解释，这种凭证形式不能属于伪造的金融凭证，因而不能认定为金融凭证诈骗罪。对此我们有不同意见，空白凭证虽然是真实的，但其只有经过必要的填写签章之后，才能成为金融凭证，因而行为人在空白金融凭证用纸上偷盖借款人印鉴的，也是伪造金融凭证的行为，行为人利用这种金融凭证骗取财物的，同时触犯了伪造金融票证罪和金融凭证诈骗罪，应从一重罪处罚。也就是说，即使是形式要件齐全真实的金融凭证，但系超越权限制作或者记载内容虚假的凭证，都属于伪造或变造的金融凭证，利用这些金融凭证骗取财物的，均可成立金融凭证诈骗罪。

2. “使用”行为的认定。本罪中的“使用”应当是将伪造、变造的金融凭证投入金融流通领域，即应当利用金融凭证所具有的兑付、信用等特殊功能来达到骗取财物的目的。金融凭证诈骗罪违法性本质在于其侵害了正常的金融结算活动，行为人实施的诈骗行为必须是利用了伪造、变造的金融凭证获取财物。若是单纯地出示或者展示伪造、变造的金融凭证行为，并不存在导致虚假凭证进入金融流转程序的可能性，则不能成立金融凭证诈骗罪，因为国家金融管理秩序的法益并未遭受侵害或者侵害的危险。比如，行为人将伪造、变造的金融凭证交付他人，作为合同关系的对价，使对方有可能持假凭证直接要求金融机构兑付，则构成金融凭证诈骗犯罪；若虽然利用了伪造的金融凭证，但合同对方根本无法直接要求金融机构兑现的情况，则行为不构成金融凭证诈骗罪，可能成立合同诈骗罪。

关于冒用真实有效的金融凭证骗取财物的行为，比如司法实践中，捡拾遗忘物、委托保管以及不当得利等方式占有他人有效真实的金融凭证后，未经权利人许可而使用的行为，虽然刑法难以评价行为人先前占有他人金融凭证的行为，但对于后续冒用金融凭证获取财物的行为，因其侵犯他人财产权且主观上具有明知的故意，应当给予相当的刑事处罚。对该行为给予刑事处罚理论上没有争议，但这种冒用行为该如何定罪处罚？由于刑法规定金融凭证诈骗罪必须系使用伪造、变造的金融凭证，对于真实有效的金融凭证的冒用并不符合该罪构成要件，司法实践中有认定诈骗罪的，也有认定盗窃罪或侵占罪的。对此，我们倾向于认定为诈骗罪，金融凭证区别于信用卡，因行为人不能在机器上自助使用，故而不存在“机器不能被骗”的问题。冒用真实有效金融凭证的行为模式表现为，行为人向银行主张金融凭证，银行作为有权处分人因受欺骗而处分了被害人的财产，造成金融凭证的合法权利人财产损失，符合诈骗罪中“三角诈骗”的架构。这种冒用金融凭证取财的行为，系被骗人自愿处分财物，而并非通过秘密方式将他人占有转为己有，也不存在保管关系，不符合盗窃罪、侵占罪的犯罪构成。即便认定行为人触犯侵占罪，但其冒用获财行为同时也触犯了诈骗罪，根据想象竞合从一重罪论处的原则，此种冒用行为也应以诈骗罪定罪处罚为宜。

关于使用作废的金融凭证骗取财物的行为，根据《刑法》第 194 条第 1 款的规定，成立票据诈骗罪包括使用伪造、变造的票据以及使用作废的票据骗取财物的行为，立法对于两者的行为性质予以了同等评价；但《刑法》第 194 条第 2 款仅规定了使用伪造、变造的金融凭证骗取财物的行为成立金融凭证诈骗罪，若将作废的金融凭证解释为伪造、变造的金融凭证，有类推解释之嫌。因此，根据罪刑法定原则，使用作废的金融凭证骗取财物的行为不构成金融凭证诈骗罪。司法实践中，对于这种行为，可结合其是否发生市场交易过程等事实情节，分别认定为合同诈骗罪或者普通诈骗罪。但是，如果行为人在作废的金融凭证上进行涂改增加内容后再予以骗取财物的，这种擅自涂改与添加行为系违法且虚假，属于伪造金融凭证行为，使用这种金融凭证骗取财物的，应成立金融凭证诈骗罪。

第二节　金融凭证诈骗罪类型化裁判

类型化一：利用伪造的银行存单等金融凭证进行抵押骗取贷款行为的司法认定

1. 司法实践中存在的主要分歧：行为人使用伪造的银行存单等金融凭证进行抵押骗取贷款行为的定性，究竟是构成金融凭证诈骗罪还是贷款诈骗罪，存在一定的分歧。第一种意见认为，《刑法》第194条第2款明确金融凭证系银行存单等结算凭证，这是区别于信用卡、票据以及一般证明文件的，因此，《刑法》第193条规定的贷款诈骗罪行为方式中“使用虚假的证明文件”不应再解释为使用虚假的金融凭证。实践中银行存单等金融凭证的范畴与一般证明文件存在明显差别，贷款诈骗罪中的“证明文件”不包括银行存单等金融凭证。即便认为利用伪造银行存单的行为属于“使用虚假的证明文件”，进而构成贷款诈骗罪，但这种行为还同时触犯了金融凭证诈骗罪，按照竞合犯从一重处的原则，仍然应当以金融凭证诈骗罪定罪处罚。第二种意见认为，使用银行存单等金融凭证作担保骗取贷款的行为构成贷款诈骗罪。其认为银行存单作为财产的权利凭证，能够证明行为人对其动产与不动产具有的所有权，系刑法意义上的“产权证明”，更属于广义上的“证明文件”，使用虚假银行存单符合《刑法》第193条第3、4项规定的贷款诈骗罪行为方式。同时行为人使用伪造的银行存单只是其手段行为，其最终目的在于骗取银行贷款，结合手段行为与目的行为的牵连关系，不宜以手段行为定罪，而应当将这种使用虚假金融凭证骗取贷款的行为认定为贷款诈骗罪。

2. 审理该类型案件的主要思路：首先，查明银行存单的伪造情况。伪造银行存单的来源，伪造银行存单的过程，案涉被害人情况。其次，查明行为人的客观行为。行为人抵押骗取贷款的行为方式，被骗款项的数额与去向。

审理该类型案件需要查明如下证据：（1）涉案的银行存单；（2）贷款合同及抵押证明；（3）贷款资金去向；（4）行为人的供述；（5）银行工作人员的陈述。

在认定事实时还需要考虑：案涉行为发生的时间、地点，银行存单及抵押的具体内容、金额，行为人的账本资金进出记录等。

3. 该类型案件的裁判规则：使用虚假证明文件骗取贷款行为一般成立贷款诈骗罪，而使用伪造的存单等金融凭证诈骗银行贷款资金的行为则构成金融凭证诈骗罪。在认定诈骗犯罪数额时，应当综合行为人实际非法所得与准备骗取数额加以判断。理由如下：

第一，《刑法》第193条贷款诈骗罪中所规定的“证明文件”，主要是指银行等金融机构在贷款业务中所需的应当由客户申请贷款时提供的相关担保函、存款证明等文件材料，不包括银行存单等金融凭证。《刑事审判参考》第33号朱成芳等金融凭证诈骗、贷款诈骗案对此予以了明确。从立法意旨看，金融凭证诈骗罪的设立旨在维护金融机构信誉，严惩扰乱正常金融结算秩序各类活动，因此刑法对该罪规定的理解适用应当是广义的，即行为人只要通过使用伪造、变造的金融凭证骗取财物数额较大的，就可成立此罪。相较之下刑法对贷款诈骗罪的规定更侧重规范贷款申请活动秩序，主要打击个人以非法占有为目的骗取银行贷款的违法犯罪活动，在适用中应当体现出一定的限制。

第二，实践中，金融凭证诈骗罪的行为手段与对象表现形式多样，比如手段上有使用伪造的银行存单、存折以及汇款凭证等，诈骗对象上包括银行贷款、储户资金等。但是行为人实施以伪造的金融凭证方式诈骗银行，造成公私财产损失的，无论损失是银行的何种项目支付款项，都是行为人非法占有目的的体现，不影响其使用伪造的金融凭证骗款的行为性质。从这个意义上讲，通过使用伪造的金融凭证诈骗贷款与诈骗存款本质上并无实质差别。相反这种行为与实践中利用虚假的证明文件、经济合同等方式骗取贷款的行为性质存在不同。伪造的金融凭证往往可信程度更高，银行被欺骗而放贷的可能性更大，更直接有损金融机构的信誉，其行为社会危害性严重，认定为金融凭证诈骗罪，更符合刑法罪刑相适应的原则。

类型化二：行为人伪造、变造金融凭证后进行诈骗使用的行为性质的司法认定

1. 司法实践中存在的主要分歧：行为人使用伪造、变造的金融凭证骗取钱财构成金融凭证诈骗罪，同时是行为人的目的，而伪造、变造金融凭证构成变造金融票证罪，则是实现其骗取钱财的方法、手段，对于这种具有内在牵连关系的方法行为与目的行为分别构成犯罪的，在刑法理论上被称为牵连犯。对于这种牵连犯的定罪处罚，究竟是定一罪还是数罪并罚，存在一定争议。第一种意见认为，伪造、变造金融票证罪和金融凭证诈骗罪，在刑法规定的法定刑及其幅度上基本相同，同时刑法也未对相关罚则予以规定，宜实行数罪并罚。第二种意见则认为，应认定为金融凭证诈骗罪。

2. 审理该类型案件的主要思路：首先，查明行为人的客观行为。行为人如何伪造、变造金融凭证，后续又如何利用伪造、变造的金融凭证进行诈骗，伪造、变造金融凭证与用来诈骗的伪造金融凭证是否一致。其次，查明行为人的主观认识。行为人是否有非法占有的目的。

审理该类型案件需要查明如下证据：（1）伪造、变造的金融凭证；

（2）行为人诈骗款的流水记录；（3）行为人的供述；（4）被害人的陈述。

在认定事实时还需要考虑：行为人在何时、何地伪造、变造金融凭证，诈骗了多少金额，实际挥霍诈骗款以及退赔情况。

3. 该类型案件的裁判规则：行为人伪造、变造金融凭证后到银行等金融机构去骗取财物，直接以金融凭证诈骗罪定罪处罚，不再认定伪造、变造金融凭证罪，无论诈骗是否既遂均不影响以金融凭证诈骗罪定罪处罚。理由如下：

第一，根据《刑法》第 194 条第 2 款的规定，金融凭证诈骗罪行为手段系使用伪造、变造金融凭证，这里规定的“使用”当然包括使用者本人伪造、变造金融凭证的情况。尽管伪造、变造的行为也可单独构成伪造、变造金融票证罪，但《刑法》第 194 条第 2 款的规定，已从立法上排除了伪造、变造金融凭证罪的适用，实践中也已有相关裁判案例，《刑事审判参考》第 71 号案例王某和变造金融票证案就在裁判要旨中予以了明确。

第二，对于刑法分则中没有特别规定的牵连犯，在立法上没有作出明确规定以前，仍应坚持“从一重处断”的原则，即选择被告人行为所触犯的法条中规定的法定刑较重的法条定罪从重处罚。在刑法规定的法定刑及其幅度都相同的情况下，可以通过适用法定刑的不同方式来比较法定刑的轻重，遵循《最高人民法院关于适用刑法第十二条几个问题的解释》中所确定的原则，对于主刑的法定最高刑和最低刑都完全相同的情况下，法律规定了附加刑的比没有规定附加刑的重；法律规定应当并处附加刑的比“可以”并处附加刑的重；法律规定“并处”附加刑的比“并处或者单处”附加刑的重。因此，金融凭证诈骗罪的处罚重于伪造、变造金融票证罪。

类型化三：伪造企业网上银行转账授权书骗取资金的行为性质的司法认定

1. 司法实践中存在的主要分歧：行为人在网上银行使用伪造的企业客户转账授权书等骗取资金，这种行为能否成立金融凭证诈骗罪，存在一定争议。第一种意见认为不构成金融凭证诈骗罪，宜认定为诈骗罪。网上银行企业客户转账授权书不是金融凭证，不属于《刑法》第 194 条第 2 款所列举的汇款凭证、委托收款凭证、银行存单或者其他银行结算凭证。第二种意见认为构成金融凭证诈骗罪。网上银行企业客户转账授权书等虽然不是传统的金融凭证，但具有类似的委托收款和资金清算的功能，符合银行结算凭证的特征，属于一种新型的金融凭证。

2. 审理该类型案件的主要思路：首先，查明网上银行转账授权书的性质，银行结算凭证的相关规定，网上银行转账授权书的作用功能。其次，查明行为人的获利数额，行为人通过伪造企业网上银行转账授权书获取了多少财物。

审理该类型案件需要查明如下证据：（1）伪造的企业网上银行转账授权书；（2）行为人收款记录和接收转账记录；（3）行为人的供述；（4）相关证人的陈述。

在认定事实时还需要考虑：行为人何时使用了伪造网上银行转账授权书，网上银行转账授权书关涉的资金数额，行为人通过伪造网上银行转账授权书的方式获取多少财物。

3. 该类型案件的裁判规则：认定银行结算凭证，应综合判断该业务凭证是否具有货币给付和资金清算等金融属性。网上银行企业客户账户查询和转账授权书是金融凭证的一种形式，使用伪造的网上银行转账授权书等诈骗行为，成立金融凭证诈骗罪。理由如下：

第一，网上银行业务作为一种新型电子金融服务，在功能运行和效果与传统的银行金融业务并无不同，其相关业务凭证具备转账、支付等金融凭证的功能，属于金融凭证的一种新形式。随着金融产品的持续发展和衍化，银行与客户之间逐步通过电子媒介以及移动通讯等方式开展金融服务，实践中商业银行通过不断完善电子银行服务系统来服务满足客户需求，甚至制定专门的章程推动实现金融信息查询和有关金融交易线上化。因此，网上银行转账授权书作为线上记载特定主体间支付结算权利和义务的书面文件，使用伪造的转账授权书骗取资金行为，同样可能对金融秩序造成严重破坏，应当受到法律的规制。

第二，实践中已有相关裁判案例，《刑事审判参考》第424号案例张某海等人贷款诈骗、金融凭证诈骗案在裁判要旨中明确，网上银行转账授权书是新兴电子银行业务中重要的一种非传统银行会计凭证形式，是银行进行线上收付和结算的唯一且排他的依据，其以特定的格式编制记录银行与客户之间的权利义务关系，特征类似于传统金融凭证的委托收款凭证，具有记账转账、支付结算等金融功能，因而属于金融凭证的范畴。

类型化四：金融机构工作人员利用职业便利，通过换折的方式支取储户资金行为性质的司法认定

1. 司法实践中存在的主要分歧：金融机构工作人员以换折方式窃取储户资金的，其行为性质究竟属于诈骗行为还是盗窃行为，实践中对成立金融凭证诈骗罪与盗窃罪存在一定争议。第一种意见认为构成盗窃罪。理由是行为人以非法占有为目的，利用职业便利，采取秘密手段获取了储户资金，并且储户未察觉到财物被盗，符合盗窃罪的构成要件，行为人利用掌握的储户个人信息资料更换存折的行为，仅是其盗窃资金所采取的手段，故应认定为盗窃罪。第二种意见认为构成金融凭证诈骗罪。理由是行为人换折后提取储户资金虽然包含秘密窃取的成分，但其行为

本质是使用伪造的存折来骗取储户的资金，即通过欺骗金融机构来获取资金，区别于盗窃罪的被害对象，其行为模式更符合金融凭证诈骗罪的构成要件。

2. 审理该类型案件的主要思路：首先，查明行为人身份及主观认识。行为人是否利用工作之便窃取他人存款信息，是否有非法占有目的。其次，查明行为人的客观行为。行为人更换储户存折的方式，获取的财物金额多少。

审理该类型案件需要查明如下证据：（1）行为人的工作职责；（2）涉案的银行存折；（3）行为人获取款项记录和资金流向；（4）行为人的供述；（5）金融机构相关人员的陈述。

在认定事实时还需要考虑：行为人何时利用工作之便获取信息更换存折，获取存折款数额多少，资金去向，储户是否遭受财产损失，等等。

3. 该类型案件的裁判规则：金融机构工作人员利用工作之便，通过窃取的他人存款信息资料擅自更换储户存折的行为属于伪造银行存单，利用这种换折方式获取存款的行为，成立金融凭证诈骗罪。理由如下：

第一，从理论上讲，只有直接侵害法益的行为才为刑法所评价，而并非法益侵害行为伴随的条件或者预备行为，这也是区分此罪与彼罪的重要依据。因此，对于盗窃罪还是诈骗类犯罪的区分，关键在于判断造成财产法益侵害的行为方式，即取得财物的方式，在窃取行为与诈骗行为复合的场合，要剖析直接导致被害人财产的行为模式。若符合秘密窃取等特征的，则以盗窃罪定罪处罚；若系被害人受骗而自愿处分行为导致财产损失的，则以诈骗类犯罪论处。实践中，行为人利用工作便利窃取他人的存款信息资料并据此换折取财的行为，其侵财行为系银行等金融机构错误认识而交付存款导致财产损失，换折行为属于虚构事实的预备行为，因而构成金融凭证诈骗罪。

第二，从被害人的角度看，盗窃罪被害对象通常为财产所有人，而金融凭证诈骗罪被害对象一般为金融机构。实践中以偷换储户存折的方式支取存款的行为，实际上遭受财产损失的是金融机构而不是储户。储户的存折因被金融机构工作人员伪造导致存款损失，但储户作为不知情者，其拥有的原存折仍然盖有金融机构印章，是合法有效的，从这个意义上讲储户凭原存折到期可以提款并主张相关权利，金融机构也必须根据该合法有效存折支付存款本息，因而储户不存在财产损失，遭受损失的是金融机构。

第三，实践中已有裁判案例参考，《刑事审判参考》第425号李某军金融凭证诈骗案裁判要旨载明，行为人窃取他人存款个人资料信息后擅自更换储户银行存单存折的，成立伪造金融票证罪；冒用储户名义通过偷换存折方式向金融机构提取存款的行为系诈骗而非盗窃，成立金融凭证诈骗罪；偷换存折系伪造金融票证，冒用该伪造的存折取款系金融凭证诈骗，两行为属于手段与目的牵连关系，适用“择一重罪论处”的原则。

类型化五：银行工作人员虚构高额利率存款事实、骗取资金的行为性质的司法认定

1. 司法实践中存在的主要分歧：银行工作人员利用自制高利率定单骗取资金的行为定性，是构成金融凭证诈骗罪还是诈骗罪，存在定性争议。一种观点认为，高额利率定单系行为人私自制作的虚假单据，不属于伪造或变造的银行存单，不能成立金融凭证诈骗罪，而应定诈骗罪。另一种观点认为成立金融凭证诈骗罪。

2. 审理该类型案件的主要思路：首先，查明高额利率定单的性质。银行是否存在这样的定单格式，定单上是否盖有银行公章，银行是否有高利率存款的定单，是否记入银行账目。其次，查明行为人的客观行为，即行为人是否利用银行工作人员身份获取相关印鉴，是否骗取资金流入

自己账户，银行是否存在被骗的事实。

审理该类型案件需要查明如下证据：（1）高额利率定单；（2）资金流转记录；（3）银行存单样本及账目；（4）行为人的供述；（5）被害人的陈述。

在认定事实时还需要考虑：行为人何时以何种方式自制高额利率定单，行为人利用高额利率定单骗取被害人的过程如何，骗取存款金额多少，案发后退赔了多少。

3. 该类型案件的裁判规则：银行工作人员利用自制的高额利率定单骗取他人财物的行为，能否认定为金融凭证诈骗罪，需要综合考量高额利率定单是否为银行结算凭证，是否有可能流入金融流通领域等因素，如高额利率定单不属于银行结算凭证，不应当认定为金融凭证诈骗罪。理由如下：

第一，《刑事审判参考》第 301 号田某平诈骗案裁判要旨中指出，银行出纳自制高额利率定单，虚构单位有高额利率存款的事实，吸存亲朋好友的现金的行为能否构成金融凭证诈骗罪，关键看其使用的高额利率定单能否认定为银行结算凭证。从银行结算凭证的范围来看，高额利率定单并不属于委托收款凭证、汇款凭证，高额利率定单虽然盖有银行的公章和会计、出纳的私章，但因是行为人私自制作的虚假单据，银行并不存在这样的定单格式，故此定单不属于伪造或变造的银行存单，因此不构成金融凭证诈骗罪。

第二，结合刑法理论，金融凭证诈骗罪要求国家金融管理秩序遭到侵犯，银行工作人员自制的高额利率定单并不具有兑付、信用等功能，根本无法投入金融流通领域，银行也不会因这种虚假的单据被骗，影响金融清算管理秩序，因而不可能成立金融凭证诈骗罪。

类型化六：金融诈骗犯罪数额中被害人利息款的司法认定

1. 司法实践中存在的主要分歧：金融凭证诈骗罪中，关于被害人合理的利息款是否应当从犯罪数额中扣除的问题，存在一定争议。第一种意见认为，被害人的合理利息收入受到法律保护，合理的利息款不应从金融凭证诈骗犯罪数额中扣除。第二种意见认为，利息款不属于直接经济损失，在计算金融诈骗犯罪数额时予以扣除为妥。

2. 审理该类型案件的主要思路：首先，查明行为人的客观行为。行为人用何种手段实施金融凭证诈骗，有无约定的利息，诈骗金额多少，案发前归还了多少。其次，查明涉案数额。行为人金融诈骗类犯罪的犯罪数额达到何种标准，是否已远远高于一般诈骗犯罪数额特别巨大的标准。

审理该类型案件需要查明如下证据：（1）为人的收款、还款记录；（2）约定利息的单据；（3）行为人的供述；（4）被害人的陈述。

在认定事实时还需要考虑：行为人用何种方式实施金融凭证诈骗，骗得了多少财物，有无约定利息，于案发前归还了多少财物，还有多少财物没有归还。

3. 该类型案件的裁判规则：金融凭证诈骗犯罪中，没有充分的证据证明被害人获得的利息收入超出合理范围，或者被害人获得的利息收入未超过一年期贷款市场报价利率四倍年息标准的，合理的利息款不应从金融凭证诈骗犯罪数额中扣除。认定犯罪数额时，被告人已支付的利息款不应从犯罪数额中予以扣除。理由如下：

第一，根据民事法律规则，被害人合理的利息属于可得利益损失，《最高人民法院关于审理民间借贷案件适用法律若干问题的规定》第25条第1款规定，“出借人请求借款人按照合同约定利率支付利息的，人民法院应予支持，但是双方约定的利率超过合同成立时一年期贷款市场报价利率四倍的除外”，从法律适用的统一角度考虑，金融凭证诈骗犯罪中，被害人获得的未超过一年期贷款市场报价利率四倍年息收入应予保护，应认定为犯罪数额。

第二，从刑法体系解释角度，参照诈骗犯罪中案发前已经归还的钱款不应当从诈骗犯罪数额中扣除的规则，在金融凭证诈骗罪中，也不应将被告人已支付给被害人的利息款从犯罪数额中扣除。

第三节　本罪涉及的主要法律法规、司法解释及案例索引

一、法律法规、司法解释及相关规范性文件索引

1.《中华人民共和国刑法》第一百九十四条第二款

2.《全国法院审理金融犯罪案件工作座谈会纪要》（法〔2001〕8号，2001年1月21日施行）

3.《最高人民检察院、公安部关于公安机关管辖的刑事案件立案追诉标准的规定（二）》（公通字〔2022〕12号，2022年5月15日施行）

二、案例索引

1. 张某金融凭证诈骗案（《最高人民法院公报》2001年第1期）

2. 曹某莎金融凭证诈骗案（《刑事审判参考》第4号案例）

3. 朱某芳等金融凭证诈骗、贷款诈骗案（《刑事审判参考》第33号案例）

4. 王某和变造金融票证案（《刑事审判参考》第71号案例）

5. 刘某、王某军、庄某德金融凭证诈骗案（《刑事审判参考》第168号案例）

6. 田某平诈骗案（《刑事审判参考》第301号案例）

7. 张某海等人贷款诈骗、金融凭证诈骗案（《刑事审判参考》第424号案例）

8. 李某军金融凭证诈骗案（《刑事审判参考》第425号案例）

第七章

交通肇事罪类型化审判

第一节　交通肇事罪的立法嬗变及相关问题

一、交通肇事罪的立法嬗变

交通肇事罪，是指违反交通管理法规，因而发生重大事故，致人重伤、死亡或者使公私财产遭受重大损失的行为。

最初的立法对交通肇事罪的界定较为简单，主要依据《刑法》第133条的规定，即违反交通运输管理法规，发生重大事故，造成人员伤亡或财产损失的行为构成交通肇事罪。为维护人民群众的出行安全，2011年《刑法修正案（八）》以第133条之一增设危险驾驶罪，2020年《刑法修正案（十一）》以第133条之二增设妨害安全驾驶罪。根据《刑法》第133条，交通肇事罪分为三个档次，分别是3年以下有期徒刑或者拘役、3年以上7年以下有期徒刑和7年以上有期徒刑，最高可达15年有期徒刑。为了更好地适用法律，最高人民法院等司法机关也出台了相关的司法解释，如《最高人民法院关于审理交通肇事刑事案件具体应用法律若干问题的解释》对交通肇事罪的构成要件、量刑标准等问题进行了明确。又如，在交通肇事后逃逸的情况下，该解释对如何认定“因逃逸致人死亡”以及如何处理逃逸行为等问题均有详细的规定。

尽管已有较为完备的法律规定和司法解释，但在实际运用中仍存在一些问题和争议。例如，有关“道路”的定义、交通肇事罪的主体范围以及对于逃逸行为的认定等方面，都需要进一步的明确和完善。随着机动车数量的增加和人们出行频率的上升，交通肇事罪与人们生活的联系越来越密切。立法的完善不仅要考虑到法律本身的科学性和合理性，还要兼顾社会公众的认识和期待，以实现法律效果与社会效果的统一。因此，交通肇事罪的立法是一个不断改进的过程，它既要适应社会发展的需要，也要解决实践中出现的新问题。未来的立法和司法解释仍需在现有基础上，结合实际情况做出更为细致和合理的规定，以更好地保护公共安全和人民群众的合法权益。

二、审理交通肇事罪的总体思路

1. 责任认定：实践中多数情况下可以采纳交管部门作出的事故责任认定，特殊情况下才不予采纳。尽管交通管理部门对于事故的责任有明确的规定，但在刑事诉讼中，应根据刑法所规定的交通肇事罪的构成要件进行实质的分析判断。

2. 行为人主观过失：在认定交通肇事罪时，应重点考虑行为人是否在主观上存在过失。这涉及罪与非罪、此罪与彼罪的区分。

3. 主体范围：根据相关法规，交通肇事罪的主体范围包括从事交通运输的人员和非交通运输人员。无论是使用机动还是非机动交通工具，只要违反了交通运输管理法规并发生了重大交通事故，都可能构成犯罪。

4. 与其他罪名的关系：需要明确交通肇事罪与过失致人死亡罪之间的关系，确保正确定罪和处罚。

综上所述，审理交通肇事罪时，除了对事实进行客观分析外，还需要对相关法律条款进行深入研究，确保公正、准确地做出判决。

三、交通肇事罪构成要件解读

本罪的主体为一般主体，即凡年满16周岁、具有刑事责任能力的自然人均可构成。本罪主体包括交通运输人员和非交通运输人员。交通运输人员包括交通运输工具的驾驶人员、交通设备的操控人员、交通运输活动的领导人员和指挥人员以及交通运输安全的管理人员和协调人员。非交通运输人员违反规章制度，如非司机违章开车，在交通运输中发生重大事故，造成严重后果的，也构成本罪的主体。需要注意的是，《最高人民法院关于审理交通肇事刑事案件具体应用法律若干问题的解释》第7条规定："单位主管人员、机动车辆所有人或者机动车辆承包人指使、强令他人违章驾驶造成重大交通事故，具有本解释第二条规定情形之一的，以交通肇事罪定罪处罚。"

本罪主观方面表现为过失，即行为人应当预见自己违反交通运输管理法规的行为可能发生重大严重后果，但由于疏忽大意而没有预见，或者虽然预见但轻信能够避免，以致发生重大交通事故，致人重伤、死亡或使公私财产遭受重大损失。交通肇事罪的行为人在主观上是出于过失，但在违反规章制度上可能是明知故犯。如果肇事以后，知道被自己撞、轧成重伤的被害人，若得不到及时抢救，可能发生死亡的结果，却将被害人弃置于不易被他人发现的丛林、沟洼之中，开车扬长而去，拒不履行抢救义务，以致造成被害人死亡的，则构成加重结果犯。

本罪客观方面表现为在交通运输活动中违反交通运输管理法规，因而发生重大事故，致人重伤、死亡或者使公私财产遭受重大损失的行为。

1. 行为人有违反交通运输管理法规的行为。违反交通管理法规是造成交通事故的前提条件，也是行为人构成交通肇事罪并承担刑事责任的依据。[①] 违反交通运输管理法规，是指违反国家有关交通运输管理的法律、法规和国家有关交通部门制定的交通运输安全规章等。

2. 必须发生重大事故，致人重伤、死亡或者使公私财产遭受重大损失的严重后果。最高人民法院发布的《关于审理交通肇事刑事案件具体应用法律若干问题的解释》，对如何追究交通肇事罪犯的刑事责任作了具体规定：(1) 死亡 1 人或者重伤 3 人以上，负事故全部或者主要责任的；(2) 死亡 3 人以上，负事故同等责任的；(3) 造成公共财产或者他人财产直接损失，负事故全部或者主要责任，无能力赔偿数额在 30 万元以上的。交通肇事致 1 人以上重伤，负事故全部或者主要责任，并具有下列情形之一的，以交通肇事罪定罪处罚：(1) 酒后、吸食毒品后驾驶机动车辆的；(2) 无驾驶资格驾驶机动车辆的；(3) 明知是安全装置不全或者安全机件失灵的机动车辆而驾驶的；(4) 明知是无牌证或者已报废的机动车辆而驾驶的；(5) 严重超载驾驶的；(6) 为逃避法律追究逃离事故现场的。

3. 违反交通运输管理法规的行为与重大事故之间存在因果关系。如果行为人违反交通运输管理法规，但并没有引起重大交通事故，或者说重大交通事故是由其他原因引起的，不构成本罪。[②]

第二节　交通肇事罪类型化裁判

类型化一：交通肇事罪主体范围的司法认定

1. 司法实践中存在的主要分歧：关于交通肇事罪的犯罪主体，存在

① 参见马克昌主编：《百罪通论》，北京大学出版社 2014 年版，第 109 页。

② 参见马克昌主编：《百罪通论》，北京大学出版社 2014 年版，第 111 页。

一定争议。一种观点认为，只有驾驶员才能成立本罪，非交通运输人员不能成为本罪的主体；另一种观点认为，本罪的主体应当为一般主体，除了航空人员、铁路职工外，其他所有具有刑事责任能力的人员，都可以成为本罪的主体。

2. 审理该类型案件的主要思路：查明被告人案发时的年龄等身份情况。

审理该类型案件需要查明如下证据：（1）被告人基本情况；（2）户口簿或微机户口卡，居民身份证（临时身份证），公安机关核发的居住、暂住证明，工作证，出生证，护照等证件；（3）机动车驾驶证（含军队驾驶证）、行驶证（含军车行驶证）、机动车登记证书、临时号牌以及公安信息网查询资料等。

3. 该类型案件的裁判规则：从交通肇事罪的犯罪构成看，其犯罪主体应当为一般主体。首先，除了航空人员、铁路职工外，其他所有具有刑事责任能力的人员，都可以成为本罪的主体。在司法实践中，虽然交通肇事罪主要由"从事交通运输的人员"构成，但是，从1997年《刑法》取消了1979年《刑法》第113条"从事交通运输的人员"和"非交通运输人员"之分的立法本意来看，立法肯定了交通肇事罪既可以由从事交通运输的人员构成，也可以由非交通运输人员构成。这里所说的"从事交通运输的人员"，既包括交通运输业的直接经营人员，也包括交通运输业的管理人员。"非交通运输人员"是指与交通运输的经营、管理无关的人员。其次，非交通运输管理人员违反交通运输管理法规，也可以引起重大交通事故。例如，根据《道路交通安全法》第63条的规定，行人不得跨越、倚坐道路隔离设施，不得扒车、强行拦车或者实施妨碍道路交通安全的其他行为。《最高人民法院关于审理交通肇事刑事案件具体应用法律若干问题的解释》第1条规定："从事交通运输人员或者非交通运输人员，违反交通运输管理法规发生重大交通事故，在分清事故责任的基础上，对于构成犯罪的，依照刑法第一百三十三条的规定定罪处罚。”

类型化二：“公私财产”是否包括肇事者个人财产的司法认定

1. 司法实践中存在的主要分歧：对于“公私财产”是否包括肇事者个人财产问题，在有些情况下，就成为区分罪与非罪的界限。有的案件中，肇事者造成的公共财产及他人的财产损失数额不大，但自身遭受的财产损失惨重（比如名贵车肇事与低档车俱毁）。有观点认为，在上述情况下如果仅认定公共财产及他人的财产损失，数额不大的，则不构成交通肇事罪；如果将其自身财产一并计入损失数额，就可能符合定罪条件。[①]

2. 审理该类型案件的主要思路：《刑法》第133条规定，发生重大交通事故，造成公私财产遭受重大损失的，依法追究刑事责任，这里的“公私财产”应当包括肇事者个人财产。查明对公共财产、他人人身及其财产造成的损失情况。

审理该类型案件需要查明如下证据：（1）被告人基本情况；（2）车辆权属证明、车辆特征证明及驾驶行政许可证明材料；（3）被告人违反交通运输管理法规前以及发生交通事故后的有关行为形成的票据、凭证、登记证明等相关证明，车辆损失的鉴定意见。

3. 该类型案件的裁判规则：《刑法》第133条规定，发生重大交通事故，造成公私财产遭受重大损失的，依法追究刑事责任。因此，本着从严惩处这类犯罪的需要，应当将肇事人的个人财产损失一并计入损失数额。但是，交通肇事罪的危害在于对公共财产、他人人身及其财产造成的损失，其自身的财产损失应当视为肇事人为自己的违章行为承担的

---

① 孙军工：《正确适用法律 严惩交通肇事犯罪——〈关于审理交通肇事刑事案件具体应用法律若干问题的解释〉的理解与适用》，载《人民司法》2000年第12期。

经济责任，而不应将其作为承担刑事责任的条件。因此，《最高人民法院关于审理交通肇事刑事案件具体应用法律若干问题的解释》第2条中关于“造成公共财产或者他人财产直接损失”承担刑事责任的规定，是符合立法本意的。[①]

类型化三：交通肇事罪中肇事后逃逸的司法认定

1. 司法实践中存在的主要分歧：在肇事后为逃避法律追究而逃跑的行为，是否认定“交通肇事后逃逸”。

2. 审理该类型案件的主要思路：查明被告人交通肇事犯罪事实的前期、过程、逃跑等行为（包括时间、地点、经过、人员、环境、后果等）。

审理该类型案件需要查明如下证据：（1）被告人对交通肇事犯罪事实的供述，尤其注意收集被告人心态的细节，以及造成严重后果的状况；（2）被告人对违反交通运输管理法规，发生事故时的主观心态的供述；（3）被告人对实施违反交通运输管理法规的行为，发生事故造成危害后果的主观心态的供述；（4）被告人对犯罪后的逃逸、躲藏、逃匿的供述和申辩。

3. 该类型案件的裁判规则：《最高人民法院关于审理交通肇事刑事案件具体应用法律若干问题的解释》第3条规定，“交通运输肇事后逃逸”，是指行为人具有该解释第2条第1款规定和第2款第1至5项规定的情形之一，在发生交通事故后，为逃避法律追究而逃跑的行为。认定交通肇事后逃逸的前提条件即主观目的，应当界定为“逃避法律追究”。对于逃离事故现场的，还要判断其逃离的目的和肇事后的态度，不能一概认定其逃逸。如肇事者出于害怕被报复殴打而逃离现场的，事后能够

① 孙军工：《正确适用法律　严惩交通肇事犯罪——〈关于审理交通肇事刑事案件具体应用法律若干问题的解释〉的理解与适用》，载《人民司法》2000年第12期。

以最快的时间报警等方式，接受法律处理的，就不应认定为逃逸。交通肇事后逃逸，不应当仅仅理解为“逃离事故现场”的行为，司法解释规定的逃逸并没有时间和场所的限定，对于肇事者没有在肇事后立即逃离现场或躲避侦查的，而是在将伤者送医后，在现场、医院等待处理的时候逃跑的，这种在肇事后为逃避法律追究而逃跑的行为，都应当视为“交通肇事后逃逸”。肇事者将伤者送到医院后逃跑，伤者经抢救无效死亡的，不属肇事者“因逃逸致人死亡”。

类型化四：交通肇事罪中逃逸致人死亡的司法认定

1. 司法实践中存在的主要分歧：交通肇事逃逸后，发生被害人死亡结果的情形有多种，如何处理不能一概而论，应当区分不同情况予以定性。

2. 审理该类型案件的主要思路：查明被害人死亡的情形，分清交通肇事行为与被害人死亡结果之间的因果关系。

审理该类型案件需要查明如下证据：（1）被告人对交通肇事犯罪事实的供述；（2）涉案痕迹物证；（3）被害人受伤、死亡的，在医院治疗、抢救形成的医疗记录、死亡记录等；（4）目击者证言，尤其注意收集交通事故发生的细节；（5）尸体检验，包括尸表及解剖检验，尤其要结合鉴定结论和事故车辆等物证进行审查；（6）现场勘查笔录。

3. 该类型案件的裁判规则：《最高人民法院关于审理交通肇事刑事案件具体应用法律若干问题的解释》第 5 条第 1 款规定，“因逃逸致人死亡”，是指行为人在交通肇事后为逃避法律追究而逃跑，致使被害人因得不到救助而死亡的情形。这一规定强调的是“被害人因得不到救助而死亡”，主要是指行为人主观上并不希望发生被害人死亡的后果，但是没有救助被害人或者未采取得力的救助措施，导致发生被害人死亡结果的情形。①

该司法解释第6条规定，行为人在交通肇事后为逃避法律追究，将被害人带离事故现场后隐藏或者遗弃，致使被害人无法得到救助而死亡或者严重残疾的，以故意杀人罪或者故意伤害罪定罪处罚。也就是说，行为人在交通肇事后，为了掩盖罪行、毁灭证据，逃避法律追究，将被害人带离事故现场后隐藏或者遗弃，如隐藏在杂草丛中，使被害人处于无法获得救助的境地，主观上是希望或者放任被害人死亡结果的发生。对于这种情形，根据被害人伤亡结果对行为人定罪处罚是适宜的。②

类型化五：交通肇事罪自首的司法认定

1. 司法实践中存在的主要分歧：司法实务中对于交通肇事罪自首的认定以及量刑的具体把握，往往存在较大争议。交通肇事后保护现场、抢救伤者，并向公安机关报告的，应认定为自动投案；构成自首的，因上述行为同时系犯罪嫌疑人的法定义务，对其是否从宽、从宽幅度要适当从严掌握。交通肇事逃逸后自动投案，如实供述自己罪行的，应认定为自首，但应依法以较重法定刑为基准，视情况决定对其是否从宽处罚和从宽处罚的幅度。

2. 审理该类型案件的主要思路：查明被告人投案自首的时间、主观目的。

审理该类型案件需要查明如下证据：（1）被告人对交通肇事犯罪事实的供述；（2）被告人投案笔录；（3）公安机关出具的是否成立自首的书面说明。

3. 该类型案件的裁判规则：《道路交通安全法》第70条虽明文规定

① 参见周道鸾、张军主编：《刑法罪名精释》（第4版），人民法院出版社2013年版，第142页。
② 参见周道鸾、张军主编：《刑法罪名精释》（第4版），人民法院出版社2013年版，第142页。

保护现场、抢救伤员、向公安机关报告是犯罪嫌疑人的法定义务，但与刑法上认定其为自动投案并不矛盾，投案自首的量刑减让是对行为人报告义务的支持、鼓励。如果否认交通肇事存在自首，而承认其他责任事故存在自首，明显会导致交通肇事罪与其他责任事故犯罪的不协调。此情形认定为自首，有利于鼓励肇事者在最短时间内抢救伤者；反之，有可能助长逃逸行为，产生不良社会效果。[①]《刑法》第133条第一种量刑幅度内的不逃逸并不等于自动投案，实践中还存在诸多既未逃逸也未自动投案的情形。自首是刑法总则规定的量刑制度，应对刑法分则个罪符合自首构成要件的情形普遍适用。

类型化六：车辆的挂靠单位等民事责任的司法认定

在交通肇事附带民事诉讼中，车辆的挂靠单位和名义上的车主是否承担民事赔偿责任？

1. 司法实践中存在的主要分歧：有观点认为机动车辆行驶证和道路运输证在挂靠单位名下，挂靠单位理所应当成为诉讼主体，承担相应的民事赔偿责任。另有观点认为，挂靠单位并不实际控制和运行车辆，不应当承担民事赔偿责任。车辆挂靠单位和车辆所有人是否要承担民事赔偿责任，要根据挂靠单位和车辆所有人主观上是否有过错，且这种过错行为与损害结果之间是否存在因果关系，进行综合评判。

2. 审理此类型案件的主要思路：查明挂靠单位和车辆所有人主观上是否有过错，且这种过错行为与损害结果之间是否存在因果关系。

审理该类型案件需要查明如下证据：（1）车辆权属证明、车辆特征证明及驾驶行政许可证明材料，车辆及所载货物等；（2）被告人供述；（3）证人证言。

---

① 周峰、薛淑兰、孟伟：《自首认定的若干司法实务问题》，载《中国审判》2011年第1期。

3. 该类型案件的裁判规则：车辆挂靠单位和车辆所有人是否要承担民事赔偿责任，要根据挂靠单位和车辆所有人主观上是否有过错，且这种过错行为与损害结果之间是否存在因果关系，进行综合评判。挂靠单位许可车辆挂靠在其名下，不管是否收取挂靠费，都对挂靠车辆负有监管义务和监管责任；因此，挂靠单位对挂靠车辆造成他人损害的，应承担连带赔偿责任。名义上的车主不是车辆的实际所有人，只要有证据证明其不是车辆的实际所有人，就不应承担连带赔偿责任。

类型化七：交通肇事罪缓刑的司法适用

1. 司法实践中存在的主要分歧：对交通肇事罪中的被告人是否适用缓刑，往往成为审理的争议焦点。对交通肇事罪中的被告人是否适用缓刑要坚持宽严相济的刑事政策。对后果不是特别严重，赔偿积极，符合适用缓刑条件的被告人可以适用缓刑，同时又要避免出现适用缓刑过多过滥的情况；构成交通肇事罪的，综合考虑事故责任、危害后果、赔偿谅解等犯罪事实、量刑情节，以及被告人的主观恶性、人身危险性、认罪悔罪表现等因素，决定缓刑的适用。

2. 审理该类型案件的主要思路：查明被告人交通肇事的事故责任、危害后果、赔偿谅解等犯罪事实、量刑情节，以及被告人的主观恶性、人身危险性、认罪悔罪表现以及社区矫正调查情况。

审理该类型案件需要查明如下证据：（1）被告人对交通肇事犯罪事实的供述；（2）被害人受伤、死亡的，在医院治疗、抢救形成的医疗记录、死亡记录等；（3）自首、赔偿等书证；（4）社区矫正委托调查情况。

3. 该类型案件的裁判规则。

下列情形一般不适用缓刑：（1）醉酒驾驶机动车致死亡一人或者重伤三人以上的；（2）有出于追逐取乐、竞技、寻求刺激等动机，在道路上超速行驶50%以上情节的；（3）致死亡一人或者重伤三人以上后逃逸的；（4）斑马线上致行人死亡一人或者重伤三人以上的；（5）死亡二人以上或者重伤五人以上，负事故全部或者主要责任的；（6）死亡六人以上，负事故同等责任的；（7）造成恶劣社会影响的。

下列情形从严控制适用缓刑：（1）酒后、吸食毒品后驾驶机动车致死亡一人或者重伤三人以上的；（2）无驾驶资格的人驾驶机动车致死亡一人或者重伤三人以上的；（3）曾因违反交通安全法律法规被追究刑事责任或者受到过吊销机动车驾驶证、拘留行政处罚的；（4）交通肇事后让人顶替的；（5）明知是无牌证的机动车，已报废的机动车，安全设施、机件不符合技术标准等有安全隐患的机动车，非法改装的机动车而驾驶，或者严重超载等，致死亡一人或者重伤三人以上的；（6）造成公共财产或者他人财产直接损失，负事故全部或者主要责任，无能力赔偿数额在六十万元以上的。

交通肇事罪被告人对民事赔偿积极，取得被害人或者被害人亲属谅解的，一般应该在量刑时有所体现，酌情予以从轻处罚，以最大限度地化解矛盾，促进和谐。交通肇事致人死亡或者重伤案件民事部分的及时足额赔偿，有利于安抚被害人或者被害人亲属。因此，对民事赔偿积极，取得被害人或者被害人亲属谅解的，一般应该在量刑时有所体现，酌情予以从轻处罚，以最大限度地化解矛盾，促进和谐。但要防止产生“以钱抵刑”的负面影响，对那些犯罪情节恶劣、影响极坏、造成后果特别严重的被告人，从轻幅度要小一些，甚至可以不予从轻处罚。对于基本未赔偿的，或者隐匿财产逃避赔偿的，要酌情从重处罚。人民法院应当加强交通肇事刑事附带民事赔偿案件的执行力度，并对符合司法救助条件的被害人或者被害人亲属给予司法救助。

类型化八：交通肇事后逃逸的司法认定

1. 司法实践中存在的主要分歧：对于履行了道路交通安全法设定的

肇事者必须履行的法定义务后逃跑，是否一律认定为交通肇事后逃逸，实务中对此存在一定的争议。保护事故现场，抢救伤员，报警并接受公安机关的处理，是肇事者必须履行的法定义务。交通肇事后逃逸行为的本质特征就是为了逃避法律追究不履行上述法定义务，正确认定逃逸也应当围绕肇事者在肇事后是否履行了法定义务。

2. 审理该类型案件的主要思路：查明被告人逃逸主观和客观条件，区分不同情形。

审理该类型案件需要查明如下证据：（1）被告人对交通肇事犯罪事实的供述；（2）涉案痕迹物证；（3）被害人受伤、死亡的，在医院治疗、抢救形成的医疗记录、死亡记录等；（4）目击者证言，尤其注意收集交通事故发生的细节；（5）尸体检验，尸表及解剖检验，尤其要结合鉴定结论和事故车辆等物证进行审查；（6）现场勘查笔录。

3. 该类型案件的裁判规则：《刑法》第133条规定的交通肇事后逃逸，是指发生重大交通事故后，肇事者为了逃避法律追究，驾驶肇事车辆或者遗弃肇事车辆后逃跑的行为。刑法规定对逃逸加重处罚，根本目的有两个：一是为了及时抢救伤者，防止事故损失的扩大；二是便于尽快查清事故责任，处理事故善后事宜。《道路交通安全法》第70条规定，肇事者发生交通事故后必须立即停车，保护现场；造成人身伤亡的，应当立即抢救受伤人员，并迅速报告执勤的交通警察或者公安机关交通管理部门。因此，保护事故现场、抢救伤员、报警并接受公安机关的处理，是肇事者必须履行的法定义务。交通肇事后逃逸行为的本质特征就是为了逃避法律追究不履行上述法定义务，正确认定逃逸也应当围绕肇事者在肇事后是否履行了法定义务。

审判实践中，应当把握好主观和客观两个方面的要件。一是主观要件，即为了逃避法律追究，包括为了逃避行政责任、民事责任和刑事责任的追究。如果没有法定事由或者正当理由离开事故现场，应当推定为逃避法律追究。二是客观要件，即在接受公安机关处理前，驾驶肇事车辆或者遗弃肇事车辆后逃跑。以逃离事故现场为一般情形。这里的事故现场，不仅包括交通事故发生现场，还包括与事故发生现场具有紧密联系的空间，如按警察指定等候处理的地点等。在认定是否属于逃离事故现场时，要特别注意逃逸行为与肇事行为在时空上的连贯性。履行了道路交通安全法设定的肇事者必须履行的法定义务后逃跑，不宜认定为交通肇事后逃逸。

交通肇事罪中，肇事者逃逸情形实践中较为多样复杂，要根据不同类型的特点区别认定：

（1）肇事者被殴打或者面临被殴打的实际危险而逃离事故现场，然后立即报警并接受公安机关处理的，可以不认定为逃逸。此种情形需要有足够的事实依据和证据，才能采信被告人的辩解。

（2）逃离事故现场后具备报警条件不及时报警，具备投案条件而不及时投案的，应当认定为逃逸。

（3）如果是因为发生了事故内心恐惧而逃离事故现场的，或者为了逃避酒精检测等而逃离事故现场的，均应认定为逃逸。

（4）肇事者接受公安机关处理后，在侦查、起诉、审判阶段为躲避责任经传唤不到案，取保候审或者监视居住期间逃跑，这实质上是一种逃避侦查、起诉、审判的违反刑事诉讼程序的行为，均不宜认定为逃逸，但应当酌情从重处罚。

（5）肇事者离开事故现场径直去公安机关投案，不影响事故责任的认定，且事故损失没有明显扩大的，可以不作为逃逸处理。肇事者逃逸后，途中害怕被加重追究刑事责任而到公安机关投案的，仍然应当认定为逃逸；其中如实交代罪行的，可以认定为自首。认定是否直接去公安机关投案，不能仅以被告人辩解为依据，应当根据离开现场后的行走线路、时间长短以及是否具备报案条件等因素综合判定。无法认定直接去公安机关投案的，以逃逸论。

（6）肇事者肇事后虽然采用打电话等方式报警，然后逃离事故现场的，或者逃离事故现场后打电话报警的，仍然应当认定为逃逸。但因为有报警行为，可对其酌情从轻处罚。

（7）造成人身伤亡的，肇事者应当立即抢救受伤人员。如果是为了抢救伤员而离开现场，不认定为逃离事故现场。但是如果肇事者将伤者送到医院后，没有报警并接受公安机关处理，而是为逃避法律追究逃离的，应当认定为逃逸，但可以酌情从轻处罚。

肇事者具有《最高人民法院关于审理交通肇事刑事案件具体应用法律若干问题的解释》第 2 条第 2 款第 1 至 5 项情形之一，又有逃逸行为的，逃逸行为应作为法定加重情节，对肇事者在《刑法》第 133 条第二个量刑档次即 3 年以上 7 年以下有期徒刑的幅度内量刑。但根据《最高人民法院关于审理交通肇事刑事案件具体应用法律若干问题的解释》第 2 条第 2 款第 6 项规定因交通肇事后逃逸而构成犯罪的，由于逃逸已成为构成犯罪的要件，不能重复评价为加重情节，故对肇事者只能在《刑法》第 133 条第一个量刑档次即 3 年以下有期徒刑或者拘役的幅度内量刑。

类型化九：交通肇事后让人顶替行为的认定

1. 司法实践中存在的主要分歧：一种观点认为，交通肇事后让他人顶罪侵害了新的法益，扰乱了司法秩序，已超出了交通肇事罪的保护法益，根据全面评价原则，应对行为人以交通肇事罪和妨害作证罪两罪并罚；另一种观点认为，交通肇事后逃离事故发生现场，让他人投案顶罪，目的均为逃避法律追究，本质上仍属于交通肇事后的逃逸行为，应对行为人以交通肇事罪一罪处罚。

2. 审理该类型案件的主要思路：查明被告人让人顶替的主观目的以及现场的客观条件，区分不同情形。

审理该类型案件需要查明如下证据：（1）被告人对交通肇事犯罪事实的供述；（2）证人证言，尤其顶替人顶替原因的证言；（3）目击者证言，尤其注意收集交通事故发生的细节证言；（4）现场勘查笔录。

3. 该类型案件的裁判规则：肇事者让人顶替的行为从本质上说仍是一种交通肇事后的“逃跑”行为，而且还是一种指使他人向司法机关作伪证的行为，妨害了司法机关的正常活动，社会危害性更大，依法可以认定为交通肇事逃逸并从重处罚。当前，交通肇事后肇事者让他人顶替以逃避法律追究的情况多发，给交通事故责任的正确认定带来困难，容易使肇事者逃避法律的追究，也易对被害方的利益造成损害，且严重妨害司法机关的正常活动，对顶替行为应予从严惩治。让人顶替的情形有多种：有的肇事者让同车人顶替或者打电话让人来现场顶替；有的肇事者逃离现场后叫顶替者到现场或者去公安机关投案等，根本目的就是使自己逃避法律的追究。肇事者交通肇事后本人逃离事故现场，以及让他人顶罪，主观上均是出于逃避法律追究的目的；客观上肇事者虽然除本人逃离现场外，还让他人向公安机关投案，由顶替者承认自己系肇事者，但让他人顶罪的行为并未超出交通肇事罪中逃逸的实质内涵。① 处理这类案件，还要区分肇事者是否逃离了事故现场，对肇事者让人顶替但自己没有逃离现场的，可酌情从轻处罚。

对顶替者，构成犯罪的，以《刑法》第310条包庇罪追究刑事责任。包庇罪在主观方面要求行为人明知对方是犯罪人而予以包庇，客观方面则要求行为人向司法机关作出虚假证明以掩盖犯罪人，作出虚假证明的方式包括以伪造、隐藏、毁灭证据等方式对犯罪人进行包庇。对于在他人肇事后替肇事者顶罪，承认自己系肇事者的行为人，其主观上明知肇事者系犯罪人，仍替其顶罪，主观上存在包庇肇事者的故意；客观上实

---

① 参见池海江、钱安定、丁卫强：《交通肇事顶替行为的定性与处理》，载《人民司法》2012年第6期。

施的顶替肇事者投案的行为属于向司法机关提供虚假证明以掩盖犯罪，符合包庇罪的客观构成要件。依据主客观相一致原则，对于交通肇事顶替的行为，应当以包庇罪论处。

类型化十：后车第二次事故后离开现场的司法认定

交通事故发生后被告人未离开现场，在后车第二次事故后，被告人隐藏身份并离开现场的行为能否认定为逃逸？

1. 司法实践中存在的主要分歧：第一种意见认为，被告人构成交通肇事罪中的因逃逸致人死亡。行为人在事故发生后没有立即逃跑，而是在后车事故后离开现场，但其在此期间没有暴露自己是肇事者，而是将自己隐匿在现场。第三人的碾轧行为虽然介入到被告人肇事与被害人死亡之间的因果进程，但从案发时间、地点、环境和被害人的情况来看，此介入因素的发生和介入在被告人合理预见的能力范围之内，并不能阻断被告人肇事与被害人死亡之间的因果关系。应认定为交通肇事逃逸致人死亡。第二种意见认为，被告人不构成交通肇事罪中的因逃逸致人死亡，属于一般交通肇事后逃逸。交通肇事逃逸必须具备离开事故现场这一客观要件，被告人在第一次事故后并没有离开事故现场，且被害人在第一次事故后并未死亡，而是第二次事故后死亡，故不能认定为交通肇事逃逸致人死亡。

2. 审理该类型案件的主要思路：查明介入了第三方的行为或自然力等其他因素，认定清楚介入因素与先前行为的关系性质及介入因素本身的特点。在存在介入因素的情况下，认定先前行为是否是危害结果的原因。

审理该类型案件需要查明如下证据：（1）被告人对交通肇事犯罪事实的供述；（2）被害人受伤、死亡的，在医院治疗、抢救形成的医疗记录、死亡记录等；（3）目击者证言，尤其注意收集交通事故发生的细节证言；(4) 同案人证言，尤其注意收集交通事故发生的细节证言；(5) 现场勘查，包括现场勘查图、现场照片、现场勘查笔录等；(6) 物证技术鉴定，包括车辆鉴定、轮胎痕迹鉴定。

3. 该类型案件的裁判规则：根据《道路交通安全法》第70条规定，交通肇事者在交通肇事后应负有救助义务。肇事者是否具有救助能力，应依据肇事者在发生肇事后果后当时现场的时空条件来认定。一是肇事者本人处于清醒状态并具有活动能力。二是肇事者明确知晓被害人受伤。三是当时现场有充分的条件允许肇事者进行救助。认定上述内容，不仅要看肇事者的供述，还应从肇事当时的时间、地点、路况、行为人具备的知识和经验等方面客观地评判肇事者是否具有救助能力。如果肇事者不具备救助的条件，“法律不能强人所难”，肇事者虽负有救助义务，但也不能过分要求肇事者在没有救助能力的情况下履行救助义务。

是否认定“因逃逸致人死亡”中的逃逸，要从以下两个方面分析：一方面，逃离现场并不是构成交通肇事罪中逃逸的本质要件。《最高人民法院关于审理交通肇事刑事案件具体应用法律若干问题的解释》第5条并没有用具体的“逃离现场”，而是用抽象的“逃跑”，可见该解释并没有把是否在“现场”作为硬性要件，而“逃跑”的手段与形式多种多样，对逃跑的时间和场所也没有严格的要求。因此，逃离现场仅仅是认定交通肇事罪中的逃逸形式手段之一，构成“逃逸”的核心问题是逃跑的目的在于逃避法律的追究。另一方面，有救助能力的情况下未履行救助义务是认定“因逃逸致人死亡”中逃逸的关键所在。交通肇事后逃逸行为的本质特征就是为了逃避法律追究不履行上述法定义务，正确认定逃逸也应当围绕肇事者在肇事后是否履行了法定义务。“因逃逸致人死亡”中的逃逸，更着重于审查肇事者在有救助能力的情况下是否履行救助义务。行为人实施危险行为后，通常乃至必然会介入第三者的行为，导致结果发生的，应当肯定行为人的行为与结果之间具有因果关系。后车事故行为的发生和介入在被告人合理预见的能力范围之内，被告人的逃逸行为导致被害人再次被碾轧甚至死亡发生的危险性增大，被告人交通肇事行为与被害人死亡之间具有因果关系。

第三节 本罪涉及的主要法律法规、司法解释及案例索引

一、法律法规、司法解释及相关规范性文件索引

1. 《中华人民共和国刑法》第一百三十三条

2. 《最高人民法院关于审理交通肇事刑事案件具体应用法律若干问题的解释》（法释〔2000〕33 号，2000 年 11 月 21 日施行）

3. 《最高人民法院印发〈关于处理自首和立功若干具体问题的意见〉的通知》（法发〔2010〕60 号，2010 年 12 月 22 日施行）

4. 《最高人民法院、最高人民检察院印发〈关于常见犯罪的量刑指导意见（试行）〉的通知》（法发〔2021〕21 号，2021 年 7 月 1 日施行）

二、案例索引

1. 安徽省颍上县人民检察院诉龚某田交通肇事案（《最高人民法院公报》2017 年第 6 期）

2. 梁某金、周某金等交通肇事案（《刑事审判参考》第 84 号案例）

3. 周某杰交通肇事案（《刑事审判参考》第 176 号案例）

4. 倪某国交通肇事案（《刑事审判参考》第 220 号案例）

5. 李某英过失致人死亡案（《刑事审判参考》第 243 号案例）

6. 钱某平交通肇事案（《刑事审判参考》第 342 号案例）

7. 孙某玉交通肇事案（《刑事审判参考》第 415 号案例）
8. 胡某交通肇事案（《刑事审判参考》第 588 号案例）
9. 谭某伟交通肇事案（《刑事审判参考》第 696 号案例）
10. 王某彬交通肇事案（《刑事审判参考》第 697 号案例）
11. 刘某露交通肇事案（《刑事审判参考》第 788 号案例）
12. 马某旺交通肇事案（《刑事审判参考》第 858 号案例）
13. 李某铭交通肇事案（《刑事审判参考》第 890 号案例）
14. 陆某故意杀人案（《刑事审判参考》第 908 号案例）
15. 张某泽交通肇事案（《刑事审判参考》第 916 号案例）
16. 李某海故意杀人案（《刑事审判参考》第 923 号案例）
17. 邵某平交通肇事案（《刑事审判参考》第 1118 号案例）
18. 李某交通肇事案（《刑事审判参考》第 1271 号案例）
19. 胡某霞交通肇事案（《刑事审判参考》第 1297 号案例）
20. 汪某樟交通肇事案（《刑事审判参考》第 1364 号案例）

第八章

非法吸收公众存款罪类型化审判

第一节　非法吸收公众存款罪的立法嬗变及相关问题

一、非法吸收公众存款罪的立法嬗变

非法吸收公众存款罪，是指违反国家金融管理法律规定，向社会公众吸收资金且扰乱金融秩序的行为。根据《刑法》第176条第1款的规定，非法吸收公众存款或者变相吸收公众存款，扰乱金融秩序的，处三年以下有期徒刑或者拘役，并处或者单处罚金；数额巨大或者有其他严重情节的，处三年以上十年以下有期徒刑，并处罚金；数额特别巨大或者有其他特别严重情节的，处十年以上有期徒刑，并处罚金。

2021年3月1日施行的《刑法修正案（十一）》对非法吸收公众存款罪刑法条文作出了重要修改，对非法吸收公众存款罪的定罪量刑标准进行了适当调整，提高了该罪的刑罚力度。然而，学界将非法吸收公众存款罪称为新的“口袋罪”，认为该罪名的扩张适用堵截了民间融资的通道，对该罪应遵循刑法的谦抑原则限缩适用。

为切实维护金融秩序和国家金融安全，对于互联网金融创新中出现

的集资行为应予以从宽把握。一些学者以刑法教义学的视角，对非法吸收公众存款罪的“四性”特征和构成要件展开具体分析，从而建构本罪的出罪机制。我们认为，对本罪法益的重新界定应围绕限缩适用的目标，比如，应从“秩序法益观”转向“利益法益观”，不能停留在金融管理秩序这种抽象的制度性法益层面，而应致力于寻求制度化法益背后的终极保护法益，即公众的资金安全。

二、审理非法吸收公众存款罪的总体思路

1. 非法性的认定依据：人民法院、人民检察院、公安机关在认定非法集资的“非法性”时，应以国家金融管理法律法规为依据。对于国家金融管理法律法规仅作原则性规定的，可以参考中国人民银行、国家金融监督管理总局、中国证券监督管理委员会等行政主管部门依照国家金融管理法律法规制定的部门规章或者国家有关金融管理的规定、办法、实施细则等规范性文件的规定予以认定。

2. 非法性的具体判断：非法吸收公众存款罪的“非法性”并不仅仅基于未经国务院银行业监督管理机构批准吸收公众存款这一行为。真正的“非法性”还需要根据业务模式来判断。任何一个公司、企业未取得相应执照而营业，可能会受到行政处罚，但这并不必然构成本罪。

3. 法律的修订与影响：从 2021 年 3 月 1 日起施行的《刑法修正案（十一）》对非法吸收公众存款罪、集资诈骗罪刑法条文做了重大修改，增加了非法吸收公众存款罪的法定刑档次，提高了集资诈骗罪的最低法定刑，并将积极退赃退赔规定为法定从轻、减轻处罚情节。这对非法吸收公众存款罪、集资诈骗罪的定罪量刑产生了重大影响。

4. 成立要件的理解：根据《最高人民法院关于审理非法集资刑事案件具体应用法律若干问题的解释》（以下简称《非法集资解释》）第 1 条的规定，非法吸收公众存款罪的成立要件包括非法性、公开性、利诱性

和社会性等四个特性。这四个特性共同构成了非法吸收公众存款罪的成立标准。

5. 刑罚的划定：对于犯非法吸收公众存款罪的，根据犯罪情节的轻重，可处以不同期限的有期徒刑、拘役或者罚金。特别是，如果在提起公诉前积极退赃退赔，可以减少损害结果发生，从而可以从轻或者减轻处罚。

综上所述，审理此类案件时，应全面考虑法律规定、司法解释和具体案情，确保准确、公正地适用法律。

三、非法吸收公众存款罪构成要件解读

本罪在客观上表现为非法吸收或者变相吸收公众存款。非法吸收或者变相吸收均体现出其行为方式的非法性，即违反国家金融管理法律规定。具体表现为不具有吸收公众资金的资格或者具有资格但超出相应的范畴而向社会公众吸收资金。具体客观要件的认定如下：

1. 行为对象中的“公众存款”。“公众”一词的字面解释为：“社会上的大多数人”。公共关系中的“公众”一般是指与公众关系主体即社会组织发生相互影响、相互作用的各种群体、社会组织或个人的总和。公众具有以下特征：同质性、广泛性、群体性、多维性、变动性。从广义上说，公众是除自己之外的所有人，具有排己性。从狭义上说，公众是除自己及与自己有相当关系或一定交往的人（或团体）外的人群，具有排他性。而与自己有相当关系或一定交往的人就是自己的特殊群体，如亲戚、朋友、同学、邻居、同事、员工、合作伙伴等。刑法意义上的公众应当是狭义上的公众；若为广义上的公众立法便无意义，司法也会出现严重的逻辑错误和法理混乱。

《非法集资解释》第1条第1款第2项“通过网络、媒体、推介会、传单、手机信息等途径向社会公开宣传”的规定，可以表明本罪的行为

具有“公开性”。所以，此处的“公开性”意味着对于出资者而言肯定是公开的，但并不意味着以某一区域或行业的全体人员或多数人员知晓抑或除了出资者之外的其他人知晓为前提，即非法吸存行为完全可能只是出资人知晓，事实上部分非法吸存者通常也只给可能出资者发送短信或传单等。司法实践中，口口相传是非法吸收公众存款的一个重要途径。那么，“口口相传”是否具有“公开性”呢？在汉语中，“等”字有两种用法，一是表示列举未完，二是表示列举后煞尾。若将“口口相传”理解为列举后煞尾的“等”，则更加说明本罪的行为不以出资者之外的人知晓为必要。由此，出资者众多的情况下，其公开与否并不决定本罪的法益是否受侵害。因此，非法吸存行为的公开性，也只是进一步意味着其行为对象的公众性。

“存款”一词的字面解释为：“把钱存在银行或其他信用机构里；也指存在银行或其他信用机构里的钱。”金融学理论对“存款业务”的描述是：存款人基于对银行的信任而将资金存入银行，并可以随时或按约定时间支取款项的一种信用行为。存款是银行对存款人的负债，是银行最主要的资金来源。《刑法》第176条对于非法吸收公众存款罪的表述极为简单，因此，对于“非法吸收公众存款”特别是“存款”的定义，必须参照相关法律法规。

《非法集资解释》第1条、第2条等多处使用的都是“资金”一词。这些吸收资金的行为，还本付息的特点和“存款”类似，故而用“非法吸收公众存款”而非“非法吸收资金”。亦即上述相关规定对“存款”的解释并未严格按照字面意思以及金融等理论，将那些不一定用于信贷等资本运作活动的“资金”也包含在内。因此，也有观点认为，“存款作为一种金融业务，有特定的经济上的含义，是指存款人按信用原则存入银行或其他金融机构账户上的货币。存款与银行或其他金融机构是相互关联的，存款一词只有在银行或其他金融机构中才具有其应有的意义。

如果存款人未将现金存入银行，那么这笔钱就不是‘存款’，只是资金。资金只有通过存入银行或其他金融机构才能定性为‘存款’，其他任何途径下的支付、转移方式都不能称为‘存款’”。[①] 不过，可以确定的是“承诺在一定期限内还本付息”曾经作为界定存款的核心因素。从实践中的案例来看，这一因素一般被作为界定存款的最重要理由。但“如此宽泛地界定存款，可能导致的最大问题是无法区分正常的商业信用和存款，也无法区分正常的借贷活动和吸收存款，更无法区分发行企业债券和吸收存款。在正常的商业交往中，无论是预付货款还是提供担保，商业信用都广泛存在，必须将其与吸收存款相区别”。[②]

《商业银行法》首次提出“非法吸收公众存款”概念，其第 81 条规定：“未经国务院银行业监督管理机构批准，擅自设立商业银行，或者非法吸收公众存款、变相吸收公众存款，构成犯罪的，依法追究刑事责任；并由国务院银行业监督管理机构予以取缔。”就解释的逻辑而言，《刑法》第 176 条的规定来自《商业银行法》。所以，《刑法》第 176 条所言的非法吸收公众存款之存款概念应当到《商业银行法》中去寻找。《商业银行法》界定商业银行的目的是“从实质上将那些提供了与商业银行类似功能的机构划入《商业银行法》的管辖范围，防止他们脱法规避[③]”。如果将所有具有“还本付息承诺”的资金往来都认定为存款，则有可能将合法的民间借贷行为认为是非法吸收公众存款，抑或将擅自发行股票、公司、企业债券罪和非法吸收存款罪混淆等，从而导致打击面过大或给司法认定带来一定的难度。

众所周知，金融业是专门经营资本、货币业务的，即“凡是涉及货币供给、银行与非银行信用、以证券交易为操作特征的投资、商业保险，

---

① 参见邱有全：《“存款”岂能“非法吸收”》，载《人大论坛》2010 年第 4 期。
② 参见彭冰：《商业银行的定义》，载《北京大学学报（哲学社会科学版）》2007 年第 1 期。
③ 参见彭冰：《商业银行的定义》，载《北京大学学报（哲学社会科学版）》2007 年第 1 期。

以及以类似形式运作的所有交易行为的集合都是金融”。[①] 银行吸收存款的目的便在于用吸收的资金进行资本和货币经营。资本和货币经营具有其特殊性，对一个国家经济的稳定运行具有非常重要的意义。因此，国家为了防范金融风险，通过《商业银行法》与《中国人民银行法》等法律法规，对金融业实行严格的市场准入制度，规定只有经过中国人民银行特许批准设立的金融机构才能从事金融业务。

因此，存款作为一种金融业务，是有其特定含义的。那么，对于“存款”概念的界定，就需要严格按照商业银行的特殊功能来界定，不宜做扩大解释。于此，“将《商业银行法》中所规定的‘吸收公众存款’中的‘存款’界定为活期存款，意即狭窄地界定‘存款’更为合理”。[②] 对于前文的司法解释等法律法规中的“资金”一词，亦可理解为未真正存入银行或其他金融机构的但具备活期存款之性质的资金。从而，《刑法》第176条中的“存款”，亦可按照《商业银行法》中的“存款”之界定。

综上所述，“公众存款”应当指具有社会性（或可能）的多数人的活期存款。如存款人只是少数或者针对特定的范围，如仅限于本单位的人员等，其人数范围不具有随时向社会性多数人发展的特征，则不能认定为公众存款，因而也就排除了本罪的适用。对此，应当界定为合法的民间借贷。但对于非法设立的金融机构或者无权吸收公众存款的金融机构，以“存款”的名义向社会公众集资的，满足本罪的构成要件的则应当认定为非法吸收公众存款罪；若不以“存款”的名义向社会公众集资，在不构成本罪的情况下（考虑变相吸收公众存款），满足擅自发行股票、公司、企业债券罪的则应当认定为非法吸收公众存款罪。

2. 行为方式中“非法”与“变相”。一般认为，非法吸收公众存款

① 参见黄达主编：《金融学》，中国人民大学出版社2003年版，第107页。

② 参见彭冰：《商业银行的定义》，载《北京大学学报（哲学社会科学版）》2007年第1期。

罪中的“非法”，是对违法阻却事由的提示。也就是说，包括刑法在内的法律并非“禁止吸收公众存款”，而是禁止“非法吸收公众存款”。但尽管如此，仍需要注意的是，“这并不意味着它们是一般的违法阻却事由，而是具有对于社会生活中经常发生的此类行为，从最初就在类型上进行可罚性限定的注意性特征”。① 因此，在吸收公众存款的场合，仅仅在形式上有吸收公众存款的行为，构成要件符合性和违法性均无法确定。但此处的“非法”要素，是在外部不可能决定的评价性要素，即规范性构成要件要素。从这个意义上说，构成要件亦为违法类型。之所以如此，是因为在贝林时代，刑法中占主导地位的是自然犯，法定犯尚未大量地出现。犯罪行为在伦理上的违法性，本身便具有从外观上判断的违法性；但当法定犯大量地出现后，单从行为本身已无法判断其违法性，必须加入规范的构成要素而作为一个整体的构成要件行为方可。也就是说，在法定犯的构成要件中，规范要素是其行为成其为构成要件行为的逻辑前提。可见，本罪中的非法吸收公众存款的构成要件行为并非“吸收公众存款”，而是“非法吸收公众存款”，“非法”即是构成要件的要素，亦是违法性判断的根据。

因而，本罪中的“非法”特别提示司法工作人员注意：如果单位或个人依据法律法规等规范性文件而吸收公众存款的，则具有违法阻却事由，便不成立本罪。对于本罪中的“非法”，在认定本罪时应当明确的是：

一是在本罪的认定中，一般只需要查明行为符合客观构成要件，且没有违法阻却事由，就可以肯定吸收存款行为是违法的。因为，本罪中的“非法”作为规范的构成要件要素，而构成要件亦为违法类型。故只是提示可能存在违法阻却事由，而不需要查明符合客观构成要件的行为

① 参见［日］西元春夫：《犯罪实行行为论》，戴波、江溯译，北京大学出版社2006年版，第32页。

是否违反了其他法律或行政管理法规。更进一步而言，也不需要以刑法以外的法律法规规定“追究刑事责任”为前提。

二是本罪中的“非法”，即为（刑法中的）“违法”，违反了刑法的禁止性规定，其实质便是指侵害或威胁了法益。

三是若吸收公众存款行为得到了行政许可便当然地阻却了违法性，其“非法”便与“未经许可”基本上是一个问题的两个侧面，即合法吸收公众存款当然不成立犯罪。《商业银行法》第 81 条第 1 款规定：“未经国务院银行业监督管理机构批准，擅自设立商业银行，或者非法吸收公众存款、变相吸收公众存款，构成犯罪的，依法追究刑事责任；并由国务院银行业监督管理机构予以取缔。”第 47 条规定：“商业银行不得违反规定提高或者降低利率以及采用其他不正当手段，吸收存款，发放贷款。”

所谓的合法吸收公众存款，即是指经过中国人民银行或国务院银行业监督管理机构的批准。那么，便当然地可以认为，得到行政许可的就是违法阻却事由。但这并不意味着可以将“非法”限定为“未经许可”。因为“‘非法’与‘未经许可’、‘合法’与‘获得许可’不是等同的概念，若将‘非法’限定为‘未经许可’实际上是只考虑了程序上的非法性，而忽视了实体上的非法性”。[①] 是故，“非法”便一般表现为主体不合法（主体不具有吸收存款的资格）或者行为方式、内容不合法（如具有吸收存款的资格主体擅自提高利率吸收存款）。面对严厉打击非法吸收公众存款的行为，行为人为了逃避打击，不断变换吸收公众存款的手段，如以商品交易为遮盖之幌，变相吸收公众存款。而此类行为迷惑性非常强，实践中也很容易认定为正常的商品交易。

但是，需要注意的是，“变相吸收公众存款”中的“公众存款”，依

---

① 参见张明楷：《诈骗罪与金融诈骗罪研究》，清华大学出版社 2006 年版，第 495 页。

然须受"公众存款"界定的限制。是故，不可简单地认为"无论行为人以何种名义融资，只要其行为最终可以归结为返本付息，就认定为变相吸收公众存款"。[①] 因为所有的有偿借贷都要求还本付息，发行公司债券也得还本付息，且符合向社会公众对象吸收资金，出具凭证，承诺在一定期限内还本付息的活动的标准。反之，亦不可僵化地恪守罪刑法定原则，形式上理解"存款"，不顾变相吸收公众存款中的"变相"之意，只要出资人提供的不是货币就认为不构成本罪。

本罪的刑法规定是"非法吸收公众存款或变相吸收公众存款，扰乱金融秩序的，处……"条文表述中的非法吸收公众存款和变相吸收公众存款二者关系如何？"扰乱金融秩序"是独立的客观要件，还是"非法吸收公众存款或变相吸收公众存款"的同位语？若是独立的客观要件，则须明确其判断标准。若是同位语，则意味着只要实施了非法吸收公众存款的行为就扰乱了金融秩序。

在本罪的认定中，一般只需要查明行为符合客观构成要件，即"非法吸收公众存款或变相吸收公众存款"，且没有违法阻却事由，就可以肯定吸收存款行为是违法的。而本罪中的"非法"，即为（刑法中的）"违法"，违反了刑法的禁止性规定，其实质便是侵害或威胁了法益。行为之所以会扰乱金融秩序，即因为非法吸收公众存款。只要非法吸收公众存款便会扰乱金融秩序。所以，"扰乱金融秩序"便是"非法吸收公众存款或变相吸收公众存款"的同位语。即"扰乱金融秩序"是对行为性质的要求，而非对结果的要求；吸收存款的行为如果不具有扰乱金融秩序的性质，则不构成本罪。若行为已经造成了扰乱金融秩序的结果，则当然地表明行为具有扰乱金融秩序的性质。当然，根据刑法的谦抑性和法益保护原则，只有那些严重侵害（或威胁）法益的行为才会被纳入刑法的

---

① 参见丁慧敏：《论变相吸收公众存款罪——以二种商品交易形式为例》，载《政治与法律》2011年第4期。

调整范围，即需要满足相应司法解释规定的标准。

3. 数额巨大或者有其他严重情节。本罪中的“数额巨大”和“其他严重情节”作为规范的构成要件要素中的社会的评价要素是最难以判断和认定的要素，是对危害行为或危害结果的评价和要求，不具有像危害行为、危害结果一样的实体性特征；但评价要素和事实要素又是紧密联系在一起的，缺一不可。若缺少了犯罪数额和情节、危害行为、危害结果等事实要素便失去了规范意义。因此，对于本罪中的上述两个规范的构成要件要素，从认识程度来说，行为主体应当认识到其含义，但不要求认识到精准的概念。“对法律上是常人的行为，不能要求具有与裁判官一样严密的法的认识，通常只要明白了一般人所理解程度的社会意义就够了”。① 从是否认识的评判标准而言，通常情况下，作为一般人的行为主体认识到非法吸收公众存款的客观事实本身就能理解此规范的含义。但由于此规范需要经过社会的评价，对其理解便可能因人而异。所以，在司法实践中，对于类似于此规范的构成要件要素的判断，通常是由司法人员进行的。总之，作为抽象的升格条件的“其他严重情节”和作为具体的升格条件的“数额巨大”都是量刑规则，是属于法官自由裁量的范畴；其认定不仅要根据相关司法解释确定的标准，还应结合具体案件，不能脱离具体案件抽象地认定。

需要注意的是，根据相关司法解释，非法吸收或者变相吸收公众存款，主要用于正常的生产经营活动，能够在提起公诉前清退所吸收资金，可以免予刑事处罚；情节显著轻微危害不大的，不作为犯罪处理。对依法不需要追究刑事责任或者免予刑事处罚的，应当依法将案件移送有关行政机关。

4. 本罪客体的考察。首先，可以从非法吸收公众存款罪在刑法中所

---

① 参见［日］大塚仁：《刑法概说（总论）》，冯军译，中国人民大学出版社2003年版，第182页。

处的章节位置分析。我国《刑法》第 176 条规定的非法吸收公众存款罪编排在《刑法》分则第三章“破坏社会主义市场经济秩序罪”第四节“破坏金融管理秩序罪”，从此编排中可以初步看出该罪侵犯了国家的金融管理秩序或金融管理制度。

其次，从非法吸收公众存款罪的设立背景来看，在 1979 年《刑法》制定时，由于当时我国实行计划经济体制，此类行为尚不存在，故 1979 年《刑法》对此未做规定。随着我国经济体制的改革，社会主义市场经济逐步确立，一些个人或单位为募集资金而吸收公众资金或者变相吸收公众资金，进行非法集资、非法放贷活动，一些金融机构亦在相互竞争中进行非法吸收公众存款的活动。这些行为分流了大量的居民储蓄，形成资金在银行外的循环，使大量的资金游离于国家金融渠道和正常监管之外，削弱了宏观调控的效果，破坏了社会资源的合理配置；而且以高利为诱饵，形成了黑市利率，对国家的利率政策不利，扰乱了国家正常的金融秩序，影响了国家对金融的监管和调控，容易影响社会稳定。在此背景下，非法吸收公众存款罪便应运而生了。非法吸收公众存款的提法最早出现在 1995 年 5 月通过的《商业银行法》；一个月后，全国人大常委会通过了《关于惩治破坏金融秩序犯罪的决定》（以下简称《决定》)。该《决定》第 7 条第一次以法律的形式规定了非法吸收公众存款罪；1997 年《刑法》增设“破坏金融管理秩序罪”一节，并将《决定》中关于非法吸收公众存款罪的内容全部采纳。从其立法演进的过程和非法吸收公众存款行为的危害性来看，增设此罪也是意在保护国家的金融管理制度或金融管理秩序。

最后，从 2022 年 3 月 1 日修正后施行的《非法集资解释》来看，其第 3 条第 4 款规定：“非法吸收或者变相吸收公众存款，主要用于正常的生产经营活动，能够在提起公诉前清退所吸收资金，可以免予刑事处罚；情节显著轻微的危害不大，不作为犯罪处理。”可以看出，非法吸收资金的用途对于定罪没有意义，行为人是否将资金用于货币的运营不影响案件的定性，即行为人只要非法吸收公众资金，其行为在性质上便扰乱了金融秩序，侵害了国家的金融管理秩序。

因此，非法吸收公众存款罪侵害的法益是国家金融管理制度，或者国家金融管理秩序。

5. 本罪的主体为一般主体，即无论是自然人还是单位只要其不具有吸收公众存款的资格便满足本罪主体要件。本罪要求行为人在主观具有一般的故意，即明知其吸收社会公众资金的行为会侵害国家金融管理秩序的结果，希望或者放任这一结果的发生。

第二节　非法吸收公众存款罪类型化裁判

类型化一：擅自提高利率等行为的司法认定

金融机构为了争揽客户，违反国家关于利率的规定，以擅自提高利率或在存款时先支付利息等手段吸收公众存款，扰乱国家的金融管理秩序行为的司法认定。

1. 司法实践中存在的主要分歧：对于具有吸收公众存款资格的金融机构是否可以构成本罪的犯罪主体，否定论者认为具有吸收公众存款资格的金融机构不构成本罪。[①] 该观点认为“非法吸收公众存款罪”是法定犯，[②] 故认定此种犯罪必须以行政法的规定为依据。1999 年 1 月 14 日

---

① 参见郎胜主编：《全国人大常委会法工委刑法室〈关于惩治破坏金融程序犯罪的决定〉释义》，中国计划出版社 1995 年版。转引自肖怡：《非法集资个罪研究》，载《云南大学学报（法学版）》2005 年第 1 期。

② 或称行政犯，我国学者对于行政犯与法定犯的概念基本上是在等同的概念下认识的。参见郭晶：《刑事领域中的法定犯问题研究》，黑龙江人民出版社 2009 年版，第 19 页。

国务院通过的《金融违法行为处罚办法》第15条规定："金融机构办理存款业务，不得有下列行为：（一）擅自提高利率或者变相提高利率，吸收存款；……金融机构有前款所列行为之一的，给予警告，没收违法所得，并处违法所得1倍以上3倍以下的罚款，没有违法所得的，处5万元以上30万元以下的罚款；对该金融机构直接负责的高级管理人员给予撤职直至开除的纪律处分，对其他直接负责的主管人员和直接责任人员给予降级直至开除的纪律处分；情节严重的，责令该金融机构停业整顿或者吊销经营金融业务许可证。"可见其对"擅自提高利率或者变相提高利率，吸收存款"的行为只规定了行政责任，而没有指出构成犯罪的，依法追究刑事责任。[①] 由此得出具有吸存主体资格的金融机构擅自提高利率吸收存款的行为尚未达到构成犯罪需要动用刑罚的程度。[②]

2. 审理该类型案件的主要思路：首先，查明是否未经有关部门依法许可或者借用合法经营的形式吸收资金；其次，查明是否通过网络、媒体、推介会、传单、手机信息等途径向社会公开宣传并吸收资金；最后，查明是否承诺在一定期限内以货币、实物、股权等方式还本付息或者给付回报。

审理该类型案件需要查明如下证据：（1）单位的相关信息；（2）吸收公众存款的时间、地点、参与人、方式、手段等；（3）是否经银行批准、是否具有吸收公众存款业务经营权等；（4）非法吸收公众存款的性质、去向及过程等的存款凭证、记账凭证、票据、账簿、广告、说明书、宣传单、利率计算表、银行存单等书证；（5）非法吸收公众存款的数额、单位的经营状况、非法吸收公众存款给公众造成的损失等情况的文检鉴定意见、审计鉴定意见、会计鉴定及估价鉴定意见等；（6）非法吸收公

---

① 《金融机构是否可以构成非法吸收公众存款罪》，载四川刑事律师网，http：//www. scxsls. com/a/20110701/41066. html。

② 参见涉众型经济犯罪问题研究课题组：《非法吸收公众存款罪构成要件的解释与认定》，载《政治与法律》2012年第11期。

众存款的时间、地点、经过及吸收公众存款数额、未兑付额或其他损失情况等录音、录像等资料和电子数据资料等。

在认定事实时还需要考虑：金融机构为了争揽客户，违反国家关于利率的规定，以擅自提高利率或在存款时先支付利息等手段吸收公众存款（数额达到相关司法解释规定的标准），扰乱国家的金融管理秩序。

3. 审理该类型案件的裁判规则：具有吸收公众存款资格的金融机构应当构成本罪。理由如下：

第一，我国1995年5月10日通过并于2015年8月29日修正的《商业银行法》第74条规定："商业银行有下列情形之一，由国务院银行业监督管理机构责令改正，有违法所得的，没收违法所得，违法所得五十万元以上的，并处违法所得一倍以上五倍以下罚款；没有违法所得或者违法所得不足五十万元的，处五十万元以上二百万元以下罚款；情节特别严重或者逾期不改正的，可以责令停业整顿或者吊销其经营许可证；构成犯罪的，依法追究刑事责任：……（三）违反规定提高或者降低利率以及采用其他不正当手段，吸收存款，发放贷款的；……"可见《商业银行法》对此不仅规定了行政责任，也规定了刑事责任。因此，商业银行违规面向社会公众吸存，可以构成非法吸收公众存款罪。①

第二，虽然非法吸收公众存款罪是法定犯，行政法规的规定对于认定此类犯罪确有重要意义，但不是绝对的。对于法定犯而言，的确是该行为违反有关行政法规的规定，才能被《刑法》所评价。但具体认定犯

① 例如，某信用社系行政主管部门某管理局于1992年筹建的集体所有制金融机构，同年经人民银行颁发金融机构许可证，取得吸收公众存款业务资格。1997年6月至1999年12月，因当地金融机构普遍高息揽储，信用社为了完成管理局下达的存款指标，违反规定吸收公众存款约2000笔，金额约1400余万元。后信用社因高息揽储、管理混乱、贷款质量差等原因发生挤兑，给当地社会安定造成了一定影响。2001年12月，该信用社被人民银行撤销。2003年9月，信用社的上述高息揽储行为被法院认定为构成非法吸收公众存款罪，因信用社已被撤销，原信用社主任系直接负责的主管人员，以非法吸收公众存款罪被处有期徒刑三年。参见黄孝平：《具有公众存款业务资格的金融机构不能成为非法吸收公众存款罪主体》，载 http：//china. findlaw. cn/bianhu/gezuibianhu/bfscjjcxz/bfjlglcxz/ffxsg-gckz/2116. html。

罪的成立，以及确定该罪的构成要件的应当是刑法条文本身，而非相关的行政法规。刑法将补充规范纳入其中，在于以刑法之权威来规范国民需遵守补充规范的行为。通过补充规范明确刑法中的行为，或将补充规范纳入刑法，其实质是将国民需遵守补充规范的行为类型化为刑法中构成要件之行为。易言之，即以刑法的权威来维护补充规范的权威。从而使得补充规范能够被一般国民所接受，增强国民对法秩序的存在力与贯彻力的信赖。所以，只能说作为补充规范的相关行政法规对于法定犯的认定具有基础性的意义，但判断一个行为是否构成犯罪的唯一标准应当是刑法。绝不能因为在行政法规中对某些行为只规定了经济责任、行政责任，就以此断定此种行为无论危害有多么严重，由于没有明确“构成犯罪的，依法追究刑事责任”都不能构成犯罪。①

第三，本罪的法益是国家金融秩序或金融管理制度。金融机构为了争揽客户，违反国家关于利率的规定，以擅自提高利率或在存款时先支付利息等手段吸收公众存款，将会形成金融机构之间在吸收存款上的不正当无序竞争，破坏利率的统一，影响币值的稳定，必然扰乱国家的金融管理秩序，同时削弱国家通过信贷对国民经济进行宏观调控的能力，给社会经济的健康发展带来巨大风险和压力。因此，违法吸存和无资格吸存主体擅自吸存同样都会扰乱金融秩序，危害国家的金融制度，当然地具有严重的法益侵害性。然而同样的法益侵害性，却对后者动之以刑，对前者网开一面，这种厚此薄彼未免有失公平。②

当然，也有人提出，有资格吸存的金融机构违规吸存行为和无资格吸存的主体擅自吸存行为的法益侵害性不可相提并论。前者是建立在国家所赋予的吸收公众存款的权力基础之上的，不过是超越该种权力而已。

① 参见赵拥军：《非法吸收公众存款罪之构成要件》，上海社会科学院2012年硕士学位论文；涉众型经济犯罪问题研究课题组：《非法吸收公众存款罪构成要件的解释与认定》，载《政治与法律》2012年第11期。

② 参见李希慧：《论非法吸收公众存款罪的几个问题》，载《中国刑事法杂志》2001年第4期。

这种超越权力的行为是对公平竞争的市场规则的破坏。而后者则没有任何规定可言，不属于市场竞争的范围，破坏了我国吸收公众存款金融制度。并且金融机构的信贷活动是有章可循的，只要按照国家的有关规定将吸收来的公众资金贷出，就不会使资金受到损失，即所吸收的公众存款处于一种安全的状态。虽然实践中存在吸存后无法承兑的情况，但出现这种情况的原因是这些金融机构的工作人员违法发放贷款，而不是提高利率吸收存款。对此种情况中的有关责任人员，构成违法发放贷款罪的，应按违法发放贷款罪定罪处罚。而不具有吸收公众存款的单位非法吸收公众存款的用途是多种多样的，有的是为了用于生产、经营，有的是用于放贷，有的甚至用于非法活动，因此，这种单位所吸收的公众存款不受任何规范约束，吸收的存款往往处于极大的风险之中，通常的结果是公众的存款血本无归，严重地影响了社会安定。① 但是，强调"存款处于安全状态"作为不构成本罪的理由不充分。如前所述，本罪的法益是国家金融秩序或金融管理制度，而犯罪的本质是法益侵害（或威胁）。被吸存的资金作为存款人的财产，其安全性的高低并不影响非法吸存给国家金融秩序或金融管理制度所造成的侵害。是故，无论是自然人还是单位抑或是经过批准的金融机构亦可构成本罪。②

类型化二：行为人向不特定公众非法吸存行为的司法认定

1. 司法实践中存在的主要分歧："公众的不特定性"特征是否作为本罪的必要构成要素？一种意见认为，本罪中的"公众"应界定为不特定的多数人，特定的多数人不属于"公众"；另一种意见认为应将"公众"界定为不特定的人，不包括特定的多数人。

2. 审理该类型案件的主要思路：首先，查明犯罪嫌疑人的供述和相

---

① 参见李希慧：《论非法吸收公众存款罪的几个问题》，载《中国刑事法杂志》2001 年第 4 期。

② 参见赵拥军：《非法吸收公众存款罪之构成要件》，载《政治与法律》2012 年第 11 期。

关证人证言，了解公司推广吸收资金消息的宣传途径和范围，是否针对公司内部人员。其次，查明集资参与人的身份情况及其与犯罪嫌疑人的关系，是否属于亲友或公司内部人员，获取投资信息的方式，从何处得知，由谁推广，以及有无签订书面合同等。（部分公司的员工流动性较大，入职“门槛”低，入职后要求其自己或拉拢亲朋好友投资，不能仅以身份是员工就认定为针对公司内部人员，而可以理解为对吸收资金的对象没有特殊限定，符合“公开性”“社会性”特征）最后，查明相关书证、电子数据等客观性证据，核实公司相关推广理财产品的方案、有无宣传单、是否利用微信等网络媒体等面向社会、针对不特定人员进行宣传。

审理该类型案件需要查明如下证据：（1）犯罪嫌疑人的相关信息；（2）吸收公众存款的时间、地点、参与人、方式、手段等；（3）集资参与人的相关信息及其证言；（4）非法吸收公众存款的性质、数额、去向及过程等的存款凭证、记账凭证、票据、账簿、广告、说明书、宣传单、利率计算表、银行存单等书证；（5）非法吸收公众存款的数额、单位的经营状况、非法吸收公众存款给公众造成的损失等情况的文检鉴定意见、审计鉴定意见、会计鉴定及估价鉴定意见等；（6）非法吸收公众存款的时间、地点、经过及吸收公众存款数额、未兑付额或其他损失情况等录音、录像等资料和电子数据资料等。

在认定事实时还需要考虑：非法吸存行为人在主观上具有向多数人吸存的故意，客观上采取的行为方式通常是通过媒体、推介会、传单、手机短信等途径向社会公开宣传，承诺在一定期限内以货币、实物、股权等方式还本付息或者给付回报，变相提高存款利率，扰乱金融秩序。

3. 审理该类型案件的裁判规则：非法吸存行为人在主观上具有向多数人吸存的故意，客观上采取的行为方式也可能实现其故意，只要出资人具有向公众随时扩散的开放性，即便事实上只从少数人或个别人处吸收的资金达到了相关法律、司法解释的规定，亦可成立本罪。

“公众”，首先，应当强调其“社会性”，一般重视数量上的“多数”；其次，具有特定的多数人（但事先无法确定人数）有向更多数人方向扩展之现实可能性。由此，“公众”可界定为具有社会性（或可能）的多数人。

第一，以吸收资金的主观态度、吸收方式、集资对象等三个方面来认定对象的不特定性。理论上，一般将“公众”理解为不特定的多数人。所谓“不特定”，是指犯罪行为不是针对某一个、某几个特定的人或者某项特定具体的财产。对于不特定人侵害的对象和造成的危害结果常常是事前无法确定，具有相当的严重性和广泛性，行为人对此既难以预料，又难以控制。“不特定”是一种客观判断，不依行为人主观上有无确定的侵犯对象为转移。① 但是，人群范围的特定或不特定，是相对而言的。事实上，将具有某一共同特征或利益群体与社会公众区分开来的划分标准可有多种。例如，某单位言称只吸收所在城市属龙的 23 岁至 32 岁男性且单身公民的活期存款。在任一特定时间，某一城市属龙的 23 岁至 32 岁男性且单身公民都是特定范围的人群，如果将公众的不特定性特征作为本罪的必要构成要素，即如果向特定的对象吸收存款，即使人数众多，也不能认定为本罪，上述该单位就不构成向公众吸收存款。② 所以，人群的特定与不特定只是相对的，无法用理论进行如数学般精确的界定。诚

① 参见陈兴良、张明楷、曲新久等：《刑法学》，中国政法大学出版社 2004 年版，第 175 页。

② 实践中判决：在赵某飞案中，苍南县龙港镇池浦村村委会以预收宅基地街道设施费名义，向本村村民收取集资费用于村集体建设并规定池浦村 23 周岁以上男性村民均可认领一份，每份人民币 1 万元。在被告人赵某飞等村委会委员的组织下，向全村所有符合条件的 438 人收取集资费共计人民币 438 万元。审理法院认为：“所谓非法吸收公众存款罪，其客观方面表现为行为人实施了向不特定的群体吸收存款的行为。本案被告单位苍南县龙港镇池浦村村民委员会在村民的要求下，以预收街道设施费的名义向本村 23 岁以上男性村民收取集资费，其集资对象是特定的，此行为的客观要件与非法吸收公众存款罪的客观要件不符。故被告单位的行为不构成非法吸收公众存款罪，被告人赵某飞、彭某象的行为亦不构成犯罪。”参见赵某飞、彭某象和浙江省苍南县龙港镇池浦村村民委员会非法吸收公众存款案的判决书，（2000）苍刑初字第 492 号，载北大法意实证数据库，www. lawyee. net。

如美国联邦最高法院在著名的 Ralston Purina 案件中所说的那样，“就其最广泛的意义而言，‘公开’意指一般大众，与共同具有某些利益或者特征的个人群体不同。不过，从实践角度来看，这种区分意义不大：很明显，向所有红头发的人、向芝加哥或者旧金山的所有居民、向通用汽车公司或者美国电报电话公司的所有现存股东发出证券要约，其‘公共性’——就这个词的任何现实意义来说——并不比不受限制地向全世界发出要约要少。这种要约虽然并非任何人都可以自由接受，但从性质上来说完全具有‘公共性’，因为用来挑选特定受要约人的方法与挑选的目的之间并无合理的关联……”尽管美国最高法院的这段话是用来说明如何界定证券公开发行的，与界定公众存款无关，但其隐含的涵义是相同的——以人群范围是否确定作为界定“公众”的因素，必须看其划分标准与保护公众利益的立法目标之间是否有关联。① 从本罪的法益来看，立法是为了保护国家金融秩序（或金融制度），而一国的金融秩序在确定可控的小范围内是不可能被侵害的，而只有当涉及一定范围内的具有“社会性”的多数人或单位时才可能危及国家的金融秩序。

第二，“公众”系具有社会性（或可能）的多数人。“‘不特定’说明人员的延散性、不可控性和可波及范围的广泛性，只是把握公众含义的重要向度，但在人数多且特定的情况下，如果否定其公众特征可能会不适当地排除对某些具有实质违法性行为的处罚。”② 可见，“不特定其实质在于向公众的随时扩散性”，③ 是开放的。所以，本罪中的“公众”，首先，应当强调其“社会性”，重视数量上的“多数”；其次，针对类似上述例子中的特定的多数人（但事先无法确定人数），该范围人数有向更多数人方向扩展之现实可能性。简言之，“公众”可界定为具有社会性

① 参见彭冰：《非法集资活动的刑法规制》，载《清华法学》2009 年第 3 期。

② 谢望原、张开骏：《非法吸收公众存款罪疑难问题研究》，载《法学评论》2011 年第 6 期。

③ 胡东飞：《论刑法意义上的“公共安全”》，载《中国刑事法杂志》2007 年第 2 期。

（或可能）的多数人。

值得注意的是，《非法集资解释》第 1 条第 1 款第 4 项规定："向社会公众即社会不特定对象吸收资金"，以及该条第 2 款规定："未向社会公开宣传，在亲友或者单位内部针对特定对象吸收资金的，不属于非法吸收或者变相吸收公众存款"。对于该条中的"不特定对象"应从以下方面解释：吸存者与出资者之间是没有关系（没有联系）的。一方面，如上述司法解释所述，向亲友吸收存款不成立本罪。但出资的社会公众中包含部分亲友的，则不影响本罪的成立。另一方面，在单位内部即便是针对特定对象集资的，如果出资者与吸存者不是亲友或有其他关系（有联系）的，亦不排除本罪的成立。

类型化三：对于"变相"行为的司法认定

1. 司法实践中存在的主要分歧："变相吸收公众存款"中的"公众存款"，是否须受"公众存款"界定的限制？

2. 审理该类型案件的主要思路：首先，查明非法集资的对象是否属于"社会公众"；其次，查明是否以"存款"的名义非法集资；最后，查明是否承诺在一定期限内以货币、实物、股权等方式还本付息或者给付回报。

审理该类型案件需要查明如下证据：（1）犯罪嫌疑人的相关信息；（2）吸收公众存款的时间、地点、参与人、方式、手段等；（3）集资参与人的相关信息及其证言；（4）非法集资款的性质、数额、去向及过程等的存款凭证、记账凭证、票据、账簿、广告、说明书、宣传单、利率计算表、银行存单等书证；（5）非法吸收公众存款的数额、单位的经营状况、非法吸收公众存款给公众造成的损失等情况的文检鉴定意见、审计鉴定意见、会计鉴定及估价鉴定意见等；（6）非法吸收公众存款的时间、地点、经过及吸收公众存款数额、未兑付额或其他损失情况等录音、录像等资料和电子数据资料等。

在认定事实时还需要考虑：非法集资人通过各种手段不以“存款”的名义出现，但使集资参与者确信，他的出资将来一定会得到丰厚回报，最终达到了非法集资人吸收社会公众“存款”的目的。

3. 审理该类型案件的裁判规则：“变相吸收公众存款”中的“公众存款”，依然须受“公众存款”界定的限制。不可简单地认为无论行为人以何种名义融资，只要其行为最终可以归结为还本付息，就认定为变相吸收公众存款。因为所有的有偿借贷都要求还本付息，发行公司债券也得还本付息，且符合向社会公众对象吸收资金、出具凭证、承诺在一定期限内还本付息的活动的标准。反之，亦不可僵化地恪守罪刑法定原则，形式上理解“存款”，不顾变相吸收公众存款中的“变相”之意，只要出资人提供的不是货币就认为不构成本罪。

实践中，有一种商品交易行为是否构成本罪存有疑问，即经营者以赊购的形式向公众收购某种实物，每月付息，到期后交付货物价款（以下简称赊购付息）。例如，1996 年起，吴某在乡村从事销售农产品的生意，由于本钱不足，吴某以每市斤小麦月付 2 分至 5 分不等的利息，向当地农民赊购小麦，小麦卖出之后归还小麦款。后吴某生意发展壮大，于 1999 年注册成立了兴元面粉有限责任公司。公司成立后，先后向当地农户赊购了约 756 万公斤的小麦（价值人民币 1121. 05 万元）；其中，部分农产小麦款到期后，仍然将其存放在吴某处“吃利”，共计人民币 170. 01 万元。后由于公司倒闭，无法归还农民小麦款等总计 697 万元（包括 222. 77 万元利息）。[①] 认为该案赊购付息的交易行为不构成本罪的观点认为：“由于我国并不会对实物信用进行金融监管，所以，实物信用并不是本罪法益所保护的，而赊购付息的交易行为属商业信用中的实物

① 参见丁慧敏：《论“变相吸收公众存款”——以三种商品交易形式为例》，载《政治与法律》2011 年第 4 期。

信用行为。赊购的实物并不能涵摄在本罪法条规定的‘存款’当中。从《刑法》第176条的规定来看，变相吸收公众存款的行为对象是‘存款’。存款除了具有保本付息的特点之外，最重要的就是存入的必须是‘款’，即货币。实际上，一般人很难想象会将小麦等实物理解为‘存款’，即小麦等实物不能被‘存款’所涵摄，故应当否定构成要件的符合性。”[①] 该案的辩护意见亦认为，非法吸收公众存款罪中的存款，应特指货币资金，而吴某赊购的是小麦，小麦作为一种物资，并不能够当作货币看待。故吴某赊购小麦的行为没有扰乱金融秩序，不构成非法吸收公众存款罪。吴某是由于本钱不足而向农民赊购小麦，以每市斤小麦月付2分至5分不等的利息，且部分农产小麦款到期后，仍然将其存放在吴某处“吃利”。可以看出，此时的小麦具备活期存款的特质。而具体区分商品交易与变相吸收公众存款，“从接受资金方的角度看，商品交易中接受资金方以赚取交易利润为目的，而非法集资中接受资金方以筹集资金为目的”。[②] 吴某赊购小麦是由于其本钱不足，后生意发展壮大，继续赊购，即是以筹集资金为目的，而部分农民小麦款到期后，仍然将其存放在吴某处“吃利”，符合商品交易中接受资金方以赚取交易利润为目的。此时的小麦已成为小麦款，最后在本质上和活期存款已无异质。且当地的“吃利”农民亦符合社会公众之征。故该行为构成本罪。[③]

所以，对于变相吸收公众存款之中的“变相”，“应对其作实质性的理解，即通过各种手段不以‘存款’的名义出现”，[④] 可能是吸收能够变现成资金的实物，也可能是以“股权投资、商品营销、生产经营等幌子

---

① 丁慧敏：《论“变相吸收公众存款”——以三种商品交易形式为例》，载《政治与法律》2011年第4期。

② 刘为波：《非法吸收公众存款行为方式的理解与认定》，载《中国审判》2011年第3期。

③ 参见赵拥军：《非法吸收公众存款罪之构成要件》，上海社会科学院2012年硕士学位论文；涉众型经济犯罪问题研究课题组：《非法吸收公众存款罪构成要件的解释与认定》，载《政治与法律》2012年第11期。

④ 刘宪权：《金融犯罪刑法理论与实践》，北京大学出版社2008年版，第242页。

进行。但不管其名义如何，都是要使出资者确信，他的出资将来一定会得到丰厚回报。出资者也不会去关心具体的运作模式，因为按照运作模式，所有的风险已经排除，剩下的就是等着丰厚回报了，实际上出资就等于‘存款’了”,[①] 最终达到了吸收“存款”的目的。

类型化四：行为人非法吸收公众存款的目的对于本罪定性的影响

1. 司法实践中存在的主要分歧：本罪是否属于目的犯？关于本罪的目的可以概括为特定目的必要说和特定目的不必要说。特定目的必要说认为，存款是特定的金融活动，只有用于发放贷款的资金才能称为存款。因此，只有以发放贷款为目的吸收资金的行为才能是侵犯金融机构的特定活动，才能称为扰乱了金融秩序，才能被定为吸收公众存款；否则，只是吸收资金用于生产经营、解决企业融资等问题，不能认为是扰乱金融秩序而被认定为吸收公众存款。因而，吸收公众存款只有当行为人非法吸收公众存款用于货币、资本经营时（如发放贷款），才能认定为扰乱金融秩序，才应以本罪论处。《刑法》第176条所禁止的应是从民间获得资金从事金融业务。

从司法实践来看，行为人在非法吸收或者变相吸收公众存款后，并不是将吸收的存款用于信贷，而是用于自身的生产、经营活动，即使这种做法行为人并未从中牟利，但是只要有了非法吸存的行为，并且达到一定的程度就足以危害到国家的金融秩序。如果对这种情况不按本罪处理，显然也无法按其他犯罪来处理，那就有可能导致对犯罪行为的放纵。同时，从《非法集资解释》的第6条第2款亦可以得到说明。其规定：“非法吸收或者变相吸收公众存款，主要用于正常的生产经营活动，能够

① 陈鹏：《非法集资法律规制透析》，中国政法大学2008年硕士学位论文。

在提起公诉前清退所吸收资金，可以免予刑事处罚；情节显著轻微危害不大的，不作为犯罪处理。”因为免于刑事处罚是以刑事处罚为前提，即非法吸收或者变相吸收公众存款，主要用于正常的生产经营活动的亦可构成本罪。① 可见，上述司法解释未强调本罪非法吸收资金的目的。

2. 审理该类型案件的主要思路：首先，查明公司的运营模式，是否明知公司虚构经营业务或者故意夸大宣传；其次，查明是否明知集资参与人返利过高，或者招揽业务提成比例过高，不符合一般市场行情；再次，查明本人或任职单位曾因从事非法集资活动被查处，或者其曾在金融机构工作，具有一定金融专业知识，或者是否故意规避法律以逃避监管；最后，查明是否针对社会公众非法集资。

审理该类型案件需要查明如下证据：（1）犯罪嫌疑人的相关信息；（2）吸收公众存款的时间、地点、参与人、方式、手段等；（3）集资参与人的相关信息及其证言；（4）非法集资款的性质、数额、去向及过程等的存款凭证、记账凭证、票据、账簿、广告、说明书、宣传单、利率计算表、银行存单等书证；（5）非法吸收公众存款的数额、单位的经营状况、非法吸收公众存款给公众造成的损失等情况的文检鉴定意见、审计鉴定意见、会计鉴定及估价鉴定意见等；（6）非法吸收公众存款的时间、地点、经过及吸收公众存款数额、未兑付额或其他损失情况等录音、录像等资料和电子数据资料等。

在认定事实时还需要考虑：公司是否虚构经营业务或者故意夸大宣传，其提成、返利是否过高，是否针对社会公众开展非法集资。

3. 审理该类型案件的裁判规则：在刑法没有明文规定犯罪的构成要件要素的情况下，应根据构成要件要素的实质与机能确立某种要素是否属于构成要件要素。

---

① 需要注意的是，根据特定目的不必要说，即便行为人非法吸存所得全部用于正常的生产经营活动，并能够及时还本付息，亦构成本罪。

第一，特定目的必要说和特定目的不必要说的区别实质在于本罪是否属于目的犯的规定。刑法理论一般认为，目的犯是以特定目的作为主观构成要件要素的犯罪。对于目的犯有成文的目的犯和不成文的目的犯的界分。成文的目的犯是刑法分则有明确规定的；不成文的目的犯，指刑法分则虽然无明文规定，但根据条文对构成要件的表述以及条文之间的关系，而为成立犯罪所必须具备的目的的犯罪。不成文的目的犯又可称为不成文的构成要件要素。需要明确的是，在刑法没有明文规定犯罪的构成要件要素的情况下，应根据构成要件要素的实质与机能确立某种要素是否属于构成要件要素。如果某种要素对于说明行为的法益侵害性与主观罪过性具有重要意义，需要通过该要素来区分罪与非罪、此罪与彼罪，则该要素就应当成为构成要件要素。在确立不成文的目的犯时尤应如此。因为将不具有上述性质、机能的要素列入构成要件要素，要么导致犯罪的处罚范围不当，要么导致罪与非罪之间界限不明。[①] 可见，行为人以存款的名义或其他名义把他人的资金有偿地聚集起来，承诺给他人以一定报酬（利益），就是吸收存款的应有之义，不宜对其目的做进一步的限制。[②] 尽管行为人实施本罪时会有其特定的目的，但是在认定本罪时，并不要求查证这一目的。在这一点上应明确区别于“集资诈骗罪”的非法占有为目的的主观要件，[③] 更无需特定的目的。

第二，作为构成要件层面中的主观要件，本罪表现为故意。行为人非法吸收存款的目的对于本罪的定性没有决定性的影响，只要行为人非

---

① 参见张明楷：《论财产罪的非法占有目的》，载《法商研究》2005年第5期。

② 参见肖怡：《非法集资个罪研究》，载《云南大学学报（法学版）》2005年第1期。

③ 从逻辑上说，行为人若无非法占有目的，就具有归还的意图。可作为定罪根据的不是自然事实与逻辑事实，而是法律事实。许多情况下，司法机关虽不能证明行为人具有非法占有目的，但亦不能证明具有归还意图。因此，在集资诈骗罪与非法吸收公众存款罪之间，只要不能查明行为人具有非法占有目的，就可认定为非法吸收公众存款罪。此外，若行为人在非法吸收公众存款时没有非法占有目的，但是在吸存成功后产生了非法占有的目的，此时，该行为仍应定性为非法吸收公众存款，其无法返还的资金数量应作为量刑的情节来考虑。参见张明楷：《诈骗罪与金融诈骗罪研究》，清华大学出版社2006年版，第516页。

法吸存且没有违法阻却事由，亦无非法占有之目的，便可构成本罪。实践中，行为人实施非法吸收公众存款或者变相吸收公众存款的行为可能有各种各样的目的，有的是用于信贷，有的是用于生产经营，也有的将违法所得主要用于购置房产、豪车、奢侈品等个人挥霍，[①] 或是为了抢占市场，将非法吸存高利转贷出去，进行证券投资等营利性活动，以此赚取非法利润等，可以概括为以牟利为目的，但根据《刑法》第176条规定，其对本罪的构成不产生影响。

类型化五：具有活期存款资金行为的司法认定

非法吸收了具有社会性（或特定的对象但具有随时向社会性发展的可能性）的多数人的具有活期存款性质的资金行为的司法认定。

1. 司法实践中存在的主要分歧：本罪与民间借贷之间的关系问题。

2. 审理该类型案件的主要思路：首先，查明是否未经有关部门依法许可或者借用合法经营的形式吸收资金；其次，查明是否通过网络、媒体、推介会、传单、手机信息等途径向社会公开宣传并吸收资金；再次，查明是否承诺在一定期限内以货币、实物、股权等方式还本付息或者给付回报；最后，查明是否存在借贷关系，其真实性如何。

审理该类型案件需要查明如下证据：（1）集资者和参与者的相关信息；（2）借贷合同的真实性；（3）是否经银行批准、是否具有业务经营权等；（4）集资款的性质、数额、去向及过程等；（5）集资款的数额、单位的经营状况等。

---

① 例如，2011年3月以来，李某母子等人以3分至9分的高额月息为诱饵，向社会不特定公众非法吸收存款数亿元。为了规避贷款规模，他们利用承兑汇票的作案方式，以空壳或虚假公司担保，先打部分保证金，从银行开出承兑汇票，再将承兑汇票交给专门从事汇票贴现的中间人贴现，套取高于一倍保证金的资金，此资金再用于打保证金或支付高额利息，并将违法所得主要用于个人挥霍。11月因资金链断裂，李某母子等人被集资参与人非法拘禁而使得案中案告破。参见《南昌破获李某等人特大非法吸收公众存款案》，载http：//www. zgpaw. org. cn/2012 -02/09/c_ 122679608. htm。

在认定事实时还需要考虑：集资者吸收了社会公众的具有活期存款性质的资金且没有相应证据证实属于借贷行为的情形。

3. 审理该类型案件的裁判规则：凡是非法吸收了具有社会性（或特定的对象但具有随时向社会性发展的可能性）的多数人的具有活期存款性质的资金的，应当认定为非法吸收公众存款罪；只要不构成此要件，则为民间借贷。

对于非法吸收公众存款和民间借贷的界分，一般着眼于“公众”一词。认为向特定人群借款的，属于民间借贷；向不特定人群借款的，就构成吸收公众存款。① 单从字面上的特定与不特定是无法真正区分公众的，进而亦不可能厘清本罪与民间借贷之间的关系。因此，真正区分二者应从“公众存款”入手，即凡是非法吸收了具有社会性（或特定的对象但具有随时向社会性发展的可能性）的多数人的具有活期存款性质的资金的，应当认定为非法吸收公众存款罪；只要此要件不成立，则为民间借贷。随着民间特别是中小企业对资本的越发渴求，开放更多合法融资渠道、将民间融资合法化的呼声亦越来越高。

因此，对于本罪和民间借贷的关系，在金融刑事司法层面，认定非法吸收公众存款罪的构成要件时便应当以实质解释论为立场，坚持对实质正义的追求，“随着社会的变化和时代的发展作出与社会生活步调一致的公正、公平的裁判”。②

类型化六：非法占有目的司法认定

1. 司法实践中存在的主要分歧：本罪与集资诈骗罪之间的认定问题。

2. 审理该类型案件的主要思路：首先，查明大部分资金的去向，是

---

① 参见赵秉志、万云峰：《非法吸收公众存款罪探讨》，载《人民司法》2004 年第 2 期。

② 毛玲玲：《集资行为的刑事管制——金融危机背景下的考察》，载《政治与法律》2009 年第 9 期。

否用于生产经营活动，或名义上投入生产经营但又通过各种方式抽逃、转移资金；其次，查明资金使用成本情况，是否具有支付全部本息的现实可能性；再次，查明资金使用决策情况，是否极度不负责任，造成资金缺口较大；最后，查明归还本息情况，是否主要通过借新还旧来实现。

审理该类型案件需要查明如下证据：（1）犯罪嫌疑人的相关信息；（2）非法集资的时间、地点、参与人、方式、手段等；（3）集资参与人的相关信息及其证言；（4）非法集资款的性质、数额、去向及过程等的存款凭证、记账凭证、票据、账簿、广告、说明书、宣传单、利率计算表、银行存单等书证；（5）非法吸收公众存款的数额、单位的经营状况、非法吸收公众存款给公众造成的损失等情况的文检鉴定意见、审计鉴定意见、会计鉴定及估价鉴定意见等；（6）非法吸收公众存款的时间、地点、经过及吸收公众存款数额、未兑付额或其他损失情况等录音、录像等资料和电子数据资料等。

在认定事实时还需要考虑：通过非法集资的方式将集资款非主要用于生产经营等而是用于个人消费、挥霍等，或者融资项目缺乏真实性、资金去向不明、归还能力缺失等。

3. 审理该类型案件的裁判规则：作为非法集资犯罪的两个重要的罪名，非法吸收公众存款罪和集资诈骗罪之间的区别主要在于行为人主观上对非法集资的钱款是否具有非法占有目的。在司法实践中，认定是否具有非法占有目的，应坚持主客观相统一。既不能仅凭被告人自己的供述，以欺骗方法的认定代替非法占有目的的认定，也不能仅凭较大数额的非法集资款不能返还而单纯根据损失结果进行客观归罪，推定行为人具有非法占有的目的；或者仅以行为人将大部分资金用于投资或生产经营活动，而将少量资金用于个人消费或挥霍的，认定具有非法占有的目的，也不能单纯根据损失结果进行客观归罪。要重点围绕融资项目真实性、资金去向、归还能力等事实进行综合判断。

根据2001年1月21日《全国法院审理金融犯罪案件工作座谈会纪要》的规定，对于行为人通过诈骗的方法非法获取资金，造成数额较大资金不能归还，并具有下列情形之一的，可以认定为具有非法占有的目的：（1）明知没有归还能力而大量骗取资金的；（2）非法获取资金后逃跑的；（3）肆意挥霍骗取资金的；（4）使用骗取的资金进行违法犯罪活动的；（5）抽逃、转移资金、隐匿财产，以逃避返还资金的；（6）隐匿、销毁账目，或者搞假破产、假倒闭，以逃避返还资金的；（7）其他非法占有资金、拒不返还的行为。但是，在处理具体案件的时候，对于有证据证明行为人不具有非法占有目的的，不能单纯以财产不能归还就按金融诈骗罪处罚。

2017年6月1日《最高人民检察院关于办理涉互联网金融犯罪案件有关问题座谈会纪要》指出，存在以下情形之一的，原则上可以认定具有非法占有目的：（1）大部分资金未用于生产经营活动，或名义上投入生产经营但又通过各种方式抽逃转移资金的；（2）资金使用成本过高，生产经营活动的盈利能力不具有支付全部本息的现实可能性的；（3）对资金使用的决策极度不负责任或肆意挥霍造成资金缺口较大的；（4）归还本息主要通过借新还旧来实现的；（5）其他依照有关司法解释可以认定为非法占有目的的情形。

此外，根据《非法集资解释》第7条的规定，使用诈骗方法非法集资，具有下列情形之一的，可以认定为“以非法占有为目的”：（1）集资后不用于生产经营活动或者用于生产经营活动与筹集资金规模明显不成比例，致使集资款不能返还的；（2）肆意挥霍集资款，致使集资款不能返还的；（3）携带集资款逃匿的；（4）将集资款用于违法犯罪活动的；（5）抽逃、转移资金、隐匿财产，逃避返还资金的；（6）隐匿、销毁账目，或者搞假破产、假倒闭，逃避返还资金的；（7）拒不交代资金去向，逃避返还资金的；（8）其他可以认定非法占有目的的情形。

类型化七：制作虚假相关材料行为的司法认定

行为人既制作了虚假的招股说明书、认股书、公司、企业债券募集办法，又发行了股票和公司、企业债券的行为的司法认定。

1. 司法实践中存在的主要分歧：本罪与欺诈发行证券罪之间的认定问题。

2. 审理该类型案件的主要思路：首先，查明是否构成欺诈发行证券罪；其次，查明是否构成非法吸收公众存款罪；最后，查明两者适用法定刑的轻重。

审理该类型案件需要查明如下证据：（1）犯罪嫌疑人的相关信息；（2）虚假的招股说明书、认股书、公司、企业债券募集办法，且已发行了股票和公司、企业债券的相关证据；（3）非法集资的时间、地点、参与人、方式、手段等；（4）集资参与人的相关信息及其证言；（5）非法集资款的性质、数额、去向及过程等的存款凭证、记账凭证、票据、账簿、广告、说明书、宣传单、利率计算表、银行存单等书证。

在认定事实时还需要考虑：犯罪嫌疑人既制作了虚假的招股说明书、认股书、公司、企业债券募集办法，且已发行了股票和公司、企业债券，同时又非法吸收公众存款。

3. 审理该类型案件的裁判规则：当行为人既制作了虚假的招股说明书、认股书、公司、企业债券募集办法，且已发行了股票和公司、企业债券，由于欺诈发行证券罪与非法吸收公众存款罪的法益不同，则应以想象竞合从一重认定。

欺诈发行证券罪要求行为人必须实施在招股说明书、认股书、公司、企业债券募集办法等发行文件中隐瞒重要事实或者编造重大虚假内容的行为，且行为人必须实施了发行股票或公司、企业债券、存托凭证或者国务院依法认定的其他证券的行为。如果行为人仅是制作了虚假的招股说明书、认股书、公司、企业债券募集办法，而未实施发行股票或者公司、企业债券的行为，则不构成此罪。因此，当行为人既制作了虚假的上述文件且已发行了股票和公司、企业债券时才可能构成此罪。

根据2022年4月发布的《最高人民检察院、公安部关于公安机关管辖的刑事案件立案追诉标准的规定（二）》第5条的规定，“在招股说明书、认股书、公司、企业债券募集办法等发行文件中隐瞒重要事实或者编造重大虚假内容，发行股票或者公司、企业债券、存托凭证或者国务院依法认定的其他证券，涉嫌下列情形之一的，应予立案追诉：（一）非法募集资金金额在1000万元以上的；……”其法定刑为5年以下有期徒刑或者拘役。而根据《非法集资解释》第4条第1款的规定，非法吸收或者变相吸收公众存款，具有下列情形之一的，应当认定为《刑法》第176条规定的“数额巨大或者有其他严重情节”：“（一）非法吸收或者变相吸收公众存款数额在500万元以上的；”其法定刑升格为3年以上10年以下有期徒刑。若上述规定与解释之间在立案标准上不存在冲突，则由上述规定可以得出：

（1）欺诈发行证券罪规定在《刑法》分则第三章第三节“妨害对公司、企业的管理秩序罪”中，故其立案标准之一“非法募集资金金额在1000万元以上”，其对象的特定与否，不影响定此罪。

（2）若其非法募集资金对象满足非法吸收公众存款罪的吸存对象或者行为人以欺诈发行证券的变相方式吸收公众存款，则当同时满足《非法集资解释》第4条第1款规定时，由于其与非法吸收公众存款罪的法益不同，则应以想象竞合从一重认定。①

类型化八：非法募集同时吸收公众存款的司法认定

在对象不特定情形下，非法募集资金金额同时符合非法吸收公众存款

① 参见赵拥军：《非法吸收公众存款罪之构成要件》，上海社会科学院2012年硕士学位论文。

款罪和擅自发行股票、公司、企业债券罪的司法认定。

1. 司法实践中存在的主要分歧：本罪与擅自发行股票、公司、企业债券罪之间的认定问题。

2. 审理该类型案件的主要思路：首先，查明是否构成擅自发行股票、公司、企业债券罪；其次，查明是否构成非法吸收公众存款罪；最后，查明两者适用法定刑的轻重。

审理该类型案件需要查明如下证据：（1）犯罪嫌疑人的相关信息；（2）擅自发行股票、公司、企业债券罪的相关证据；（3）非法集资的时间、地点、参与人、方式、手段等；（4）集资参与人的相关信息及其证言；（5）非法集资款的性质、数额、去向及过程等的存款凭证、记账凭证、票据、账簿、广告、说明书、宣传单、利率计算表、银行存单等书证。

在认定事实时还需要考虑：犯罪嫌疑人擅自发行股票、公司、企业债券，同时又非法吸收公众存款。

3. 审理该类型案件的裁判规则：在对象不特定情形下非法募集资金金额同时符合非法吸收公众存款罪和擅自发行股票、公司、企业债券罪的，应以想象竞合从一重论处。

《非法集资解释》第1条第2款规定，未向社会公开宣传，在亲友或者单位内部针对特定对象吸收资金的，不属于非法吸收或者变相吸收公众存款。第4条规定，非法吸收或者变相吸收公众存款，具有下列情形之一的，应当认定为《刑法》第176条规定的“数额巨大或者有其他严重情节”：（1）非法吸收或者变相吸收公众存款数额在500万元以上的；（2）非法吸收或者变相吸收公众存款对象500人以上的。第10条规定，未经国家有关主管部门批准，向社会不特定对象发行、以转让股权等方式变相发行股票或者公司、企业债券，或者向特定对象发行、变相发行股票或者公司、企业债券累计超过200人的，应当认定为《刑法》第179

条规定的“擅自发行股票、公司、企业债券”。构成犯罪的，以擅自发行股票、公司、企业债券罪定罪处罚。

2022年4月发布的《最高人民检察院、公安部关于公安机关管辖的刑事案件立案追诉标准的规定（二）》第23条第1款规定，非法吸收公众存款或者变相吸收公众存款，扰乱金融秩序，涉嫌下列情形之一的，应予立案追诉：（1）非法吸收或者变相吸收公众存款数额在100万元以上的；（2）个人非法吸收或者变相吸收公众存款对象150人以上的。第29条规定，“未经国家有关主管部门批准或者注册，擅自发行股票或者公司、企业债券，涉嫌下列情形之一的，应予立案追诉：（一）非法募集资金金额在一百万元以上的；……本条规定的‘擅自发行股票或者公司、企业债券’，是指向社会不特定对象发行、以转让股权等方式变相发行股票或者公司、企业债券，或者向特定对象发行、变相发行股票或者公司、企业债券累计超过二百人的行为”。

若上述解释与规定之间在立案标准上不存在冲突，则由上述可以得出：

（1）在对象特定的情形下发行、变相发行股票或公司、企业债券累计超500人，则应当以擅自发行股票、公司、企业债券罪立案追诉。根据前文所论，此处的“特定对象”应是符合《非法集资解释》第1条第2款之规定，且不具有随时向社会扩展的开放性。否则便同时符合《非法集资解释》第4条第1款第2项规定“非法吸收或者变相吸收公众存款对象500人以上的”；而非法吸收公众存款罪的第二档升格刑为3年以上10年以下有期徒刑，擅自发行股票、公司、企业债券罪的法定刑为5年以下有期徒刑，应以想象竞合从一重论处。

（2）在对象不特定情形下非法募集资金金额在100万元以上的，同时符合非法吸收公众存款罪和擅自发行股票、公司、企业债券罪，而前罪的第一档法定刑为3年以下有期徒刑或拘役，后罪的法定刑为5年以下有期徒刑，应以想象竞合从一重论处。

类型化九：设立机构非法吸收公众存款行为的司法认定

行为人擅自设立金融机构后又进行非法吸收公众存款的行为的司法认定。

1. 司法实践中存在的主要分歧：本罪与擅自设立金融机构罪之间的认定问题。

2. 审理该类型案件的主要思路：首先，查明是否构成擅自设立金融机构罪；其次，查明是否构成非法吸收公众存款罪。

审理该类型案件需要查明如下证据：（1）犯罪嫌疑人的相关信息；（2）擅自设立金融机构罪的相关证据；（3）非法集资的时间、地点、参与人、方式、手段等；（4）集资参与人的相关信息及其证言；（5）非法集资款的性质、数额、去向及过程等的存款凭证、记账凭证、票据、账簿、广告、说明书、宣传单、利率计算表、银行存单等书证。

在认定事实时还需要考虑：犯罪嫌疑人擅自设立金融机构，同时又非法吸收公众存款。

3. 审理该类型案件的裁判规则：行为人擅自设立金融机构后，又进行非法吸收公众存款的行为的，或反之，理应按牵连犯的处罚原则择一重罪处罚。但由于两者在有期徒刑十年以下的法定刑相同，可能导致行为人既擅自设立金融机构又非法吸收公众存款所受的处罚，与仅擅自设立金融机构或非法吸收公众存款所受的处罚一样。且擅自设立金融机构罪的成立不以开展相应的金融业务为前提，只要擅自设立了金融机构即构成既遂。因此，为了处罚公平，若行为人擅自设立金融机构以后，又进行非法吸收公众存款的行为的，或反之，宜数罪并罚。

第三节　本罪涉及的主要法律法规、司法解释及案例索引

一、法律法规、司法解释及相关规范性文件索引

1. 《中华人民共和国刑法》第一百七十六条

2. 《最高人民法院关于印发〈全国法院审理金融犯罪案件工作座谈会纪要〉的通知》（法〔2001〕8 号，2001 年 1 月 21 日施行）

3. 《最高人民法院关于审理非法集资刑事案件具体应用法律若干问题的解释》（法释〔2022〕5 号，2022 年 3 月 1 日施行）

4. 《最高人民检察院关于办理涉互联网金融犯罪案件有关问题座谈会纪要》（高检诉〔2017〕14 号，2017 年 6 月 2 日）

5. 《最高人民法院关于修改〈最高人民法院关于审理非法集资刑事案件具体应用法律若干问题的解释〉的决定》（法释〔2022〕5 号，2022 年 3 月 1 日施行）

二、案例索引

1. 陕西省高级人民法院（2007）陕刑二终字第 82 号（《最高人民法院公报》2008 年第 6 期）

2. 江苏省南京市中级人民法院（2008）苏刑初字第 36 号（《最高人民法院公报》2009 年第 10 期）

3. 浙江省高级人民法院（2009）浙刑二终字第 121 号（《最高人民法院公报》2010 年第 10 期）

4. 浙江省杭州市江干区人民法院（2017）浙 0104 刑初 133 号（最高

人民检察院指导案例第64号）

5. 高某非法吸收公众存款案（《刑事审判参考》第56号案例）

6. 惠某祥等非法吸收公众存款案（《刑事审判参考》第488号案例）

7. 毛某东等非法吸收公众存款案（《刑事审判参考》第1188号案例）

第九章

虚开发票罪类型化审判

第一节 虚开发票罪的立法嬗变及相关问题

一、虚开发票罪的立法嬗变

虚开发票罪是《刑法修正案（八）》新增罪名，我国《刑法》第205条之一规定了虚开普通发票的定罪与量刑：虚开《刑法》第205条规定以外的其他发票，情节严重的，处2年以下有期徒刑、拘役或者管制，并处罚金；情节严重的，处2年以上7年以下有期徒刑，并处罚金。第205条规定的以外的其他发票是指除了增值税专用发票和骗取出口退税、抵扣税款以外的普通发票。

虚开发票罪是我国税制改革、实行增值税专用发票抵扣税款制度之后出现的新型经济犯罪。与普通发票相比，增值税专用发票不仅具有记载经营活动的功能，更具有凭票依法抵扣税款的功能。在增值税专用发票制度实行初期，出现了一些不法分子虚开增值税专用发票，利用增值税专用发票抵扣税款，套取国家税款。虚开发票不仅扰乱了正常的增值税专用发票管理秩序，更造成国家税款损失，社会危害很大。因此，1995年10月30日《全国人民代表大会常务委员会关于惩治虚开、伪造和非法出售增值税专用发票犯罪的决定》首次将这种行为规定为犯罪，并设置了最高可判处死刑的严厉法定刑。

虚开发票罪的主要表现形式包括：市面上有专门进行虚开、代开发票的公司，这种公司往往以虚假的信息设立，伪造资料获取开票资格后，大量开具虚假票据；犯罪嫌疑人在其名下或控制下开设大量的空壳公司，并四处宣传代开发票业务，靠收取手续费获益。此外，《刑法》第205条第3款明确列出了虚开行为方式，即该罪的虚开是指有为他人虚开、为自己虚开、让他人为自己虚开、介绍他人虚开行为之一的。

《最高人民检察院关于充分发挥检察职能服务保障“六稳”“六保”的意见》提出，“注意把握一般涉税违法行为与以骗取国家税款为目的的涉税犯罪的界限，对于有实际生产经营活动的企业为虚增业绩、融资、贷款等非骗税目的且没有造成税款损失的虚开增值税专用发票行为，不以虚开增值税专用发票罪定性处理”。此外，该意见为实践中的一些具体问题提供了指导，有助于更加公正地处理此类案件。值得注意的是，为了进一步依法惩治危害税收征管犯罪，2024年3月15日，两高出台了司法解释，即《最高人民法院、最高人民检察院关于办理危害税收征管刑事案件适用法律若干问题的解释》，该解释自2024年3月20日起施行。据此，《最高人民法院关于适用〈全国人民代表大会常务委员会关于惩治虚开、伪造和非法出售增值税专用发票犯罪的决定〉的若干问题的解释》（法发〔1996〕30号）、《最高人民法院关于审理骗取出口退税刑事案件具体应用法律若干问题的解释》（法释〔2002〕30号）、《最高人民法院关于审理偷税、抗税刑事案件具体应用法律若干问题的解释》（法释〔2002〕33号）同时废止。

二、审理虚开发票罪的总体思路

1. 定罪量刑标准：根据《刑法》及相关规定，虚开的税款数额和犯罪情节是定罪量刑的关键因素。

2. “虚开”的行为方式：根据《发票管理办法》和其他相关法律，虚开的行为包括为他人虚开、为自己虚开、让他人为自己虚开和介绍他人虚开。本罪的核心行为方式为“虚开”。

3. 犯罪对象：本罪的犯罪对象为虚开增值税专用发票；如果虚开了其他类型的发票，如增值税普通发票，则不构成本罪。

4. 骗取国家税款与虚开的结合：在刑事审判实践中，不能简单地从行为犯的角度对本罪做出既遂的认定，应当将“骗取国家税款”和“虚开”行为结合起来认定。

5. 主体分类及主要犯罪形式：虚开增值税专用发票罪的主体包括增值税一般纳税人、小规模纳税人和非增值税纳税人。

6. 真实货物交易或提供服务的情况：违反国家税收征管和增值税专用发票管理规定，在没有真实货物交易或提供服务的情况下，为他人虚开增值税专用发票用于抵扣税款的，应认定为虚开增值税专用发票罪。

在审理过程中，还应结合最新的司法实践和理论研究，确保对虚开发票罪的认定既公正又准确。

三、虚开发票罪构成要件解读

本罪所保护的客体为发票管理及税收征管秩序。虚开发票罪是《刑法修正案（八）》在《刑法》分则第三章“危害税收征管罪”一节中新增的一个罪名。根据该条规定，虚开发票罪是虚开《刑法》第205条规定以外的其他发票即一般认为的普通发票。普通发票本身只是商家与消费者之间交易的一个凭证。但当被赋予其本身所不应该涵盖的异化职能时，成为税务机关税源监控和管理税收的重要工具，[①] 以至于近年来，实践中在真实的或者伪造的发票上虚开的、有真实业务或者没有真实业务而开具假发票入账的以及仅仅将真实发票予以出售的等情形，以虚开发票罪论处的情形时有发生。由此，导致国家发票管理及税收征管秩序的混乱，有必要予以刑法规制。[②]

本罪为一般主体，个人和单位均可以构成。实践中也存在虚开发票行为属于单位中的个人行为并未体现单位意志而不构成单位犯罪。[③]

本罪要求行为人具有虚开发票的故意。若行为人主观上以为是普通发票而虚开，但客观上虚开的却是增值税专用发票的，应在主观认识的范围内，以增值税专用发票所具有的普通发票功能性因素认定行为人构成虚开发票罪；[④] 反之，若行为人主观上以为是增值税专用发票而虚开，但客观上虚开的却是普通发票的，则由于其主观上虚开的增值税专用发票故意可以包含普通发票的故意，依然应认定为虚开发票罪。可见，在认识错误情形下虚开发票罪和虚开增值税专用发票罪在行为对象上也是可能出现竞合的。

在客观方面虚开发票罪与虚开增值税专用发票罪不同的是，《刑法》第205条之一规定的虚开发票罪中并没有关于本罪虚开行为的具体规定。当前对于虚开发票罪的行为方式的认定基本参照虚开增值税专用发票罪中的规定，但仅是参照并不能完全一致。

需要注意的是，虚开发票罪与《刑法》第205条规定的虚开增值税专用发票罪，在针对国家税款的保护方面具有等同的立法旨意。因此，对于有真实的实际交易、主观上并无骗取抵扣税款故意的虚开发票行为，

---

① 参见刘剑文：《税收管理，发票难以承受的职能之重》，载《法制日报》2011年1月6日，第7版。

② 参见赵拥军、孙万怀：《虚开发票罪的行为方式与对象相关问题探究》，载《河南师范大学学报（哲学社会科学版）》2021年第4期。

③ 如内蒙古自治区包头市青山区人民法院（2018）内0204刑初2号刑事判决以及河北省邢台市广宗县人民法院（2018）冀0531刑初12号刑事判决等，均是公诉机关指控单位犯罪，但经审理查明相关行为均系单位中个人或者个人名义实施的，被指控的单位构成单位犯罪的证据不足。

④ 参见张明楷：《刑法学》，法律出版社2016年版，第817页。

一般不认定为犯罪。如山东省烟台市莱州市人民法院（2018）鲁0683刑初699号刑事判决，河北省邢台市广宗县人民法院（2017）冀0531刑初20号刑事判决等，均是以真实的交易为基础而迫于领取工程款项、收入报销等而虚开发票，同时亦无证据证明行为人具有利用虚开的发票进行侵占、骗取、套取单位资金以及偷逃税款等行为的情况，便不应认定为犯罪。本罪的行为对象是《刑法》第205条规定增值税专用发票、用于骗取出口退税、抵扣税款的其他发票以外的发票，即一般认为的普通发票。刑法条文对于虚开发票罪的行为对象规定得非常明确。一般而言，其与虚开增值税专用发票罪行为对象之间的界限亦属分明，但该界限并不绝对。由于增值税专用发票不仅具有普通发票所具有的记载商品或者劳务的销售额以作为财务收支记账凭证的功能，而且是兼记销货方纳税义务和购货方进项税额的主要依据，是购货方据以抵扣税款的证明，故增值税专用发票本身具有普通发票的功能性因素。

第二节　虚开发票罪类型化裁判

类型化一：虚开发票罪中虚开行为的司法认定

1. 司法实践中存在的主要分歧：非共犯场合下虚开发票罪行为方式的认定。《刑法》第205条和第205条之一分别规定了虚开增值税专用发票、用于骗取出口退税、抵扣税款发票罪（为了论述方便，以下统称为虚开增值税专用发票罪）和虚开发票罪，但对于两个罪名中的虚开并未等同规定，进而对于虚开发票罪中的虚开行为能否按照虚开增值税专用发票中的虚开行为作等同理解便存在不同的观点。

一种较为常见的观点认为，《刑法》第205条第3款关于虚开行为的界定，也适用于虚开发票罪中的虚开行为的认定。因为虚开发票罪也使用了“虚开”一词，故当然要进行同一解释；同时法律具有简洁性，对于同一概念没有必要重复说明。另一种观点认为，从《刑法》第205条第3款的表述来看，该虚开行为的界定所针对的对象仅为“增值税专用发票或者虚开用于骗取出口退税、抵扣税款的其他发票”，即该“虚开”行为的规定并非当然适用于虚开发票罪中的普通发票。立足于增值税专用发票的核心功能，根据罪责刑相适应原则，《最高人民法院、最高人民检察院关于办理危害税收征管刑事案件适用法律若干问题的解释》第10条第2款以例外规定的方式，对虚开增值税专用发票罪进行限缩解释。

2. 审理该类型案件的主要思路：首先，查明是否具有真实交易，是否系指定金额、日期、内容的开票行为；其次，查明犯罪嫌疑人是否明知真实交易的情况；最后，查明虚开行为的方式，即行为属于为他人虚开、为自己虚开，还是让他人为自己虚开或者介绍他人虚开。

审理该类型案件需要查明如下证据：（1）涉案发票；（2）涉案公司基本情况，业务开展情况；（3）税务机关出具的相关证明；（4）虚开手段、犯罪嫌疑人供述、证人证言等。

在认定事实时还需要考虑：让他人为自己虚开和介绍他人虚开的两种行为方式只能是在共犯的场合下，分别以教唆犯或帮助犯的身份进行认定。

3. 该类型案件的裁判规则：虚开发票罪中的虚开行为可以参照虚开增值税专用发票罪中关于虚开的规定；但是在此种参照下，让他人为自己虚开和介绍他人虚开的两种行为方式只能是在共犯的场合下，分别以教唆犯或帮助犯的身份进行认定。理由如下：

第一，虚开发票罪中的虚开行为方式并无立法明确。《刑法》第205条第3款将虚开增值税专用发票罪的虚开行为方式列明为四种，即该罪的虚开是指有为他人虚开、为自己虚开、让他人为自己虚开、介绍他人虚开行为之一的。如果认为该罪的实行行为就是虚开行为，[①] 则其中后两种虚开行为方式的实质是虚开行为的共犯：让他人为自己虚开行为是要求或者诱骗收买他人为自己虚开，即教唆行为；而介绍他人虚开行为则是在虚开的犯罪过程中起牵线搭桥、组织策划作用，[②] 即帮助行为。为了严惩虚开增值税专用发票行为，《刑法》以立法的方式将虚开行为的教唆、帮助行为独立入罪，即共犯行为的正犯化。换言之，原本认定教唆、帮助虚开行为构成虚开增值税专用发票罪，只能在共犯的场合下进行。例如甲为了抵扣税款让乙为其虚开增值税专用发票，乙收取了相应费用后将其伪造的增值税专用发票给了甲。当甲尚未抵扣时案发。此种情形下，由于乙并未虚开，只是向甲出售了其伪造的增值税专用发票，故乙不构成虚开增值税专用发票罪。[③] 根据共犯从属性理论，即甲的教唆行为并未起到应有的作用，进而也就没有间接地侵害该罪所要保护的法益，甲也不构成虚开增值税专用发票罪的教唆犯。但基于《刑法》第 205 条第 3 款的规定，教唆、帮助虚开增值税专用发票行为便可以不依赖于被教唆、被帮助的对象行为是否构成虚开增值税专用发票罪，只要行为人具有让他人为自己虚开、介绍他人虚开的行为即可独立认定而无须依附于共犯场合。此种情形下的甲便可以直接依据该款的规定，以让他人为自己虚开这一实行行为方式认定其构成虚开增值税专用发票罪。由于该

---

① 有观点认为，根据《刑法》第 205 条第 3 款的规定，虚开具有四种情形：为他人虚开、为自己虚开、让他人为自己虚开、介绍他人虚开。当行为人为他人骗取国家税款而虚开时，这种虚开是骗取国家税款的帮助行为。当行为人为自己骗取国家税款而虚开时，这种虚开是骗取国家税款的预备行为。当行为人为自己骗取国家税款而让他人为自己虚开时，这种虚开是骗取国家税款的预备行为。当行为人为他人骗取国家税款而介绍他人虚开时，这种虚开是骗取国家税款的帮助行为。因此，上述四种虚开形式可以概括为为自己虚开和为他人虚开。其中，为自己虚开是诈骗罪的预备行为，为他人虚开是诈骗罪的帮助行为。参见陈兴良：《虚开增值税专用发票罪：罪名沿革与规范构造》，载《清华法学》2021 年第 1 期。

② 全国人大常委会法制工作委员会刑法室编：《中华人民共和国刑法修正案（八）条文说明、立法理由及相关规定》，北京大学出版社 2011 年版，第 119 页。

③ 有观点认为，乙可以构成虚开增值税专用发票罪，这里涉及该罪的发票能否包含伪造的发票的观点争议。笔者认为不应包含伪造的发票，详见本文相应部分论述。

罪属于抽象危险犯,[①] 客观上要求必须有造成税款损失的危险,[②] 故此种情形下伪造的增值税专用发票是不可能造成国家税款损失的，进而甲不构成虚开增值税专用发票罪的犯罪既遂，但已经着手实施犯罪，故属于犯罪未遂。因此，对于虚开增值税专用发票罪而言，无论认为该罪的主要保护法益是国家的税款安全,[③] 还是国家的发票管理制度,[④] 虚开行为作为其实行行为或者实行行为的一部分应该是没有多大争议的。同时，《刑法》第 205 条第 3 款明确将该罪的虚开行为规定为“为他人虚开、为自己虚开、让他人为自己虚开、介绍他人虚开”，因此，这四种虚开行为便均为该罪的实行行为，行为人实施其中的任何一种虚开行为皆可据此单独认定该罪。[⑤]

与虚开增值税专用发票罪不同的是,《刑法》第 205 条之一规定的虚开发票罪中并没有关于该罪虚开行为的规定。从前述相关文献综述可以看出，当前对于虚开发票罪的行为方式的认定基本参照虚开增值税专用

---

① 有观点认为该罪是目的犯，也有人认为是行为犯；同时也有观点在评述该罪的犯罪分类时，若认为该罪属于行为犯就不能认定为目的犯，反之亦然。但笔者认为，一方面，犯罪分类有其不同的标准，在何种标准之下的分类往往具有非此即彼的界限；但若是在不同的分类标准下，认定某罪同时属于多种类型的犯罪并无不当。如目的犯是以特定目的为主观构成要件要素的犯罪，是涉及犯罪行为人的主观方面的动机、追求等因素；而行为犯与结果犯以及危险犯则是根据犯罪行为本身对法益所造成的侵害和危险的形态进行的分类。另一方面，行为犯也有结果，只不过结果是和行为同时发生并不需认定其因果关系而已。因此，如果认为虚开增值税专用发票罪属于行为犯，则当虚开行为完成便同时发生了与虚开行为相伴生的结果。换句话说，一旦虚开行为完成便构成该罪。但事实上，2018 年 12 月 4 日，最高人民法院召开新闻发布会发布第二批人民法院充分发挥审判职能作用保护产权和企业家合法权益典型案例中的首个案例即“张某强虚开增值税专用发票案”，最高人民法院通过该案例明确，不具有骗取国家税款的目的，未造成国家税款损失，其行为不构成虚开增值税专用发票罪。也就是说，即便完成了虚开行为，也有可能不构成虚开增值税专用发票罪，只要有证据证明其不具有骗取国家税款的目的，未造成国家税款损失的便不构成该罪。这实质上便是抽象危险犯的行为构造。故认定虚开增值税专用发票罪属于抽象危险犯的同时，当然也可以认为其属于以抵扣税款为目的的目的犯。

② 参见张明楷:《刑法学》，法律出版社 2016 年版，第 816 页。

③ 参见陈兴良:《虚开增值税专用发票罪：罪名沿革与规范构造》，载《清华法学》2021 年第 1 期。

④ 参见马克昌主编:《百罪通论》(上卷)，北京大学出版社 2014 年版，第 403 页。

⑤ 本部分重点在于论证虚开行为及其对象等相关问题，故对于文中提及的相关罪名的构成，根据司法解释的规定需要满足一定的数额或者数量问题，除非特别注明，否则皆假设满足相关追诉标准。下同。

发票罪中的规定。

第二，刑法中的相同用语并非一定要进行相同解释。一方面，为了使刑法的正义理念得以实现，为了使刑法协调，解释者经常使用体系解释的方法，但体系解释并不等于对同一用语作出完全统一的解释。之所以对同一用语在不同场合作出不同解释，是为了实现刑法的正义理念，使值得科处刑罚的行为置于刑法规制之内，使不值得科处刑罚的行为置于刑法规制之外。因此，对刑法中的相同用语进行相对不同的解释便具有了相对合理性和合目的性。如对《刑法》第240条规定的拐卖妇女、儿童罪中的“妇女”一词的解释即是如此。当刑法条文将妇女与儿童并列规定时，一般认为妇女是指已满14周岁的女性，而儿童是指不满14周岁的男女。但若将该条第1款第4项中的“妇女”一词与该款其他项下的“妇女”做相同解释，认为该项中的“妇女”也是指已满14周岁的女性而不包括14周岁以下的幼女的话，势必造成处罚不公平的现象。因为当行为人强迫被拐卖的幼女卖淫的，只能以拐卖儿童罪（5年以上10年以下处刑）和强迫卖淫罪（5年以上10年以下从重处刑）对行为人并罚。但若将该项中的“妇女”解释为包括14周岁以下的幼女，则对行为人可以拐卖儿童罪在10年以上直至死刑处刑，其前后的刑罚差异可见一斑。因此，第4项中的“妇女”便应当和其他项下的“妇女”一词做不同解释，即该项下的“妇女”包含幼女。[①] 可见，在同一个刑法条文中的用语都会出现相对不同含义的解释，则在不同条文乃至整部刑法中，根据用语的多义性、解释的目的性、限制或扩大解释的必要性等因素导致刑法用语的相对性，进而对同一用语比如“暴力”“胁迫”“伪造”“猥亵”“占有”“虚开”等作出相对不同的解释便不稀奇。[②] 另一方面，

---

① 《刑法》第240条第1款第3项也存在同样的问题；但《刑法修正案（十一）》对强奸罪的条文进行了完善，进而填补了该漏洞。

② 参见张明楷：《刑法分则的解释原理》，中国人民大学出版社2011年版，第775~805页。

将虚开发票罪作为《刑法》第205条之一，只不过是一种立法体例而已，是刑法修正案的一种表现形式，事实上很多刑法修正案增加的条文“之一”的规定，其与原法条属于不同的罪刑构造以及分属不同的主观故意亦很常见。例如《刑法》第177条规定的是伪造、变造金融票证罪，而《刑法》第177条之一规定的是妨害信用卡管理罪。[①] 又如《刑法》第133条的交通肇事罪属于典型的过失犯罪，而《刑法》第133条之一规定的危险驾驶罪便为故意犯罪[②]或者间接故意，[③] 等等。同时，根据上述后一种观点，既然《刑法》第205条第3款将让他人为自己虚开、介绍他人虚开这两种行为方式一并拟制为虚开行为，介绍他人虚开可以构成虚开发票罪的共犯，则让他人为自己虚开完全可以成立教唆他人虚开，进而构成虚开发票罪的共犯。

类型化二：实行行为和教唆行为主从犯的司法认定

1. 司法实践中存在的主要分歧：让他人为自己虚开能否被认定为从犯？

2. 审理该类型案件的主要思路：首先，查明虚开行为是否具有真实交易；其次，查明犯罪嫌疑人是否明知真实交易的情况；最后，查明虚开行为的方式，即行为属于为他人虚开、为自己虚开，还是让他人为自

---

① 显然，伪造、变造金融票证罪和妨害信用卡管理罪这两个罪名不论是在构成要件还是法定刑方面均属不同的罪刑规范，可能将妨害信用卡管理罪作为《刑法》第177条之一的唯一理由在于，伪造、变造金融票证罪中有一项行为是伪造信用卡行为而已。

② 认为危险驾驶罪的主观方面为故意，参见马克昌主编：《百罪通论》（上卷），北京大学出版社2014年版，第137页；刘宪权主编：《刑法学》，上海人民出版社2016年版，第439页；张明楷：《刑法学》，法律出版社2016年版，第726页。但也有观点认为，醉酒型危险驾驶罪的主观方面为过失，参见冯军：《论刑法第133条之一的规范目的及其适用》，载《中国法学》2011年第5期。甚至还有观点认为醉酒型危险驾驶罪的主观方面是过失的抽象危险犯，但故意醉酒驾驶的行为没有发生具体公共危险的也成立该罪，即该观点实际上认为该罪既可以由过失构成也可能由故意构成，参见梁根林：《刑法第133条之一第2款的法教义学分析兼与张明楷教授、冯军教授商榷》，载《法学》2015年第3期。

③ 参见王作富主编：《刑法分则实务研究》，中国方正出版社2013年版，第149页。

己虚开或者介绍他人虚开。

审理该类型案件需要查明如下证据：（1）涉案发票；（2）涉案公司基本情况，业务开展情况；（3）税务机关出具的相关证明；（4）虚开手段、犯罪嫌疑人供述、证人证言等。

在认定事实时还需要考虑：若案件事实能够认定为让他人为自己虚开，则一般情况下可以认定为主犯；若案件事实认定为介绍他人虚开，则一般情形下可以认定为从犯。

3. 审理该类型案件的裁判规则：虚开发票罪虚开的实行行为只能是为他人虚开和为自己虚开，此二者一般可以认定为主犯。而作为教唆犯的让他人为自己虚开的行为，应基于教唆犯在共同犯罪中通常起主要作用而一般将其认定为主犯亦无不妥；但作为帮助犯的介绍他人虚开行为则在一般情形认定为主犯时便需慎重。理由如下：

根据《刑法》第205条第3款的明文规定，可以认为虚开增值税专用发票罪的四个虚开行为皆为实行犯。一般情况下，作为教唆他人虚开的让他人为自己虚开的行为不会被认定为从犯，主要在于该种情形的虚开已经属于虚开行为的实行犯。既然有让他人为自己虚开，则必然有为他人虚开的行为，在此共犯场合下，让他人为自己虚开也几乎不会被认定为从犯，但不排除实践中在让他人为自己虚开行为的内部区分主从犯。[①] 对于作为帮助他人虚开的介绍他人虚开行为，实践中并非一律不认定为从犯，而是根据介绍虚开行为在共同犯罪中的具体地位和作用不区分主从犯或者认定为从犯。[②] 因此，在《刑法》第205条之一规定的虚开发票罪中，行为人只是参照虚开增值税专用发票罪中的虚开行为而无明文规定，故其虚开的实行行为只能是为他人虚开和为自己虚开，此二者

---

① 如上海市静安区人民法院（2017）沪0106刑初1135号刑事判决书；上海市虹口区人民法院（2017）沪0109刑初525号刑事判决书。

② 参见罗开卷：《新型经济犯罪实务精析》，上海人民出版社2017年版，第216页。

一般可以认定为主犯。而作为教唆犯的让他人为自己虚开的行为，应基于教唆犯在共同犯罪中通常起主要作用而一般将其应认定为主犯[①]亦无不妥；[②] 但作为帮助犯的介绍他人虚开行为则在一般情形认定为主犯时便需慎重，即非共犯场合下虚开发票罪的行为方式不能包括“让他人为自己虚开”和“介绍他人虚开”。[③]

类型化三：虚开发票罪中的发票真伪对于该罪名司法认定的影响

1. 司法实践中存在的主要分歧：虚开发票罪中的发票是否应包含伪造的发票？理论与实务中的绝大部分观点均认为虚开发票罪中的发票可以包含伪造的假发票。[④] 在具体的论证理由中主要包括以下几点：

第一，权威解读观点。如全国人大常委会法制工作委员会刑法室编写的《〈中华人民共和国刑法修正案（八）〉条文说明、立法理由及相关规定》一书中认为，虚开发票罪中“第205条规定以外的其他发票”，是指除增值税专用发票或者其他具有退税、抵扣税款功能的发票以外的普

---

① 参见熊红文：《教唆犯在共同犯罪中作用地位的认定——也谈“造意”不为首》，载《人民检察》2011年第4期。在该文中作者认为，只有在间接教唆、教唆帮助犯等极其罕见的场合，才有成立从犯的余地。

② 但也有观点认为，如果坚持刑法客观主义的立场，肯定共犯从属性说，并在共同犯罪人作用的评价上采取先客观后主观的逻辑顺序，对于提起犯意的人，十之八九都应该评价为从犯；只有在造意后又着手实行、针对未成年人提起犯意、为犯罪集团或者聚众犯罪造意等并不多见的场合，才有成立主犯的余地。参见周光权：《造意不为首》，载《人民检察》2010年第23期。

③ 赵拥军：《非共犯场合下虚开发票罪的行为方式认定》，载《检察日报》2021年4月20日，第7版。

④ 参见王作富主编：《刑法分则实务研究》，中国方正出版社2013年版，第582页；陈天敏、周少华、张森等：《虚开普通发票行为如何适用法律》，载《人民检察》2013年第6期；杜文俊：《发票犯罪若干问题辨析》，载《政治与法律》2013年第6期；黄晓文：《虚开发票罪司法适用若干问题探析》，载《中国检察官》2013年第1期；张伶俐、张宪：《虚开发票罪中的虚开发票行为认定》，载《江苏法制报》2014年11月19日，第3版；简琨益：《虚开发票罪中“假票真开”行为的规范诠释》，载《科学经济社会》2015年第4期。

通发票，既包括真的，也包括伪造、变造的普通发票。[①]

第二，假发票的功能与真发票的相同。该观点认为，虚开发票罪侵害的法益为双重法益，既包括国家发票管理秩序，也包括国家税收征管制度。真假发票均能作为收付款凭证，起到记录单位和个人发生的经济业务事项最基本的原始凭证的功能，进而影响纳税申报的真实性，从而影响国家税收。[②]

第三，假发票客观上可能造成国家的税收损失。该观点认为，虚开发票罪中的发票真假不影响罪名定性。惩治税收犯罪的法律规定保护的法益是国家税收利益和税收安全，无论是真发票还是假发票，在客观上都可能造成国家税收损失，对税收安全造成威胁。从现实角度考虑，虚开假发票的行为比虚开真发票危害性更严重。[③]

第四，虚开增值税专用发票罪中的发票可以是伪造的。该观点认为，根据《刑法》第208条第2款的规定："非法购买增值税专用发票或者购买伪造的增值税专用发票又虚开的，依照本法第205条定罪处罚。"根据该条规定，以伪造的增值税发票方式虚开，同样能构成《刑法》第205条的虚开增值税专用发票罪。[④] 还有观点认为，虚开发票罪与虚开增值税专用发票罪同属《刑法》第205条，虚开发票罪应比照适用虚开增值税专用发票罪的构成要件。两罪区别仅在于对象不同，即前者所虚开的是后者之外的发票，其余包括虚开行为方式等二者均一样。[⑤] 由于虚开增值税专用发票罪中的发票可以是包含伪造的，所以虚开发票罪中的发票也

---

① 参见全国人大常委会法制工作委员会刑法室编：《中华人民共和国刑法修正案（八）条文说明、立法理由及相关规定》，北京大学出版社2011年版，第123页。

② 黄晓文：《虚开发票罪司法适用若干问题探析》，载《中国检察官》2013年第1期。

③ 参见张伶俐、张宪：《虚开普通发票罪中的虚开发票行为认定》，载《江苏法制报》2014年11月19日，第3版。

④ 参见简琨益：《虚开发票罪中"假票真开"行为的规范诠释》，载《科学经济社会》2015年第4期。

⑤ 参见李宁：《虚开发票罪不宜以造成国家税款损失为要件》，载《中国检察官》2018年第3期。

可以是包含伪造的。

2. 审理该类型案件的主要思路：首先，查明涉案发票真伪、数量、数额情况；其次，查明虚开行为是否具有真实交易；再次，查明犯罪嫌疑人是否明知真实交易的情况；复次，查明虚开行为的方式，即行为属于为他人虚开、为自己虚开，还是让他人为自己虚开或者介绍他人虚开；最后，查明是否使用涉案发票抵税。

审理该类型案件需要查明如下证据：（1）涉案发票真伪、数量和数额；（2）涉案公司基本情况，业务开展情况；（3）税务机关出具的相关证明；（4）虚开手段、犯罪嫌疑人供述、证人证言等。

在认定事实时还需要考虑：若查明涉案发票系伪造则可以往非法出售伪造的发票罪等罪方向考虑；若有凭借假发票报销等行为造成税收安全的可以往逃税罪方向考虑。

3. 审理该类型案件的裁判规则：虚开发票罪中的发票不应包含伪造的发票。理由如下：

第一，假发票的功能与真发票的相同，以及假发票客观上可能造成国家税收损失，这两种理由不能成为需要将假发票纳入虚开发票罪进行规制的理由。一方面，认为假发票的功能与真发票的相同就需要将其纳入虚开发票罪的规制范围，这种解释理由并不是从虚开发票罪的构成要件本身进行的一种规范的解释；另一方面，若认为假发票客观上可能造成国家税收损失作为将假发票纳入虚开发票罪的规制范围，只是纯粹从保护国家税收安全的角度进行的牵强论证。言外之意，若能从其他角度进行国家税收安全保护，假发票是否还有必要作为虚开发票罪的行为对象呢？例如，将虚开假发票客观上可能造成国家税收损失这一不法结果以逃税罪等其他罪名进行规制完全能够保护国家的税收安全。

第二，虚开增值税专用发票罪中的发票可以是伪造的，[①] 也不能成为虚开发票罪中的发票可以是伪造的充分理由。如前所述，伪造的增值税专用发票是不可能存在造成国家税款损失的危险，故没有必要将其纳入本罪的行为对象。一方面，虚开增值税专用发票罪属于抽象危险犯，其主要保护法益是国家的税款安全，意即若行为人的虚开行为根本就不可能造成国家税款损失的危险则不构成该罪，起码不构成犯罪既遂。实践中部分虚开伪造的增值税专用发票罪以该罪论处，也并不意味着据此得出该罪中的发票可以是伪造的，而是在一定情形下，当教唆、帮助他人虚开时，被教唆、被帮助虚开的行为人用伪造的增值税专用发票冒充真实的发票，从法益侵害的角度看不可能构成犯罪既遂，但已经着手实施犯罪，故属于犯罪未遂。在这个意义上而言，与其认为虚开伪造的增值税专用发票罪在特定情形下可以认定为该罪（未遂），不如说本质上还是在于该罪的行为对象只能是真实的发票，只是由于被教唆、被帮助者所虚开的并非真实的发票而导致该罪既遂的构成要件并未充足才构成犯罪未遂的。另一方面，之所以认定让他人虚开或者介绍他人虚开伪造的增值税专用发票构成该罪（犯罪未遂），主要在于该罪的四种行为方式中的让他人虚开、介绍他人虚开两种行为方式原本只能在共犯场合下认定，

---

① 也有观点认为，根据《刑法》第208条第2款的规定："非法购买增值税专用发票或者购买伪造的增值税专用发票又虚开或者出售的，分别依照本法第二百零五条、第二百零六条、第二百零七条的规定定罪处罚。"根据该条规定，以伪造的增值税发票虚开，同样能构成第205条的虚开增值税专用发票罪。参见简琨益：《虚开发票罪中"假票真开"行为的规范诠释》，载《科学经济社会》2015年第4期。但根据笔者的观点，可以对该条进行目的性限缩解释，即对于非法购买增值税专用发票可以对应又虚开又出售行为，而对于购买伪造的增值税专用发票的则只对应出售而不对应虚开行为，以出售伪造的增值税专用发票罪论处即可。一方面，虚开增值税专用发票罪和出售伪造的增值税专用发票罪两罪的法定刑完全相同；另一方面，若虚开增值税专用发票罪中包含了伪造的、非法制造的增值税专用发票，则势必使《刑法》第206条（伪造、出售伪造的增值税专用发票罪）、第207条（非法出售增值税专用发票罪）、第208条（非法购买增值税专用发票、购买伪造的增值税专用发票罪）所规定的相关惩治伪造和非法制造假发票的罪名空置，导致法律适用上的混乱。故按照笔者的这种解释，既可以使得虚开增值税专用发票罪不包含伪造的发票，也避免处罚的漏洞，同时也减少了法律适用上的混乱。

但现在《刑法》第205条第3款予以明文规定，故该两种行为方式便可以不依赖于实行正犯是否构成该罪而可以独立地认定。即若虚开的是真实的增值税专用发票的，则让他人虚开者、[①] 介绍他人虚开者以及虚开的实行正犯（为他人虚开者）均构成该罪；若虚开的是伪造的增值税专用发票的，则让他人虚开者、介绍他人虚开者构成该罪的犯罪未遂（若其主观上明知或者应知是伪造的增值税专用发票，则可能同时构成购买伪造的增值税专用发票罪，按照想象竞合论处），虚开的实行正犯（为他人虚开者）不构成该罪，但可以考虑构成伪造、出售伪造的增值税专用发票罪。

综上所述，虚开发票罪中的发票不应包含伪造的发票。将虚开发票罪中的发票解释为包含伪造的发票没有实际意义，因为虚开发票罪中的发票是《刑法》第205条规定之外的发票，不具有抵扣税款的作用，并且伪造的假发票也无法实现抵扣目的和抵扣税款的结果。据此，对于虚开伪造的发票行为则可以非法出售伪造的发票罪等罪论处，若以假发票报销等行为所造成的税收安全问题可以由逃税罪予以规制。

类型化四："真票假开""假票假开""假票真开"等行为的司法认定

1. 司法实践中存在的主要分歧："真票假开""假票假开""假票真开"能否均认定为虚开发票罪？

2. 审理该类型案件的主要思路：首先，查明涉案发票真伪、数量、

---

① 值得注意的是，在让他人为自己虚开发票的行为方式中，行为人的主观故意一般可以分为积极主动地要求他人为自己虚开的直接故意和在明知的主观状态下任凭他人为自己虚开的间接故意。在直接故意的支配下，认定行为人构成虚开发票罪的教唆犯进而以该罪论处应无争议，但在间接故意的情形下，行为人是被动接受他人虚开的，由于其原本没有教唆他人虚开发票的犯罪故意，其在他人虚开发票的侵害法益这一犯罪行为中并未起到教唆、诱使虚开发票行为实行正犯的加功作用，进而也就没有通过实行正犯间接地侵害虚开发票罪所要保护的法益。故对于间接故意情形下，行为人在明知的主观状态下任凭他人为自己虚开发票的，不应认定为虚开发票罪。

数额以及来源等情况；其次，查明虚开行为是否具有真实交易；再次，查明犯罪嫌疑人是否明知真实交易的情况；复次，查明虚开行为的方式，即行为属于为他人虚开、为自己虚开，还是让他人为自己虚开或者介绍他人虚开；最后，查明是否使用涉案发票抵税。

审理该类型案件需要查明如下证据：（1）涉案发票真伪、数量和数额；（2）涉案公司基本情况，业务开展情况；（3）税务机关出具的相关证明；（4）虚开手段、犯罪嫌疑人供述、证人证言等。

在认定事实时还需要考虑："真票假开"即涉案发票开具的内容不实，以达到其逃避税收等非法目的的行为，可以往虚开发票罪方向考虑；"假票假开"即涉案发票不是真实的，不构成虚开发票罪，但可以考虑逃税罪或者诈骗罪等；"假票真开"即涉案发票开具内容是已发生业务的真实记录，由于都是真实记录，所以"虚开"行为本身便不应以虚开发票罪论处。若行为人或者代开人将从别处以购买等途径获取的假发票当成真发票而真开的，其主观上没有虚开的故意就更加不能认定为虚开发票罪。

3. 审理该类型案件的裁判规则：

第一，所谓"真票假开"① 行为主要指发票本身是真实的，但是发票所开具的内容不真实，比如挂靠行政、事业单位的企业，利用经济利益的关联，通过其所挂靠的行政事业单位，获取从财政部门取得合法行政事业费收据收取款项，进而逃避纳税义务，其发票本身并无造假，但发票开具的内容不实，通过票据变通达到其逃避税收等非法目的。此种情形就应当认定为虚开发票罪。

第二，所谓"假票假开"行为指的是无论发票本身还是所开具的内容都是虚假的，通常情况表现为行为人使用假发票，捏造业务开支，开

① 以下关于"真票假开"、"假票假开"以及"假票真开"部分的概念，参见简琨益：《虚开发票罪中"假票真开"行为的规范诠释》，载《科学经济社会》2015年第4期。

列虚假内容，以蒙混过关，便于报销不当开支的行为。此种情形下的发票不是真实的，因此不构成虚开发票罪，但可以考虑认定逃税罪或者诈骗罪等。

第三，所谓“假票真开”指的是发票本身是假的，但是发票开具内容是已发生业务的真实记录，纳税人以开具假发票的方法来逃避国家税收监控，偷逃税收。《发票管理办法》第21条规定：“开具发票应当按照规定的时限、顺序、栏目，全部联次一次性如实开具，开具纸质发票应当加盖发票专用章。任何单位和个人不得有下列虚开发票行为：（一）为他人、为自己开具与实际经营业务情况不符的发票；（二）让他人为自己开具与实际经营业务情况不符的发票；（三）介绍他人开具与实际经营业务情况不符的发票。”因此，从该条文来看，虚开发票的“虚开”必须是与实际经营业务不符的情况。言外之意，《发票管理办法》作为一部加强发票管理和财务监督，保障国家税收收入，维护经济秩序的行政法规，也是主管机关对发票违法行为进行行政处罚的主要依据，其没有将“假票真开”行为纳入虚开发票的行为当中，表明“假票真开”行为不属于虚开发票行为。更为重要的是，若一个行为都不构成行政法意义上的违法行为，刑法如何能认定其为犯罪行为？这不仅违反了法秩序的统一性原理，也违背了一般民众的预测可能性。因此，对于“假票真开”行为，发票开具内容是已发生业务的真实记录，无论是自己“假票真开”还是让代开者“假票真开”，由于都是真实记录，所以“虚开”行为本身便不应以虚开发票罪论处。但若行为构成逃税罪或者非法制造、出售非法制造的发票罪以及持有伪造发票罪的另当别论。若行为人或者代开人将从别处以购买等途径获取的假发票当成是真发票而真开的，其主观上没有虚开的故意就更加不能认定为虚开发票罪。

类型化五：在空白发票上填写金额行为的司法认定

1. 司法实践中存在的主要分歧：虚开发票罪与非法出售发票罪、出售非法制造的发票罪之间的界限与竞合如何认定？

2. 审理该类型案件的主要思路：首先，查明涉案发票的真伪、数量、数额以及来源等情况；其次，查明虚开行为是否具有真实交易；再次，查明犯罪嫌疑人是否明知真实交易的情况；复次，查明虚开行为的方式，即行为属于为他人虚开、为自己虚开，还是让他人为自己虚开或者介绍他人虚开；最后，查明在涉案发票上的行为手段。

审理该类型案件需要查明如下证据：（1）涉案发票的真伪、数量和数额；（2）涉案公司基本情况、业务开展情况；（3）税务机关出具的相关证明；（4）虚开手段、犯罪嫌疑人供述、证人证言等。

在认定事实时还需要考虑：在空白发票上填写金额并据此获取返点的方式应构成虚开发票罪。在空白发票上填写的金额与已发生真实业务的金额相一致，应以非法出售发票罪论处。

3. 审理该类型案件的裁判规则：在空白发票上填写金额并据此获取返点的方式应构成虚开发票罪。在空白发票上填写的金额与已发生真实业务的金额相一致，应以非法出售发票罪论处。具体如下：

第一，虚开发票罪仅与非法出售发票罪之间存在竞合。虚开发票罪中的发票只能是真实的发票，故虚开发票罪便只可能与非法出售发票罪之间存在竞合，同时排除了其与出售非法制造的发票罪之间的竞合关系。在此基础上，有观点认为虚开发票罪与非法出售发票罪之间，前者的客观行为强调的是虚开而并非虚开后的谋利行为，后者的核心行为是出售，这在一定程度上体现出二者的区别，[①] 但该观点在实质上并不能有效界分两罪。根据2022年《最高人民检察院、公安部关于公安机关管辖的刑事案件立案追诉标准的规定（二）》的规定，虚开发票罪和非法出售发票罪在发票的数量和票面金额的立案追诉标准方面是基本相同的：一是发

---

① 参见杨圣坤、王珏：《虚开发票罪与非法出售发票罪的甄别》，载《人民司法》2013年第12期。

票份数加票面金额累计型，即虚开发票以及非法出售发票 100 份以上且票面累计在 30 万元以上的；二是纯票面金额累计型，即虚开发票（非法出售发票）金额累计在 50 万元以上的。从该立案追诉标准的变化来看，根据 2010 年《最高人民检察院、公安部关于公安机关管辖的刑事案件立案追诉标准的规定（二）》以及 2011 年《最高人民检察院、公安部关于公安机关管辖的刑事案件立案追诉标准的规定（二）的补充规定》，两者的追诉标准均是虚开或者非法出售的份数 100 份或者票面金额 40 万元以上，但这事实上并非两个不同的标准。从实践来看，虚开的发票是以一张或者一份的形式存在，且每一张或者每一份上均有虚开的具体金额，当有的虚开金额较小而累计不足 40 万元时，若满足虚开的份数达到 100 份的便可以追诉；反之亦然。结合虚开发票不外乎是为了逃税或者抵扣相关税费等目的，行为人无论是为自己虚开、为他人虚开还是在共犯场合下让他人为自己虚开、介绍他人虚开，均有虚开的具体数额要求，而不可能是不在乎虚开的数额而仅仅只要求虚开的份数即可。也就是说，虚开发票罪中构成要件行为的虚开行为便具体体现为在从税务机关申领的真实发票上填写需要的金额，也唯有如此解释才能将“虚开”行为投射到“填写”行为上。所以，2022 年《最高人民检察院、公安部关于公安机关管辖的刑事案件立案追诉标准的规定（二）》便因此排除纯粹的份数标准而调整以“且票面金额”的方式。

同时，对于非法出售发票罪的行为方式，从逻辑上而言不外乎两种，一种是直接将定额发票或者已经开具好金额的发票出售获利，另一种是在空白的发票上填写好金额后出售获利。因此，非法出售发票行为中的收费方式便存在两种，一种是以发票的张数为单位；另一种则是根据发票的票面金额大小以返点的方式收取佣金，一般票面金额越大，抽取的点数就越小。[①]

由上可见，纯粹以发票的份数进行出售的方式不可能与虚开发票罪之间产生竞合关系；同时将已经开具好金额的发票出售的也因为不具有“虚开”的行为（“虚开”行为已经完成）而不会和虚开发票罪之间产生竞合关系。进而，能够与虚开发票罪产生竞合关系的便仅是在空白发票上填写金额后出售获利的这种方式。正是基于此种情形，有观点认为虚开发票罪的牟利方式包含了通过交易赚取佣金的方式，这说明在行为人为他人虚开票面内容并提供发票以此赚取佣金时，两罪存在竞合，[②] 即出售发票方可能会应购买方的要求，填写发票金额、业务内容等事项，使得“出售”行为与“虚开”行为发生重合。[③]

第二，竞合的处理。那么接下来的问题是，发生此种竞合之后该如何处理呢？该行为属于想象竞合还是法条竞合？还是认为行为人如果虚开真发票并出售，构成虚开发票罪与非法出售发票罪的牵连，虚开发票是手段行为，出售真发票是目的行为，应以牵连犯从一重罪处罚呢？[④] 前述分析可知，非法出售发票罪逻辑上包含直接将定额发票或者已经开具好金额的发票出售获利以及在空白的发票上填写好金额后出售获利两种行为方式；同时，若行为人仅出于帮忙性质为他人虚开发票的依然可以构成虚开发票罪但因无获利目的及无非法出售故意而不构成非法出售发票罪。故在空白的发票上填写好金额后出售获利的行为即构成非法出售

---

① 参见李晓娟：《非法出售发票罪与虚开发票罪的界限》，载《中国检察官》2012 年第 18 期。

② 参见杨圣坤、王珏：《虚开发票罪与非法出售发票罪的甄别》，载《人民司法·案例》2013 年第 12 期。

③ 参见陈天敏、周少华、张森等：《虚开普通发票行为如何适用法律》，载《人民检察》2013 年第 6 期。

④ 参见刘焱：《虚开发票罪若干问题探析》，载《长江大学学报（社会科学版）》2014 年第 9 期。

发票罪，也构成虚开发票罪，进而两罪属于交互竞合型的法条竞合关系。① 根据交互竞合型的法条竞合的适用原则，即重法优于轻法。② 根据虚开发票罪和非法出售发票罪的条文规定，③ 两罪的自由刑相同，但非法出售发票罪包含单处罚金以及属于限度罚金刑，而虚开发票罪的罚金刑均为并处。因此，相比较而言虚开发票罪的法定刑应重于非法出售发票罪的法定刑，故应以虚开发票罪论处。④

综上分析，尽管在应然层面，非法出售发票罪的行为方式可以包含在空白的发票上填写金额的虚开方式，但在实然层面，可以认为非法出售发票罪的行为方式只有根据发票的份数或者已经开具好金额的发票以抽取返点的方式出售获利这种方式，而将在空白发票上填写金额并据此获取返点的方式从非法出售发票罪的逻辑行为方式中剥离出来，交由虚开发票罪进行规制。但应排除一种例外情形，即在空白发票上填写的金额与已发生真实业务的金额相一致，就如同前文所述的"假票真开"情形一样，既然"假票真开"情形下，在伪造的假发票上虚开却是真实业务的记录都不构成虚开发票罪，则在真实的空白发票上对真实发生的业务数量进行"虚开"便当然也不能以虚开发票罪论处。进而，由于此种

① 既然属于法条竞合，便不存在想象竞合的余地；同时，由于牵连犯属于处断的一罪，或称裁判的一罪。牵连犯是指数个行为原本构成数罪，但由于数行为之间存在某些特殊关系而按一罪处理的情况。参见刘宪权主编：《刑法学》，上海人民出版社 2016 年版，第 254 页。即尽管"成立"数罪，但只按照一个罪来"科刑"。参见黎宏：《刑法学总论》，法律出版社 2016 年版，第 323 页。所以也不成立牵连犯。

② 参见陈兴良：《教义刑法学》（第 3 版），中国人民大学出版社 2017 年版，第 733 页。

③ 根据《刑法》第 205 条之一、第 209 条规定，虚开发票情节严重的，处 2 年以下有期徒刑、拘役或者管制，并处罚金；情节特别严重的，处 2 年以上 7 年以下有期徒刑，并处罚金。非法出售发票的处 2 年以下有期徒刑、拘役或者管制，并处或者单处 1 万元以上 5 万元以下罚金；情节严重的，处 2 年以上 7 年以下有期徒刑，并处 5 万元以上 50 万元以下罚金。

④ 司法实践中有观点认为，虚开增值税专用发票并收取手续费的，因为有专门的虚开增值税专用发票予以规范，不必以非法出售增值税专用发票罪论处。参见《虚开用于结算货款的普通发票并收取手续费的行为如何处理》，载《刑事审判参考》2007 年第 2 集（总第 55 集），法律出版社 2007 年版，第 92 页。由于 2007 年时，虚开发票罪并未增设，故该案例中以非法出售发票罪论处。而上述观点是否也可以说明，当 2011 年《刑法修正案（八）》增设了虚开发票罪后，当虚开发票并收取手续费的，因为有专门的虚开发票罪予以规范，则不必以非法出售发票罪论处。

情形下的发票不是真实业务交易方提供的，而是由他人以出售获利的方式提供的，故应以非法出售发票罪论处。

类型化六：行为人在出售发票时，主观上对发票真假的认识错误的司法认定

1. 司法实践中存在的主要分歧：出售非法制造的发票罪与非法出售发票罪之间的界限与竞合如何认定?

2. 审理该类型案件的主要思路：首先，查明涉案发票真伪，涉案发票数量、数额以及来源等情况；其次，查明犯罪嫌疑人对涉案发票真伪的认知情况；最后，查明涉案发票交易行为是否结束。

审理该类型案件需要查明如下证据：（1）涉案发票真伪、数量和数额；（2）涉案发票的交易方式；（3）犯罪嫌疑人供述、证人证言等。

在认定事实时还需要考虑：行为人主观上对出售发票的真假认识错误不影响出售发票犯罪的认定，误以为真发票而出售的应以出售非法制造的发票罪既遂论处，既出售真发票又出售假发票的应数罪并罚。

3. 审理该类型案件的裁判规则：行为人在出售发票时，主观上对发票真假的认识错误不影响出售发票犯罪的认定，误以为真发票而出售的应以出售非法制造的发票罪既遂论处，既出售真发票又出售假发票的应数罪并罚。具体如下：

第一，行为人在出售发票时，主观上对发票真假的认识错误不影响出售发票犯罪的认定。《刑法》第209条第2款和第4款分别规定了出售非法制造的发票罪和非法出售发票罪，前者出售的系伪造的发票，后者出售的系真实的发票。据此，无论行为人出售的是真发票还是假发票均涉嫌犯罪。众所周知，认定犯罪需要主客观相统一，主客观构成要件需要对应一致，即主观故意要符合客观事实。刑法所称的对应一致关系是规范评价，从来都不（也不可能）要求其像钟表齿轮般的精确嵌合，而

是概略、大致的对应。一言以蔽之，只要行为人主观上能够认识到所有且唯有的客观构成要件要素即可。[①] 尽管《刑法》第209条规定了两款出售发票犯罪，且两罪的法定刑相同，则对于“出售”发票行为而言，只要行为人主观上认识到其出售的是发票，其主观上的故意便和客观事实对应一致，便构成出售发票犯罪。但由于《刑法》第209条以发票的真伪之分将出售发票犯罪分别规制在两个罪名之中，进而发票的真伪便只是作为两个出售发票犯罪更为具体的事实要素，行为人在出售发票时，主观上对发票真假的认识错误便不会影响到出售发票犯罪的认定。[②]

第二，误以为真发票而出售的应以出售非法制造的发票罪既遂论处。若行为人以为是真发票但事实上是假发票而出售的，只要其认识到所出售的是发票即可。即便其认为当时不知道发票是假的，但不可否认的是其客观行为在本质上是一种出售发票的行为，且在主观上也认识到自己出售的是发票。故退一步而言，即使行为人主观上以为其出售的是真发票，但毕竟其客观上出售的是假发票，因此在其主观故意为择一的故意下，[③] 主观故意是能够和客观事实相对应的，其行为应当以非法出售发票罪未遂和出售非法制造的发票罪既遂，想象竞合从一重论处。由于两罪的法定刑相同，故亦以出售非法制造的发票罪既遂论处并无不当。

第三，既出售真发票又出售假发票的应数罪并罚。若在客观查获的发票中，行为人所出售的发票中既有真发票又有假发票的，则区分两种情形处理：一种情形是有时出售的是真发票，有时出售的是假发票，则直接以非法出售发票罪和出售非法制造的发票罪数罪并罚即可；另一种

---

① 参见林钰雄：《新刑法总则》，中国人民大学出版社2009年版，第152页。

② 如果一旦刑法规定故意杀男人罪和故意杀女人罪且法定刑相同时，行为人想杀男人，却杀了女人，并不影响其构成故意杀人罪，只是罪名不同而已。在这个意义上，可以认为想杀男人结果杀了女人只是构成要件等价的客体错误，在刑法评价上便不会影响故意犯罪的成立。

③ 刑法理论中，择一的故意是指行为人对行为的结果发生的认识是确定的，但对于数个目的物中的哪一个可能造成一定的结果无确定的认识，但确信必有其一发生结果的故意。即非此即彼，二者必居其一。参见林亚刚：《刑法教义学》，北京大学出版社2014年版，第228页。

是当行为人在某次出售的发票中既有真发票又有假发票的，此时其主观上在概括的故意[①]支配下，所出售的发票真假均为超过其主观认识，且客观上也有真假相随的发票与之主观对应，则依然以非法出售发票罪和出售非法制造的发票罪论处，数罪并罚。但问题在于，若行为人以概括的故意出售真假发票的，案发后真假发票分开统计均未达到追诉标准，或者真假发票未达到法定刑升格的数量，但两者累计后达到追诉标准或者可以法定刑升格的，如何处理？对此，可以根据出售的发票真假情况，若真的多假的少，以非法出售发票罪论处，数额累计，反之则以出售非法制造的发票罪论处，数额累计；若两者发票份数相同，以票面金额多的定性，[②] 反之则以发票份数多的定性。但是，在上述情形下若假发票中有行为人自己伪造、擅自制造的部分，即便数量偏少，也一律以非法制造、出售非法制造的发票罪论处，数额累计计算。

类型化七：用于逃税、贪污等犯罪行为的司法认定

明知他人使用发票用于逃税、贪污、职务侵占等犯罪行为，或者与之共谋而虚开发票、非法出售发票、出售非法制造的发票行为的司法认定。

1. 司法实践中存在的主要分歧：虚开发票罪与逃税罪等罪名之间的界限与竞合如何认定？

2. 审理该类型案件的主要思路：首先，查明涉案发票真伪，数量、数额以及来源等情况；其次，查明虚开行为是否具有真实交易；再次，查明犯罪嫌疑人是否明知真实交易的情况；复次，查明虚开行为的方式，以及涉案发票的用途；最后，查明涉案发票是否抵扣税款。

① 此种情形下，行为人的主观故意应当是，真发票也卖，假发票也卖，真假均可卖。故不属于择一的故意，而是概括的故意。

② 可能有人会认为，若两者份数和票面金额均相同，该如何定性？笔者认为此种情形在理论上可能会存在，但在实践中根本就不可能会发生。

审理该类型案件需要查明如下证据：（1）涉案发票真伪，数量和数额；（2）涉案公司基本情况、业务开展情况；（3）税务机关出具的相关证明；（4）涉案发票用途、犯罪嫌疑人供述、证人证言等。

在认定事实时还需要考虑：明知他人使用发票用于逃税、贪污、职务侵占等犯罪行为，或者与之共谋而虚开发票、非法出售发票、出售非法制造的发票的，应分别根据想象竞合从一重和数罪并罚进行处断。

3. 审理该类型案件的裁判规则：明知他人使用发票用于逃税、贪污、职务侵占等犯罪行为，或者与之共谋而虚开发票、非法出售发票、出售非法制造的发票的，应分别根据想象竞合从一重和数罪并罚进行处断。具体如下：

根据《刑法》规定，逃税罪的法定刑比虚开发票罪重，对于采取虚开发票的方式逃税的，若以想象竞合或者牵连犯从一重论处，一般均以逃税罪论处。同时，根据《刑法》第201条第4款关于逃税罪的规定，有第1款逃税行为，经税务机关下达追缴通知后，补缴应纳税款，缴纳滞纳金，已受行政处罚的，不予追究刑事责任。这便导致，同样是虚开行为，若以逃税为目的的虚开反而比单纯虚开的最终处罚可能要轻，进而出现刑罚的不均衡与明显的不公平。

刑法理论认为，中立帮助行为有其特殊性。所谓中立帮助行为是从外表上看通常属于无害的、与犯罪无关的、不追求非法目的行为，客观上却又对他人的犯罪行为起到了促进作用的情形。这些行为在法律层面上没有对其作出评价，但在客观上对他人的法益造成侵害或者是增加了法益被侵害的危险。应以帮助犯论处。[①] 对于发票的管理和适用，包括《发票管理办法》等法律法规严格禁止虚开、擅自出售以及非法制造发票。因此，当行为人明知他人使用发票用于逃税、贪污、职务侵占等犯

① 参见wenmi. com/article/p2r32904cu9b. html。

罪行为而为他人虚开发票（以及构成共犯情形下的介绍他人虚开发票）的，应构成逃税、贪污或者职务侵占等犯罪的帮助犯，应以虚开发票罪与逃税罪、贪污罪或者职务侵占罪的帮助犯想象竞合从一重论处；当行为人与他人共谋后，为他人虚开发票（以及构成共犯情形下的介绍他人虚开发票）用于逃税、贪污、职务侵占等犯罪行为的，应以虚开发票罪与逃税罪、贪污罪或者职务侵占罪数罪并罚；当行为人为自己虚开发票用于逃税、贪污或者职务侵占等犯罪行为的，亦应以虚开发票罪与逃税罪、贪污罪或者职务侵占罪数罪并罚；明知他人使用发票用于逃税、贪污、职务侵占等犯罪行为，或者与之共谋而非法出售发票、出售非法制造的发票的，同虚开发票罪相应的处断规则。

第三节　本罪涉及的主要法律法规、司法解释及案例索引

一、法律法规、司法解释及相关规范性文件索引

1.《中华人民共和国刑法》第二百零五条之一

2.《全国人民代表大会常务委员会关于惩治虚开、伪造和非法出售增值税专用发票犯罪的决定》（1995 年 10 月 30 日公布并施行）

3.《最高人民检察院、公安部关于公安机关管辖的刑事案件立案追诉标准的规定（二）》（公通字〔2022〕12 号，2022 年 5 月 15 日施行）

4.《最高人民检察院关于充分发挥检察职能服务保障“六稳”“六保”的意见》（高检发〔2020〕10 号，2020 年 7 月 22 日施行）

5.《中华人民共和国发票管理办法》（2023 年修订）

6.《最高人民法院、最高人民检察院关于办理危害税收征管刑事案

件适用法律若干问题的解释》（法释〔2024〕4 号，2024 年 3 月 20 日施行）

二、案例索引

1. 上海市徐汇区人民法院（2020）沪 0104 刑初 1279 号刑事判决书
2. 山东省烟台市莱州市人民法院（2018）鲁 0683 刑初 699 号刑事判决书
3. 内蒙古自治区包头市青山区人民法院（2018）内 0204 刑初 2 号刑事判决
4. 河北省邢台市广宗县人民法院（2018）冀 0531 刑初 12 号刑事判决
5. 河北省邢台市广宗县人民法院（2017）冀 0531 刑初 20 号刑事判决书
6. 上海市静安区人民法院（2017）沪 0106 刑初 1135 号刑事判决书
7. 上海市虹口区人民法院（2017）沪 0109 刑初 525 号刑事判决书

第十章

聚众斗殴罪类型化审判

第一节　聚众斗殴罪的立法嬗变及相关问题

一、聚众斗殴罪的立法嬗变

聚众斗殴罪，是指为了报复他人、争霸一方或者其他不正当目的，纠集众人成帮结伙地互相进行殴斗，破坏公共秩序的行为。

从聚众斗殴罪的立法演变过程来看，本罪在1979年《刑法》中属于第160条规定的流氓罪的一种表现形式。1997年《刑法》修订时，将其独立规定为本罪。1979年《刑法》第160条规定：聚众斗殴，寻衅滋事，侮辱妇女或者进行其他流氓活动，破坏公共秩序，情节恶劣的，处7年以下有期徒刑、拘役或者管制。流氓集团的首要分子，处7年以上有期徒刑。1997年修订《刑法》时，明确了罪刑法定原则，为将犯罪行为具体化，以加强可操作性，因此，将流氓罪的规定分解为一些具体的罪名进行规定，如《刑法》第237条规定了侮辱、猥亵妇女的犯罪，第292条规定了聚众斗殴的犯罪，第293条寻衅滋事的犯罪，第301条聚众淫乱的犯罪等，并对各种犯罪的罪状作了明确规定，流氓罪的罪名不再适用。

聚众斗殴是三人以上聚集在一起进行斗殴的行为。这种行为由于涉及人数多、规模大，对社会秩序的危害较大，因此被刑法规定为独立的犯罪。根据《刑法》第 292 条的规定，聚众斗殴的首要分子和其他积极参加者，可以处以三年以下有期徒刑、拘役或者管制。如果存在多次聚众斗殴，人数多、规模大、社会影响恶劣，在公共场所或交通要道聚众斗殴造成社会秩序严重混乱，持械聚众斗殴等情形之一，可以处以三年以上十年以下有期徒刑。如果聚众斗殴导致他人重伤或死亡，将依照《刑法》第 234 条（故意伤害罪）或第 232 条（故意杀人罪）的规定定罪处罚。

在司法实践中，对于聚众斗殴罪的认定存在一定的争议，特别是在斗殴过程中出现重伤或死亡结果时的案件定性问题。理论界和实务界对此尚未达成统一认识，实践中仍存在同案不同判的现象，一定程度上造成了司法上的混乱。此外，检察机关在办理群体性事件引发的犯罪案件时，会从促进社会矛盾化解的角度出发，深入了解案件背后的复杂因素，依法慎重处理，积极参与调处矛盾纠纷，以促进社会和谐，实现法律效果与社会效果的统一。总的来说，聚众斗殴罪的立法嬗变反映了立法者对于维护社会秩序和公共安全的重视，同时也体现了对于此类犯罪行为从严惩处的态度。在实际处理中，司法机关会根据案件的具体情况和背景，综合考虑法律规定和社会效果，做出公正合理的判决。

二、审理聚众斗殴罪的总体思路

1. 聚众斗殴的犯罪形态：刑法学界对聚众斗殴罪的着手、既遂问题争议较大。我们认为，聚众斗殴罪是行为犯。准备工具、制造条件、试图聚合均为犯罪预备阶段，统一集合或者赶赴斗殴地点为犯罪的着手，发生斗殴是聚众斗殴罪的既遂。

2. “斗殴”行为的认定：在认定本罪中的“斗殴”行为时，应注意以下问题：（1）斗殴双方均是非法以暴力攻击对方的身体，不存在一方非法，另一方合法（如正当防卫中的反击）的情况；（2）斗殴中的暴力具有损害人身健康或剥夺生命的性质。

3. 法律来源与演变：聚众斗殴罪是由1979年《刑法》中的“流氓罪”衍生而来，现行刑法对于聚众斗殴罪的规定在《刑法》第292条。

4. 加重处罚情节：现行《刑法》规定了四种加重处罚情节：（1）多次聚众斗殴；（2）聚众斗殴人数多、规模大、社会影响恶劣的；（3）在公共场所或交通要道聚众斗殴，造成社会秩序严重混乱的；（4）持械聚众斗殴的。

5. 造成重伤或死亡的后果：如果有人造成他人重伤或者死亡后果的，除加害人外首要分子也要对此严重后果一并承担故意伤害罪或故意杀人罪的罪责，其他积极参加聚众斗殴的人则应依法承担聚众斗殴罪的刑事责任。如果聚众斗殴中致人重伤、死亡，但无法查清直接加害人，但能够查清共同加害人，那么这些共同加害人也应承担相应的法律责任。

6. 司法实践中的问题：聚众斗殴在司法实践中所占案件比例较高，而且自1997年《刑法》确定其罪名以来，各地法院对罪与非罪、犯罪主体、犯罪形态转化中的主体等问题一直存在认定不一的现象，理论界也是争议不断。

综上所述，审理聚众斗殴罪时，应综合考虑各种因素，确保公正、公平地对待每一个案件。

三、聚众斗殴罪构成要件解读

本罪的主体为一般主体，即凡已满16周岁且具有刑事责任能力的自然人均可成为本罪主体。但根据《刑法》第292条第1款的规定，立法者把一般参与聚众斗殴的人排除在本罪的主体之外，只有聚众斗殴的首要分子和其他积极参加斗殴的人员才能成为本罪主体。[①] 本罪的主观方面为故意。至于行为人的犯罪目的与动机如何，不影响本罪成立。本罪侵犯的客体是社会公共秩序。“社会公共秩序”，是指通过法律法规、道德规范、风俗习惯来建立和维持的社会生活有条不紊的状态。[②] 公共秩序既包括公共场所秩序，也包括非公共场所秩序。在非公共场所结伙殴斗，也可能成立本罪。聚众斗殴行为往往会侵犯到公民的人身权利和财产权利，但这并非其本质特征。行为人通过聚众斗殴的行为方式，公然藐视法律法规和社会公德，破坏公共秩序，才是聚众斗殴罪的本质特征。

本罪在客观方面表现为行为人实施了聚众斗殴的行为。聚众斗殴罪的构成要件，在客观方面要求具备“斗殴”和“聚众”两个要素。

斗殴行为即攻击对方身体的行为，斗殴行为的成立要求具有以下要素。其一，对向性。对向性只要求存在双方或多方关系，不要求双方或多方都必须实施殴打对方的行为。例如，A 纠集 B、C 对 D 进行殴打，D 没有实施对打的行为，也没有对打的意思。在这种情况下，D 不成立聚众斗殴罪，但 A、B、C 实施了斗殴行为，可以构成聚众斗殴罪，若造成 D 轻伤以上的，则应按想象竞合犯来处理。其二，对身体的暴力攻击。殴打通常指暂时造成他人皮肉之伤的人身攻击。殴打要求对人身的暴力达到一定程度，同时，殴打的暴力程度不能超过一定限度，不能形成对肢体、器官功能的损害。

聚众斗殴罪是典型的聚众犯罪，是必要的共犯。聚众斗殴只是单行为犯，不是复行为犯，聚众只是斗殴的形式，而非实行行为。为了斗殴而聚众，因其他原因聚众之后斗殴，临时起意而群起斗殴，只要实施斗殴行为时的状态是群体形式，都可以构成聚众斗殴罪。聚众斗殴中的“众”只是对一方的要求，即只要一方达到三人或三人以上。“众”是指

---

① 参见高铭暄、马克昌主编：《刑法学》，北京大学出版社 2022 年版，第 549 页。

② 参见高铭暄、马克昌主编：《刑法学》，北京大学出版社 2022 年版，第 549 页。

斗殴的实行者，不包括仅进行组织而不参与实行的单纯组织者，也不包括仅进行帮助而不参与实行的单纯帮助者。聚众斗殴罪的成立，并不需要参与斗殴的“众”都达到刑事责任年龄、具有刑事责任能力，也不需要达到刑事责任年龄、具有刑事责任能力的斗殴实行者的人数达到三人以上。行为人实施了聚众的行为，在没有斗殴行为之前被迫停顿，是聚众斗殴罪的预备。

聚众斗殴罪只处罚首要分子和积极参加者。聚众斗殴犯罪中的首要分子是指起组织、策划、指挥作用的人。“组织”，是指将分散的人员纠集成为群体。“策划”，是指为实现特定目标而制定计划方案、进行部署安排。[1]“指挥”，是指对聚众斗殴的参与者进行指使、命令、调度，对斗殴的形式、手段、打击对象、部位和程度进行指令。积极参加者指实行斗殴行为的主要实行者，而不包括次要的实行者、一般的帮助者。首要分子一般是主犯，但不一定都是主犯。在聚众斗殴中存在多个首要分子，有的首要分子只起到次要作用，对整体案件的发生作用不大，可以认定为从犯。聚众斗殴中有可能没有首要分子，而只有积极参加者。积极参加者也可认定为主犯。

第二节　聚众斗殴罪类型化裁判

类型化一：行为人临时起意参与斗殴的司法认定

1. 司法实践中存在的主要分歧：双方事先约架，并分别纠集三人以上至约定地点斗殴是典型的聚众斗殴，但在司法实践中亦存在多种非典型的斗殴情形，是否均认定为聚众斗殴尚无定论。第一种意见认为，双

① 参见祝丽波：《聚众斗殴罪的司法认定》，载《武汉公安干部学院学报》2014年第3期。

方因一时言语不和而临时起意斗殴，没有事先纠集人员的行为，不构成聚众斗殴。第二种意见认为，只要聚众斗殴的双方人数各达三人或三人以上，即便是临时起意斗殴，也构成聚众斗殴罪。

2. 审理该类型案件的主要思路：首先，查明行为人的主观心态。双方行为人何时产生的斗殴故意，双方行为人之前是否相识，是因为双方之前有纠纷，为了发泄怒气、争霸一方、争夺等目的而纠集多人殴打对方还是无事生非、随意殴打他人的目的。行为人从原本没有斗殴故意和行为到产生积极“应战”的主观心态的转变过程。其次，查明行为人的客观行为。查明聚众斗殴行为实施的时间、地点、起因、纠集者身份、参与人数多少、斗殴过程、犯罪工具、伤亡后果、因果关系及其他相关事实。对临时参与斗殴者，注意区分聚众斗殴与正当防卫的界限。

审理该类型案件需要查明如下证据：（1）斗殴双方伤情的照片、医院诊断证明书及住院病历资料、伤情鉴定意见等；（2）斗殴发生经过、案件现场和有关犯罪工具的来源、持有人等情况；（3）能够证明案发经过的视频监控资料、执法记录仪记录的内容以及现场当事人、证人用手机相机等设备拍摄的能反映案件情况的视听资料；（4）行为人的通话记录、微信聊天记录等书证，证明斗殴的动机、犯意和联络的过程；（5）参加斗殴的双方人员的证言，旁观群众的证言，犯罪嫌疑人的供述和辩解。

在认定事实时还需要考虑：何时，行为人因何种原因（临时起意还是早有预谋）积极参与斗殴；在何地，通过何种手段纠集众人成帮结伙地互相进行殴斗，公然藐视法律法规和社会公德，破坏公共秩序。

3. 该类型案件的裁判规则：审理聚众斗殴案件应当坚持主客观相一致的原则并遵循共同犯罪的基本原理。“聚众”的方式，既包括事先纠集行为，也包括临时纠集行为；既包括在首要分子策划下明示的纠集行为，也包括首要分子对他人纠集不予阻止的默示行为。“三人或三人以上”，既包括首要分子、积极参加者，也包括一般参加者。[①] 理由如下：

第一，聚众斗殴不以事先纠集为必要条件。聚众斗殴既可以是事先纠集的多人约斗，也可以是临时起意的多人互殴。从法益侵害来看，聚众斗殴是破坏公共秩序的行为，人数较多的斗殴行为才具备破坏公共秩序的危害性，故聚众是斗殴的方式，而不是与斗殴相并列的构成要件行为；从司法实践来看，没有事先纠集人员的当场互斗型聚众斗殴较为常见，若以事先纠集人员作为聚众斗殴罪的构成要件，则会导致该类斗殴行为无法以聚众斗殴罪定罪处罚。

第二，聚众斗殴以单方纠集人员三人以上为要件。聚众斗殴犯罪中"聚众"的人数要求是纠集本方人员达到三人或三人以上（包括亲临现场的纠集者本人），对方人数未达到三人的不构成聚众斗殴罪。从主观方面看，成立聚众斗殴罪需要行为人有相应的犯罪故意，在斗殴人员少于三人的情况下，无论是纠集人员还是参与人员均无聚众故意；从客观方面看，斗殴人员少于三人的一方，因人数较少，难以认定具有严重破坏社会公共秩序的危害性。

第三，聚众斗殴双方不同人数情形下的定罪分析。根据司法实践情况，在没有发生人员重伤或死亡结果的情况下，可分为以下三种情形。（1）双方均有三人或超过三人的，双方均构成聚众斗殴罪。（2）一方的人数有三人或超过三人的，而另一方的人数未达到三人，则有三人或超过三人的一方构成聚众斗殴罪，另一方不构成。（3）斗殴双方的人数均未达到三人或三人以上，则双方均不构成聚众斗殴罪；若系无事生非或借故生非的，则考虑是否构成寻衅滋事罪；若事出有因且均未受伤，一般不作犯罪处理。

① 参见《江苏省高级人民法院、江苏省人民检察院、江苏省公安厅关于办理聚众斗殴案件适用法律若干问题的意见》第1条第3款规定："聚众"是指为实施斗殴而聚集三人以上的行为。聚众方式既包括有预谋的纠集行为，也包括临时的纠集行为。"三人以上"既包括首要分子、积极参加者，也包括其他一般参加者。

类型化二：聚众斗殴中驾车撞击对方的司法认定

1. 司法实践中存在的主要分歧：关于“持械聚众斗殴”的情形中“械”的含义，存在不同意见。第一种意见认为，“械”的范围应包含除治安管制刀具、枪支以外，还包括棍棒等足以致人伤亡的工具。第二种意见认为，对“械”的认定，要考虑被告人所持物品的物理性质，更要结合案情判断此物在犯罪中所起实际作用的大小。即便是普通的器物，一旦被人使用并造成他人伤害的，都可以被认为系“械”。聚众斗殴中驾车撞击对方造成伤害的行为应认定为持械聚众斗殴。

在聚众斗殴过程中持尖刀、铁棍等工具殴打他人是典型的持械聚众斗殴，但司法实践中亦有多种非典型情形。例如，使用随身携带的皮带或领带等物品殴打他人、牵着烈性犬前往斗殴现场并驱使其参与斗殴、驾驶车辆参与斗殴等是否属于持械斗殴。① 通常而言，“持械”是指手持无生命的质地坚硬的器具，烈性犬、小汽车等显然不在该文义范围，但若不认定为持械聚众斗殴，则难以实现罚当其罪，故在聚众斗殴犯罪中如何对“持械”作出合理且有限度的扩张解释尚存争议。

2. 审理该类型案件的主要思路：首先，查明行为人驾车聚众斗殴行为的类型和主观目的。结合行为人主观方面判断行为人驾车参与斗殴是属于驾车冲撞型、驾车逃离中致人死亡型还是驾车过程中行为转变型斗殴，发动的车辆具有快速移动的性能，驾驶车辆参与聚众斗殴，使犯罪行为可以瞬间发生时空上的变化，这种时空的迅速转换，会导致犯罪的危害后果、侵害法益、犯罪性质发生转变。② 其次，查明行为人驾车聚众斗殴时的客观环境和条件，即行为人驾车时的车辆运动状况、周围场景、

---

① 聚众斗殴并驾车撞击对方的行为应认定为持械聚众斗殴，帮助指认对象等帮助行为应认定为持械斗殴的共同故意行为。参见《刑事审判参考》第882号案例，李某龙、高某聚众斗殴案。

② 参见李爱君、周晓：《驾车聚众斗殴行为的类型化认定及法律适用若干问题》，载《法律适用》2020年第22期。

行为人的心理变化等。

审理该类型案件需要查明如下证据：（1）证明斗殴造成财产损害情况，驾车车辆等物品损坏照片、维修（明细）清单、价格认定结论书；（2）证明斗殴发生经过、案件现场和犯罪工具的来源、持有人等情况的证人证言、现场勘查笔录及照片；（3）证明案发经过的监控视频、执法记录仪记录，以及现场当事人、证人用手机相机等设备拍摄的视听资料；（4）证明斗殴动机、犯意和联络过程的通话记录、微信聊天记录等书证；（5）旁观群众的证言、参加斗殴人员的证言及供述、行为人的供述与辩解等言词证据。

在认定事实时还需要考虑：何时、何地，行为人驾车参与聚众斗殴。

3. 该类型案件的裁判规则：聚众斗殴并驾车撞击对方的行为应认定为持械聚众斗殴，帮助指认对象等帮助行为应认定为持械斗殴的共同故意行为。“持械聚众斗殴”是聚众斗殴犯罪的加重情节之一。聚众斗殴中，一方持械而另一方未持械的，对持械一方以持械聚众斗殴论处，对未持械一方不认定为持械聚众斗殴。① 司法实践中，可以从以下三方面对持械情节进行审查。

第一，是否基于斗殴目的持械至现场并为他人感知。从刑罚目的上来看，聚众斗殴侵害的法益主要为社会公共秩序，故作为加重情节的持械动作应当能够为社会公众所知，唯此才能够加剧社会公众心理的不安与恐惧，从而严重破坏社会公共秩序。若行为人仅随身携带器械，既未实际使用也未向对方展示，其行为与一般斗殴并无明显区别，不宜认定为持械聚众斗殴。

第二，所持器物依通常使用方式是否足以致人伤亡。刑法之所以将持械聚众斗殴作为加重处罚情节，是因为持械斗殴比徒手斗殴的危害性

① 参见李心春、栗相恩：《聚众斗殴罪中持械的认定》，载《人民司法》2015 年第 3 期。

更大，更易产生致人重伤、死亡等严重后果。因此，应根据生活经验和常情常理认定所持器物的危险性，依通常使用方式是否足以致人伤亡来判断。

司法实践中，聚众斗殴所持器物大致可以分为两类：第一类是依其通常使用方式即可攻击他人并致人伤亡的器物，如棍棒、酒瓶、砖块等；第二类是一般不用于攻击他人的日常用品，但依特殊使用方式也能够致人伤亡的，如使用皮带或领带紧勒被害人颈部，使用随手拿到的扫帚拍打他人头部等致命部位。持第二类器物聚众斗殴不应认定为持械斗殴，因为较于普通聚众斗殴，其社会危害性并未显著增加，不宜升格法定刑。需要特别注意的是，行为人持日常物品以非常规方式使用并致他人重伤或死亡的，还要判断其是否转化为故意伤害罪或故意杀人罪。

第三，持械不限于便于随身携带之物。“械”的基本含义是器物、用具，通常情况下表现为棍棒、刀具、枪支等便于携带之物。鉴于案件情形复杂多样，具体司法实践中对持械的理解不宜局限于此，而应以文义解释为基础，通过功能解释或实质解释另外补充，做出合乎情理的判断。考虑到持械聚众斗殴作为加重情节主要是由于该行为更易造成严重伤亡后果，故对持械的认定宜紧扣“以常规方式使用足以致人伤亡”这一本质特征。

类型化三：具有防卫反击性质行为的司法认定

在相互斗殴的过程中、斗殴结束或明确放弃斗殴后，一方当事人具有防卫反击性质的行为的司法认定。

1. 司法实践中存在的主要分歧：聚众斗殴是否存在正当防卫的空间，以及如何认定防卫意图仍有争议。第一种意见认为，通常情况下斗殴双方均具有斗殴的故意，可以排除防卫意图，不能主张正当防卫。第二种意见认为，实践中聚众斗殴具有多样性和复杂性。例如，一方斗殴的故意是在对方挑衅后引起的情形；又如，明知对方纠集多人要“打上门”，积极准备斗殴工具、纠集多人以逸待劳进行反击；再如，一方已经停止斗殴而另一方继续追赶殴打，继而被迫反击等。审判实践中显然不宜一概否认反击一方的防卫意图。

2. 审理该类型案件的主要思路：首先，查明聚众斗殴起始过程的时间节点。双方斗殴是因何人何事而起，谁是召集人，被召集人是怎么理解和回应的；何时开始的斗殴，现场由谁指挥，各方人员在现场都做了些什么，造成了哪些伤亡；斗殴何时结束，谁叫停的，停止斗殴后对方是否有突然袭击或继续实施侵害行为，停止斗殴一方是否有反击行为。其次，查明行为人自动放弃斗殴或主动退出斗殴现场时的客观环境和条件。面临的侵害行为是否具有紧迫性，反击行为是否具有被迫性。

审理该类型案件需要查明如下证据：（1）参加斗殴的双方人员的证言，旁观群众的证言，犯罪嫌疑人的供述和辩解；（2）斗殴发生经过、案件现场和有关犯罪工具的来源、持有人等情况；（3）能够证明案发经过的视频监控资料、执法记录仪记录的内容以及现场当事人、证人用手机相机等设备拍摄的能反映案件情况的视听资料；（4）行为人的通话记录、微信聊天记录等书证。

在认定事实时还需要考虑：何时，行为人在何地参与聚众斗殴，斗殴结束后对方以怎样的突然袭击或继续实施侵害行为，停止斗殴一方采取了怎样的反击行为，造成多大的损害后果。

3. 该类型案件的裁判规则：在聚众斗殴案件中，互殴与防卫具有外观相似性，应坚持主客观相统一原则对两者准确区分。考量因素包含起因、是否采用明显不相当的暴力进行回应、是否使用管制刀具或者其他足以致人死伤的凶器、是否纠集他人参与打斗等事实，进而认定行为人的主观方面。避免出现“后动手就是防卫行为”“打上门的还击就是防卫行为”等判断误区。具体可区分以下三种情形讨论。

第一，具有明显斗殴意图的反击行为，不能认定为防卫行为。如斗殴系因本方人员的挑衅行为引发，因挑衅行为足以表明其事先已经产生斗殴意图，故在对方人员先动手后的反击行为一般不能认定为防卫行为。例如，甲纠集人员持械前往乙的住处挑衅滋事，因乙不在家而返回，途中遇到闻讯赶来的乙等众人，乙等众人持械先动手，甲等众人后动手并积极参加斗殴。因为甲纠集人员、前往滋事的行为已充分表明其具有斗殴意图，故不能认定为防卫行为，除非有证据证明甲等众人明确放弃了斗殴意图，并有避免矛盾升级的实际行为。

第二，在预期侵害场合具有积极加害意思的反击行为，不能认定为防卫行为。如明知他人要上门斗殴，事先准备工具，待对方人员赶到并先动手后的反击行为，要根据行为人是否具有积极加害意思来判断是否为防卫行为。具体可综合行为人准备的工具、纠集人员的数量、在做好准备之后有无挑衅刺激对方、斗殴过程中的行为方式等因素判断。若准备的工具杀伤力大，纠集人员多，在做好准备后又有挑衅行为，在斗殴过程中的暴力行为毫无节制等，则应当认定为聚众斗殴行为。若仅是准备日常所用之物，没有大量纠集人员，在对方赶来之后尽量避免发生冲突等，在对方动手后的反击行为宜认定构成正当防卫。

第三，斗殴结束或明确放弃斗殴后的反击行为，一般可以认定为防卫行为。例如，一方明确表达了停止斗殴的意思并已实际停止斗殴，另一方突然袭击或继续实施侵害行为，则停止斗殴一方依法享有正当防卫的权利，其反击行为已具备正当防卫的成立要件。[①] 又如，在赤手空拳的斗殴中，一方突然使用杀伤力很强的凶器，另一方见势放弃斗殴并逃跑，而使用凶器一方紧追不舍，另一方在生命安全受到威胁时亦可进行正当防卫。

① 参见郭昌钟：《如何认定互殴停止后的伤害行为》，载《中国检察官》2010 年第 14 期。

需要特别指出的是，由双方互殴转变为一方自动放弃斗殴或主动退出斗殴现场，应该具有彻底性，并表现出明显的阶段性，而不包括互殴双方打斗中的此消彼长、强弱转换的情形变化。[①]

类型化四：聚众斗殴致人重伤、死亡的司法认定

1. 司法实践中存在的主要分歧：聚众斗殴致人重伤、死亡的，是否一律依照《刑法》第 292 条第 2 款规定的转化定罪。第一种意见认为，该款属于法律拟制，斗殴者致人重伤、死亡的，无论主观上是故意还是过失，均可认定为故意伤害罪或者故意杀人罪；第二种意见认为，该款属于注意规定，聚众斗殴致人重伤、死亡的，不能简单地以结果定罪，只有在符合故意伤害罪和故意杀人罪的构成要件时才能认定为此两罪。[②]

在聚众斗殴过程中有直接伤害、杀人行为如何定罪处理，亦存在不同意见。第一种意见认为，如果聚众斗殴中发生故意伤害、故意杀人的行为而同时触犯聚众斗殴罪和故意伤害罪或故意杀人罪的，可以从一重罪定罪处罚。第二种意见认为，在聚众斗殴过程中有直接伤害、杀人行为，无论行为人主观上是否系直接故意，都适用该款规定的转化定罪，而不应该以故意杀人罪、故意伤害罪直接定罪处罚。

2. 审理该类型案件的主要思路：首先，查明行为人的主观方面。行为人预谋斗殴的过程，犯罪的动机、目的、案件起因，行为人主观上是具有杀人的故意还是伤害的故意，是否有放任伤亡结果的发生的主观心态。其次，查明行为人斗殴时的客观环境和条件。斗殴双方是否都纠集多人，成帮结伙地打群架、火拼。双方事先是否都有一定准备，是否持械，是否造成人员伤亡和社会秩序混乱。

审理该类型案件需要查明如下证据：（1）斗殴发生经过、案件现场

① 参见郭昌钟：《如何认定互殴停止后的伤害行为》，载《中国检察官》2010 年第 14 期。

② 参见黄艳虹：《聚众斗殴罪实务研究》，苏州大学 2011 年硕士学位论文，第 11 页。

和有关犯罪工具的来源、持有人等情况；（2）行为人有无致人重伤、死亡的犯罪动机；（3）造成人身伤亡的法医鉴定，对伤害程度、部位的鉴定一定程度上反映行为人实施侵害时的主观心态；（4）能够证明案发经过的视频监控资料，执法记录仪记录的内容以及现场当事人、证人用手机相机等设备拍摄的能反映案件情况的视听资料。

在认定事实时还需要考虑：何时，行为人在何地参与聚众斗殴，采取何种方式致人重伤、死亡的后果。

3. 该类型案件的裁判规则：根据通常的立法例可以作出这样的理解，《刑法》第292条第2款应属于注意规定而非法律拟制，聚众斗殴致人重伤或者死亡的，应遵循主客观相一致的原则，依据故意伤害罪或故意杀人罪的犯罪构成来定罪。聚众斗殴中，行为人具有杀人故意的，即使仅造成被害人重伤的，也可以认定为故意杀人罪；行为人因伤害故意致被害人死亡的，应以故意伤害罪论处；行为人对被害人死亡或者伤害的结果持放任态度的，则可根据具体结果认定为故意杀人罪或者故意伤害罪。①

司法实践中，对该类型聚众斗殴犯罪要重点分析转化犯的具体认定和限制。

第一，聚众斗殴转化犯的认定。（1）该犯罪的首要分子事先有预备着手斗殴，且在斗殴进行中有致人重伤、死亡的概括性故意，这种情况下不管该首要分子是否直接实施伤害、杀人的行为，都应对可能的损害结果承担相应的刑事责任。（2）该犯罪的首要分子、积极参加者在实施斗殴犯罪中，出于共同故意伤害他人，造成重伤、死亡的损害后果发生的，均应共同承担相应的刑事责任。（3）该犯罪的多个积极参加者对斗殴造成他人重伤或者死亡的后果存在概括性认识，斗殴过程中彼此协作，

① 参见江苏省高院刑事审判第三庭《关于聚众斗殴刑事案件适用法律问题专题研讨综述》（2007年）。

共同伤害他人造成重伤、死亡的后果，即便可以确定造成重伤、死亡损害的直接责任人，积极参加者依然要与直接责任人成立共同犯罪。[①]（4）实施该犯罪过程中，参与斗殴的一方共同伤害他人，造成重伤、死亡的后果的，当无法查清直接责任人时，斗殴中所有参与加害人都要依据故意伤害罪、故意杀人罪定罪处罚。参与斗殴者虽然都要承担刑事责任，但在量刑时，要综合考量每个行为人的参与程度、主观恶性等情节，做到实质的量刑均衡。（5）实施该犯罪过程中，伤及无辜，致人轻伤的，以聚众斗殴罪论处；致无辜群众重伤、死亡的，以故意伤害罪或故意杀人罪酌情从重处罚。[②]

第二，对认定聚众斗殴转化犯的限制。（1）行为人在实施聚众斗殴犯罪过程中，其行为加害程度远远超出了共同故意的伤害范围并造成他人重伤、死亡的，该情形属于实行过限的共同犯罪，原则上，要由实行过限者依法承担故意伤害罪、故意杀人罪的刑事责任，其他参与行为人只对预谋实施的聚众斗殴罪承担刑事责任。（2）实施该犯罪过程中，当造成重伤、死亡的损害后果，假使经侦查后依然无法查清直接加害人的身份，通常可以对参与斗殴的行为人以聚众斗殴罪认定。（3）在多人参与的一对一或分散进行的聚众斗殴案件中，如果各行为人事前没有预谋分工，在斗殴过程中，各行为人始终针对各自固定的对象进行斗殴，相互之间没有协调配合的，各行为人只对自己的加害行为承担刑事责任，造成他人重伤或者死亡后果的，以故意伤害罪或者故意杀人罪认定，对其他积极参与聚众斗殴的人，以聚众斗殴罪认定。[③]

---

① 参见江苏省高院刑事审判第三庭《关于聚众斗殴刑事案件适用法律问题专题研讨综述》(2007年)。

② 参见江苏省高院刑事审判第三庭《关于聚众斗殴刑事案件适用法律问题专题研讨综述》(2007年)。

③ 参见江苏省高院刑事审判第三庭《关于聚众斗殴刑事案件适用法律问题专题研讨综述》(2007年)。

类型化五：数人参加斗殴，现场仅一人动手的司法认定

对于双方约定聚众斗殴后各纠集数人参加斗殴，现场双方仅一人动手行为的司法认定。

1. 司法实践中存在的主要分歧：对斗殴现场双方仅一人动手行为的认定存在分歧。第一种观点认为，双方约定聚众斗殴后分别纠集数人至现场参加斗殴，但实际双方仅一人实施殴打，实际动手的人均没有达到三人，故行为人不构成聚众斗殴罪。第二种观点认为，聚众只是斗殴的方式，实践中应当将双方的行为作为一个整体进行评价，而不能只看实际动手的人数，故行为人构成聚众斗殴罪。

2. 审理该类型案件的主要思路：首先，查明双方主观上是否具有明确的聚众斗殴的犯罪故意。召集人通过电话、微信、QQ、短信等召集他人参加斗殴的具体措辞、安排分工的内容，各参加者前往斗殴时特意携带工具等所做的准备有哪些。现场为何仅一人动手，双方人员是否具有明确的斗殴意愿。其次，查明客观上双方是否实施了侵犯社会公共秩序的行为。现场双方仅一人动手行为时，对社会秩序破坏的程度如何，由于并非只要纠集了众人就必然侵害法益，实践中应当结合具体案情具体分析。①

审理该类型案件需要查明如下证据：（1）斗殴双方伤情的照片、医院诊断证明书及住院病历资料、伤情鉴定意见等，证明斗殴造成的人身损伤情况；（2）斗殴发生经过、案件现场和有关犯罪工具的来源、持有人等情况；（3）能够证明案发经过的视频监控资料、执法记录仪记录的内容以及现场当事人、证人用手机相机等设备拍摄的能反映案件情况的视听资料；（4）行为人的通话记录、微信聊天记录等书证，证明斗殴的

① 参见李琦：《聚众斗殴，双方各自仅一人动手的行为该如何认定》，载《检察日报》2021 年 2 月 9 日，第 7 版。

动机、犯意和联络的过程；（5）参加斗殴的双方人员的证言，旁观群众的证言，行为人的供述和辩解。

在认定事实时还需要考虑：何时，行为人在何地因何参与聚众斗殴。

3. 该类型案件的裁判规则：对于双方约定聚众斗殴后各纠集数人参加斗殴，现场双方仅一人动手行为的，应当将双方的斗殴行为作为一个整体进行评价，综合认定，而非将实际动手的人数作为唯一认定标准。[①]具体可区分以下几种情形讨论。

第一，主观上是否有斗殴的故意。聚众斗殴罪要求是故意犯罪，在主观上要考察双方斗殴时是否主观故意，在其他构成要件具备的情况下，如果双方都有斗殴的故意，则双方都构成聚众斗殴罪，如果仅有一方有斗殴的故意，另一方没有斗殴的故意，则只能对斗殴中故意的一方以聚众斗殴罪论处，没有斗殴故意的另一方则不能认定。

第二，客观上是否有侵犯社会公共秩序的行为。纠集数人仅是构成聚众斗殴罪的必要不充分条件。聚众斗殴罪保护的法益是社会公共秩序，这就要求聚众斗殴的场所为公共场所，聚众斗殴的行为要达到破坏社会公共秩序的相当程度。

第三，从双方行为整体性上认定“斗殴时”是否已达三人。在聚众斗殴罪中，一般指纠集三人以上。如《江苏省高级人民法院、江苏省人民检察院、江苏省公安厅关于办理聚众斗殴案件适用法律若干问题的意见》明确“斗殴时一方达三人以上，一方不到三人的，对达三人以上的一方可以认定为聚众斗殴”。意即斗殴时未达三人以上的就不认定聚众斗殴。如果简单认为斗殴时即指实际动手时，则双方都不构成聚众斗殴罪，则存在纵容犯罪的不合理性，不符合罪责刑相适应原则，应当将双方的斗殴行为作为一个整体进行评价，综合认定“斗殴时”，而非将实际动手

① 参见李琦：《聚众斗殴，双方各自仅一人动手的行为该如何认定》，载《检察日报》2021年2月9日，第7版。

的人数作为唯一认定标准。①

类型化六：聚众斗殴罪未完成形态的司法认定

1. 司法实践中存在的主要分歧：该罪是否存在未完成形态，观点不一。第一种意见认为，不存在未完成形态，实施斗殴即是既遂，若未实施则不构成犯罪。第二种意见认为，一旦聚众则完成斗殴前的准备行为，即使为进行斗殴，也成立犯罪预备。第三种意见认为，该罪存在预备、未遂、中止等未完成形态。但对聚众斗殴罪的着手时间有不同观点。有的认为应以聚集人员时为着手，如人员尚未实际聚集，仅是为聚集而相互联系的，属于犯罪预备。有的认为应以聚众基本完成并准备斗殴时为着手，斗殴一方或双方人员已经聚集，在途中或者斗殴现场因意志以外的原因而未得逞的，是犯罪未遂；在聚集之前被迫停止犯罪的，则是犯罪预备。还有的认为应以斗殴双方聚众完毕且已经处于同一时空，斗殴即将发生为着手，因意志以外的原因导致斗殴未逞的才能认定为犯罪未遂。

2. 审理该类型案件的主要思路：首先，查明行为人是否有实施聚众斗殴行为的主观故意。行为人是否已经着手召集人员、准备斗殴器械等为斗殴做准备；斗殴地点是否选在公共场所。其次，查明行为人的客观行为。行为人是否实施了通过电话、微信、QQ、短信等召集他人斗殴而聚众的着手行为，是否因意志以外的原因停止实施斗殴行为；哪些人在斗殴着手后主动退出。

审理该类型案件需要查明的证据：（1）实物物证，证明斗殴发生经过、案件现场和有关犯罪工具的来源、持有人准备等情况；（2）犯罪嫌疑人供述和辩解；（3）鉴定意见，造成人身伤亡的法医鉴定，对伤害程

① 参见李琦：《聚众斗殴，双方各自仅一人动手的行为该如何认定》，载《检察日报》2021 年 2 月 9 日，第 7 版。

度、部位的鉴定在一定程度上反映行为人实施侵害时的主观心态；（4）能够证明案发经过的视频监控资料，执法记录仪记录的内容以及现场当事人、证人用手机相机等设备拍摄的能反映案件情况的视听资料。

在认定事实时还需要考虑：何时，行为人在何地参与聚众斗殴，聚众斗殴时基于意志以外的原因停止斗殴行为，属于聚众斗殴罪的未遂。如行为人纠集多人持械欲与对方相互殴斗，但对方因惧怕其人数众多而中途撤离，斗殴行为最终未完成。行为人为实施斗殴行为而在人员密集的场所纠集百余人，该行为致使社会管理秩序面临现实的威胁。行为人的“聚众”行为属于已经开始着手实行犯罪行为。聚众后，对方人员因惧怕行为人人员众多而主动撤离，此状况属于因行为人意志以外的原因而导致斗殴行为未完成，处于犯罪未完成形态。

3. 该类型案件的裁判规则：聚众斗殴罪属于典型的行为犯，仍然存在犯罪预备、未遂、中止等未完成形态。[①] 聚众斗殴罪客观上系复合行为，包括聚众和斗殴，行为人为斗殴而聚众，属于着手实施犯罪；行为人聚众后，因意志以外的原因没有实施斗殴行为的，对首要分子和积极参加者可以聚众斗殴罪（未遂）处罚，但应综合考虑案件的起因、社会影响等具体情节。

类型化七：不同行为人故意犯罪形态的司法认定

1. 司法实践中存在的主要分歧：关于参与该罪的行为人是否同时存在既遂、未遂的情形，亦有不同观点。第一种意见认为，该罪存在部分行为人准备进行斗殴但在实施斗殴前斗殴已停止的未遂情形。第二种意见认为，作为共同犯罪，只要有行为人已经实施了斗殴行为，该行为应做一个整体性评价，共同犯罪的每个人都成立犯罪既遂。

---

① 参见山东省章丘市人民法院（2013）章刑初字第425号刑事判决书。

2. 审理该类型案件的主要思路：首先，准确认定聚众斗殴行为人成立共同犯罪。行为人是否基于合意预谋斗殴，聚众斗殴行为人是否具有共同的犯罪故意，是否共同积极实施了聚众斗殴行为。其次，查明行为人的客观行为。行为人实施聚众斗殴行为的具体时间、地点、起因、纠集者、参与人、斗殴过程、犯罪工具、伤亡后果、因果关系。

审理该类型案件需要查明的证据：(1) 参加斗殴的双方人员的证言，旁观群众的证言，犯罪嫌疑人的供述和辩解；(2) 斗殴发生经过、案件现场和有关犯罪工具的来源、持有人等情况；(3) 能够证明案发经过的视频监控资料，执法记录仪记录的内容以及现场当事人、证人用手机相机等设备拍摄的能反映案件情况的视听资料；(4) 行为人的通话记录、微信聊天记录等书证。

在认定事实时还需要考虑：何时，行为人因何种原因共同积极参与斗殴，在何地，通过何种手段进行聚众斗殴，公然藐视法律法规和社会公德，破坏公共秩序。

3. 该类型案件的裁判规则：根据共同犯罪的一般认定原理，斗殴过程中，只要斗殴的一方其中一部分行为人已经进行了斗殴行为，该方行为人成立共同犯罪，都应当认定为既遂。

类型化八：附带民事赔偿的司法认定

在聚众斗殴中受轻伤的被害人附带民事赔偿的司法认定。

1. 司法实践中存在的主要分歧：对于参与聚众斗殴并受轻伤的人或其家属的民事赔偿请求能否得到支持，存在争议。第一种意见认为，只要在聚众斗殴中受伤或死亡，被害人都适用附带民事赔偿。第二种意见认为，只有在聚众斗殴中受重伤或死亡的被害人才适用附带民事赔偿。对于受轻伤的当事人能否适用附带民事赔偿法律法规无明确规定。

2. 审理该类型案件的主要思路：首先，查明在聚众斗殴中受伤的被害人情况。在聚众斗殴中受伤的被害人是参与聚众斗殴的参加者还是其他人；伤情鉴定为轻伤还是重伤；不同的伤情和受害者身份适用何种附带民事赔偿规则。其次，查明故意伤害罪或故意杀人罪的被告人身份。谁的斗殴行为致人重伤或死亡，共同犯罪的被告人有哪些，应承担何种责任。

审理该类型案件需要查明的证据：（1）斗殴双方伤情的照片、医院诊断证明书及住院病历资料、伤情鉴定意见等；（2）斗殴发生经过、案件现场和有关犯罪工具的来源、持有人等情况；（3）能够证明案发经过的视频监控资料，执法记录仪记录的内容以及现场当事人、证人用手机相机等设备拍摄的能反映案件情况的视听资料；（4）行为人的通话记录、微信聊天记录等书证；（5）参加斗殴的双方人员的证言，旁观群众的证言，犯罪嫌疑人的供述和辩解。

在认定事实时还需要考虑：何时，行为人因何种原因积极参与聚众斗殴，在何地，通过何种手段进行聚众斗殴，致人受到怎样的伤害，承担怎样的刑事和民事责任。

3. 该类型案件的裁判规则：根据《江苏省高级人民法院、江苏省人民检察院、江苏省公安厅关于办理聚众斗殴案件适用法律若干问题的意见》及《最高人民法院研究室关于对参加聚众斗殴受重伤或者死亡的人及其家属提出的民事赔偿请求能否予以支持问题的答复》，该类案件的裁判规则如下。

第一，聚众斗殴没有造成重伤或死亡后果的，聚众斗殴的参加者，均明知自己的行为有可能产生伤害他人以及自己被他人的行为伤害的后果，应当各自承担相应的刑事和民事责任。

第二，聚众斗殴的参加者，无论是否为首要分子，均明知自己的行为有可能产生伤害他人以及自己被他人的行为伤害的后果，其仍然参加聚众斗殴的，应当自行承担相应的刑事和民事责任。根据《刑法》第

292 条第 2 款的规定，对于参加聚众斗殴，造成他人重伤或者死亡的，行为性质发生变化，应认定为故意伤害罪或者故意杀人罪。

第三，聚众斗殴致人重伤或死亡的，提起的附带民事诉讼适用混合过错责任原则确定赔偿数额。

第三节　本罪涉及的主要法律法规、司法解释及案例索引

一、法律法规、司法解释及相关规范性文件索引

1.《中华人民共和国刑法》第二百九十二条

2.《最高人民法院研究室关于对参加聚众斗殴受重伤或者死亡的人及其家属提出的民事赔偿请求能否予以支持问题的答复》（法研〔2004〕179 号，2004 年 11 月 11 日施行）

3.《上海市高级人民法院关于办理聚众斗殴犯罪案件的若干意见》（沪高法〔2006〕306 号，2006 年 9 月 5 日施行）

4.《江苏省高级人民法院、江苏省人民检察院、江苏省公安厅关于办理聚众斗殴案件适用法律若干问题的意见》（2009 年 2 月 23 日施行）

5.《最高人民法院关于常见犯罪的量刑指导意见（二）（试行）》（法发〔2017〕7 号，2017 年 5 月 1 日施行）

二、案例索引

1. 倪某刚等聚众斗殴案（《刑事审判参考》第 350 号案例）

2. 王某刚等故意伤害案（《刑事审判参考》第 507 号案例）

3. 张某故意伤害案（《刑事审判参考》第568号案例）
4. 李某龙、高某聚众斗殴案（《刑事审判参考》第882号案例）
5. 侯某某正当防卫案（最高人民检察院第48号指导性案例）

第十一章

寻衅滋事罪类型化审判

第一节　寻衅滋事罪的立法嬗变及相关问题

一、寻衅滋事罪的立法嬗变

寻衅滋事罪，是指肆意挑衅，随意殴打、骚扰他人或任意损毁、占用公私财物，或者在公共场所起哄闹事，严重破坏社会秩序的行为。[①]

寻衅滋事罪最早规定在1979年通过的《刑法》。1979年《刑法》中对寻衅滋事罪的规定较为简单，主要针对的是一些轻微的扰乱公共秩序的行为。随着社会的发展，寻衅滋事罪的法律条文逐渐完善，对犯罪行为的界定也更加明确。为了更好地指导司法机关处理寻衅滋事罪案件，最高人民法院和最高人民检察院等部门会不定期地发布关于寻衅滋事罪的司法解释。如2013年7月15日，最高人民法院、最高人民检察院发布《关于办理寻衅滋事刑事案件适用法律若干问题的解释》；2013年9月6日，最高人民法院、最高人民检察院发布《关于办理利用信息网络实施诽谤等刑事案件适用法律若干问题的解释》；2014年4月22日，最高人

① 参见高铭暄、马克昌主编：《刑法学》（第10版），北京大学出版社2022年版，第550页。

民法院、最高人民检察院、公安部、司法部、国家卫生和计划生育委员会发布《关于依法惩处涉医违法犯罪维护正常医疗秩序的意见》；2017年3月9日，最高人民法院发布《关于常见犯罪的量刑指导意见》等。这些司法解释对于寻衅滋事罪的认定、量刑等方面都有一定的指导作用，有助于规范司法实践。寻衅滋事罪的立法嬗变与社会发展密切相关。在不同的历史时期，由于社会风气、价值观念等方面的差异，寻衅滋事罪的立法也会发生相应的变化。例如，在社会治安状况较好的时期，寻衅滋事罪的立法可能会相对宽松，而在社会治安状况较差的时期，寻衅滋事罪的立法可能会相对严格。在制定和完善寻衅滋事罪的过程中，我国也会借鉴国际上的相关经验和做法，通过对比分析不同国家的法律规定，可以为我国寻衅滋事罪的立法提供有益的参考。总之，寻衅滋事罪的立法嬗变是一个复杂的过程，受到多种因素的影响。在未来的发展过程中，我国将继续完善寻衅滋事罪的立法，以更好地维护社会治安和人民群众的合法权益。

二、审理寻衅滋事罪的总体思路

1. 明确界定：首先，要划清寻衅滋事罪与非罪的界限。根据《刑法》的规定，行为人只有具备《刑法》第293条列举的四种寻衅滋事行为之一，才可能构成寻衅滋事罪。实施这四种类型行为以外的其他行为，不能按本罪处理。

2. 法益保护：寻衅滋事罪保护的法益是“社会秩序”。《刑法》将本罪规定在分则第六章“妨害社会管理秩序罪”的第一节“扰乱公共秩序罪”中。

3. 行为认定：行为人为寻求刺激、发泄情绪、逞强耍横等，无事生非，实施《刑法》第293条规定的行为的，应当认定为“寻衅滋事”。

4. 历史背景与趋势：寻衅滋事罪由1979年《刑法》中的流氓罪分

解而出。近年来，有学者认为，某些新型犯罪也存在“口袋化”的趋势，在审理时应予以考虑。

5. 证据的审查与认定：在审理过程中，应严格审查和认定证据，确保证据的真实性、合法性和充分性。证人证言、视频资料、物证等都应经过严格的核实。

6. 量刑的确定：量刑时应根据犯罪的性质、情节、危害后果等因素综合考虑，确保量刑适当。

三、寻衅滋事罪构成要件解读

本罪的主体为一般主体。即凡已满16周岁且有刑事责任能力的自然人均可成为本罪主体。本罪的主观方面为故意。本罪的犯罪动机可能多种多样，有的是以惹是生非来获得精神刺激，有的是用肆意滋事开心取乐，有的以起哄闹事来争强逞能，有的是为了证明自己的“能力”和“胆量”，等等。本罪所侵害的客体是社会公共秩序。寻衅滋事行为往往会侵犯公民的人身权利或财产权利，但不宜据此认为本罪侵犯的是复杂客体。诸如在公共场所起哄闹事型寻衅滋事的行为就不一定会直接侵犯公民的人身权利或财产权利。

本罪在客观方面表现为行为人实施了寻衅滋事，破坏社会秩序的行为。[①] 所谓寻衅滋事，即寻找借口无事生非、肆意挑衅。2023年修正后的《刑法》第293条将其归纳为四种表现形式。

其一，随意殴打他人，情节恶劣的。

这是指无理、无故殴打相识或者素不相识的人。这里要求的是随意地殴打，而不是一般的殴打，并且必须是情节恶劣的随意殴打行为。其中，“随意”一般意味着殴打的理由、对象、方式等明显异常。简单地

① 参见高铭暄、马克昌主编：《刑法学》（第10版），北京大学出版社2022年版，第550页。

说，殴打行为是否事出有因：如果事出有因，就不是随意；如果事出无因，就是随意。刑法理论与司法实践也都喜欢用这个标准来判断是否属于随意。例如，某人向行为人提出了好的建议，行为人却因此殴打了他，这就应该被评价为随意殴打。相反，如果他人侮辱谩骂行为人，行为人出手打人，则不具有随意性。又如，几个人中只有一个人做出了对行为人不利的举动，而行为人却殴打了在场的好几个人，这种行为也应该被评价为随意殴打。①

《最高人民法院、最高人民检察院关于办理寻衅滋事刑事案件适用法律若干问题的解释》第2条规定，随意殴打他人，破坏社会秩序，具有下列情形之一的，应当认定为“情节恶劣”：（1）致一人以上轻伤或者二人以上轻微伤的；（2）引起他人精神失常、自杀等严重后果的；（3）多次随意殴打他人的；（4）持凶器随意殴打他人的；（5）随意殴打精神病人、残疾人、流浪乞讨人员、老年人、孕妇、未成年人，造成恶劣社会影响的；（6）在公共场所随意殴打他人，造成公共场所秩序严重混乱的；（7）其他情节恶劣的情形。

其二，追逐、拦截、辱骂、恐吓他人，情节恶劣的。

此处的追逐、拦截，一般是指采取措施阻止他人自主转移场所的行为。追逐、拦截的措施通过暴力或者非暴力方式都能实现。此处的辱骂，是指以言语对他人进行轻蔑的价值判断，它不限于针对特定个人，也包括针对一群人、一类人进行的谩骂。恐吓是以恶害相通告的行为。

《最高人民法院、最高人民检察院关于办理寻衅滋事刑事案件适用法律若干问题的解释》第3条规定：追逐、拦截、辱骂、恐吓他人，破坏社会秩序，具有下列情形之一的，应当认定为“情节恶劣”：（1）多次追逐、拦截、辱骂、恐吓他人，造成恶劣社会影响的；（2）持凶器追逐、

① 参见张明楷：《寻衅滋事罪探究》，载《政治与法律》2008年第1期。

拦截、辱骂、恐吓他人的；（3）追逐、拦截、辱骂、恐吓精神病人、残疾人、流浪乞讨人员、老年人、孕妇、未成年人，造成恶劣社会影响的；（4）引起他人精神失常、自杀等严重后果的；（5）严重影响他人的工作、生活、生产、经营的；（6）其他情节恶劣的情形。

其三，强拿硬要或者任意损毁、占用公私财物，情节严重的。

强拿硬要是违背他人意志，强行取得他人财物的行为，既可以表现为夺取财物，也可以表现为迫使他人交付财物。这里的财物包括财产性利益，如乘坐出租车后，迫使对方免除车费的行为，也属于强拿硬要的行为。① 损毁公私财物要达到使公私财物的使用价值减少的后果。至于此处的任意，可以重点关注一个要点，也就是毁损的行为不具有合法性的明确依据。占用公私财物，是指不当、非法使用公私财物的一切行为。占用公私财物的行为必须具有不正当性，但并不要求行为人一定具有非法占有目的。任意不仅是对损毁公私财物的限制，也是对占用公私财物的限制。

《最高人民法院、最高人民检察院关于办理寻衅滋事刑事案件适用法律若干问题的解释》第4条规定：强拿硬要或者任意损毁、占用公私财物，破坏社会秩序，具有下列情形之一的，应当认定为“情节严重”：（1）强拿硬要公私财物价值1000元以上，或者任意损毁、占用公私财物价值2000元以上的；（2）多次强拿硬要或者任意损毁、占用公私财物，造成恶劣社会影响的；（3）强拿硬要或者任意损毁、占用精神病人、残疾人、流浪乞讨人员、老年人、孕妇、未成年人的财物，造成恶劣社会影响的；（4）引起他人精神失常、自杀等严重后果的；（5）严重影响他人的工作、生活、生产、经营的；（6）其他情节严重的情形。

其四，在公共场所起哄闹事，造成公共场所秩序严重混乱的。

---

① 参见张明楷：《寻衅滋事罪探究》，载《政治与法律》2008年第1期。

起哄闹事行为，应当是具有煽动性、蔓延性、扩展性的行为，而不是单纯影响公共场所局部活动的行为。例如，如果仅有二人因插队等问题大打出手，就不能被评价为起哄闹事。在实践中，起哄闹事的一般是多人。但一两个人起哄闹事，也可能构成本罪。

行为人只要实施了以上四种行为之一，便构成本罪。此外，2023 年修正后的《刑法》第 293 条第 2 款还增设了对纠集他人多次实施上述四种行为，严重破坏社会秩序的规定。这主要是为了打击以团伙或集团形式犯寻衅滋事罪的首要分子或其他主犯。这里的“纠集”，是指首要分子或其他主犯，有目的地将他人联合、召集在一起。“多次”是指 3 次以上。“严重破坏社会秩序”，要达到严重影响人民群众的正常生活和工作秩序的相当程度。

参照《最高人民检察院、公安部关于公安机关管辖的刑事案件立案追诉标准的规定（一）的补充规定》第 8 条规定，随意殴打他人，破坏社会秩序，涉嫌下列情形之一的，应予立案追诉：（1）致 1 人以上轻伤或者 2 人以上轻微伤的；（2）引起他人精神失常、自杀等严重后果的；（3）多次随意殴打他人的；（4）持凶器随意殴打他人的；（5）随意殴打精神病人、残疾人、流浪乞讨人员、老年人、孕妇、未成年人，造成恶劣社会影响的；（6）在公共场所随意殴打他人，造成公共场所秩序严重混乱的；（7）其他情节恶劣的情形。

追逐、拦截、辱骂、恐吓他人，破坏社会秩序，涉嫌下列情形之一的，应予立案追诉：（1）多次追逐、拦截、辱骂、恐吓他人，造成恶劣社会影响的；（2）持凶器追逐、拦截、辱骂、恐吓他人的；（3）追逐、拦截、辱骂、恐吓精神病人、残疾人、流浪乞讨人员、老年人、孕妇、未成年人，造成恶劣社会影响的；（4）引起他人精神失常、自杀等严重后果的；（5）严重影响他人的工作、生活、生产、经营的；（6）其他情节恶劣的情形。

强拿硬要或者任意损毁、占用公私财物，破坏社会秩序，涉嫌下列情形之一的，应予立案追诉：（1）强拿硬要公私财物价值1000元以上，或者任意损毁、占用公私财物价值2000元以上的；（2）多次强拿硬要或者任意损毁、占用公私财物，造成恶劣社会影响的；（3）强拿硬要或者任意损毁、占用精神病人、残疾人、流浪乞讨人员、老年人、孕妇、未成年人的财物，造成恶劣社会影响的；（4）引起他人精神失常、自杀等严重后果的；（5）严重影响他人的工作、生活、生产、经营的；（6）其他情节严重的情形。

在车站、码头、机场、医院、商场、公园、影剧院、展览会、运动场或者其他公共场所起哄闹事，应当根据公共场所的性质、公共活动的重要程度、公共场所的人数、起哄闹事的时间、公共场所受影响的范围与程度等因素，综合判断是否造成公共场所秩序严重混乱。

第二节　寻衅滋事罪类型化裁判

类型化一：寻衅滋事中随意殴打行为的司法认定

1. 司法实践中存在的主要分歧：随意殴打型寻衅滋事罪是一种多发性犯罪，虽然常见，但该罪与故意伤害罪、不构成犯罪的一般殴打行为往往不易作出明确判断，司法实践中经常面临认定的难题。

2. 审理该类型案件的主要思路：首先，查明行为人的主观方面。查明其寻衅的主观动机，被害人与行为人是否相识、平时有无结怨、是否存在竞争关系，寻衅滋事行为的起因、有无随意性，被毁损财物和被殴打人员的范围。其次，查明行为人的客观方面。重点了解寻衅滋事行为的起因经过、实施方式、持续时间、严重程度及行为人的数量和体貌特征。最后，查明被害人受伤情况。行为人随意殴打他人是否造成被害人轻伤、重伤、死亡；造成被害人轻伤、重伤、死亡的法律适用。

审理该类型案件需要查明如下证据：（1）寻衅滋事现场的勘验检查笔录、照片、证据保全清单；（2）被害人陈述和辨认笔录，重点了解寻衅滋事行为的起因经过、实施方式、持续时间、严重程度及犯罪嫌疑人的数量和体貌特征；（3）目击证人证言，了解事情发生经过以及犯罪嫌疑人的体貌特征、居住地、聚集地及经常出没的公共场所等信息；（4）能够证明案发经过、周边情况的视频监控资料，执法记录仪记录的内容以及现场当事人、证人用手机、相机等设备拍摄的能反映案件情况的视听资料；（5）作案工具、现场痕迹等物证及相应的辨认笔录；（6）人员受伤或财物毁损的证据。

在认定事实时还需要考虑：犯罪的时间，行为人通过何种手段随意殴打他人，破坏社会秩序，致受害人受到何种伤害。

3. 该类型案件的裁判规则：当前司法实践中随意殴打型寻衅滋事罪争议的焦点主要集中在以下构成要件要素：主观上是否必须具备流氓动机，殴打是否必须发生在公共场所，随意是否应当理解为无故、无理等情形。具体可区分以下几种情形讨论。

第一，寻衅滋事罪中的殴打行为是否必须出于流氓动机。有观点认为流氓动机不是本罪的主观构成要件要素，理由大致上有以下几点：首先，流氓动机或寻求精神刺激是没有具体意义、难以被认识的心理状态，将其作为主观要素，不具有限定犯罪范围的意义；其次，从法益保护的刑法目的来看，有没有流氓动机对判断寻衅滋事罪保护的法益是否受到侵害，不会产生影响；再次，将流氓动机作为主观构成要件要素，显得过于强调主观要素；最后，流氓动机来自犯罪事实的归纳，而非来自对构成要件的规范分析。目前主流的学说认为，寻衅滋事罪是从流氓罪这一“口袋罪”中分离出来的，逞强耍横、满足精神刺激、发泄不良情绪等流氓动机，也应当是该罪的主观构成要件要素。因此，随意殴打他人，必须是为了满足精神刺激或者填补精神空虚，才可能构成寻衅滋事罪。[①]

司法实践普遍认为，寻衅滋事罪的主观构成要件要素除了故意之外，还包括流氓动机。随意殴打他人必须是出于寻求精神刺激、填补精神空虚等动机，才有可能构成随意殴打型的寻衅滋事罪。

第二，殴打行为是否必须发生在公共场所。构成随意殴打型寻衅滋事罪，是否要求殴打他人的行为必须发生在公共场所，亦存在不同观点。一种观点认为，在公共场所并不是必要要件，在他人的住处随意殴打他人的，也构成随意殴打型寻衅滋事罪。另一种观点认为，寻衅滋事罪的保护法益是社会公共秩序，既然是社会公共秩序，就与公共场所息息相关，没有公共场所，谈不上社会公共秩序，也欠缺寻衅滋事罪所要保护的法益。[②]

司法实践普遍认为，随意殴打型寻衅滋事罪有其类型的特殊性，殴打行为即便未发生在公共场所，也可能构成随意殴打型寻衅滋事罪，类似住所这样私密性较强的个人场所，存在被他人侵入的风险，应该受到刑法特别的保护。

第三，随意殴打是否必须是无故、无理的殴打。关于随意殴打是否必须是无故、无理的殴打，一种观点认为，无故、无理殴打，才是随意的殴打，如果与受害人有纠纷等，行为人对他人进行殴打的，属于事出有因的殴打，应当认定为故意伤害，致人轻伤以上后果的，以故意伤害罪论处。[③] 另一种观点认为，随意殴打并不仅仅指无理、无故地殴打，即使行为人因日常生活中的缘故殴打他人，或者行为人有殴打的借口，但

---

① 参见高铭暄、马克昌主编：《刑法学》（第3版），北京大学出版社、高等教育出版社2007年版，第609页。

② 参见阮齐林、陈志军、许文辉等：《如何区分寻衅滋事罪与故意伤害罪》，载《人民检察》2006年第6期。

③ 参见陈兴良：《规范刑法学》（第2版），中国政法大学出版社2003年版，第823页。

该借口违反社会公德、社会公序良俗，仍然殴打他人，也是随意殴打他人。

司法实践普遍认为，不能将随意殴打理解为无故、无理殴打他人这一狭窄的范围。行为人与受害人在日常生活中有纠纷，但是从一般人来看，该纠纷不足以引起行为人的殴打行为，行为人却仍然殴打他人的，也应当认定为随意的殴打，即这种起因于轻微纠纷背景下的殴打行为，应当被认定为随意的殴打。①

类型化二：未成年人实施强索财物行为的司法认定

未成年人以轻微暴力强索他人少量财物行为的司法认定。

1. 司法实践中存在的主要分歧：未成年人实施的以轻微暴力强索他人少量财物行为的定性，存在两种意见：第一种意见认为，通常强抢财物，所使用的暴力、胁迫手段已达到足以危及他人生命、健康的程度，应当认定为抢劫罪；第二种意见认为，认定未成年人使用暴力、胁迫程度的标准应当与成年人有所区别，属于未成年人以轻微暴力强索少量财物的行为，应当认定为寻衅滋事罪。②

2. 审理该类型案件的主要思路：首先，查明行为人主观上是否有寻衅动机。行为人是以非法占有公私财物为犯罪目的，还是主要基于发泄情绪、寻求精神刺激的目的。其次，查明行为人使用暴力、胁迫的程度。考察案件发生的时间、位置、双方年龄、手段、暴力程度等。

审理该类型案件需要查明如下证据：（1）基本身份信息，是否为未成年人；（2）能够证明案发经过、周边情况的视频监控资料、执法记录仪记录的内容以及现场当事人、证人用手机、相机等设备拍摄的能反映案件情况的视听资料；（3）作案工具、现场痕迹等物证及相应的辨认笔

① 《刑事审判参考》第507号案例，王某刚等故意伤害案。

② 《刑事审判参考》第1002号案例，李某甲等寻衅滋事案。

录；（4）人员受伤或强索钱财的证据。

在认定事实时还需要考虑：何时，行为人在何地，以轻微暴力强索他人多少财物的行为，致受害人受到何种伤害。

3. 该类型案件的裁判规则：未成年人强拿硬要型寻衅滋事罪认定难点具体区分为以下几种情形讨论。

第一，强拿硬要型寻衅滋事罪与抢劫罪的区分。根据《刑法》第263条的规定，抢劫罪是指以暴力、胁迫或者其他方法劫取公私财物的行为；而根据《刑法》第293条第1款第3项的规定，强拿硬要公私财物，情节严重的，应当以寻衅滋事罪论处。

对于如何区分强拿硬要型寻衅滋事罪与抢劫罪，《最高人民法院关于审理抢劫、抢夺刑事案件适用法律若干问题的意见》明确规定："寻衅滋事罪是严重扰乱社会秩序的犯罪，行为人实施寻衅滋事的行为时，客观上也可能表现为强拿硬要公私财物的特征。这种强拿硬要的行为与抢劫罪的区别在于：前者行为人主观上还具有逞强好胜和通过强拿硬要来填补其精神空虚等目的，后者行为人一般只具有非法占有他人财物的目的；前者行为人客观上一般不以严重侵犯他人人身权利的方法强拿硬要财物，而后者行为人则以暴力、胁迫等方式作为劫取他人财物的手段。"具体可以从以下两个方面把握：一是主观上分析行为人是否有寻衅动机，行为人主观上是否具有寻衅动机是区分强拿硬要型寻衅滋事罪与抢劫罪的最有力的判断；二是从客观行为上分析行为人使用暴力、胁迫的程度。虽然两罪的暴力程度区分并不是泾渭分明的，但是通常情况下抢劫罪的暴力程度比寻衅滋事罪大，抢劫罪的人身危险性更大、更具有现实紧迫性。

司法实践中，因两罪的行为方式存在一定的重合，个人动机的认定通常也比较困难，所以，实践中行为人所实施的犯罪行为同时触犯两罪的情况也时有发生。对此，2013年《最高人民法院、最高人民检察院关于办理寻衅滋事刑事案件适用法律若干问题的解释》第7条明确规定：

“实施寻衅滋事行为，同时符合寻衅滋事罪和故意杀人罪、故意伤害罪、故意毁坏财物罪、敲诈勒索罪、抢夺罪、抢劫罪等罪的构成要件的，依照处罚较重的犯罪定罪处罚。”

第二，未成年人强拿硬要其他未成年人少量财物行为的处理。对于此类行为性质的认定，《最高人民法院关于审理抢劫、抢夺刑事案件适用法律若干问题的意见》规定：“对于未成年人使用或威胁使用轻微暴力强抢少量财物的行为，一般不宜以抢劫罪定罪处罚。其行为符合寻衅滋事罪特征的，可以寻衅滋事罪定罪处罚。”事实上，该司法解释对未成年人实施该行为的认定条件，强调未成年人“强抢少量财物”系从强抢的财物数额上推断未成年人主观上并非主要出于非法占有公私财物的目的，从而在主观上对罪名做一个区分认定。

为进一步明确未成年人使用或者威胁使用轻微暴力强取少量财物行为的定罪标准，2006 年《最高人民法院关于审理未成年人刑事案件具体应用法律若干问题的解释》第 7 条规定：“已满十四周岁不满十六周岁的人使用轻微暴力或者威胁，强行索要其他未成年人随身携带的生活、学习用品或者钱财数量不大，且未造成被害人轻微伤以上或者不敢正常到校学习、生活等危害后果的，不认为是犯罪。已满十六周岁不满十八周岁的人具有前款规定情形的，一般也不认为是犯罪。”该条分别从实施暴力的程度和危害后果两方面，对何种情形下未成年人的抢劫行为属于《刑法》第 13 条规定的“情节显著轻微危害不大”作出了解释。

本着“教育为主、惩罚为辅”的原则，对未成年人实施的以轻微暴力强索他人少量财物的行为，除非造成被害人轻微伤以上后果或者严重扰乱公共场所秩序、社会秩序等其他后果的，一般不以犯罪论处；社会危害大，确有必要追究刑事责任的，也要限制抢劫罪的适用，符合寻衅滋事罪的构成特征的，尽量选择适用寻衅滋事罪。[①] 具体认定上重点把握以下两个方面。

一是“轻微暴力”和“少量财物”的认定。对“轻微暴力”可以在暴力的强度及伤害后果方面综合认定。对“少量财物”可以参考其他财产型犯罪（如盗窃罪）标准来认定。例如，根据《最高人民法院、最高人民检察院关于办理寻衅滋事刑事案件适用法律若干问题的解释》的规定，强拿硬要公私财物价值1000元以上的，也是寻衅滋事罪的入罪标准之一，因此符合寻衅滋事罪特征的，也可能认定为寻衅滋事罪。

二是寻衅滋事罪入罪标准的把握。《最高人民法院、最高人民检察院关于办理寻衅滋事刑事案件适用法律若干问题的解释》对该类犯罪“情节严重”的标准作了明确。可见，该解释没有区分成年人与未成年人实施强拿硬要财物的定罪标准。鉴于未成年人身心发育不成熟，人生观、价值观尚未定型等因素，上述标准对处理未成年人强索财物案件虽然适用，但仍应坚持有所区别、对未成年人尽量从宽处理的刑事政策精神。[②] 比如，如果是未成年人针对老年人、未成年人强拿硬要财物的，就不宜机械适用《最高人民法院、最高人民检察院关于办理寻衅滋事刑事案件适用法律若干问题的解释》第4条第3项，认定未成年人构成寻衅滋事罪。在办理未成年违法犯罪案件中，《最高人民法院关于审理未成年人刑事案件具体应用法律若干问题的解释》所体现的政策精神应当得到贯彻。

《最高人民法院关于审理抢劫、抢夺刑事案件适用法律若干问题的意见》和《最高人民法院关于审理未成年人刑事案件具体应用法律若干问题的解释》中关于从宽处理的规定，其适用都是有特定语境和前提条件的，即总体上适用于那些主观恶性不深、人身危险性不大、作案手段一般、危害后果不严重的违法犯罪行为。

---

① 《刑事审判参考》第1002号案例，李某甲等寻衅滋事案。

② 《刑事审判参考》第1002号案例，李某甲等寻衅滋事案。

类型化三：纠集多人在公共场所起哄闹事行为的司法认定

行为人无视国法，纠集多人在公共场所起哄闹事，造成公共秩序严重混乱行为的司法认定。

1. 司法实践中存在的主要分歧：起哄闹事型的寻衅滋事罪与其他寻衅滋事类型的构成要件相比，可供参考的构成要件案件不多，以至于寻衅滋事罪的扩张很大程度上是通过扩大化适用起哄闹事条款来实现的。[①]起哄闹事型寻衅滋事罪类案不同判现象比较突出。

2. 审理该类型案件的主要思路：首先，查明起哄闹事型寻衅滋事时行为人所处的客观环境和条件，是否在公共场所实施，是否“造成公共场所秩序严重混乱”。其次，查明行为人主观上是否有寻衅动机，是事出有因采取不当方式表达诉求，还是故意扰乱公共场所秩序。

审理该类型案件需要查明如下证据：（1）查明犯罪现场是否为公共场所；（2）目击证人证言，了解事情发生经过以及犯罪嫌疑人的体貌特征、居住地、聚集地及经常出没的公共场所等信息；（3）能够证明案发经过、周边情况的视频监控资料，执法记录仪记录的内容以及现场当事人、证人用手机、相机等设备拍摄的能反映案件情况的视听资料；（4）作案工具、现场痕迹等物证及相应的辨认笔录。

在认定事实时还需要考虑：何时，行为人以何种原因，在何种公共场所起哄闹事，造成公共场所秩序混乱的程度。

3. 该类型案件的裁判规则：基于指导司法实践的需要，急需尽快明确起哄闹事型寻衅滋事罪的构成要件内容。《最高人民法院、最高人民检察院关于办理寻衅滋事刑事案件适用法律若干问题的解释》第5条规定：在车站、码头、机场、医院、商场、公园、影剧院、展览会、运动场或

---

① 参见李世阳：《寻衅滋事罪构成要件的分化》，载《法学评论》2021年第2期。

者其他公共场所起哄闹事，应当根据公共场所的性质、公共活动的重要程度、公共场所的人数、起哄闹事的时间、公共场所受影响的范围与程度等因素，综合判断是否“造成公共场所秩序严重混乱”。该司法解释将重点放在如何认定造成公共场所秩序严重混乱上，而不是起哄闹事上。司法实践中，可以从以下两方面来综合做出判断。

第一，行为人所实施的行为是否构成寻衅滋事罪之外的犯罪。与随意殴打型寻衅滋事罪不同，起哄闹事型寻衅滋事罪要求在公共场所实施，在非公共场所起哄闹事的，不构成起哄闹事型寻衅滋事罪。但在认定公共场所实施起哄闹事的行为时，还要格外关注该闹事行为同寻衅滋事罪是否会产生想象竞合等情况。

第二，当发生在公共场所实施的起哄闹事行为时，首先应考察是否符合起哄闹事型之外的其他三种类型的寻衅滋事罪。换言之，起哄闹事是寻衅滋事罪的一个整体构成要件形象，应尽量将这一形象具象化，无论是随意殴打他人还是追逐、拦截、辱骂、恐吓他人，抑或是强拿硬要，任意损毁、占用公私财物，都是起哄闹事的一种表现，因此应首先认定是否符合这些类型。① 例如，有的司法机关将非法越级上访的行为以起哄闹事型寻衅滋事罪来办理。事实上，此种类型案件首先应查明是否符合强要型寻衅滋事罪的犯罪构成，假如不构成，则不太可能认定为起哄闹事型寻衅滋事罪。

类型化四：利用信息网络散布谣言行为的司法认定

行为人利用信息网络散布谣言，造成公共秩序混乱的行为的司法认定。

1. 司法实践中存在的主要分歧：关于网络寻衅滋事犯罪的法律适用

① 参见李世阳：《寻衅滋事罪构成要件的分化》，载《法学评论》2021 年第 2 期。

在司法实践中存在较大的争议，主要体现在：如何理解信息网络已经成为公共场所的一种新的形式和载体、如何理解虚假信息、如何理解造成公共秩序严重混乱及怎样区分该罪和诽谤罪等。①

2. 审理该类型案件的主要思路：首先，查明信息网络的载体，识别虚假信息。查明载体系微博、门户网站等开放性的网络公共平台还是微信、QQ 等较封闭的即时通讯工具；查明事实和收集证据，证明虚假信息的传播。其次，查明信息网络上散布谣言的具体行为和危害程度。行为人的动机和谣言的内容和影响，信息被点击、浏览、转发的数量条件。

审理该类型案件需要查明如下证据：（1）扣押决定书、扣押清单、证据保全清单，提取涉案相关寻衅滋事内容、点击和浏览、转发数量等予以证据保全；（2）电子证据检查笔录；（3）书证，公安机关从网络上截取行为人使用的用户名的相关内容，在网络上发布虚假、编造的信息；（4）被害人陈述及自述材料，对被害人工作、生活造成的影响。

在认定事实时还需要考虑：何时、何地，行为人在哪些网络平台发布何种、多少虚假信息，造成多大的影响。

3. 该类型案件的裁判规则：关于网络寻衅滋事犯罪的法律适用问题难点具体可区分以下几种情形讨论。

第一，如何理解信息网络已经成为公共场所的一种新的形式和载体。传统的寻衅滋事犯罪是在公共场所实施的犯罪，即一种可感知、能进入的实体场所。在《关于办理利用信息网络实施诽谤等刑事案件适用法律若干问题的解释》出台后将利用信息网络实施的行为定性为寻衅滋事罪，曾一度引发争议。

首先，应当区分利用网络实施犯罪同网络空间内的虚拟犯罪行为。就刑法规定的犯罪而言，有些犯罪只能在现实中才可以实施，比如身体

① 参见肖辉：《寻衅滋事罪的若干法律适用问题》，载《人民司法》2020 年第 32 期。

接触型的暴力犯罪，包括故意杀人、故意伤害、强奸等；有些犯罪可以借助网络作为工具实施。而借助信息网络实施的犯罪，通常造成的影响力和危害后果更广。就寻衅滋事罪而言，《刑法》规定了寻衅滋事罪的四种情形，其中随意殴打，追逐拦截，强拿强要或者任意损毁、占用公私财物等行为是不可能通过信息网络直接实施的，是只有在现实空间才能实施的犯罪。但有的行为，如辱骂恐吓是能够在虚拟网络实施的，如果造成公共秩序的严重混乱，可以以该罪惩处。实践中还有在现实中实施的寻衅滋事犯罪，通过信息网络扩大影响后造成公共秩序严重混乱的情形，这种情况的社会影响往往更为恶劣。[①]

其次，考虑到打击犯罪的现实条件，应将利用信息网络实施的寻衅滋事行为纳入法律规制的范围。考虑到现实的需要，《关于办理利用信息网络实施诽谤等刑事案件适用法律若干问题的解释》第 5 条第 2 款规定，在信息网络上编造、散布虚假信息，起哄闹事，造成公共秩序严重混乱的，构成寻衅滋事罪。《刑法》第 293 条第 4 项规定，在公共场所起哄闹事，造成公共场所秩序严重混乱的。从以上规定能够看出对场所的表述并不相同，一个是公共秩序，另一个是公共场所秩序。能够看出，司法解释尚没有直接将网络秩序解释为公共场所秩序，也没有直接将网络空间解释为公共场所。《关于办理利用信息网络实施诽谤等刑事案件适用法律若干问题的解释》规定为公共秩序，是基于寻衅滋事罪属于扰乱公共秩序犯罪，这种适度地扩大解释并未超出法律的规定。

最后，虽然《关于办理利用信息网络实施诽谤等刑事案件适用法律若干问题的解释》未明确规定信息网络为公共场所，但这种属性已经在现实中得到社会大众的认可。从字面含义来看，公共场所是指属于社会

① 例如，2019 年社会热点常某尧寻衅滋事案中，常某尧拦截、辱骂、殴打其初中时的班主任，不仅引发现场群众的围观，而且常某尧将录制的视频在网络上包括多个微信群和朋友圈扩散传播，被众多媒体平台连续报道，引发社会舆论的广泛关注，造成恶劣社会影响的进一步扩大，更加可以认定其破坏了社会公共秩序。

的、公共共有的场所。公共场所既可以包括现实社会真实存在的，当然也包括网站、面向大众媒体平台等互联网上开放性的电子信息交流场所。将抖音、快手等开放性的网络公共平台理解为公共场所，是符合大部分民众的认知。基于信息网络的互通性，微信、QQ 等较封闭的即时通讯工具上的内容也能非常快速地传递到网络公共平台上，信息网络作为公共场所，早已随着信息网络与现实社会的紧密程度，成为社会大众的普遍认知。①

第二，如何认定网络寻衅滋事犯罪中的虚假信息。《最高人民法院、最高人民检察院关于办理利用信息网络实施诽谤等刑事案件适用法律若干问题的解释》首次定义了虚假信息的概念。谣言并不等同于虚假信息。谣言在《现代汉语词典》中解释为没有事实根据的信息，在《辞海》中解释为没有事实根据的传闻，捏造的消息。从此可看出，谣言的特征不在于虚假性，而在于不可靠性及未经证实性。虚假信息通常要具备以下显著要素。首先，虚假信息应是对客观事实的一种描述，而不能只是单纯的主观性评论。其次，虚假信息的内容包括全部虚假和部分虚假，其中部分虚假要求对关键性信息进行了篡改。假如基本事实是真实存在的，只是对细微的内容进行了调整，则不能认定是虚假的信息。最后，虚假信息应该与现实生活是有关联的。如果虚假信息与现实没有关联，则必定不会影响到现实的公共秩序。②

第三，如何认定网络寻衅滋事犯罪中的造成公共秩序严重混乱。寻衅滋事犯罪属于结果犯，要求必须造成公共秩序严重混乱才可以定罪，难点在于网络上的公共秩序混乱应如何认定。

首先，从传播的范围看，发布的信息需被广泛传播，这是达到能够影响公共秩序的首要前提。

① 《刑事审判参考》第 966 号案例，秦某晖诽谤、寻衅滋事案。
② 《刑事审判参考》第 966 号案例，秦某晖诽谤、寻衅滋事案。

其次，从传播导致的后果看，发布的信息被大量传播后，引发网信办等部门采取一定的制止措施，同时影响到了现实空间的公共秩序，导致了公共秩序严重混乱。

最后，如信息被及时、有效的删除，未被大量转发、评论、报道，未造成广泛影响的，或者政府部门或其他权威机构仅在发布虚假信息后进行了公开辟谣，均不宜认定为造成公共秩序严重混乱。①

第四，在信息网络上散布谣言的行为认定问题。该行为的认定，可从以下几个方面综合考量。

犯罪对象的根本指向。《最高人民法院、最高人民检察院关于办理利用信息网络实施诽谤等刑事案件适用法律若干问题的解释》第2条规定的利用信息网络实施的诽谤罪，是指发布的是诽谤信息；第5条规定的利用信息网络实施的寻衅滋事犯罪，编造、散布的是虚假信息。诽谤信息与虚假信息不完全相同，虚假信息是针对不特定多主体或者公共事件而编造的扰乱社会公共秩序的谣言。同一个谣言，既有指向公共事件的，又不可避免地夹杂特定自然人的，就需要综合行为人的动机和谣言的内容、影响，综合判断其犯罪对象的根本指向，进而准确定性。②

入罪条件也不相同。诽谤罪是情节犯，应符合诽谤行为情节严重的入罪条件，包括《最高人民法院、最高人民检察院关于办理利用信息网络实施诽谤等刑事案件适用法律若干问题的解释》规定的被点击、浏览5000次以上，被转发500次以上的数量条件。寻衅滋事罪是行为犯。

诉讼程序上也不同。寻衅滋事罪是公诉案件，而诽谤罪原则上只能是自诉案件，如果要适用公诉程序，需要符合《最高人民法院、最高人民检察院关于办理利用信息网络实施诽谤等刑事案件适用法律若干

① 《刑事审判参考》第966号案例，秦某晖诽谤、寻衅滋事案。

② 《刑事审判参考》第966号案例，秦某晖诽谤、寻衅滋事案。

问题的解释》第 3 条的规定，满足严重危害社会秩序和国家利益的条件。

类型化五：寻衅滋事中捡拾遗失物的司法认定

1. 司法实践中存在的主要分歧：关于寻衅滋事行为人捡拾被害人遗失物的性质问题，存在不同观点。第一种观点认为可认定为抢劫罪。第二种观点认为符合盗窃罪的犯罪构成要件。第三种观点认为行为人捡拾被害人遗失物的行为是一种民事侵权行为，不宜按犯罪处理。

2. 审理该类型案件的主要思路：首先，查明行为人取得财物的方式。行为人是秘密取得被害人遗失的财物还是使用暴力、威胁或其他方法取得财物。行为人的主观认知，被害人遗失财物的方式。其次，对行为人取得遗失物的行为定性。判断被害人遗失物的价值和对民事侵权行为的认定。

审理该类型案件需要查明如下证据：（1）寻衅滋事现场的勘验检查笔录、照片、证据保全清单；（2）目击证人证言，了解事情发生经过；（3）行为人的供述和辩解，寻衅滋事和捡拾被害人遗失财物的经过；（4）能够证明案发经过、周边情况的视频监控资料，执法记录仪记录的内容以及现场当事人、证人用手机、相机等设备拍摄的能反映案件情况的视听资料；（5）遗失的财物，价格认定结论书等。

在认定事实时还需要考虑：何时、何地、行为人通过何种手段进行寻衅滋事，捡拾被害人何种遗失物。

3. 该类型案件的裁判规则：寻衅滋事过程中捡拾被害人价值不高的遗失物的行为既独立于寻衅滋事行为，又因其取得方式的违法性、非暴力性和非窃取性，该行为是民事侵权行为，不宜按犯罪处理。第三种观点系主流观点，理由可以从以下几个方面阐释。

第一，抢劫罪犯罪构成的客观方面必须具有对财物的所有人当场使用暴力、威胁或其他方法，迫使其立即交出财物或者立即将财物强行取走的行为。该情形里，同伙殴打的主观意图明显是寻衅滋事，并无取财目的，因此，行为人取得遗失物时的行为不能认定为抢劫。行为人对被害人的暴力殴打只是与其同伙寻衅滋事的行为表现，所以，不能够简单定性为抢劫行为。

第二，盗窃罪是以非法占有为目的，秘密地多次窃取或者窃取数额较大的公私财物的行为，窃取的财物不包含丢失或者已经失去其控制的财物。而该情形中的涉案遗失物在行为人取得前已经脱离了被害人的控制，因此，行为人取得遗失物虽然不为被害人所知情，但是不具有从被害人控制中窃取的性质，不能认定构成盗窃罪。

第三，行为人取得遗失物的行为应如何定性问题。寻衅滋事中，行为人偷偷捡起他人财物的行为具有秘密性，但该财物已经脱离物主的实际控制，在犯罪构成上已经不符合构成盗窃罪的可能。该情形中已明确捡拾的系价值不高的财物，价值未达到侵占罪构成的数额标准，司法实践中，只能够以民事侵权行为认定处理。

第三节　本罪涉及的主要法律法规、司法解释及案例索引

一、法律法规、司法解释及相关规范性文件索引

1. 《中华人民共和国刑法》第二百九十三条

2. 《最高人民法院、最高人民检察院关于办理妨害预防、控制突发传染病疫情等灾害的刑事案件具体应用法律若干问题的解释》（法释〔2003〕8 号，2003 年 5 月 15 日施行）

3.《最高人民法院、最高人民检察院关于办理寻衅滋事刑事案件适用法律若干问题的解释》（法释〔2013〕18号，2013年7月22日施行）

4.《最高人民法院、最高人民检察院关于办理利用信息网络实施诽谤等刑事案件适用法律若干问题的解释》（法释〔2013〕21号，2013年9月10日施行）

5.《最高人民法院、最高人民检察院、公安部、司法部、国家卫生和计划生育委员会关于依法惩处涉医违法犯罪维护正常医疗秩序的意见》（法发〔2014〕5号，自2014年4月22日施行）

6.《最高人民检察院关于印发〈关于全面履行检察职能为推进健康中国建设提供有力司法保障的意见〉的通知》（高检发〔2016〕12号，2016年9月29日施行）

7.《最高人民法院关于常见犯罪的量刑指导意见》（法发〔2017〕7号，2017年4月1日施行）

8.《最高人民法院、最高人民检察院、公安部、司法部印发〈关于办理黑恶势力犯罪案件若干问题的指导意见〉的通知》（法发〔2018〕1号，2018年1月16日施行）

9.《最高人民法院、最高人民检察院、公安部关于依法处理信访活动中违法犯罪行为的指导意见》（公通字〔2019〕7号，2019年2月28日施行）

二、案例索引

1. 杨某等故意伤害案（《刑事审判参考》第225号案例）
2. 王某刚等故意伤害案（《刑事审判参考》第507号案例）
3. 李某龙、高某聚众斗殴案（《刑事审判参考》第517号案例）
4. 秦某晖诽谤、寻衅滋事案（《刑事审判参考》第966号案例）
5. 李某甲等寻衅滋事案（《刑事审判参考》第1002号案例）

第十二章

盗窃罪类型化审判

第一节　盗窃罪的立法嬗变及相关问题

一、盗窃罪的立法嬗变

盗窃罪，是指以非法占有为目的，秘密窃取公私财物数额较大的，或者多次盗窃、入户盗窃、携带凶器盗窃、扒窃的行为。

在我国刑法中，盗窃罪的相关法律规定经历了多次修改和完善，以适应社会发展和司法实践的需要。对于盗窃金融机构等特定类型的盗窃犯罪，立法上曾经存在刑罚适用的问题，如所谓的“脱档问题”，即两个相邻的法定刑档次之间刑罚相差悬殊，导致跳档临界点前后数额十分接近的盗窃犯罪，面临的刑罚相差悬殊，影响量刑公正性的问题。这在后续的立法中得到了关注和修正。

盗窃罪的客观方面在立法上表现为四种行为，包括单次盗窃数额较大、多次盗窃、入户盗窃以及携带凶器盗窃等。对这些行为的界定有助于明确盗窃罪的成立条件。自新中国成立以来，刑法立法经历了多次变迁，其中盗窃罪的立法也随着社会的变化而不断演进。因此，盗窃罪的立法嬗变反映了法律对于不同时期社会现象的适应性调整，以及对犯罪行为规制精细化的趋势。这些变化旨在提高法律的公正性和效率性，确保法律能够更好地维护社会秩序和保护公民权益。

二、审理盗窃罪的总体思路

1. 盗窃数额的计算：盗窃数额即行为人窃取的公私财物的数额。对于不记名、不挂失的有价支付凭证、有价证券、有价票证，应当按票面数额和盗窃时应得的孳息、奖金或者奖品等可得收益一并计算盗窃数额。

2. 特殊情形的处理：例如，盗窃电力设备、入户盗窃信用卡后使用的数额应一并计入入户盗窃数额等。又如，对于偷拿自己家的财物或者近亲属的财物，一般可不按犯罪处理；对于确有追究刑事责任必要的情形，处罚时也应与其有所区别。

3. “以牟利为目的”的含义：根据《刑法》规定，是指为了出售、出租、自用、转让等谋取经济利益的行为。

4. 宽严相济的刑事政策：在审理过程中，应避免“唯数额论”的不足，确保依法惩治社会危害性严重的盗窃犯罪，更好地贯彻宽严相济刑事政策中从严的一面。

综上所述，审理盗窃罪时不仅要关注罪名的具体定义和法律依据，还要注意特殊情况的处理和宽严相济刑事政策实施，确保审判的公正和准确。

三、盗窃罪构成要件解读

本罪主体为一般主体，只能由自然人构成，单位不能成为本罪的主体，根据《最高人民法院、最高人民检察院关于办理盗窃刑事案件适用法律若干问题的解释》第13条的规定，单位组织、指使盗窃，符合《刑法》第264条及本解释有关规定的，以盗窃罪追究组织者、指使者、直接实施者的刑事责任。本罪的主观方面应是故意，而且应为直接故意，行为人主观上应当具有非法占有目的。对于《刑法》第 265 条规定的盗接他人通信线路、复制他人电信码号或者明知是盗接、复制的电信设备、设施而使用的行为，必须“以牟利为目的”，才成立盗窃罪。“以牟利为目的”，是指为了出售、出租、自用、转让等谋取经济利益为目的。

盗窃罪客观方面的表现形式有以下五种。

（一）普通盗窃

普通盗窃以数额较大为入罪“门槛”。根据《最高人民法院、最高人民检察院关于办理盗窃刑事案件适用法律若干问题的解释》第 1 条的规定，盗窃公私财物价值 1000 元至 3000 元以上、3 万元至 10 万元以上、30 万元至 50 万元以上的，应当分别认定为《刑法》第 264 条规定的“数额较大”“数额巨大”“数额特别巨大”。各省、自治区、直辖市高级人民法院、人民检察院可以根据本地区经济发展状况，并考虑社会治安状况，确定本地区执行的具体数额标准，报最高人民法院、最高人民检察院批准。

具有以下八种情形之一的，“数额较大”的标准减半：（1）曾因盗窃受过刑事处罚的；（2）一年内曾因盗窃受过行政处罚的；（3）组织、控制未成年人盗窃的；（4）自然灾害、事故灾害、社会安全事件等突发事件期间，在事件发生地盗窃的；（5）盗窃残疾人、孤寡老人、丧失劳动能力人的财物的；（6）在医院盗窃病人或者其亲友财物的；（7）盗窃救灾、抢险、防汛、优抚、扶贫、移民、救济款物的；（8）因盗窃造成严重后果的。具有上述第（3）项至第（8）项规定情形之一，数额达到“数额巨大”“数额特别巨大”50%的，可以分别认定为《刑法》第 264 条规定的“其他严重情节”或者“其他特别严重情节”。

如果盗窃对象是毒品等违禁品，根据《最高人民法院、最高人民检察院关于办理盗窃刑事案件适用法律若干问题的解释》第 1 条第 4 款规定，如果应当按照盗窃罪处理的，根据情节轻重量刑。

如果盗窃对象是文物，根据《最高人民法院、最高人民检察院关于办理妨害文物管理等刑事案件适用法律若干问题的解释》第 2 条规定，盗窃一般文物、三级文物、二级以上文物的，应当分别认定为《刑法》第 264 条规定的“数额较大”“数额巨大”“数额特别巨大”。盗窃文物，无法确定文物等级，或者按照文物等级定罪量刑明显过轻或者过重的，按照盗窃的文物价值定罪量刑。该规定与《最高人民法院、最高人民检察院关于办理盗窃刑事案件适用法律若干问题的解释》中关于盗窃文物的规定有差异之处。《最高人民法院、最高人民检察院关于办理盗窃刑事案件适用法律若干问题的解释》第 9 条规定，盗窃国有馆藏一般文物、三级文物、二级以上文物的，应当分别认定为《刑法》第 264 条规定的“数额较大”“数额巨大”“数额特别巨大”。盗窃多件不同等级国有馆藏文物的，三件同级文物可以视为一件高一级文物。盗窃民间收藏的文物的，被盗财物有有效价格证明的，根据有效价格证明认定；无有效价格证明，或者根据价格证明认定盗窃数额明显不合理的，应当按照有关规定委托估价机构估价。《最高人民法院、最高人民检察院关于办理盗窃刑事案件适用法律若干问题的解释》于 2013 年实施，《最高人民法院、最高人民检察院关于办理妨害文物管理等刑事案件适用法律若干问题的解释》于 2016 年实施，在关于文物管理刑事案件的解释上两个解释存在冲突之处，后一解释且系专门针对文物管理刑事案件所作的解释，因此，应当采用《最高人民法院、最高人民检察院关于办理妨害文物管理等刑事案件适用法律若干问题的解释》的规定。也就是说，文物等级与数额认定之间的对应关系不再局限于国有馆藏文物，民间收藏的文物能够确定文物等级的，也可以对应认定“数额较大”“数额巨大”“数额特别巨大”。无论是国有馆藏文物还是民间收藏的文物，只有在无法确定文物等级，或者按照文物等级定罪量刑明显过轻或者过重的，才按照盗窃的文物价值定罪量刑。不过，《最高人民法院、最高人民检察院关于办理盗窃刑事案件适用法律若干问题的解释》中关于盗窃三件同级文物可以视为一件高一级文物的规定与《最高人民法院、最高人民检察院关于办理妨害文物管理等刑事案件适用法律若干问题的解释》并无冲突，实践中可以继续适用。

（二）多次盗窃

根据《最高人民法院、最高人民检察院关于办理盗窃刑事案件适用法律若干问题的解释》第 3 条第 1 款的规定，二年内盗窃三次以上的，应当认定为“多次盗窃”。

“多次盗窃”中的每次盗窃是指基于同一或概括的盗窃犯意实施的一次盗窃行为，包括既遂、未遂、中止三种形态。至于预备行为，因为实践中一般不处罚，以不计入盗窃次数为宜。一个犯意支配下的连续盗窃行为，如一次连着盗窃相邻的数家住户，宜评价为一次盗窃，不应认定为多次盗窃。

多次盗窃中的盗窃应当是未经过刑事处罚的，否则有违禁止重复评价原则。受过行政处罚的，不影响盗窃次数的认定，但行政处罚的拘留和罚款应当在刑事判决中折抵相应的刑期和罚金。

（三）入户盗窃

根据《最高人民法院、最高人民检察院关于办理盗窃刑事案件适用法律若干问题的解释》第 3 条第 2 款的规定，非法进入供他人家庭生活，与外界相对隔离的住所盗窃的，应当认定为“入户盗窃”。

首先，入户盗窃要实施入“户”行为。根据《最高人民法院关于审理抢劫案件具体应用法律若干问题的解释》等的规定，“户”是指他人生活的与外界相对隔离的住所，包括封闭的院落、牧民的帐篷、渔民作为家庭生活场所的渔船、为生活租用的房屋；“户”是指住所，其特征表现为供他人家庭生活和与外界相对隔离两个方面，前者为功能特征，后者为场所特征。

商住两用的房屋，在营业时间段内是对外开放的，因不具有与外界相对隔离的特征，故入内盗窃的，不应视为入户盗窃；但在非营业时间段内，其是作为生活起居之用，具备“户”的特征，此时非法入内盗窃的，应当认定为入户盗窃。

住所类卖淫场所、住所类赌博场所等，不能因为其用于卖淫或者赌博就否定其“户”的性质，因为其主要还是用于生活起居，即使在卖淫或者赌博时，其也是与外界相对隔离的，并不对社会公众开放。故非法进入此类场所盗窃的，应当认定为入户盗窃。

入“户”行为要求行为人的整个身体进入“户”内，如果行为人在户外借助器具窃取户内财物或者从窗口伸手入户窃取财物的，不应当认定为“入户盗窃”。

其次，“入户”行为要具有非法性。入户盗窃以行为人入户行为具有非法性为要件，即为实施盗窃、抢劫、诈骗、抢夺等侵财犯罪目的而入户。如果入户时具有正当理由，而后在户内产生盗窃犯意进而实施盗窃的，属于在户盗窃，不构成入户盗窃。对于以嫖娼或赌博为名进入住所类卖淫场所或者住所类赌博场所，而后实施盗窃的，虽然其入户行为看似得到许可，但因为其入户时就具有侵犯财产的非法目的，也应认定入户行为具有非法性，进而构成入户盗窃。

最后，要在户内实施了盗窃行为。如果行为人非法入户后并未在户内实施盗窃行为的，而是从户内出来后实施盗窃行为的，也不能认定为入户盗窃。

（四）携带凶器盗窃

根据《最高人民法院、最高人民检察院关于办理盗窃刑事案件适用法律若干问题的解释》第 3 条第 3 款的规定，携带枪支、爆炸物、管制刀具等国家禁止个人携带的器械盗窃，或者为了实施违法犯罪携带其他足以危害他人人身安全的器械盗窃的，应当认定为“携带凶器盗窃”。

首先，携带凶器盗窃中的“凶器”包括国家禁止个人携带的器械和其他足以危害他人人身安全的器械。对于“其他足以危害他人人身安全的器械”是否属于凶器，认定时应坚持主客观相统一原则。行为人主观上必须有将其当成凶器使用的意图，客观上该器械必须具有足以危害他人人身安全的危险性，方可认定为凶器。

其次，携带的凶器要随手可以支配使用。如果行为人开车去盗窃，凶器放在车上，不能随手支配使用的，不能认定为“携带凶器盗窃”。

（五）扒窃

根据《最高人民法院、最高人民检察院关于办理盗窃刑事案件适用法律若干问题的解释》第 3 条第 4 款的规定，在公共场所或者公共交通工具上盗窃他人随身携带的财物的，应当认定为“扒窃”。

首先，扒窃必须发生在“公共场所或者公共交通工具上”。公共交通工具必须是在运营中的，对于未在运营中的，不能认定为公共交通工具。

其次，扒窃必须是针对他人随身携带的财物。“随身携带的财物”包括带在身上的贴身财物，以及放置在身边的触手可及的财物。至于被害人控制财物意识的强弱一般不影响扒窃的认定。作为扒窃对象的财物在时空上不能与被害人有所隔离，必须时刻处于被害人触手可及的状态，否则，即使是短暂地脱离触手可及状态，在这个短暂的时间段内，该财物也不能成为扒窃的对象，而只能成为普通盗窃的对象。

第二节　盗窃罪类型化裁判

类型化一：以平和手段公开、非法占有财物的司法认定

以平和手段公开、非法占有公私财物，数额较大行为的司法认定。

1. 司法实践中存在的主要分歧：对以平和手段公开非法占有公私财物，数额较大的行为如何定性，存在不同意见。第一种意见认为，秘密性是盗窃行为的本质特性。盗窃罪就是指以非法占有为目的，秘密窃取公私财物数额较大的，或者多次盗窃、入户盗窃、携带凶器盗窃、扒窃的行为。采取平和手段公开非法占有公私财物的行为，因不具有秘密性，所以不属于盗窃行为，不能构成盗窃罪，而应该构成抢夺罪。第二种意见认为，手段的秘密性并不是盗窃行为的本质特征，盗窃行为也可以公开实施。抢夺行为以乘人不备的突然性和针对财物的暴力性为特征，故以平和手段公开非法占有公私财物的行为不属于抢夺行为，不构成抢夺罪，而应构成盗窃罪。

2. 审理该类型案件的主要思路：首先，查明行为人的客观行为。行为人是如何非法占有涉案财物的，行为人取财时与被害人的距离、位置情况，取财行为是在公共场所还是在他人户内等私密场所，取财过程中是否有暴力、威胁行为。其次，查明行为人的主观认识。行为人取财时，被害人是否有发现，是否有制止的语言、行为，行为人是否认为其取财行为是公开的，即是否认识到其取财行为已为被害人明知。最后，查明行为人与被害人是否存在特殊关系。行为人与被害人是否存在亲属关系，是否存在债权债务纠纷。

审理该类型案件需要查明如下证据：（1）涉案财物情况；（2）案发

现场情况；（3）监控录像；（4）被害人陈述；（5）目击者的证人证言；（6）行为人的供述。

在认定事实时还需要考虑：涉案行为发生的时间、地点，被告人通过何种手段非法占有公私财物，得逞后如何离开，被害人是谁，涉案金额，行为人是否具有非法占有目的。

3. 该类型案件的裁判规则：我们认为，以平和手段公开非法占有公私财物，数额较大的，构成抢夺罪。理由如下：

第一，盗窃罪应具有秘密性特征，即要以自认为不为被害人所知的秘密手段实施。该观点在我国仍然属于主流观点。该观点有其深厚的历史底蕴，非十分必要不宜推翻。

第二，存在公开盗窃的观点源于德国、日本刑法理论，但德国、日本刑法理论有其特殊的立法背景，就是德国、日本两国刑法中都没有规定抢夺罪，故其盗窃罪内涵比较丰富，既包含秘密窃取行为，也包含公开夺取行为。但我国的立法背景不同，我国刑法中规定有抢夺罪，因此，不宜照搬德国、日本刑法理论，认为存在公开盗窃。

第三，从社会公众的接受度来看，将抢夺行为解释为并不一定要突然以暴力方式实施，以平和手段同样可以夺取他人财物，相对于将盗窃行为解释为不需要偷偷进行，而是可以在被害人眼皮底下公开实施，可能更容易为公众所接受。

类型化二：盗卖房产等绝对不动产行为的司法认定

1. 司法实践中存在的主要分歧：针对盗卖房产等绝对不动产的行为是否可以构成盗窃罪的问题，存在不同意见。第一种意见认为，盗窃罪是转移财物占有的一种犯罪，一般只能针对动产实施，房产等绝对不动产不能成为盗窃罪的对象，故盗卖房产等绝对不动产的行为不能构成盗窃罪。第二种意见认为，房产等绝对不动产也可以成为盗窃罪之对象。

2. 审理该类型案件的主要思路：首先，查明行为人的客观行为。行为人是如何窃取房产证、产权人身份证等证件资料的，如何与他人签订房产买卖合同的，如何冒充产权人办理房产过户手续的。其次，查明行为人的主观故意。行为人究竟是意欲盗卖房产还是以盗卖房产为名对买受方实施合同诈骗。再次，查明房产买受方的购房行为是否善意。房产买受方是否存在恶意诱导行为人盗卖房产的行为，买受方是否支付了合理对价。最后，还要查明行为人与房产原权利人的关系。行为人与房产原权利人是否存在亲属关系或者房屋托管关系等。

审理该类型案件需要查明如下证据：（1）房产证、行为人与房产原权利人的身份及关系证明材料；（2）房产买卖合同、办理交易过户的相关资料；（3）对价支付情况资料，包括转账记录等；（4）涉案房产市场价格评估报告；（5）房产原权利人、房产买受人的陈述；（6）行为人的供述；（7）其他参与房产交易过程者的证言，包括房产交易中心相关工作人员、冒充房产原权利人的证言等。

在认定事实时还需要考虑：行为人于何时、何地、采用何种手段窃取房产证、房产原权利人的身份证等，该行为是否受到他人胁迫；房产买卖合同是与谁签订的，怎么签订的，合同对价是否合理，价款是否已经实际支付，房产是什么时候办理的过户登记，是如何在真实权利人未到场的情况下办理的过户登记。

3. 该类型案件的裁判规则：盗卖房产等绝对不动产的行为可以构成盗窃罪。理由如下：

第一，我国刑法规定盗窃罪的对象是公私财物，房产等绝对不动产当然也属于公私财物的范畴，因此，立法上并未将房产等绝对不动产排除在盗窃对象之外。

第二，盗窃罪是秘密转移财物占有的犯罪，然而，并非只有动产可以秘密转移占有，不动产也一样可以秘密转移占有。在不动产物权登记制度下，行为人秘密将他人的房产变更登记到自己名下，就是秘密转移占有的行为，无疑侵犯了他人的房产所有权。

第三，不承认房产可以成为盗窃罪的对象，在盗卖房产类案件中会得出违背常识的结论。如在龚某盗卖其父房产案中，就有观点认为龚某行为的社会危害性主要在于出售房产环节，而不在于盗取其父房产环节，该案被害人为房产买受人王某，龚某的行为构成合同诈骗罪。但该结论显然有违社会公众的常识，在社会公众看来，该案中显然不是房产买受人王某被诈骗了，而是龚某父亲的房产被龚某偷卖了。即使从专业的角度来分析，房产买受人王某受到民法上的善意取得制度保护，没有遭受经济损失，也不是该案的被害人，该案实际的被害人应是龚某的父亲，其实实在在遭受了财产损失。而其遭受财产损失的原因正是龚某的盗卖行为。对于被害人龚某父亲而言，龚某的行为不存在欺骗，而是秘密的盗窃行为。

第四，不能因为盗窃房产的行为容易通过再变更登记恢复原来状态得到救济而否定该行为的犯罪性质。实际上电信诈骗所得财物如果没有经过洗钱或者掩饰、隐瞒等手段进行处理也是比较容易得到救济的，但我们显然不会因此而否定其诈骗犯罪性质。若没有后续的卖房行为，上述案件不大会作为刑事案件处理，是因为被告人和被害人之间存在的父子关系这一特殊的人身关系。

类型化三：偷换收款二维码行为的司法认定

偷换商家收款二维码非法获取顾客支付的钱款，数额较大行为的司法认定。

1. 司法实践中存在的主要分歧：对于偷换商家收款二维码非法获取顾客支付的钱款，数额较大的行为，究竟是构成盗窃罪还是诈骗罪，存在不同意见。第一种意见认为，该行为构成盗窃罪。行为人属于盗窃罪的间接正犯，顾客系被行为人利用的犯罪工具，行为人通过利用顾客窃取了商家的财物。[①] 第二种意见也认为该行为构成盗窃罪，但理由是行为人秘密调换二维码是关键行为，相当于偷换商家收银箱。行为人没有虚构事实、隐瞒真相，其与商家和顾客都没有接触和联络，商家和顾客没有受骗。商家是因为没有发现二维码被调包，才指示顾客扫码付款，并非自愿向行为人的二维码交付财物。[②] 第三种意见也认为行为人的行为构成盗窃罪，盗窃的对象并非财物，而是商家对顾客享有的债权。第四种意见认为，行为人的行为构成诈骗罪，且属于三角诈骗，其通过偷换二维码的手段虚构事实，既欺骗了商家，也欺骗了顾客，使商家和顾客都陷入认识错误，顾客以为该二维码就是商家的收款二维码，顾客据此作出处分财物的行为，商家因此遭受财物损失。[③] 第五种意见也认为行为人的行为构成诈骗罪，但理由是行为人的行为属于一般诈骗，其通过偷换二维码的手段虚构事实，既欺骗了商家，也欺骗了顾客，使商家和顾客都陷入认识错误，顾客以为该二维码就是商家的收款二维码，商家据此作出了处分其对顾客所享有的债权的行为，即指示顾客扫二维码付款，并因此遭受了财产损失。[④]

2. 审理该类型案件的主要思路：首先，查明行为人的客观行为。行为人是如何偷换商家收款二维码的，通过偷换的商家收款二维码收取的钱款有多少。其次，查明是否存在其他共犯。最后，偷换的收款二维码对应的资金账户是否系行为人控制和使用，行为人是否存在其他共犯。

审理该类型案件需要查明如下证据：（1）偷换的收款二维码及其对应的收款账户、该账户的开户人；（2）偷换的时间段内账户的入账记录；

---

① 参见闫鹏：《涉二维码财产犯罪问题研究》，兰州大学2018年硕士学位论文。

② 参见福建省石狮市人民法院（2017）闽0581刑初1070号刑事判决书。

③ 参见张明楷：《三角诈骗的类型》，载《法学评论》2017年第1期。

④ 参见刘梦雅、张爱艳：《偷换商家支付二维码案的刑法认定》，载《中国检察官》2018年第2期。

（3）被害商家的陈述；（4）行为人的供述；（5）顾客的证言。

在认定事实时还需要考虑：行为人偷换商家收款二维码的时间、手段，商家发现收款二维码被偷换的时间，其间偷换的收款二维码入账金额是多少，收款账户是否由行为人实际控制与使用，行为人是否还有其他同伙。

3. 该类型案件的裁判规则：偷换商家收款二维码非法获取顾客支付的钱款的行为系盗窃行为，数额较大的，构成盗窃罪。其盗窃的对象是商家对顾客享有的债权，其在秘密窃取债权后通过顾客的支付行为实现了债权。[①] 理由如下：

第一，第一种意见即认为行为人属于盗窃罪间接正犯的意见不具有说服力。因为盗窃罪间接正犯中被利用作为盗窃工具者，应是将被害人的财物转移占有行为的直接实行者，但此类案件中的顾客并没有对商家的财物实施转移占有的行为，因为商家自始至终根本就没有占有过该笔钱款，当然也就不存在顾客转移商家占有的钱款的问题。[②]

第二，第二种意见否定商家和顾客受骗，令人难以接受。行为人秘密调换收款二维码本身就是一种虚构事实的行为，商家和顾客因此都陷入认识错误，误认为该二维码就是商家的收款二维码，商家和顾客实际上都已经受骗。行为人和商家以及顾客都没有任何联络，这也并不能成为否定商家和顾客受骗的理由，例如，行为人设置一个假的募捐网站，用"钓鱼"方式骗取他人捐款，行为人与被害人之间也完全可以没有任何联络，但似乎很难说这些网上捐款者没有受骗。至于说商家主观上并非自愿向行为人交付财物，而是没有认识到二维码被调包，这其实不就是诈骗犯罪中的对象认识错误吗？比如，甲公司欠乙公司货款，乙公司派人去催收货款，丙借机与该人喝酒，把其灌醉，然后自己冒充乙公司

---

① 参见许浩：《盗窃与诈骗交织类犯罪的定性问题研究》，载《法律适用》2019 年第 1 期。

② 参见许浩：《偷换商家收款二维码的行为定性》，载《人民司法·案例》2018 年第 35 期。

人员向甲公司收取货款后挥霍一空。此种情况下，我们是否能说甲公司主观上并非自愿向丙交付财物，而是没有认识到丙冒充乙公司人员，所以甲公司没有受骗呢？这显然是难以令人接受的。此外，该理由最大的问题还是在于行为人盗窃的究竟是谁的财物？根据该意见，商家是受害者，行为人盗窃的应当是商家的财物。但盗窃从本质上是一种将被害人占有的财物转移占有的行为，商家在此类案件中对于钱款自始至终不曾占有，所以也不存在被转移占有的可能。这个问题实际上是持盗窃罪观点者绕不开的一个关键问题。①

第三，第四种意见即认为构成三角诈骗的意见也存在瑕疵。三角诈骗也有其构成特征，三角诈骗中的受骗者和财物的处分者应是同一的。典型的三角诈骗是诉讼诈骗，原告是行为人，受骗者和财物的处分者均是法院，被害人就是被告。但在“偷换商家收款二维码案”中，顾客虽然受骗，但其并不具有处分作为被害人的商家的财物的权限，其交付钱款的行为只是向商家履行债务的行为，不能视为诈骗罪中的处分财物行为。② 诚如有学者所指出的，在张明楷教授所定义的“新型三角诈骗”中，被骗人处分自己的财物，导致被害人的债权消灭，引起被害人的财产损失，满足这一点便满足了“处分财物”的要件。然而，满足这一点，只是满足了“处分财物”的“传递或连接机能”，亦即“处分财物”在“认识错误”与“财产损失”之间起到因果关联的条件作用，但并未满足“处分财物”的“自我损害属性的保证机能”。当然，张明楷教授可以主张放弃诈骗罪的自我损害属性。然而，倘若果真如此，则诈骗罪与盗窃罪的界限也几乎被放弃了。③ 因此，此类案件也不宜以三角诈骗认定。

① 参见许浩：《偷换商家收款二维码的行为定性》，载《人民司法·案例》2018 年第 35 期。
② 参见许浩：《偷换商家收款二维码的行为定性》，载《人民司法·案例》2018 年第 35 期。
③ 参见柏浪涛：《民事代理在刑法适用中的意义》，载《华东政法大学学报》2021 年第 6 期。

第四，第五种意见认为该行为构成普通诈骗同样存在问题。该类案件中商家因受骗而陷入认识错误，将行为人的收款二维码当成自己的收款二维码后，指示顾客扫码付款的行为，主观上是为了实现自己的债权，并没有将自己享有的对顾客的债权转移给行为人的处分意思。在被害人不存在处分意思的情况下，应当认为其没有处分行为，进而否定诈骗罪的成立。①

第五，在各种定性理由都难以成立的情况下，可以采用盗窃债权的解释，即债权等财产性利益可以成为盗窃罪的对象。虽然对于债权能否被盗窃的问题存在一定争议，但随着网络技术的发展和新型支付手段的出现和广泛应用，财产性利益可以成为盗窃罪侵害对象的观点正逐渐被越来越多的学者所接受。② 与时俱进地采纳该观点具有一定的必要性。此类案件中，行为人获取财物的关键在于秘密调换商家收款二维码的行为，该行为可视为一种盗窃行为，盗窃的对象是商家对顾客享有的债权，其秘密窃取债权后通过顾客的支付行为实现了债权。

类型化四：盗窃网络虚拟财物行为的司法认定

盗窃网络虚拟财物，价值达到数额较大标准的司法认定。

1. 司法实践中存在的主要分歧：虚拟财物伴随数字网络时代而生，早在 2003 年前后，实践中就出现了盗窃 QQ 号、QQ 币、网络游戏装备类的刑事案件，后来随着比特币等虚拟货币的面世，又出现了盗窃比特币等虚拟货币类的刑事案件。对于这些案件究竟是以侵犯财产类的盗窃罪论处，还是以侵犯数据类的非法获取计算机信息系统数据罪等犯罪论处，一直以来争议不断。第一种意见认为，QQ 号、QQ 币、网络游戏装

① 参见许浩：《偷换商家收款二维码的行为定性》，载《人民司法·案例》2018 年第 35 期。

② 参见张明楷：《论盗窃财产性利益》，载《中外法学》2016 年第 6 期；柏浪涛：《民事代理在刑法适用中的意义》，载《华东政法大学学报》2021 年第 6 期；王骏：《财产性利益盗窃的客观构造》，载《政治与法律》2021 年第 3 期。

备等网络虚拟财物本质上只是电磁记录或者说是电子数据，窃取网络虚拟财物行为的本质并非侵犯财产所有权，而是妨碍网络游戏娱乐与经营活动，因而不具备盗窃罪的本质。[①] 比特币等虚拟货币虽然在国际市场上有交易，但其价格波动太大，主观性太强，并且我国不承认其合法性并禁止交易，因此虽然其具有类货币性质，但不属于刑法上的财产范畴。[②] 比特币等虚拟货币交易作为区块链服务的主要方式，主要是以计算机信息系统数据的形式进行流通，故虚拟货币应作为计算机信息系统数据犯罪进行保护。[③] 第二种意见认为，虚拟财产只不过是财产的一种特殊存在形态，我国刑法中的财物是一个包括了有体物、无体物和财产性利益的最为广义的概念，因此完全能够涵盖虚拟财产；对于具有财产价值的虚拟财产应当按照财物予以刑事保护。[④] 比特币等虚拟货币具有效用性、稀缺性和可支配性，虽然在技术属性上是以电子形式存在的一串数字组合，但有别于刑法规定的计算机犯罪的"数据"，而属于法律上的财物。对于非法获取他人虚拟货币的行为，不能认定构成非法获取计算机信息系统数据罪，而应当认定为单独的盗窃罪或诈骗罪等财产犯罪。[⑤] 第三种意见认为，网络虚拟财物应当区别对待，对于QQ号、QQ币、网络游戏装备等类型的网络虚拟财物，虽然具有财产属性，但主要性质还是数据，可以认为是财产性数据，主要应以数据形式给予刑法保护；而对于比特币等虚拟货币，在国际上存在正式的交易市场，财产属性更为明显，故可认为是数据性财产，主要应以财产形式给予刑法保护。

2. 审理该类型案件的主要思路：首先，查明行为人的客观行为。行

① 参见刘明祥：《窃取网络虚拟财产行为定性探究》，载《法学》2016年第1期。

② 参见李婕：《超越数据属性：盗窃比特币行为的刑法认定》，载北大江溯主编《刑事法评论》第48卷。

③ 参见张春莉：《虚拟货币的刑法属性及保护路径》，载《浙江社会科学》2022年第11期。

④ 参见陈兴良：《虚拟财产的刑法属性及其保护路径》，载《中国法学》2017年第1期。

⑤ 参见叶良芳：《数据抑或财物：以虚拟货币为犯罪对象的案件之定性分析》，载《中国应用法学》2023年第3期。

为人是通过何种手段窃取虚拟财物的，窃取的是哪种虚拟财物，窃取的虚拟财物数量有多少，窃取当时虚拟财物的价值多少，窃取虚拟财物过程中是否有对计算机信息系统实施破坏的行为。其次，查明行为人的主观故意。行为人侵入或者破坏计算机信息系统，转移虚拟财物的主要目的究竟是侵犯财产还是侵入或破坏计算机信息系统。最后，查明销赃数额。行为人窃取虚拟财物后，如果予以出售的，销赃数额是多少。

审理该类型案件需要查明如下证据：（1）涉案虚拟财物所在计算机信息系统被侵入的电子记录；（2）被窃取的虚拟财物（列明清单）；（3）失窃时的涉案虚拟财物价值评估报告；（4）网上销赃记录；（5）行为人的供述；（6）购买者的证言。

在认定事实时还需要考虑：行为人侵入计算机信息系统窃取虚拟财物的时间、手段，是否造成了对计算机信息系统的破坏，窃取了哪些虚拟财物，当时这些虚拟财物价值多少，行为人窃取虚拟财物后存放在哪里，是否有销赃，销售给了哪些人，销赃得款多少。

3. 该类型案件的裁判规则：具有财产价值的虚拟财产应当按照财物予以刑事保护，盗窃网络虚拟财物，价值达到数额较大标准的，构成盗窃罪。理由是：

第一，虚拟财产只不过是财产的一种特殊存在形态，是随着科技与时代发展而产生的一种新形态的财产，其具有财产价值。

第二，即使盗窃虚拟财物的行为同时符合非法获取计算机信息系统数据罪的构成要件，盗窃罪与非法获取计算机信息系统数据罪之间也属于想象竞合关系，应当从一重罪论处。

第三，从主客观相一致方面来看，此类案件的行为人主观方面主要还是出于侵犯财产的故意，而不是获取数据的故意，因此，以侵犯财产罪中的盗窃罪认定更符合犯罪行为的本质。

不过，需要注意的是，对于行为人窃取虚拟财物的行为还有可能构成侵犯知识产权等犯罪，因此要对行为所侵犯的主要客体加以甄别。只有在侵犯的客体主要表现为财产权时，才以盗窃罪认定；如果侵犯的客体主要是知识产权，那就应当以侵犯知识产权的相应罪名认定。

类型化五：占有他人遗忘在银行的钱款行为的司法认定

将他人遗忘在银行的钱款秘密据为己有行为的司法认定。

1. 司法实践中存在的主要分歧：将他人遗忘在银行的钱款秘密据为己有行为的定性问题从上海法院的一个案例，即周某某被控盗窃宣告无罪案分析。该案中，被告人周某某在银行等候办理业务期间，在大厅左侧填单台与等候区座位之间来回走动。当被害人王某某来到该行大厅左侧填单台时，将一只装有现金的信封放在填单台上。过了约一分钟，王某某离开填单台，将信封遗忘在填单台上。又过了约20秒钟，王某某回到大厅并经过填单台径直坐到等候区座位上低头看手中的读物，周某某仍在填单台与座位之间的空地来回走动。后周某某发现填单台上放着一只信封，经查看确认信封内装有现金，便立即将该信封藏入自己包内后离开了银行。王某某发现钱款不见后，在寻找未果的情况下拨打电话报警。民警经过调查，发现系周某某拿走了钱款，遂上门询问，周某某承认在银行捡到一只装有2万元的信封，经过做工作，周某某在5天后将上述现金交到了派出所，派出所遂将该款归还给王某某。该案中，关于周某某的行为是否构成盗窃罪存在较大争议。第一种意见认为，涉案财物虽然被王某某遗忘在填单台上，但鉴于银行大厅这一特殊环境，财物离王某某很近，王某某随时都能想起并找到，故可认为王某某仍然保持对该财物的实际控制和占有。周某某将该财物秘密据为己有，构成盗窃罪。第二种意见认为，根据“双重控制说”，在银行大厅这样的特殊环境下，即使王某某因遗忘而失去了对财物的控制和占有，涉案财物也应当视为在银行的控制和占有之下，周某某将该财物秘密据为己有，同样构成盗窃罪。第三种意见认为，涉案财物系王某某的遗忘物，已经脱离了王某某的控制与占有，银行也没有控制和占有该财物，无人控制与占有的遗忘物不能成为盗窃罪的对象，故周某某的行为不构成盗窃罪，且周某某并未拒不归还，因此，也不能构成侵占罪。该行为虽应受道德谴责，但尚不能构成犯罪。

2. 审理该类型案件的主要思路：首先，查明涉案财物的状态。涉案财物放在什么位置，物主将其遗落在那多长时间，是否已经将其遗忘，是否有其他人对涉案财物实施控制。其次，查明行为人的客观行为。行为人是如何将涉案财物秘密据为己有的，被发现后是否拒不承认，是否坚持拒不退还。最后，查明行为人的主观认识。行为人主观上是否认识到涉案财物是他人的遗忘物。

审理该类型案件需要查明如下证据：（1）银行监控视频；（2）被害人的存取款记录；（3）被害人报警记录；（4）民警开展工作情况记录；（5）行为人退还涉案财物情况记录；（6）银行工作人员的证言；（7）行为人的供述；（8）被害人的陈述。

在认定事实时还需要考虑：行为人出于什么样的主观故意将涉案财物秘密据为己有，涉案财物是否属于遗忘物，是否有其他人对涉案财物实施控制，涉案财物金额多少，被民警询问后是否承认，何时承认的，何时将涉案财物交还的。

3. 该类型案件的裁判规则：将他人遗忘在银行的钱款秘密据为己有的行为是否构成盗窃罪，需要看钱款是否在他人或者银行的占有和控制之下，如未为他人或者银行占有和控制的，行为人的行为应认定为拾得遗忘物的行为，不构成盗窃罪。理由如下：

第一，对财物的控制是指对财物可以支配的状态，其应当具备两个因素，一是客观上已经对财物事实上控制、支配；二是主观上已经形成了控制、支配财物的意识。对于在银行等特定场所遗忘的财物，遗忘者本人客观上已经丧失了对财物事实上的控制、支配，主观上也没有形成控制或支配涉案财物的意识，即使观念上也不能认为其仍控制、占有被遗忘的财物。而银行等特定场所的第二重控制的形成同样要符合对财物控制的主客观因素，即必须是该特定场所的主人或者有关人员以持有、支配的意识控制他人丢失的财物，否则就不能认定这种第二重控制或占有的关系。

第二，被遗忘的财物在处于失控状态的情况下，不能成为盗窃罪的对象，行为人即使将其秘密据为己有，也只是捡拾遗忘物的行为，而不是盗窃行为。如果行为人拒不交还，则可能构成侵占罪；但如果行为人并没有拒不交还，则不应构成犯罪。

类型化六：窃取他人合法占有自己财物的司法认定

1. 司法实践中存在的主要分歧：实践中，将质押给他人的车辆秘密窃回或者将被依法扣押的财物秘密窃回的案件时有发生，对于此类案件如何定性存在一定争议。第一种意见认为，行为人以非法占有为目的，秘密窃取他人合法占有之下的财物，其行为构成盗窃罪。第二种意见认为，盗窃罪侵犯的客体是公私财物的所有权，如果盗窃行为人就是财物的所有权人，那么财物的所有权就不可能被侵犯，因而不能构成盗窃罪。如果行为人的行为触犯其他罪名的，可以其他罪名认定。例如，行为人窃回自己的财物后，隐瞒真相，又以财物灭失为由向质押权人或者扣押机关索赔的，可以诈骗罪认定。第三种意见认为，行为人窃回财物的行为，对于质押权人而言，只是侵犯了其质押权及其担保的债权，但是，因为债权等财产性利益也可以成为盗窃罪的对象，故行为人的行为可以构成盗窃罪。对于依法扣押财物的司法机关而言，行为人窃回自己被扣押的财物的行为，只是侵犯了其正常的司法活动，属于妨害司法的行为，可构成非法处置扣押的财产罪。如果行为人后续还有隐瞒真相索赔的行为，则还可以构成诈骗罪。

2. 审理该类型案件的主要思路：首先，查明行为人的客观行为。行为人是采用何种手段窃回质押给他人的财物或者被司法机关扣押的财物的，窃回财物后有没有进一步的索赔行为，如有进一步索赔行为的，索赔金额多少。其次，查明行为人的主观目的。行为人窃回财物的目的是什么，究竟是为了讹诈赔偿还是为了逃避质押担保的债务，或者是为了逃避对财物的司法扣押。最后，查明涉案财物价值及债务情况。窃回的涉案财物价值是多少，质押担保的债务是多少。

审理该类型案件需要查明的证据：（1）质押财物的质押合同、质押登记，被查扣财物的查扣文书等；（2）行为人的身份证明；（3）涉案财物去向证据；（4）涉案财物价值评估报告；（5）行为人与被害人的交涉过程记录；（6）行为人的供述；（7）被害人的陈述。

在认定事实时还需要考虑：行为人窃回财物的时间、地点，窃回的财物价值，质押担保的债务数额，窃回财物后与质押权人或扣押财物的司法机关是否有进一步的交涉，是如何交涉的，是否提出了索赔要求。

3. 该类型案件的裁判规则：窃取他人合法占有的自己财物的行为，应视侵犯客体而定性。从质押权人处窃回自己财物的，只是侵犯了质押权及其担保的债权，因为债权等财产性利益也可以成为盗窃罪的对象，故行为人的行为可以构成盗窃罪。从司法机关窃回自己被扣押的财物的，只是侵犯了司法机关正常的司法活动，属于妨害司法的行为，可构成非法处置扣押的财产罪。如果行为人后续还有隐瞒真相索赔的行为，则还可以构成诈骗罪。理由如下：

第一，盗窃罪侵犯的是他人对财物或财产性利益的所有权益，而非单纯的占有，否则就容易混淆盗窃与盗用，因为盗用行为同样侵犯他人对财物的占有。财物的所有权人窃回财物的行为，因为不可能侵犯财物的所有权，因此不可能构成针对财物本身的盗窃犯罪。但是，因为其盗窃行为侵犯了他人的质押权等财产性利益，故可以构成针对财产性利益的盗窃犯罪。

第二，对于窃回本人质押财物后又索赔的行为，应属于盗窃罪与诈骗罪的牵连犯，因两罪同属侵犯财产犯罪，且在侵犯的财产方面存在重叠，故在处理上以从一重处较为合理。但对于窃回本人被依法扣押的财物后又索赔的行为，虽然也存在手段与目的行为之间的牵连关系，但因手段行为并非构成侵犯财产犯罪，而是构成妨害司法罪中的非法处置扣押的财产罪，与作为目的行为的诈骗罪侵犯的系不同类客体，故在处理上应予数罪并罚为妥。

类型化七：盗窃他人信用卡使用的司法认定

盗窃他人信用卡后，绑定支付宝等使用行为的司法认定。

1. 司法实践中存在的主要分歧：盗窃他人信用卡后，绑定支付宝等使用的行为，究竟是构成盗窃罪还是信用卡诈骗罪存在较大争议。第一种意见认为，根据《刑法》第196条第3款的规定，盗窃信用卡并使用的，以盗窃罪定罪处罚。该行为就是盗窃信用卡并使用的行为，法律已经将其拟制为盗窃罪，当然应当认定构成盗窃罪。第二种意见认为，行为人盗窃信用卡并不是为了实体卡片，而是为了窃取以卡片为载体的信用卡信息资料，并且绑定支付宝根本用不着卡片，其使用的也是信用卡信息资料，根据《最高人民法院、最高人民检察院关于办理妨害信用卡管理刑事案件具体应用法律若干问题的解释》第5条第2款第3项的规定，窃取他人信用卡信息资料，并通过互联网、通讯终端等使用构成冒用他人信用卡型信用卡诈骗罪。该行为与窃取他人信用卡信息资料，并通过互联网、通讯终端等使用的行为并无实质区别，应予以同等评价，故应定性为信用卡诈骗罪。

2. 审理该类型案件的主要思路：首先，查明行为人的客观行为。行

为人是采用何种手段窃取信用卡的，窃取信用卡后是如何使用的，转账、消费多少次，金额有多少。其次，查明被害人的还款情况。就被盗刷的金额，被害人是否已经向银行还款，还款数额多少。

审理该类型案件需要查明如下证据：（1）涉案信用卡及其卡号等信息资料；（2）涉案支付宝或者其他绑卡平台账户资料；（3）转账、消费记录；（4）行为人的供述；（5）被害人的陈述。

在认定事实时还需要考虑：行为人窃取信用卡的时间、地点，如何绑定的支付宝或者其他平台账户，转账、消费过程中是否使用过窃取的实体信用卡，通过网络支付平台转账、消费几次，金额有多少。

3. 该类型案件的裁判规则：盗窃他人信用卡后，绑定支付宝等使用的行为，构成信用卡诈骗罪。《刑法》第 196 条第 3 款规定，盗窃信用卡并使用的，以盗窃罪定罪处罚，属于法律拟制，仅适用于盗窃实体信用卡卡片并使用实体信用卡卡片进行 ATM 取款或者刷卡消费等行为的规制。对两罪的定性分析如下。

第一，在刑法解释与适用理念上，应坚持实质解释理念，本质相同的行为应予以同等评价，这是公平公正的要求，盗窃信用卡卡片后绑定支付宝使用与窃取信用卡账号、密码等信息资料后绑定支付宝使用，本质上没有任何区别，故应同等评价为信用卡诈骗罪。

第二，“盗窃信用卡并使用”型盗窃罪通说认为属于法律拟制。因为信用卡本身价值低廉，对其实施盗窃后如果没有后续的使用行为实际上难以构成盗窃罪，而后续的使用行为往往就是一种冒用他人信用卡的信用卡诈骗行为。该条立法将盗窃信用卡的行为和其后的使用行为结合起来，在法律上将其拟制为盗窃罪。既然是法律拟制，也就是说，此类行为理论上本应当构成冒用型信用卡诈骗，但由于刑法的拟制规定才被定性为盗窃罪，因此，存在争议的情况下，就应该倾向于用行为本身的性质来认定。

第三，“盗窃信用卡并使用”型盗窃罪应当予以限制解释，将其限制于立法者作出拟制规定时所针对的情况和意图解决的问题，即针对盗窃实体信用卡卡片并使用实体信用卡卡片进行 ATM 取款或者刷卡消费等行为，而对于未窃取实体卡片或者未使用实体卡片而是通过信息网络使用信用卡的行为均排除在该条拟制盗窃罪之外更为合理。

类型化八：以他人名义向“蚂蚁借呗”贷款的司法认定

盗取他人账号、密码或其他身份信息后，以他人名义向“蚂蚁借呗”等网络贷款平台申请贷款，放款成功后将钱款转出或者用于消费行为的司法认定。

1. 司法实践中存在的主要分歧：随着支付宝等移动支付的普及使用和网络贷款功能在移动支付 App 中的嵌入，盗取他人账号申请网络贷款后据为己有的犯罪时有发生，对于此类侵犯财产犯罪如何定性存在一定争议。第一种意见认为，此类行为应该排斥盗窃罪的适用，认定为诈骗类犯罪为宜。具体而言，当网络贷款平台具有相关金融机构资质时，应认定为贷款诈骗罪；当网络贷款平台不具有相关金融机构资质又以贷款为主要业务时，可以认定为合同诈骗罪。第二种意见认为，此类盗骗交织行为的定性，应根据行为人获得财产主要是通过盗还是骗的方式来认定。具体而言，如果在案发前账号主人已经开通贷款功能，账号和贷款平台关联为一个整体，行为人窃得账号后输入账号、验证码就可以获得贷款，此时盗窃方式起主要作用，应当认定为盗窃罪。如果行为人获得身份信息后需要开通贷款功能，经过操作、验证和贷款平台的审核才能获得贷款，此时行为人主要是通过欺骗的方式获得贷款，应认定为诈骗类犯罪。其中，网络贷款平台如果具有金融机构资质，则成立贷款诈骗罪。

2. 审理该类型案件的主要思路：首先，查明行为人的客观行为。行

为人是采用何种手段窃取他人账号、密码等资料，如何利用他人身份信息申请网络贷款，申请网络贷款审核流程如何，贷款金额多少，是否全部转出，转出金额多少。其次，查明被害人的还款情况。就贷款金额，被害人是否已经向贷款平台还款，还款金额多少。

审理该类型案件需要查明如下证据：（1）窃取的网络平台账号等信息资料；（2）网络贷款申请记录；（3）网络贷款申请审核流程；（4）贷款发放记录；（5）贷款资金转账记录；（6）被害人还款记录；（7）行为人的供述；（8）被害人的陈述。

在认定事实时还需要考虑：何时、何地，行为人通过何种方式窃取了被害人的账号、密码等，如何冒充被害人向哪个平台申请网络贷款，申请贷款审核流程如何，发放贷款金额多少，是否全部转出据为己有，转出据为己有的金额多少。

3. 该类型案件的裁判规则：盗取他人账号、密码或其他身份信息后，以他人名义向“蚂蚁借呗”等网络贷款平台申请贷款，放款成功后将钱款转出或者用于消费的行为，原则上应认定盗窃罪。但也不排除可能构成贷款诈骗罪的情形，如网贷平台等金融机构在放款之前需要进行严格的人工审核流程，财产损失与疏于审核具有直接的因果关系，此时盗窃他人账号、密码也就沦为一种工具属性，认定贷款诈骗罪更为妥当。理由如下：

第一，从犯罪对象及侵害法益来看，此类危害行为真正侵害的是被冒用身份者对财产的占有，而非网络贷款平台对财产的占有，财产被害人是被冒用身份者。网络贷款平台依据所接收的规范信息放贷，并无过错责任可言，无须承担财产损失。准确认定财产犯罪的被害人，是正确定罪的关键点。

第二，从危害行为特征来看，造成法益侵害的转款或消费行为，均是在被冒用身份者不知情的情况下秘密实施的，符合秘密窃取的行为特征。

第三，从被告人的主观认知来看，此类行为更符合窃取被害人财物的内心想法，而非从被害人处骗取财物。

第四，从罪刑均衡来看，因盗窃罪的入罪数额标准低于贷款诈骗罪，此类行为认定为盗窃罪相较于贷款诈骗罪，不会造成罪刑失衡和法律适用的盲区。

类型化九：自盗快递财物的司法认定

快递员、分拣员监守自盗快递件中财物行为的司法认定。

1. 司法实践中存在的主要分歧：当前社会，快递物流行业高度发达，每天都有大量的快递员奔走于大街小巷派送快递包裹，为人们生活购物带来的极大的便利。但快递行业中，不法分子借助分拣快递或者派送快递的便利监守自盗快递件中财物的案件也偶有发生，此类行为如何定性存在一定争议。第一种意见认为，快递员、分拣员的行为均应认定为盗窃罪。快递员、分拣员对快递物品仅是一次性或偶然性经手，均属于辅助占有，不符合职务行为所要求的主管、管理的反复长期性特征，故只能依据其秘密窃取行为，认定为盗窃罪。第二种意见认为，快递员、分拣员的行为均应认定为职务侵占罪。快递员、分拣员通过正规途径进入快递公司工作，均以快递公司员工身份接触快递物品，其履行职务造成的损害由快递公司作为对外赔偿的主体。因此，快递员、分拣员利用职务便利实施的侵占行为，应认定为职务侵占罪。

2. 审理该类型案件的主要思路：首先，查明行为人的客观行为。行为人是何时、何地、采用何种手段窃取经手财物的，对于发货人、收货人反映财物丢失后，公司的询问行为人是如何回答的，是否存在销赃行为，销赃金额多少。其次，查明快递公司员工的职责和快递公司的赔偿责任。快递员、分拣员对于经手财物具有何种职责，快递公司对于快递财物的丢失、失窃具有何种赔偿责任。

审理该类型案件需要查明如下证据：（1）快递分拣场所监控视频；（2）快递员、分拣员职责；（3）快递公司窃取快递财物行为人的供述；（4）被害人的陈述；（5）快递收货记录、流转记录、出库记录、配送记录；（6）涉案财物去向证据。

在认定事实时还需要考虑：何时、何地，行为人通过何种方式窃取了经手的快递财物，财物价值多少，窃取财物后是如何处理的，如果销赃，销赃金额多少，快递公司是否已经赔偿被害人。

3. 该类型案件的裁判规则：快递员、分拣员监守自盗快递件中财物的行为不构成盗窃罪，而应构成职务侵占罪。主要理由如下：

第一，从工作内容来看，快递员、分拣员只是单位内部职责分工的不同，均对所经手的财物负有安全保管责任，快递与分拣均属于职务行为，具有职务行为所要求的持续性、反复性特征，应当作一体评价。

第二，从法律责任来看，快递员与分拣员在工作中造成快递物品损坏丢失的，单位应当承担赔偿责任，如果认定分拣员构成盗窃罪，让被害人向分拣员个人追责，并不符合实际情况。

类型化十：多次盗窃入罪、没有既遂的行为认定

以多次盗窃入罪的，其中只有一次既遂的，如何认定，二次以上达到既遂的，如何认定。

1. 司法实践中存在的主要分歧：对于多次盗窃的既未遂形态认定问题，存在一定争议。第一种意见认为，只要其中一次盗窃行为既遂，即可全案认定为多次盗窃既遂。第二种意见认为，以多次盗窃入罪的案件，只有一次盗窃行为既遂的，不宜全案评价为犯罪既遂；二次以上达到既遂的，方可全案认定犯罪既遂。

2. 审理该类型案件的主要思路：首先，查明行为人的客观行为。行

为人共实施了多少次盗窃行为，盗窃数额多少，其中几次盗窃行为构成既遂。其次，查明行为人的盗窃行为是否曾受到过处罚。行为人的盗窃行为是否受到过处罚，受到过何种处罚。如已受过刑事处罚的，不应再计入盗窃次数。

审理该类型案件需要查明如下证据：（1）监控视频；（2）报案记录；（3）证人证言；（4）行为人供述；（5）被害人陈述。

在认定事实时还需考虑：何时、何地，行为人通过何种方式窃取财物，财物价值多少，共盗窃几次，得逞了几次，是否因此受到过行政处罚或者刑事处罚。

3. 该类型的裁判规则：以多次盗窃入罪的案件，只有一次盗窃行为既遂的，不宜全案评价为犯罪既遂；二次以上盗窃行为达到既遂的，方可全案认定犯罪既遂。理由如下：

第一，根据《最高人民法院、最高人民检察院关于办理盗窃刑事案件适用法律若干问题的解释》第 3 条规定，“二年内盗窃三次以上的，应当认定为‘多次盗窃’”。对于以多次盗窃入罪的案件，其每次盗窃行为单独都不构成犯罪，因为如果其中有一次盗窃行为单独达到入罪标准的，就不应以多次盗窃入罪，而应以普通盗窃入罪。盗窃次数达到多次是多次盗窃的入罪“门槛”。犯罪形态的判断应结合犯罪行为整体予以评价，多次盗窃的犯罪行为至少是三次以上的盗窃行为，如果只有一次盗窃行为既遂，既遂部分没有达到在整体犯罪行为中占主要部分，所以不宜以此认定整体的犯罪形态；只有在二次以上盗窃行为既遂时，方可认为达到了多次盗窃入罪标准次数（三次）的 2/3 以上，占据了整体犯罪行为中的主要部分，据此认定整体盗窃犯罪既遂。

第二，若不以构成犯罪的主要部分事实作为犯罪形态认定的依据，就会产生如下的不合理结论，比如，行为人在金店内实施盗窃，在盗窃价值 50 万元的黄金饰品的同时还将收银机里的 800 元钱一并装入口袋，但尚未来得及离开时就被发现，无奈只能丢下黄金饰品逃跑，顺利逃脱后于次日被警方抓捕。因为行为人该次盗窃行为中有 800 元已经既遂，如果据此认定该案构成盗窃罪既遂，这样的结论恐怕大多数人都是不太容易接受的。

第三，多次盗窃的构成有一个三次的最低标准，故在犯罪形态认定中的主要方面也不应宽泛地整体评价，比如盗窃十次，有三次既遂、七次未遂，构成多次盗窃的，不能整体评价认为未遂是主要方面，而应以三次的入罪标准为基准，只要既遂行为在构罪“门槛”的三次中占据主要部分，即可整体认定多次盗窃既遂。

类型化十一：入户窃取车钥匙的司法认定

利用入户窃取的车钥匙随即盗窃户外车辆的司法认定。

1. 司法实践中存在的主要分歧：对于利用入户窃取的车钥匙随即盗窃户外车辆的行为如何定性，存在三种不同意见。第一种意见认为，入户盗窃车钥匙和利用入户窃取的车钥匙盗窃户外车辆，存在时空不一致，属于两次盗窃行为。入户盗窃车钥匙属于入户盗窃，构成盗窃罪；盗窃户外车辆，亦构成盗窃罪，两行为之间属于入户盗窃与普通盗窃的牵连，应当从一重处。第二种意见认为，入户盗窃车钥匙和利用入户窃取的车钥匙盗窃户外车辆，尽管存在时间间隔和空间转换即时空不一致，但户内钥匙与户外车辆连为一体，且入户盗窃车钥匙之时，目的明确，即离户后盗窃车辆，故入户盗窃车钥匙和利用入户窃取的车钥匙盗窃户外车辆，属于分步在户内外完成的盗窃行为，是一次完整的盗窃行为，应当认定为入户盗窃。第三种意见认为，利用入户窃取的车钥匙随即盗窃户外车辆，应整体评价为一次盗窃行为，并应认定为普通盗窃，不构成入户盗窃。

2. 审理该类型案件的主要思路：首先，查明行为人的客观行为。行

为人入户窃取了哪些财物，入户窃取车钥匙后是否随即窃取户外车辆，还是行为之间有明显的时间间隔。窃取车辆后是否销赃，销往哪里，销赃金额多少。其次，查明行为人的主观目的。行为人入户窃取车钥匙是否系为了窃取户外车辆。

审理该类型案件需要查明如下证据：（1）监控视频；（2）报案记录；（3）失窃车辆去向证据；（4）失窃车辆价值评估报告；（5）行为人供述；（6）被害人陈述；（7）收购者的证言。

在认定事实时还需要考虑：何时、何地，行为人入户窃取了车钥匙，何时利用车钥匙窃取了户外的车辆，窃取车钥匙为了盗窃车辆而有目的地窃取的还是盗窃其他财物时顺手牵羊窃取的，盗窃户外车辆的意图是入户盗窃时就有的还是入户盗窃完成后临时起意的，盗窃的车辆价值多少，销赃金额多少。

3. 该类型案件的裁判规则：利用入户窃取的车钥匙随即盗窃户外车辆，应整体评价为一次盗窃行为，并应认定为普通盗窃，不构成入户盗窃。理由如下：

第一，车辆和车钥匙虽是一个整体，但多数时间车钥匙与车辆处于分离状态，也正因如此，入户窃取车钥匙后再去户外窃取车辆，必然存在时间间隔和空间转换，但一般间隔时间较短、空间距离较近，系在一个盗窃犯意支配下分步实施的一次完整的盗窃行为。车钥匙是车辆的一部分，其本身的财产价值不大，窃取车钥匙一般并非盗窃的最终目的，最终目的通常是为了盗窃车辆，即在户内盗窃车钥匙之时，该盗窃犯意一般就包含了离户后即去盗窃户外车辆的内容。该行为与入户窃取车钥匙并在户外盗窃车辆，仅是盗窃车辆的场所不同而已，既然对前者评价为一次盗窃，对后者也应评价为一次盗窃，而非评价为具有牵连关系的两次盗窃行为。

第二，窃取车钥匙不等于窃取车辆。众所周知，车辆带有车钥匙，车钥匙是车辆的一部分。虽然一般通过车钥匙控制车辆，但这种控制也可以说是车钥匙承载的功能，而非承载或者代表车辆本身，故窃取车钥匙不等于窃取车辆。事实上也如此，入户窃取了车钥匙并不意味着窃取了户外车辆，也并不意味着就能够成功窃取到车辆。户外车辆并不属于户内财物，窃取户外车辆并非窃取户内财物。既然窃取的是户外财物，就不符合入户盗窃中关于在户内盗窃他人财物的要求。而且社会观念上，一般认为户外车辆被盗是放置于户外的财物被盗，而不是户内财物被盗。

类型化十二：携带凶器盗窃的司法认定

携带凶器盗窃，要求行为人主观上具有将携带的其他足以危害他人人身安全的器械当成凶器，在劫取财物或者抗拒抓捕中有使用的意图，而不是单纯地作为盗窃工具使用的司法认定。

1. 司法实践中存在的主要分歧：对于携带枪支等国家禁止个人携带的器械实施盗窃，可以直接认定为携带凶器盗窃，基本没有争议。但对于为违法犯罪目的，携带其他足以危害他人人身安全的器械实施盗窃，是否要求行为人具有将携带的器械作为凶器使用的意图才能构成携带凶器盗窃，存在一定争议。第一种意见认为，司法解释明确规定为了实施违法犯罪携带其他足以危害他人人身安全的器械盗窃的，应当认定为“携带凶器盗窃”，并不要求将行为人有将携带的其他足以危害他人人身安全的器械当作凶器使用的意图。第二种意见认为，行为人携带其他足以危害他人人身安全的器械实施盗窃，必须具有将携带的器械作为凶器使用的意图才能构成携带凶器盗窃。

2. 审理该类型案件的主要思路：首先，查明行为人的客观行为。行为人携带的是何种器械，如何携带的，盗窃过程中是否使用以及如何使用的，有没有对人使用。其次，查明行为人的主观意图。行为人携带的其他足以危害他人人身安全的器械，是否有将其用于侵害他人人身的意图。

审理该类型案件需要查明如下证据：（1）监控视频；（2）报案记录；（3）行为人携带的器械；（4）失窃财物；（5）行为人供述；（6）被害人陈述。

在认定事实时还需要考虑：何时、何地，行为人携带何种器械实施盗窃，该器械是否属于其他足以危害他人人身安全的器械，行为人携带该器械是否具有将其用于侵害他人人身的意图，盗窃过程中是否使用了该器械以及如何使用的。

3. 该类型案件的裁判规则：携带凶器盗窃要求行为人主观上具有将携带的其他足以危害他人人身安全的器械当成凶器，在劫取财物或者抗拒抓捕中有使用的意图，而不是单纯地作为盗窃工具使用，否则不构成携带凶器盗窃。理由如下：

第一，携带国家禁止个人携带的器械以外的其他器械本身并不能反映出违法性，只有行为人主观上具有将其作为凶器使用的意图才反映此类器械的“凶器”性质。比如，行为人为抢劫而携带铁棒，后抢劫不成转而实施盗窃的，因为行为人都有将携带的铁棒作为凶器使用的打算，故应认定为携带凶器盗窃。

第二，“凶器”是用来行凶的，故行为人一般不作为盗窃工具使用。如果仅仅作为盗窃工具，用于破除财物防护设施或者其他便利盗窃实行的用途，即使足以危害他人人身安全的，因为行为人在主观上没有将该器械用于侵害他人人身的打算，也就不会对他人人身安全产生威胁，不符合《刑法》规定的携带凶器盗窃的立法本意，一般不宜认定为携带凶器盗窃。

需要注意的是，携带凶器盗窃中对携带的器械限于有使用的意图，而不能发展为实际使用，否则，就很有可能不再构成携带凶器盗窃，而是转化为抢劫罪。

第三节　本罪涉及的主要法律法规、司法解释及案例索引

一、法律法规、司法解释及相关规范性文件索引

1. 《中华人民共和国刑法》第二百六十四条、第二百六十五条、第一百九十六条第三款、第二百一十条第一款、第二百五十三条

2. 《最高人民法院办公厅关于宋北新盗窃案应如何处理问题的批复》(〔55〕行字第7487号，1955年5月10日施行)

3. 《最高人民法院研究室关于盗用他人长话帐号案件如何定性问题的复函》(1991年9月14日施行)

4. 《最高人民法院关于对故意伤害、盗窃等严重破坏社会秩序的犯罪分子能否附加剥夺政治权利问题的批复》(法释〔1997〕11号，1998年1月13日施行)

5. 《最高人民法院、最高人民检察院、公安部、国家工商行政管理局关于印发〈依法查处盗窃、抢劫机动车案件的规定〉的通知》(公通字〔1998〕31号，1998年5月8日起施行)

6. 《最高人民法院关于印发〈全国法院维护农村稳定刑事审判工作座谈会纪要〉的通知》(法〔1999〕217号，1999年10月27日施行)

7. 《最高人民法院关于审理扰乱电信市场管理秩序案件具体应用法律若干问题的解释》(法释〔2000〕12号，2000年5月24日施行)第七条、第八条

8. 《最高人民检察院关于单位有关人员组织实施盗窃行为如何适用法律问题的批复》(高检发释字〔2002〕5号，2002年8月13日施行)

9.《最高人民检察院关于非法制作、出售、使用IC电话卡行为如何适用法律问题的答复》（〔2003〕高检研发第10号，2003年4月2日施行）

10.《最高人民法院关于审理未成年人刑事案件具体应用法律若干问题的解释》（法释〔2006〕1号，2006年1月23日施行）第九条

11.《最高人民法院、最高人民检察院关于办理盗窃油气、破坏油气设备等刑事案件具体应用法律若干问题的解释》（法释〔2007〕3号，2007年1月19日施行）第三条、第四条、第八条

12.《最高人民法院、最高人民检察院关于办理盗窃刑事案件适用法律若干问题的解释》（法释〔2013〕8号，2013年4月4日施行）

13.《最高人民法院、最高人民检察院关于办理妨害文物管理等刑事案件适用法律若干问题的解释》（法释〔2015〕23号，2016年1月1日施行）

14.《最高人民检察院法律政策研究室关于〈关于多次盗窃中“次”如何认定的法律适用请示〉的答复意见》（2016年3月18日施行）

15.《最高人民法院、最高人民检察院、公安部印发〈关于办理盗窃油气、破坏油气设备等刑事案件适用法律若干问题的意见〉的通知》（法发〔2018〕18号，2018年9月28日施行）

16.《最高人民法院、最高人民检察院、公安部关于依法办理“碰瓷”违法犯罪案件的指导意见》（公通字〔2020〕12号，2020年9月22日施行）第四条

17.《最高人民法院、最高人民检察院、公安部关于印发〈办理涉窨井盖相关刑事案件的指导意见〉的通知》（高检发〔2020〕3号，2020年3月16日施行）第四条

18.《最高人民法院关于审理掩饰、隐瞒犯罪所得、犯罪所得收益刑事案件适用法律若干问题的解释》（法释〔2021〕8号，2021年4月15

日施行）

19.《最高人民法院、最高人民检察院印发〈关于常见犯罪的量刑指导意见（试行）〉的通知》（法发〔2021〕21 号，2021 年 7 月 1 日施行）第（十一）盗窃罪

二、案例索引

1. 臧某泉等盗窃、诈骗案（2014 年 6 月 23 日最高人民法院发布指导案例 27 号）

2. 张某毛盗窃案（2017 年 10 月 12 日最高人民检察院发布检例第 37 号）

3. 康某东盗窃案（《刑事审判参考》第 135 号案例）

4. 罗某兰盗窃案（《刑事审判参考》第 160 号案例）

5. 张某某抢劫、李某某盗窃案（《刑事审判参考》第 244 号案例）

6. 沈某某盗窃案（《刑事审判参考》第 315 号案例）

7. 钱某良盗窃案（《刑事审判参考》第 325 号案例）

8. 孟某、何某康盗窃案（《刑事审判参考》第 420 号案例）

9. 冯某民破坏电力设备、盗窃案（《刑事审判参考》第 504 号案例）

10. 詹某东、詹某京盗窃案（《刑事审判参考》第 527 号案例）

11. 林某盗窃案（《刑事审判参考》第 557 号案例）

12. 杨某侵占案（《刑事审判参考》第 583 号案例）

13. 程某瀚盗窃案（《刑事审判参考》第 602 号案例）

14. 夏某生抢劫、破坏电力设备案（《刑事审判参考》第 643 号案例）

15. 李某旺盗窃案（《刑事审判参考》第 661 号案例）

16. 孙某勇盗窃案（《刑事审判参考》第 751 号案例）

17. 陈某盗窃案（《刑事审判参考》第 795 号案例）

18. 姜某松盗窃案（《刑事审判参考》第 848 号案例）

19. 廖某龙、张某清盗窃案（《刑事审判参考》第 849 号案例）

20. 饶某军盗窃案（《刑事审判参考》第 879 号案例）

21. 关某艺盗窃案（《刑事审判参考》第 1012 号案例）

22. 花某盗窃案（《刑事审判参考》第 1047 号案例）

23. 郭某、黄某新盗窃，掩饰、隐瞒犯罪所得案（《刑事审判参考》第 1108 号案例）

24. 张某盗窃案（《刑事审判参考》第 1128 号案例）

25. 何某、汪某太非法处置扣押的财产案（《刑事审判参考》第 1177 号案例）

26. 翟某生、杨某涛等盗窃、抢劫案（《刑事审判参考》第 1214 号案例）

27. 张某群等盗窃案（《刑事审判参考》第 1215 号案例）

28. 许某良、汤某杰盗窃案（《刑事审判参考》第 1277 号案例）

29. 程某杰盗窃、传授犯罪方法案（《刑事审判参考》第 1419 号案例）

第十三章

强奸罪类型化审判

第一节　强奸罪的立法嬗变及相关问题

一、强奸罪的立法嬗变

强奸罪，是指违背妇女意志，以暴力、胁迫或者其他手段强行与妇女发生性关系的行为。对于奸淫不满 14 周岁的幼女的，也应以强奸罪论处。

1979 年，我国《刑法》对强奸罪进行了明确规定，将其视为一种性质恶劣的刑事犯罪，严重侵犯妇女人身权利及性自由权。为了保护妇女的权益，1979 年《刑法》对强奸罪的主体和对象进行了严格的界定。然而，随着社会的发展和有关性侵害犯罪的新情况不断出现，现行《刑法》对强奸罪的规定已经不能完全满足保护公民的性自主权的需要。例如，对于同性性侵害行为等现代社会中出现的新问题，现行法律仍然存在空白。此外，现行刑法中强奸罪的主体仅限于年满 14 周岁、具备刑事责任能力的男性，而对于妇女能否成为强奸罪主体，学者之间存在分歧。

值得注意的是，由于强奸罪的构成要件较为复杂，不同国家的刑事立法对其的定义和处罚都存在差异。为了更好地保护公民的权益，我国的立法机关需要不断完善相关法律，以适应社会的发展和技术的进步。

二、审理强奸罪的总体思路

1. 着手时间的认定：应坚持形式的着手说与实质的着手说相结合。只有当行为人实施了胁迫等符合强奸罪犯罪构成要件的行为，并且对被害人的性权利造成了现实而紧迫的危险时，才能认定为强奸罪的着手。

2. 刑事责任年龄：对于已满 14 周岁不满 16 周岁的人犯强奸罪，也应负刑事责任。

3. 反抗表示：认定强奸罪不能以被害妇女有无反抗表示作为必要条件。对妇女未作反抗表示，或者反抗表示不明显的，也要具体案件具体分析。

4. 客观方面的界定：强奸罪的客观方面表现为以暴力、胁迫或其他手段，违背妇女意志，强行与妇女发生性行为。司法实践中，对可能存在的问题需要进一步研究和探讨。

三、强奸罪构成要件解读

本罪主体为一般主体，具备刑事责任的男性。女性可以在成为教唆犯和帮助犯的情形下构成本罪的共犯。女性不可以成为本罪的实行正犯，从这个意义上而言，说本罪是特殊主体也不为过。

丈夫能否成为本罪的主体，在理论中存在争议，但司法实践中较为审慎。一方面，在夫妻正常婚姻关系存续期间，在社会一般人看来，夫妻之间的性权利是最为重要的一种权利，即便丈夫用强制手段与妻子发生性关系，也不能认为丈夫侵犯了妻子性自主的权利。故丈夫在一般情况下不能成为本罪的主体。另一方面，倘若在已分居较长时间且处于离婚诉讼期间，尽管处于法定的婚姻关系期间，可此种情形下的夫妻关系名存实亡，其妻子的性自主权利理应得到相对于正常婚姻关系存续期间更强的保护。但也并不意味着一律以强奸罪论处，尚须具体情况具体分析。

本罪要求行为人主观上具有一般的故意，即明知其与妇女发生性关系的行为会侵害妇女的性自主权的结果，希望或者放任这一结果的发生。本罪不是目的犯，无须行为人主观具有奸淫目的以及实现奸淫。

本罪的行为方式主要是以暴力、胁迫或者其他手段，违背了妇女的意志强行奸淫妇女。由于精神正常的女性对自身性不可侵犯性具有完整的认识与良好的维护能力，故只要该妇女同意与他人发生性关系时，行为人便没有违背女性的意志，进而不可能构成强奸罪。否则便应进行手段上的评判。

暴力，是指对妇女的身体实施有形的击打或者强制方式，比如直接对被害人采取殴打、捆绑、堵嘴、卡脖子、强拉硬拽等危害人身安全或自由的有形手段，使得妇女处于不能反抗或者不敢反抗的状态；胁迫，是指对妇女采取威胁、恐吓等无形的精神上的强制方式，使被害人产生恐惧心理，比如以杀害、伤害、散播隐私、毁坏名誉、加害亲属等威胁，行为人因而得以强制被害人的意愿而使其不敢反抗；其他手段，则是指以暴力、胁迫之外的并与暴力、胁迫手段具有等同的强制性质，能够导致妇女不能、不敢和不知反抗的状态，如用醉酒、药物迷幻、利用妇女患病、冒充丈夫或者男友等方式。

强行奸淫妇女，是指违背妇女的意志，自然意义上的生殖器结合（或曰插入）。也即排除了口交、肛交以及用手指、脚趾等生殖器之外的异物插入妇女生殖器的行为。

若是针对幼女的，则只要是和幼女发生了性关系，即生殖器的接触即构成强奸罪，无论幼女是否同意。根据2013年10月23日《最高人民法院、最高人民检察院、公安部、司法部关于依法惩治性侵害未成年人犯罪的意见》（法发〔2013〕12号）的规定，知道或者应当知道对方是不满14周岁的幼女，而实施奸淫等性侵害行为的，应当认定行为人“明知”对方是幼女。对不满12周岁的被害人实施奸淫等性侵害行为的，应当认定行为人“明知”对方是幼女。对已满12周岁不满14周岁的被害人，从其身体发育状况、言谈举止、衣着特征、生活作息规律等观察可能是幼女，而实施奸淫等性侵害行为的，应当认定行为人“明知”对方是幼女。由此可见，对于实践中已满12周岁不满14周岁的被害人，倘若确实存在因为其发育成熟，其形体、言语举止等方面均导致行为人错误地认为根本不可能是幼女的，如果不是违背其意志而发生性关系的，则行为人主观上便不满足上述意见中的“明知”，进而不能认定为强奸幼女。

本罪的行为对象为妇女和幼女，即所有女性。尽管“妇女”一词的字面含义仅指成年的女子，但妇女一词在该罪中应做扩大解释，包括所有女性在内的人。否则便形成强奸14周岁至18周岁的女子便不构成强奸罪的荒谬结论。

法定刑升格是在具备基本犯的基础上，满足了相应的加重情节而应承担的比基本犯更重的法定刑，强奸罪的法定刑升格均在十年以上有期徒刑、无期徒刑或者死刑，其认定理当审慎。结合2023年6月1日实施的《最高人民法院、最高人民检察院关于办理强奸、猥亵未成年人刑事案件适用法律若干问题的解释》（以下简称《性侵未成年人解释》）等，在认定法定刑升格情形时主要从以下几个方面展开。

《性侵未成年人解释》第2条规定，强奸已满14周岁的未成年女性或者奸淫幼女，具有下列情形之一的，应当认定为“强奸妇女、奸淫幼女情节恶劣”：负有特殊职责的人员多次实施强奸、奸淫的；有严重摧残、凌辱行为的；非法拘禁或者利用毒品诱骗、控制被害人的；多次利用其他未成年人诱骗、介绍、胁迫被害人的；长期实施强奸、奸淫的；奸淫精神发育迟滞的被害人致使怀孕的；对强奸、奸淫过程或者被害人身体隐私部位制作视频、照片等影像资料，以此胁迫对被害人实施强奸、奸淫，或者致使影像资料向多人传播，暴露被害人身份的；其他情节恶劣的情形。其中对于最后一项“其他情节恶劣的情形”的兜底条款的解释应当在同类解释规则下进行，即与前述情形本质相似。对于强奸已满14周岁的成年妇女出现上述情形的，可参照但不能完全等同。刑法中的多人一般需满足三人以上，即妇女多人或者幼女多人，或者妇女和幼女多人。但针对同一个对象多次不能认为是多人。

对于公共场所的认定一般不存在争议问题，只要不是私人以及私密性质的场所，而是公众能够（或者可能）进出的便可认定为公共场所。认定公共场所的前提，是否在该场所内“当众”强奸。而当众则要求有“众人”在场，但不包括行为人在内。至于在场的“众人”有无看到在所不问。但是有些情形下，行为人有理由认为不是公共场所，或者尽管是公共场所但特地为了避开“众人”等情形的，慎重认定为公共场所。比如，某法院对起诉书指控的一起犯罪事实中是否系“在公共场所当众强奸”等加重情节的问题，法院认为，该起犯罪行为发生的地点位于某县国际建材家居城五楼至三楼的楼梯间，时间系晚上10点前后。在这个时间段，通常情况下，家居城内除了五楼的KTV外显少有人出入，且家居城人员大多通过电梯正常出入，案发时该场所也没有其他在场的多人随时可能发现、可以发现的状况存在，且被告人主观上也不希望被人发现，故不宜认定为“在公共场所当众强奸”。

二人以上轮奸，是指两个以上男子基于共同强奸的故意，在同一犯罪活动中对同一女性对象发生性关系的行为。“二人以上轮奸的”在我国刑法中不是一个独立的罪名，是法定刑升格的一种情节。因此，认定行为人构成“二人以上轮奸的”，涉案的行为人的行为均应当构成强奸罪。同时，要求行为人之间具有轮奸的主观故意，若二人以上先后分别实施强奸同一妇女行为的，即便在同一场所甚至时间间隔很短，由于缺乏轮奸的故意不能认定为轮奸，也不构成强奸共犯。

《性侵未成年人解释》第 3 条规定，奸淫幼女，具有下列情形之一的，应当认定为“造成幼女伤害”：致使幼女轻伤的；致使幼女患梅毒、淋病等严重性病的；对幼女身心健康造成其他伤害的情形。一方面，该项中的重伤、死亡或者其他严重后果应当与强奸行为具有直接性关联，并不要求一定要当场发生。另一方面，因强奸引起被害人自杀或者精神失常，或者未成年人怀孕分娩堕胎等，可以认定为其他严重后果，以及强奸已满 14 周岁的未成年女性或者奸淫幼女，致使其感染艾滋病病毒的，应当认定为“致使被害人重伤”。

第二节　强奸罪类型化裁判

类型化一：在性防卫能力削弱的情形下强奸罪的司法认定

1. 司法实践中存在的主要分歧：性防卫能力削弱情形下强奸罪的认定问题，按照一般理解，当妇女存在性防卫能力，即有“性自我防卫能力”时，若其同意与行为人发生性关系则不构成强奸；当妇女无“性自我防卫能力”时，即便其同意与行为人发生性关系也构成强奸。因此，对于“性自我防卫能力”评定的分类是否只应存在上述的两分法。但在法医精神病鉴定实践中，精神疾病的严重程度有从重到轻的移行过程，对两性行为的实质性理解能力也处于不完整状态，这就很难把“性自我防卫能力”截然分为有和无两种，进而有观点提出将“性自我防卫能力”划分为无、部分（削弱）、完全的三种。因此，司法部 2020 年 5 月 29 日发布的《精神障碍者性自我防卫能力评定指南》，性防卫能力分为：有性自我防卫能力、性自我防卫能力削弱和无性自我防卫能力三种。其中，有性自我防卫能力是指女性被鉴定人对自身性不可侵犯权利具有完整的认识与良好的维护能力；性自我防卫能力削弱是指女性被鉴定人对自身性不可侵犯权利的认识与维护能力受到损害，但并未丧失；无性自我防卫能力是指女性被鉴定人丧失了对自身性不可侵犯权利的认识与维护能力。

一般情况下，在有性自我防卫能力与无性自我防卫能力两种类型中，判断行为人与涉案女性发生性关系是否构成强奸罪不会存在争议，即当有性自我防卫能力时，直接以该女性是否自愿进行判断；当无性自我防卫能力时，即便女性自愿也属无效的被害人承诺。问题在于，对于性自我防卫能力削弱的情形下该如何判断是否违背妇女意志，即该如何界定妇女“对自身性不可侵犯权利的认识与维护能力受到损害，但并未丧失”的实质意义，进而如何判断行为人是否违背了妇女的意志？进而如何对该类案件进行司法处断？

司法实践中，被鉴定为性防卫能力削弱基本集中在精神发育迟滞和精神疾病障碍两种精神异常的情形。只要行为人明知对方系精神疾病患者而与其发生性关系的，法院便直接以强奸罪论处，而不再或者不再重点关注其性防卫能力方面的评定情况。例如，被告人赵某丰、郑某梁强奸案中，[①] 法院认为，被告人赵某丰、郑某梁明知被害人罗某精神异常，通过挑逗、诱骗手段，先后与其发生性关系，而被害人案发时患有双相心境障碍，系精神病人，两被告人的行为均已构成强奸罪，[②] 且系轮奸。又如，在被告人邹某羲强奸案中，法院认为，被告人邹某羲明知被害人是精神病人，仍先后与其发生性关系，其作为一名成年已婚男子，根据社会常人一般认知水平应该可以从被害人迥异常人的言行、举止、行为中判断出被害人精神并非处于正常状况，但仍与之发生性关系，其行为

① 浙江省杭州市中级人民法院（2017）浙01刑终368号刑事附带民事裁定书。

② 上海市浦东新区人民法院（2018）沪0115刑初4582号刑事判决书。

属于以“其他手段”强奸妇女。甚至也有法院直接以性防卫能力削弱作为认定强奸罪的依据，如“本院认为，被告人朱某荣与具有部分性防卫能力的妇女发生性关系，其行为已构成强奸罪，应依法追究刑事责任”。①

显然，法院认定被告人构成强奸罪的上述判断思路的依据是《最高人民法院、最高人民检察院、公安部关于当前办理强奸案件中具体应用法律的若干问题的解答》（1984 年 4 月 26 日施行）（以下简称《解答》）中的规定，即“明知妇女是精神病患者或者痴呆者（程度严重的）而与其发生性行为的，不管犯罪分子采取什么手段，都应以强奸罪论处。与间歇性精神病患者在未发病期间发生性行为，妇女本人同意的，不构成强奸罪”。2013 年 1 月 4 日《最高人民法院、最高人民检察院关于废止 1980 年 1 月 1 日至 1997 年 6 月 30 日期间制发的部分司法解释和司法解释性质文件的决定》废止了《解答》。同时，该《解答》制定于 1984 年，且当时《精神疾病司法鉴定暂行规定》（卫医字〔89〕第 17 号）尚未颁发，即“性自我防卫能力”这一概念在该份文件中首次作为法定能力名称正式提出，适用于强奸或者疑似强奸案件中被性侵的女性精神障碍者的鉴定。换句话来说，上述《解答》第 1 条第 2 项的规定，即便废止后作为刑事政策精神来把握，则现在也需要在精神疾病障碍这个因素之外考虑“性自我防卫能力”的问题。且《解答》第 1 条第 2 项中也明确要求“痴呆者（程度严重）”，而前述案例中，被以强奸罪论处的被告人，与其发生性关系的却是精神发育迟滞轻度患者。②

另外，即便行为人不明知对方系精神疾病患者而与其发生性关系的，事后只要被性侵的妇女性防卫能力经鉴定被评定为削弱的，行为人也会

---

① 上海市宝山区人民法院（2015）宝少刑初字第 13 号刑事判决书。

② 参见赵拥军：《论〈刑法修正案（十一）〉第 27 条的修改　兼论性防卫能力削弱司法鉴定意见下强奸罪认定标准的本质回归》，载《青少年犯罪问题》2021 年第 1 期。

被直接认定为强奸罪。甚至在实践中，可能存在一开始性防卫能力被评定为削弱，家属不服而重新鉴定为无性防卫能力，进而被认定为强奸罪的情形。如2014年6月，女性朱某被同村一老年男性强奸。在案件侦办过程中，因朱某平素表现智力低下、反应迟钝，故公安机关委托山西省某司法鉴定中心进行鉴定，鉴定意见为朱某患有精神发育迟滞（轻—中度），性自我防卫能力削弱。2014年9月，公安机关以证据不足作出不予立案的决定，朱某家属对此提出异议，申请重新鉴定。2014年10月，公安机关撤销不予立案决定，启动重新鉴定，最终朱某被评定为患有中度精神发育迟滞，无性自我防卫能力，公安机关依据新鉴定意见对此案以强奸罪立案，最终嫌疑人被人民法院判处有期徒刑。①

尽管就保护妇女特别是患有精神疾病障碍的妇女角度而言，司法实践中的上述做法有其一定的存在逻辑，但在特定的案件情形中，类似上述做法不仅可能使得天平另一端的被告人存在被不合理入罪的情形，对于被害人妇女的相关权利而言，反而可能在保护的名义下侵害了其包括性权利在内的正当的权利。“性权利作为公民的基本权利之一，任何组织和个人都不能以任何形式无理的干预和粗暴的剥夺②”。对公民性权利的保护是刑事法律的应有之内容，但司法实践中对绝大部分涉及与性自我防卫能力削弱女性发生性关系案件一律以强奸罪的处理，在事实上使得患有精神疾病障碍的成年女性正常的性需求表达除了通过结婚之外已别无他途，在一定程度上已经导致了公权力对公民性权利等私权利的不当干涉，超越了法律调整的限度界限。③ 进一步而言，实践中的该种处理思路及方式在社会关系的处理和修复上弊端尽露的同时，也背离了强奸罪

---

① 参见山西省太原市晋源区人民法院（2015）晋源刑初字第23号刑事判决书。

② 参见毛飞：《性权利到底有多重要?》，载新浪网，http：//news. sina. com. cn/c/PI/2006－03－09/09459304. shtml。

③ 参见王庆泽：《关于强奸案件中精神病被害人的权益保护》，西南政法大学2011年硕士学位论文，第8页。

的立法初衷。[①]

2. 审理该类型案件的主要思路：首先，查明作案时间、地点、动机、目的以及犯罪嫌疑人的基本信息等；其次，查明作案手段，是否有暴力、胁迫或者其他手段；再次，查明被害人的基本情况，平时表现、精神状况以及相应的鉴定材料等；复次，查明被害人在整个案发过程中的反应，是否反抗、如何反抗；最后，犯罪嫌疑人对被害人精神状况的主观认知。

审理该类型案件需要查明如下证据：（1）案件线索来源；（2）锁定犯罪嫌疑人及到案经过；（3）作案时间、地点等基本情况；（4）作案手段，被害人陈述、被告人供述、证人证言；（5）验伤通知单、司法鉴定意见书、生物性物质鉴定书、DNA 检验鉴定报告等。

在认定事实时还需要考虑：犯罪的时间、地点，犯罪嫌疑人的主观认知、是否与被害人发生性关系以及通过何种方式与被害人发生，被害人是否精神正常、性防卫能力情况以及在案发过程中的反应等。

3. 审理该类型案件的裁判规则：在性防卫能力削弱的情形下，强奸罪的认定应当回归到行为人的行为是否违背了妇女的意志，进而侵害或者威胁了妇女性自主决定权的行使这一标准上来。在是否需要侵害或者威胁了妇女的性自主决定权这一本质标准下，认定行为人是否构成强奸

---

① 如被告人李某，未婚，某日晚在下班回家路上的公交车站发现患有精神分裂症的女性刘某一人蹲在地上哭。李某上前说道，“这么晚，已经没有车了，你走吧”，刘某哭着回答说：“我没地方去。”在接下来的对话当中，李某了解到，刘某是四川人，独自到沈阳来打工，还没找到工作，已经有两天没吃东西。李某心生怜悯，将其带回家，为其提供食宿和衣服，在一个多星期的时间里，李某对刘某颇为照顾。之后刘某对李某提出要求能多待一段时间，李某同意。就这样两人开始了将近两年的共同生活，直到案发。公安机关接到举报，说李某没有结婚但家里有孩子和妻子，公安机关对此立案侦查。经过一审，沈阳市皇姑区法院认定李某明知刘某是精神病人，没有性自卫能力，仍与其发生性关系，构成强奸罪，判处李某有期徒刑4年。判决结果一出社会为之哗然。几乎所有认识李某的人都认为：李某只是出于好心收留了一名精神病人，两个人在一起生活了有两年了，好好的，怎么就构成了强奸呢？李某不服一审判决提起上诉。在二审中，案件被提交到审判委员会裁决。最终沈阳市中级人民法院综合考量法律、案件的具体情况和社会民意，判决李某无罪，当庭释放。参见房丽、崔治：《留精神病人被判刑，邻居请命“强奸犯”无罪释放》，载 http：//news. sohu. com/2004/01/17/92/news218649291. shtml，最后访问日期：2020 年 12 月 1 日。

罪便可以围绕该本质标准分层次有维度地进行，即以妇女是否同意发生性关系进行直接判断；以是否基于对自身性权利具有完整认知情况下的同意进行刑法判断；以性自主权是否受到侵害为标准进行综合判断。具体如下：

强奸罪的认定不能仅凭司法精神鉴定作为出入罪的唯一依据，而是必须要最终结合刑法中强奸罪的明文规定以及法理演绎，即必须回归强奸罪的认定本质而展开。司法精神鉴定领域中，对性侵犯罪中妇女的精神状况及其性防卫能力的评定意见对于司法裁判中强奸罪认定的重要作用不可谓不大，但在性自我防卫能力削弱的司法鉴定意见情形下，强奸罪的认定应当回归到行为人的行为是否违背了妇女的意志，进而侵害或者威胁了其性自主决定权的行使这一本质标准上来。具体如下：

（1）以妇女是否同意发生性关系进行直接判断。

首先，对于行为人以暴力、胁迫或者其他手段奸淫妇女的，直接根据《刑法》第236条的规定，以强奸罪论处。因此，在那些存在明确拒绝以及明显反抗的性侵案件中，无论该妇女的精神是否正常，无须进行性防卫能力评定便可以据此认定行为人违背了妇女的意志，进而以强奸罪论处。同时，对于精神正常的女性在醉酒、药物麻醉等情况下被人奸淫的，可以认为是与暴力、胁迫等同的“其他手段”，进而以强奸罪论处即可，亦无须进行性防卫能力评定。

其次，对于行为人未采取诸如暴力、威胁和其他手段与间歇性精神病妇女发生性关系的，意味着行为人征得了妇女本人的同意，只须对该妇女作出是否属于间歇性精神病患者以及发生性关系时是否处于其精神正常期间的司法鉴定即可，无须进行性自我防卫能力评定。但若经鉴定属于间歇性精神病患者以及发生性关系时处于精神非正常期间，便需要对其进行性自我防卫能力评定。

（2）以是否基于对自身性权利具有完整认知情况下的同意进行刑法

判断。

由于强奸罪的保护法益是妇女的性的自主决定权，表现为是否同意与他人发生性关系，这种同意的效力是基于其对自身性不可侵犯权利的完整认知与良好的维护能力，即良好的“对性行为的实质性理解能力或者对性本能冲动的自我控制能力”。[①] 因此，对于那些无法完整认知以及不能很好地维护其自身性不可侵犯权利的人而言，即便其形式上具有同意的表象，也不能认为该同意是在行使其性自主决定权。

首先，对于被性侵对象是幼女的。由于幼女缺乏对性行为的实质性理解能力，以及《刑法》第236条第2款规定：“奸淫不满十四周岁幼女的，以强奸论，从重处罚。”是故，只要行为人认识到女方一定或者可能是幼女，或者不管女方是否为幼女，而决意对其实施奸淫行为，被奸淫的女方又确实是幼女的，就可以据此直接认定行为人构成强奸罪，[②] 而无须进行性防卫能力评定或者无须参考性防卫能力评定意见。

其次，对于被性侵对象是痴呆程度严重者（精神发育迟滞中度以上）或与之等同类别的精神疾病障碍的妇女，其自身受到精神发育迟滞等精神疾病障碍的影响，一般情况下是无法完整认知以及不能很好地维护其自身性不可侵犯权利，导致其对发生性关系的后果缺乏认知等情形的，只要行为人在与其发生性关系之前或当时明知对方精神异常的，且事后经鉴定也是属于上述精神疾病类型的，则可以强奸罪中的“其他手段”认定行为人构成强奸罪。[③]

此种情形下，只需对被性侵者的精神状态进行司法鉴定即可，无须对其性防卫能力进行评定，否则可能会人为地造成案件审理复杂化，使

---

① 霍克钧等：《精神障碍妇女性自我防卫能力及评定中的几个问题》，载《中国法医学杂志》2002年第6期。

② 参见张明楷：《刑法学》，法律出版社2016年版，第872页。

③ 参见张明楷：《刑法学》，法律出版社2016年版，第872页。

犯罪分子有机可乘。[1] 同时，此种情形下的被害人无论是在外观表现上，还是言谈举止中，按照社会一般观念对其进行精神异常的判断是并非难以做到的。但若（有证据证明）行为人确实不知对方是精神病患者或痴呆者，也未采用暴力、胁迫等手段而与其发生性关系的，则不构成强奸罪。在例外情形下，对于精神发育迟滞中度的被害人需要进行性自我防卫能力评定；但是，一旦上述情形中的被性侵对象作了性防卫能力评定为削弱的，对其性自主权的行使是否受到侵害进行司法审查则是必要的。[2]

（3）以性自主权是否受到侵害为标准进行综合判断。

由上可见，性防卫能力评定的复杂性在于并非所有的案件都适合进行性防卫能力的评定，且在司法精神鉴定理论和实践中已经得到大多数业内专家的赞同。[3] 由于性防卫能力的评定是以被鉴定人为精神病人作为基础前提的，属于医学要件，否则不适合成为性防卫能力的评定对象。[4]

同时，对于强奸罪而言，表现形式是行为人采取了暴力、胁迫或者其他手段，其实质是暴力、胁迫或者其他手段违背了妇女的意志，进而侵害或者威胁了妇女的性的自主决定权的行使。这种性的自主决定权的行使，表现在司法鉴定学意义上就是性自我防卫能力的有无或者削弱。在这个意义上而言，有精神疾病并不意味着一定无性防卫能力，[5] 同时处于发病状态的精神病患者也并不都丧失性自我防卫能力，有的可能部分

---

① 参见张钦廷等：《精神病人性自我防卫能力评定的回顾与反思》，载《中国司法鉴定》2019年第6期。

② 参见赵拥军：《论〈刑法修正案（十一）〉第27条的修改——兼论性防卫能力削弱司法鉴定意见下强奸罪认定标准的本质回归》，载《青少年犯罪问题》2021年第1期。

③ 参见张钦廷等：《精神病人性自我防卫能力评定的回顾与反思》，载《中国司法鉴定》2019年第6期。

④ 参见郑瞻培等：《性自我防卫能力评定在司法精神鉴定中的限制》，载《上海精神医学》2005年第6期。

⑤ 如实践中，被害人经鉴定系抑郁症，有性自我防卫能力。上海市徐汇区人民法院（2020）沪0104刑初857号刑事判决书。

存在，有的可能属于有性自我防卫能力。[①] 因此刑法便不能因为该女性系精神疾病患者或者其性自我防卫能力削弱就不加区分地将其直接纳入强奸罪的保护之下，而应判断其是否在精神疾病的影响下，导致无性防卫能力或者性防卫能力削弱，进而其性自主决定权受到侵害或者威胁时，刑法才应当予以保护。因此，对于该部分的精神疾病患者，在性防卫能力被评定为削弱的案件中，需要结合相关证据，对其性自主权是否受到侵害或者威胁进行综合判断。

同样道理，对于部分精神疾病障碍患者在性欲亢进的自身精神障碍诱因下，因病使其控制意识和能力丧失，或显著削弱使其主动追求男性而发生性关系时，有的甚至采取威胁的手段以遂其情欲等情形的，此种情形下能否以强奸罪论处，首先需要考虑该男性是否明知对方系精神疾病患者（有时即便其辩解不知道，但可以根据案发时一般民众的判断力进行审查即可），其次即便该男性明知对方系精神疾病患者，但若存在以下情形的，就更应审慎对待。[②] 若男方在“花痴”病人的强烈性诱惑下，意志薄弱，顺从了“花痴”病人的要求。这在世界其他国家、地区也不将这种情况视为犯罪，在司法实践中遇到此种情形的一般就不宜以强奸罪论处，若以强奸罪论处的，也应明显区别于普通强奸罪的量刑。若男方在“花痴”病人威胁下（甚至用刀、剪等利器）与她发生性关系者，[③] 则该男方理当不能以犯罪论处。当然，若该男方明知该“花痴”病人发病后有此种表现而故意使其发病进而出现该情形的，则对该男方以强奸罪论处并无异议。

---

① 参见郑瞻培：《性自我防卫能力评定的法律基础及其鉴定实践中的问题》，载《中华精神科杂志》2000 年第 1 期。

② 参见贾谊诚：《对性自卫能力鉴定的探讨》，载《临床精神医学杂志》1998 年第 2 期。

③ 若男方在他人的威胁下（甚至用刀、剪等利器）与此种类型的“花痴”病人发生性关系的，则可以根据刑法理论中的期待可能性或者直接以刑法中的胁从犯予以减免论处。

类型化二：以威胁手段强奸妇女的着手的司法认定

1. 司法实践中存在的主要分歧：以威胁方式强奸她人的着手认定问题。刑法理论一般认为，犯罪着手认定的实质，是认定犯罪实行行为的起点，而实行行为的开始是未遂犯成立的客观要件，即着手与犯罪未遂犯的可罚性其实是一体两面。因此，犯罪着手的认定也是构成要件符合性的判断，也可以说犯罪着手的标准同时也是未遂犯的成立标准。所以，在罪刑法定原则及刑法谦抑性的立场上而言，对犯罪着手的认定必须要从犯罪实行行为的实质上进行把握。对于强奸罪而言，当行为人在具有性交的主观目的下，开始制造对妇女的性自主权产生紧迫的现实的具体危险时，便可以认为是着手，不必以行为人开始为性交行为为必要。具体而言：以暴力手段强奸她人的，当行为人开始实施掩口、挟持被害人，使其不得声张挣脱，便是着手。以灌醉酒、药物麻醉、乘人熟睡等其他手段强奸她人的，当行为人将被害人灌醉、麻醉或乘其熟睡而不知反抗时，开始实施与性交行为具有紧密联系的行为为着手。比如，行为人夏天半夜潜入邻居家中，用随身携带的剪刀剪开正在床上熟睡的妇女内裤，然后正欲脱自己的衣服时惊醒被害人，行为人仓皇逃走。

问题是，以威胁手段强奸她人的，其着手如何认定？是否和其他两种手段行为一致？由于威胁手段不局限于直接对被害人发出，也可以对第三人发出，比如向被害人的亲属发送其裸照进行威胁等；同时，威胁也不局限于行为人当面口头向被害人提出，也可以是通过电话、手机短信、书面、电邮等方式。如果认为强奸行为是由手段行为（暴力、威胁、灌酒等）和目的行为（性交）组成，通过上述对以暴力、灌酒等其他方式的分析可以认为，强奸罪的着手无须等到行为人开始实施目的行为，可以在行为人实施手段行为时即为着手。而威胁也是手段行为，是否就意味着只要行为人实施了威胁行为，就是强奸罪的着手呢？如实践中，被告人陈某通过某招聘网站结识被害人张某，双方谈妥以有偿方式建立“情人”关系。双方先后两次约至宾馆发生性关系。事后陈某均当场依约支付了相关费用。在第二次发生性关系的过程中，被告人陈某拍摄了张某的裸照及二人的性爱视频，并要求张某书写了承诺保持长期包养关系的保证书，同时陈某摘录了张某手机通讯录中部分亲友的联系方式。其后，被告人陈某再次要求被害人张某与其发生性关系时，发现张某拒绝与其联系，遂向张某的多名亲友发送“她在外面做了见不得人的事，我手中有证据”等内容的威胁短信，并以发送裸照为由胁迫张某。后张某被迫答应陈某至某酒店，到酒店房间之前张某借口打电话，让陈某先进房间，然后张某打电话报警将陈某抓获。

对于该案的处理，一种意见认为，被告人陈某通过发送裸照等威胁手段，强迫被害人与其发生性关系，且威胁行为已经开始，并迫使被害人与其来到酒店准备发生性关系，属于已经着手实行犯罪，但由于意志以外的原因而未得逞，应当认定为犯罪未遂。另一种意见认为，被告人陈某是通过发送裸照等威胁方式，胁迫被害人与其发生性关系，但未开始实施强奸罪的核心构成要件行为，所以是犯罪预备。[①]

2. 审理该类型案件的主要思路：首先，查明作案时间、地点、动机、目的以及犯罪嫌疑人的基本信息；其次，查明作案手段，如何胁迫，具体的胁迫形式和内容；再次，查明被害人的基本情况，平时表现以及相应的鉴定材料；最后，查明被害人和犯罪嫌疑人在整个案发过程中是否有过接触等。

审理该类型案件需要查明如下证据：（1）案件线索来源；（2）锁定犯罪嫌疑人及到案经过；（3）作案时间、地点等基本情况；（4）作案手段，被害人陈述、被告人供述、证人证言；（5）手机或其他电子终端聊

① 参见罗开卷、彭涛、赵拥军：《强奸未遂还是强奸预备》，载《人民法院报》2015年10月15日，第7版。

天记录等。

在认定事实时还需要考虑：犯罪的时间、地点，犯罪嫌疑人的动机、目的、是否与被害人接触，采取何种方式威胁被害人，以及被害人在案发过程中的反应等。

3. 审理该类型案件的裁判规则：以威胁手段强奸妇女的，尽管存在胁迫行为，但只有当行为人接触并完全掌控了被害人直至具有发生性交行为的紧迫危险时才能认定为着手。否则便只能认定为犯罪预备。具体分析如下：

由于强奸罪（正犯）是亲手犯，如果认为行为人强奸罪已经着手实行，从上述刑法理论对犯罪着手的判断标准以及以暴力或其他手段强奸她人的着手的认定来看，应当要求行为人和被害人有一定的身体接触，从而使得行为人实施强奸罪的手段行为和目的行为之间形成了紧密的连接，即从行为人实施手段行为开始，已经完全掌控了被害人直至发生后续的目的行为。以暴力手段或灌酒等其他手段（如果行为人脱光衣服爬进邻居家中，惊醒熟睡中的妇女而仓皇逃走的，不能认定为着手，但不排除犯罪预备）实施强奸行为的着手的认定便能够满足此要求。而以威胁手段强奸他人的，如果认为行为人实施威胁手段开始便是着手，从上述威胁的方式来看，则并不必然地认为行为人就能够完全掌控被害人直至发生目的行为。如果认为行为人实施威胁手段就是着手，则意味着，案例中的陈某向张某发出威胁时，已经着手，则张某去不去酒店都不影响陈某着手的认定。此时，便会出现一个人们难以接受的现象：侵犯公民人身权利和民主权利的强奸罪的着手的认定（同时也是犯罪未遂的认定）可以在行为人和被害人未曾见面的场合下出现，即“跨越时空”的强奸。

综上所述，对于以威胁手段强奸被害人的，行为人将威胁发送出去后，尽管存在胁迫行为，但不能认定为是强奸罪的实行行为的着手，只有接触并完全掌控了被害人直至具有发生性交行为的紧迫危险时才能认定为着手。否则便不能认定为着手，只能认定为犯罪预备。[①]

类型化三："二人以上轮奸的"司法认定

1. 司法实践中存在的主要分歧："二人以上轮奸的"认定中的问题。二人以上轮奸的情节认定，在理论与实践中的争议极大。争议的焦点在于该情节是属于量刑规则还是加重的犯罪构成。由于量刑规则仅针对是否满足该条件，不存在轮奸未遂等问题，而加重的犯罪构成则允许轮奸未遂。但无论哪一种情形，在具体认定中均存在矛盾纠结之处。如甲乙二人商量轮流对丙女实施奸淫，当甲完成后，乙由于自身的原因未能得逞，如何对甲乙二人进行处罚？再如甲乙丙三人商量轮流对丁女实施奸淫，当甲乙二人完成后，丙由于自身的原因未能得逞，如何处罚？

2. 审理该类型案件的主要思路：首先，查明作案时间、地点、动机、目的以及犯罪嫌疑人的基本信息；其次，查明作案手段，如何胁迫，具体的胁迫形式和内容；再次，查明被害人的基本情况、平时表现以及相应的鉴定材料；复次，查明被害人和犯罪嫌疑人在整个案发过程中是否有过接触；最后，查明犯罪嫌疑人是否具有轮奸的共同故意。

审理该类型案件需要查明如下证据：（1）案件线索来源；（2）锁定犯罪嫌疑人及到案经过；（3）作案时间、地点等基本情况；（4）作案手段，被害人陈述、被告人供述、证人证言；（5）验伤通知单、司法鉴定意见书、生物性物质鉴定书、DNA 检验鉴定报告等。

在认定事实时还需要考虑：犯罪的时间、地点，二人以上的犯罪嫌疑人，及其犯罪动机、轮奸的目的、是否均与被害人发生性关系以及如何发生的，采取何种手段方式与被害人发生性关系，以及被害人在案发

---

① 参见罗开卷、彭涛、赵拥军：《强奸未遂还是强奸预备》，载《人民法院报》2015 年 10 月 15 日，第 7 版。

过程中的反应等。

3. 审理该类型案件的裁判规则："二人以上轮奸的"首先是加重的犯罪构成（存在未遂），然后才是量刑规则（二人以上均既遂才能适用十年以上的法定刑）。具体分析如下：

第一，甲乙二人商量轮流对丙女实施奸淫，当甲得逞（强奸既遂）后，乙由于自身的原因未能得逞的，对甲乙二人均应认定为强奸既遂的共同犯罪。共同犯罪中，一人既遂全体既遂，但这只是针对法益侵害完结的情形。例如，侵犯财产的共同犯罪中，当财产已经被抢劫、盗窃等侵害完毕，即便未分得财物甚至未亲自动手实施的，由于此种情形下的财物的保护法益已经完全被侵害，不可能也不存在未分得财物或未亲自动手实施的侵害就减小，理当全体既遂。再如，共谋故意杀人的，即便其中一人未动手，只要其中一人动手杀人既遂便全体既遂。但是"二人以上轮奸"所保护的法益是妇女被二人以上轮流奸淫，每增加一次奸淫，对妇女的伤害就增加一次，如此以奸淫的次数为侵害手段，当尚未完成奸淫的，其对妇女的伤害在事实上就减少一次，或者说二人以上轮奸的侵害事实会因为其中一人未得逞而未发生（最多只是面临危险）。因此，针对强奸的基本犯罪形态已经既遂，甲乙二人共同对此承担强奸既遂的责任。但由于二人轮奸的事实尚未完成，故甲乙二人均属于轮奸未遂。

第二，甲乙丙三人商量轮流对丁女实施奸淫，当甲乙二人完成后，丙由于自身的原因未能得逞的，甲乙二人的行为已经使得"二人以上轮奸"所保护的法益，即妇女被二人以上轮流奸淫被实质侵害，故甲乙丙三人均应适用轮奸的法定刑。如果尚未得逞的丙能够在作用上认定为从犯的，可以考虑在十年以下量刑。

第三节　本罪涉及的主要法律法规、司法解释及案例索引

一、法律法规、司法解释及相关规范性文件索引

1.《中华人民共和国刑法》第二百三十六条

2.《最高人民法院关于审理未成年刑事案件具体应用法律若干问题的解释》(2006年1月11日)

3.《最高人民法院、最高人民检察院、公安部、司法部关于依法惩治性侵害未成年人犯罪的意见》(法发〔2013〕12号，2013年10月23日施行)

4.《最高人民法院、最高人民检察院、公安部、司法部关于办理性侵害未成年人刑事案件的意见》(高检发〔2023〕4号，2023年6月1日施行)

5.《最高人民法院、最高人民检察院关于办理强奸、猥亵未成年人刑事案件适用法律若干问题的解释》(法释〔2023〕3号，2023年6月1日施行)

二、案例索引

1. 樊某、刘某龙故意杀人、强奸案(《最高人民法院公报》1985年第1期)

2. 陆某昌等强奸案(《最高人民检察院公报》1999年第4期)

3. 李某国强奸案(《刑事审判参考》第946号案例)

4. 何某强奸案（《刑事审判参考》第 978 号案例）

5. 孟某等强奸案（《刑事审判参考》第 1061 号案例）

6. 梁某强奸案（《刑事审判参考》第 1339 号案例）

第十四章

抢劫罪类型化审判

第一节　抢劫罪的立法嬗变及相关问题

一、抢劫罪的立法嬗变

抢劫罪，是指以非法占有为目的，对财物的所有人、保管人实施使用暴力、胁迫或其他方法，强行将公私财物抢走的行为。此外，转化的抢劫罪是一种法律拟制化的罪名，是抢劫罪的一种特殊形式，应与一般抢劫有所区别。

新中国成立以来，抢劫罪的立法经历了几个重要的阶段。一是初创阶段（1949—1978 年）。在这个阶段，为了维护社会秩序和人民生命财产安全，我国法律对抢劫罪实行了严厉打击的政策。针对抢劫犯罪的危害性，我国采取了高压打击的方式，对抢劫犯罪嫌疑人实行迅速查处和严厉的刑事政策。这一时期，司法机关打击抢劫犯罪主要依据是党的政策和司法机关内部的政策性文件。

二是发展完善阶段（1979 年至今）。随着我国经济的发展和社会的变革，抢劫犯罪也出现了新的变化。在这一阶段，我国法律体系逐渐完善，对抢劫罪进行了更为具体和细致的规定。例如，立法上对于抢劫罪的定义和处罚都更加明确，如以暴力、胁迫或者其他方法抢劫公私财物数额较大的，处三年以上十年以下有期徒刑，并处罚金；有特定情况的，如入户抢劫或在公共交通工具上抢劫，处罚更为严重。

总的来说，随着社会的发展和技术的进步，抢劫罪的立法也在不断地演变和完善，以更好地适应社会的需要，保护公民的合法权益。

二、审理抢劫罪的总体思路

1. 暴力、胁迫和其他方法：在判断是否构成抢劫罪时，应明确行为人是否使用了暴力、胁迫或其他方法，并且这些方法必须达到一定的严重程度。

2. 关于抢劫罪的指导意见：最高人民法院印发了《关于审理抢劫刑事案件适用法律若干问题的指导意见》，为审理抢劫案件提供了具体的指导原则。

3. 抢劫罪与其他侵犯财产犯罪的区别：抢劫罪不仅侵犯公私财产所有权，而且严重侵犯人的生命和健康权。因此，在审理时，应正确区分抢劫罪与其他侵犯财产犯罪。

4. 未遂的认定：如果行为人未劫取财物，也未造成人身伤害后果，应认定为抢劫罪的未遂。

5. 历史案例和相关法律规定：为了更好地指导审判工作，最高人民法院先后发布了关于抢劫案件的具体应用法律解释。审理时应结合这些历史案例和法律规定进行。

综上所述，审理抢劫罪时，应全面、准确地理解和应用相关法律规定，确保公正、公平地审理每一起案件。

三、抢劫罪构成要件解读

本罪侵犯的是双重客体，既侵犯了公私财产所有权，又侵犯了被害人的人身权。有人认为，抢劫的对象只能是动产，不能是不动产，但将不动产变为动产（如强行将窗户拆下来）也可构成本罪。也有人认为，抢劫罪的对象可以是不动产。抢劫罪的对象，多为动产，但不排除不动产，包括作为有体物的不动产和不动产权益。例如，行为人以自己居住为目的，使用暴力、胁迫手段或其他手段赶走房屋所有权人，事实上控制了房屋的，构成抢劫罪（对象是不动产）。行为人采用暴力、胁迫手段或其他手段迫使他人将不动产变更登记到自己名下，构成抢劫罪（对象是不动产权益）。在少数判决中，行为人为了非法占有售房款，杀死房屋所有权人并出售其房屋以非法获取售房款的，也被认定构成抢劫罪，当然，这种情形下抢劫的对象是房屋，还是售房款，可能存在争议。

本罪的客观要件是行为人实施了当场使用暴力、胁迫或者其他方法强行劫取公私财物的行为。所谓“暴力”，是指犯罪人对被害人实施暴力侵袭或者其他物理强制力，包括偷袭、捆绑、禁闭、殴打、按倒、伤害直至杀害等使被害人处于不知反抗、不能反抗或者不敢反抗的状态，当即抢走财物或者迫使被害人交出财物的方法。如内蒙古自治区乌海市中级人民法院审理的白某云、王某平、王某军抢劫案的裁判要旨指出：“行为人出于非法占有的目的，以欺骗的方法将被害人诱至其承租的住房内，而后将被害人反锁在其事先改造过的房间内，致使被害人不能反抗，从而劫取被害人随身携带的财物的，属于以对被害人的身体实施强制禁闭的暴力方法，强行劫取公私财物的行为，构成抢劫罪。”[①] 本罪中的“暴力”的后果包括了未造成伤害、轻微伤、轻伤、重伤、死亡，其范围是最广泛的。主流观点认为，暴力需要达到“足以压制被害人反抗”的程度，对此宜理解为“暴力较为严重，通常会使人不敢反抗、不能反抗”。如果被害人行使正当防卫的权利，使行为人抢劫未得逞，仍应当认为行

① 参见内蒙古自治区乌海市人民检察院诉白某云等抢劫案，载《最高人民法院公报》2008年第5期。

为人构成抢劫罪未遂，而不能认为“行为人的暴力未达到足以压制被害人反抗的程度”进而认为不构成抢劫罪。所谓“胁迫”，是指以当场立即对被害人本人或与被害人在同一现场的亲友人身使用暴力相威胁，使其产生恐惧、不敢反抗，被迫当场交出财物或者不敢阻止而任由行为人强行劫走财物。胁迫可以是明示的，也可以是暗示的。如果胁迫的内容是非暴力内容（如对被害人以将要揭露隐私、毁坏财产等相威胁），或者以将来实施暴力相威胁，或以将要到其他现场对被害人亲友实施暴力取财相威胁的，则构成敲诈勒索罪，而不构成抢劫罪。所谓“其他方法”，是指对被害人采取暴力、胁迫以外的使被害人处于不知反抗或者不能反抗的状态的方法，如用酒灌醉、用药物麻醉、催眠等方法并将财物当场拿走。此时，必须是犯罪分子故意造成被害人处于不能反抗的状态，如果犯罪分子利用被害人睡熟或者醉酒不醒的状态，趁机秘密拿走数额较大的财物，则不构成本罪。有人认为，用药物麻醉再抢劫的社会危害性一般小于使用暴力手段抢劫的社会危害性。我们认为，这种观点不能成立，因为其更容易得逞，且行为人若使用过量麻醉剂容易导致被害人死亡，社会危害性并不小。

共同抢劫犯罪中，一人实施击打或抱住被害人的行为，另一人实施取财行为的，两人都是抢劫罪的实行犯，只是分工不同，而不能认为击打或抱住被害人的行为是预备行为。

行为人实施伤害、强奸等犯罪行为，在被害人未失去知觉，利用被害人不能反抗、不敢反抗的处境，临时起意劫取他人财物的，应以此前所实施的具体犯罪与抢劫罪实行数罪并罚；在被害人失去知觉或者没有发觉的情形下，以及实施故意杀人犯罪行为之后，临时起意拿走他人财物的，应以此前所实施的具体犯罪与盗窃罪实行数罪并罚。以强奸的故意实施暴力，在被害妇女昏迷后发现财物并取得该财物的，无论强奸是否既遂，一般均认为构成强奸罪和盗窃罪。行为人出于其他故意，在实施暴力、胁迫的过程中产生占有财物的意图，并夺取财物的，构成抢劫罪。

抢劫罪中，行为人对被害人人身强制和取财在同一现场、同一时间的，通常简称“两个当场”。“当场取得财物”，是指当场控制了财物或财产的物质载体，排除了被害人的占有，行为人可能需要实施其他行为以便进一步实现对他人财产的完全占有。抢劫信用卡后使用、消费的，其实际使用、消费的数额为抢劫数额；抢劫信用卡后未实际使用、消费的，不计数额，根据情节轻重量刑。所抢信用卡数额巨大，但未实际使用、消费或者实际使用、消费的数额未达到巨大标准的，不适用“抢劫数额巨大”的法定刑。符合“两个当场”的要求，是构成抢劫罪的必要条件而不是充分条件，少数情况下定其他罪名（如敲诈勒索罪）可能比抢劫罪更合适。例如，2012 年 1 月，吴某的丈夫因车祸去世。被告人罗某得知吴某将获得 20 余万元赔偿后，又与吴某保持不正当两性关系。7 月 22 日，吴某告知罗某其和女儿将获得赔偿款 27 万元，还要求罗某与之结婚。几天后，吴某收到了 27 万元赔偿款。8 月 1 日，罗某将吴某骗至水库边，将其推入水中溺死，又挖坑将吴某掩埋。罗某还将吴某包中的 700 元现金、两张银行卡据为己有。8 月 3 日至 10 日，罗某用吴某的银行卡在 ATM 上取出人民币 281, 300 元。法院判决：被告人罗某犯抢劫罪，处死刑，剥夺政治权利终身，并处没收个人全部财产。尽管罗某从吴某的银行卡上取出 281, 300 元不是在 2012 年 8 月 1 日，但不可否认这仍然符合“两个当场”的要求。如果认定罗某犯故意杀人罪和信用卡诈骗罪，则将有机整体不当割裂，把一个行为当作两个行为，这是错误的。

抢劫一般持续时间较短，但也不排除持续时间较长的抢劫。抢劫罪中，行为人一般在一个现场中短时间内完成取财，但不排除抢劫行为延伸到数个现场、经过较长时间，行为人才取得财物；只要行为人对被害人的人身威胁一直延续到取财时，就可构成本罪。行为人以殴打、捆绑、禁闭为手段非法拘禁被害人，并迫使被害人直接交出现金的行为，应当按抢劫罪论处。行为人出于非法占有的目的，以欺骗的方法将被害人诱至其承租的住房内，而后将被害人反锁在其事先改造过的房间内，致使被害人不能反抗，从而劫取被害人随身携带的财物的，属于以对被害人的身体实施强制禁闭的暴力方法，强行劫取公私财物的行为，构成抢劫罪。行为人以暴力、胁迫的方法要求被害人交出自己的财产，由于被害人的财产不在身边，行为人不得不同意被害人通知其他人送来财产，也不得不与被害人一起等待财产的到来，这种行为不是以被害人为人质向被害人以外的第三人勒索财物，而是符合“使用暴力、胁迫方法当场强行劫取财物”的抢劫罪特征，应当按照《刑法》第 263 条定罪处罚。[①] 以暴力或暴力威胁被害人在同一现场的亲友人身并索要财物，被害人基于对亲友的人身安危的担忧而交付财物的，构成抢劫罪，而不是绑架罪。例如，被告人马某在居民小区持刀拦住一名高中生，索要 1000 元，高中生把口袋里的 200 元交付给被告人马某。马某强迫高中生在前面走，并尾随到高中生的家里，要求高中生的父母交付 1 万元，否则杀害该高中生。高中生的父母见状，急忙交付 1 万元给马某。马某遂离开。表面上看，马某劫持高中生为人质还利用第三人对人质人身安危的担忧勒索赎金，构成绑架罪。实际上，马某有能力对高中生及其父母当场立即实施伤害行为，高中生及其父母在同一现场，都是抢劫的被害人，而不能认为只有高中生是被害人、其父母不是被害人。明确这一点，有利于将其与绑架罪区分开来。

绑架罪要求劫持被绑架人，并向被绑架人的亲友或单位提出不法要求（通常是勒索赎金），利用第三人对被绑架人的人身安全的顾虑而索取钱财。被害人是否被他人胁迫处于不确定状态，可根据被害人与其家属

---

① 参见上海市黄浦区人民法院审理的陈某国绑架案，载《最高人民法院公报》2007 年第 1 期。

的沟通情况定性：如果被害人告知家属其因人身被控制而要钱，则被告人构成绑架罪。如果被害人并未告知家属其人身被控制，即使被害人家属猜到或感知到，在无证据证实被告人有明确的胁迫第三人的主观犯意和客观行为的情形下，以抢劫罪定罪处罚；以抢劫定罪不会造成轻纵犯罪分子的结果，且较之以绑架罪定性更符合罪刑相适应原则。例如，被告人张某打电话约出被害人章某并加以控制，用租来的汽车将章某挟持到废弃厂房内，威胁章某让其向家属索要现金4万元，章某被迫以炒股为名向家人索要现金，家人询问章某身在何处，张某悄声示意章某回答在某县城。家人隐约感知章某可能遭劫持，当日将2万元分两次汇到张某提供的银行账户上，张某确认钱到账后将章某放走。本案中，虽然被害人家属已感觉到被害人的人身可能受到威胁，但各被告人向第三人勒索的主观意识和客观行为尚不明显，被害人是以炒股而非以赎身的名义向家属要钱。因此，被告人的行为不符合绑架罪的构成要件。被告人通过劫持被害人然后得到汇款，符合抢劫罪所要求的当场施暴、当场取得财物的构成要件。

有学者认为，在当场实施轻微暴力当场取财的案件中，准确区分抢劫罪与敲诈勒索罪必须从暴力程度上判断。“两个当场”标准具备暴力程度判断的实质内涵，质疑该标准仅具备形式判断内容而不具有实质内涵的观点不成立，它仍然可以作为区分两罪的唯一标准。但是，我们应将“当场暴力是被害人交付财物的直接原因力”和“当场丧失意志自由而处分财物”两个方面纳入“两个当场”标准的实质判断内容。[①]

有学者认为，敲诈勒索罪的法定刑明显轻于抢劫罪，是因为当暴力、胁迫尚未达到压制他人反抗的程度，或者要求日后交付财物时，还有请求公力救济的机会。而在认定抢劫罪时应当坚持“两个当场”，“两个当

① 李会彬：《抢劫罪与敲诈勒索罪的界分：“两个当场”实质内涵新探》，载《江西社会科学》2016年第12期。

场”仅为成立抢劫罪的必要条件而非充分条件，即暴力、胁迫不仅要当场实施，而且必须达到足以压制他人反抗的程度。敲诈勒索罪与抢劫罪的构成要件间，并非对立关系，而系补充竞合关系，因而在暴力、胁迫是否达到足以压制他人反抗的程度难以判断时，根据“存疑时有利于被告人的原则”，应以敲诈勒索罪定罪处罚。冒充警察“抓赌”“抓嫖”的案件，只要没有当场实施足以压制他人反抗的暴力、胁迫，原则上应以敲诈勒索罪论处。对于收取保护费的案件，除非当场使用暴力或者暴力相威胁，原则上应以敲诈勒索罪定罪处罚。①

本罪的主体是一般主体，即年满 14 周岁的自然人，不包括单位。依据 2006 年《最高人民法院关于审理未成年人刑事案件具体应用法律若干问题的解释》第 10 条，已满 14 周岁不满 16 周岁的人不会成为转化型抢劫罪的主体。已满 12 周岁、不满 14 周岁的自然人在抢劫的过程中，故意致人死亡或者以特别残忍手段致人重伤造成严重残疾，情节恶劣，经最高人民检察院核准追诉的，也应当负刑事责任（可能最终不定抢劫罪）。

本罪的主观方面只能是直接故意。行为人以非法占有为目的，明知财产不属于自己，明知自己采用的手段会让被害人不敢反抗、不能反抗或不知反抗，仍强行取财。因结婚不成而暴力要回彩礼、以暴力索取债务（如合法债务、赌债等）等情形下，因缺乏非法占有他人财物的故意，未侵犯财产所有权，不构成抢劫罪。如果行为人不关注财物本身的价值，而是出于开心取乐、逞强显威的动机抢走少量财物，可能构成寻衅滋事。司法实践中，对于债权人因借贷或者其他财产纠纷而以暴力或暴力相威胁的方法强行索取债务人的财物，用以抵偿债务的，一般不应以侵犯财产类犯罪定罪处罚。如果其行为造成他人人身伤害、死亡或者其他严重

① 参见陈洪兵：《敲诈勒索罪与抢劫罪区分中“两个当场”的坚持——兼与陈兴良教授商榷》，载《江苏社会科学》2013 年第 3 期。

后果，构成犯罪的，应以故意伤害罪、故意杀人罪等侵犯公民人身权利罪定罪处罚。情节显著轻微危害不大的，一般不以犯罪论处。[①]

《刑法》第289条规定：聚众“打砸抢”，致人伤残、死亡的，依照《刑法》第234条、第232条的规定定罪处罚。毁坏或者抢走公私财物的，除判令退赔外，对首要分子，依照《刑法》第263条的规定定罪处罚。可见，聚众“打砸抢”不是一个罪名，该条涉及三个罪名：故意伤害罪、故意杀人罪、抢劫罪。聚众“打砸抢”，毁坏或者抢走公私财物的，首要分子会构成抢劫罪。在聚众打砸抢的过程中，毁坏公私财物的，即使难以判断是否有非法占有目的，首要分子也构成抢劫罪，这是一种法律拟制。

第二节　抢劫罪类型化裁判

类型化一：转化型抢劫的司法认定

1. 司法实践中存在的主要分歧：特殊的盗窃、诈骗、抢夺犯罪，可否成为转化型抢劫罪的前提条件？

2. 审理该类型案件的主要思路：《刑法》第269条规定了事后抢劫，一般称为转化型抢劫罪（少数学者认为这是法律拟制，不是转化犯）。其成立条件是：（1）前提条件是行为人实施了盗窃、诈骗、抢夺的行为。不要求符合盗窃罪、诈骗罪、抢夺罪的犯罪构成，不要求达到相应的立案追诉标准，一般不考察盗窃、诈骗、抢夺行为是否既遂。例如，行为

① 参见唐亚南：《债权人非法讨债不应该以侵犯财产罪定罪——陈帮蓉涉嫌抢劫宣告无罪》，载《人民法院报》2004年2月11日，第4版；四川省高级人民法院（2002）川刑终字第907号刑事判决书，陈帮蓉抢劫案（二审改判无罪）。

人实施了盗伐林木、招摇撞骗、合同诈骗等犯罪行为，仍可能转化为抢劫罪。（2）客观条件是行为人当场使用暴力，或者以暴力相威胁。（3）主观条件是行为人的目的是窝藏赃物、抗拒抓捕或者毁灭罪证之一。（4）主体条件是行为人是年满16周岁的自然人。依据2006年《最高人民法院关于审理未成年人刑事案件具体应用法律若干问题的解释》第10条，一般认为已满14周岁不满16周岁的人不再是转化型抢劫罪的主体。需要注意的是，盗窃、诈骗、抢夺的“着手”，不是事后抢劫的“着手”。

《最高人民法院关于审理抢劫、抢夺刑事案件适用法律若干问题的意见》第5条规定，行为人实施盗窃、诈骗、抢夺行为，未达到“数额较大”，为窝藏赃物、抗拒抓捕或者毁灭罪证当场使用暴力或者以暴力相威胁，情节较轻、危害不大的，一般不以犯罪论处；但具有下列情节之一的，可依照《刑法》第269条的规定，以抢劫罪定罪处罚：（1）盗窃、诈骗、抢夺接近“数额较大”标准的；（2）入户或在公共交通工具上盗窃、诈骗、抢夺后在户外或交通工具外实施上述行为的；（3）使用暴力致人轻微伤以上后果的；（4）使用凶器或以凶器相威胁的；（5）具有其他严重情节的。“当场”是指在盗窃、诈骗、抢夺的现场以及行为人刚离开现场即被他人发现并抓捕的情形。盗窃、诈骗、抢夺的现场以及行为人刚离开现场即被他人发现并抓捕的，对于以摆脱的方式逃脱抓捕，暴力强度较小，未造成轻伤以上后果的，可不认定为“使用暴力”，不以抢劫罪论处。

有学者认为，《刑法》中（特别是第269条中）的“犯罪”不一定是指符合一个基本模式、一种基本形态的普通之罪，也可能是指具备特殊身份、特殊方式、特殊对象或者根据对法益造成的较轻或较重效果特定的变化模式变化形态的特殊之罪。需要注意的是盗窃、诈骗、抢夺的着手，不是转化型抢劫的着手，“当场使用暴力相威胁”才是转化型抢劫的“着手”。无论行为人是以盗窃、抢夺特殊财物的故意却只取得了普通财物，还是以盗窃、抢夺普通财物的故意却取得了特殊财物，都可以在重合的限度即轻罪——普通盗窃、抢夺罪的范围内肯定犯罪既遂的存在。在对象错误的情况下，特殊盗窃、诈骗、抢夺罪也可以适用《刑法》第269条。在处理普通盗窃、诈骗、抢夺与特殊盗窃、诈骗、抢夺罪时，不能仅仅固执于二者之间构成要件的具体不同，而应该看到它们之间在侵犯法益和客观行为上的相同点，这是解决特殊盗窃、诈骗、抢夺罪及其关联犯罪条款有关问题的重要基点，也是基于实质的《刑法》立场对第269条进行实质的解释得出的结论。①

审理该类型案件需要查明如下证据：行为人的准确年龄，是不是年满16周岁的自然人；行为人实施的暴力、威胁方法是什么；行为人的行为是不是轻微暴力、摆脱行为，后果如何；行为人的暴力或胁迫手段、摆脱方法的地点，是否在户内；行为人的目的是窝藏赃物、抗拒抓捕或者毁灭罪证的哪一种或几种；被害人的伤情和财产损失。需要着重审查下列证据：物证；监控视频；病历等书证；鉴定意见；证人证言；被害人陈述；被告人的供述和辩解。

3. 该类型案件的裁判规则：只有侵犯财产的特殊盗窃、诈骗、抢夺罪与普通盗窃、诈骗、抢夺罪存在法条竞合关系，才有可能作为转化型抢劫的前提犯罪。犯信用卡诈骗罪后，为抗拒抓捕而当场使用暴力的，可以转化为抢劫罪。《刑法》第269条规定的“犯盗窃、诈骗、抢夺罪”应具有侵犯财产犯罪的属性，对于主要侵犯公共安全、社会管理秩序等其他客体的盗窃、诈骗、抢夺行为，一般不宜适用该规定以抢劫罪论处。

转化型抢劫罪中的“盗窃、诈骗、抢夺”不以构成犯罪为必要，即转化型抢劫罪的成立不以所实施的盗窃达到数额较大即构成犯罪的标准

① 参见刘艳红：《转化型抢劫罪前提条件范围的实质解释》，载《刑法论丛》2008年第1期。

为必要条件。盗窃后为抗拒抓捕实施暴力程度不明显的摆脱行为，暴力程度较小，未造成轻伤以上后果的，可以不认定为“使用暴力”，不以抢劫罪论处。典型的“摆脱方式”，如甩手、摆臂、蹬腿、挣扎等消极反抗行为，是对抓捕人的人身损害不大的行为，未造成轻伤以上后果，不认定为使用暴力，基本上不存在争议。然而，驾驶机动车强行加速，以甩脱抓捕被害人的行为，表面上看似符合“摆脱方式逃脱抓捕”，但是，该行为在实质上能够危及人体健康或者生命安全，是利用机动车的加速对被害人实施暴力，机动车是实施暴力的工具，该行为足以压制被害人的反抗。根据《最高人民法院关于审理抢劫、抢夺刑事案件适用法律若干问题的意见》，即使盗窃行为未达到“数额较大”，只要使用暴力抗拒抓捕，致人轻微伤以上后果的，即以转化型抢劫论处。

行为人抢夺汽车后逃离，被害方根据 GPS 追踪至距犯罪现场十几公里之外的地方拦截，行为人为抗拒抓捕而持枪威胁，属于“当场”以暴力相威胁，构成转化型抢劫罪。先行为人实施盗窃行为，为抗拒抓捕当场使用暴力，后行为人加入犯罪的行为，属于转化型抢劫犯罪的承继共犯，对后行为人亦应以抢劫罪追究刑事责任。已满 14 周岁不满 16 周岁的未成年人，不能成为转化型抢劫罪的犯罪主体。转化型抢劫罪存在未遂形态。对于转化型抢劫罪，认定既遂的标准是劫取财物或者造成他人轻伤以上后果，二者必有其一；而既未劫取财物，又未造成他人轻伤以上后果的，属于未遂。

类型化二：准抢劫的司法认定

1. 司法实践中存在的主要分歧：“携带凶器抢夺”之“凶器”和“携带”如何界定？

2. 审理该类型案件的主要思路：依据《刑法》第 267 条第 2 款，携带凶器抢夺的，依照《刑法》第 263 条的规定定罪处罚。理论上称为

“准抢劫”。一般认为，“携带凶器抢夺”，是指行为人随身携带枪支、爆炸物、管制刀具等国家禁止个人携带的器械进行抢夺或者为了实施犯罪而携带其他器械进行抢夺的行为。实务中，若行为人手持有红色液体的针筒，自称是艾滋病人的血液（无论真假），一般也属于“携带凶器抢夺”。若行为人持强酸、强碱的溶液，指使大型犬或其他恶犬伤人并抢走被害人的财物，也可能属于“携带凶器抢夺”。若行为人持管制刀具以外的普通刀具，也可能属于“携带凶器抢夺”。

审理该类型案件需要查明如下证据：应当着重查明行为人抢夺的情况，“凶器”以及使用情况，被害人的伤情和财产损失情况，凶器的位置、用途，尽量收集到凶器原物。需要着重审查下列证据：凶器原物等物证；监控视频；鉴定意见；证人证言；被害人陈述；犯罪嫌疑人、被告人的供述和辩解。

3. 审理该类型案件的裁判规则：行为人随身携带国家禁止个人携带的器械以外的其他器械抢夺，但有证据证明该器械确实不是为了实施犯罪准备的，不以抢劫罪定罪。行为人将随身携带凶器有意加以显示、能为被害人察觉到的，直接适用《刑法》第263条的规定定罪处罚。行为人携带凶器抢夺后，在逃跑过程中为窝藏赃物、抗拒抓捕或者毁灭罪证而当场使用暴力或者以暴力相威胁的，适用《刑法》第267条第2款的规定定罪处罚。行为人为了实施抢夺随身携带凶器，即使抢夺时未实际使用该凶器，亦未向被害人展示，但因客观上已经对被害人的人身安全造成了现实的、紧迫的威胁，对行为人应依照抢劫罪定罪处罚。携带凶器抢夺的，只要行为人对凶器有实际的控制和支配即可。如甲使乙携带凶器与自己同行，具有紧急时候使用的意图，即使甲亲手抢夺被害人财物，也认定携带凶器抢夺，构成抢劫罪。

类型化三：入户型抢劫的司法认定

1. 司法实践中存在的主要分歧：对“入户目的”的理解产生分歧。

2. 审理该类型案件的主要思路：2000 年《最高人民法院关于审理抢劫案件具体应用法律若干问题的解释》第 1 条规定“为实施抢劫行为”而入户。2005 年《最高人民法院关于审理抢劫、抢夺刑事案件适用法律若干问题的意见》规定了“入户”目的的非法性，进入他人住所须以实施抢劫等犯罪为目的。2016 年《最高人民法院关于审理抢劫刑事案件适用法律若干问题的指导意见》强调“以侵害户内人员的人身、财产为目的”（这种观点是主流观点）。对认定入户的方式存在争议。有人认为，应限定为携带凶器入户或者使用暴力、胁迫方式入户。这种观点显然是不可取的。

入户抢劫是一个有机整体，当然吸收了非法侵入他人住宅罪，不能将各要素随意分割开来。例如，被告人朱某所在的公司租赁了某房屋，2016 年 10 月到期后没有续租，后由被害人何某某居住。2017 年 12 月 14 日 20 时许，朱某使用之前没有上交的该房屋钥匙进入何某某家，找到了一把水果刀、一卷胶带。当日 21 时 30 分许，何某某回到家中，朱某拿着水果刀和胶带躲入卫生间。何某某进入卫生间后，朱某使用水果刀威胁何某某，并用胶带将何某某的双手、双脚缠在一起，用胶带蒙住何某某的眼睛和嘴。朱某用何某某的指纹解锁手机并翻看，发现支付宝里面有钱，朱某四次使用何某某的手指指纹，将何某某支付宝上的 46912.68 元转出，用于赌博。次日 4 时许，朱某解开何某某的衣服，用手机闪光灯照射何某某，威胁何某某已经拍了裸体照片，不准报警，后逃离现场。检察机关指控被告人朱某犯非法侵入住宅罪、非法拘禁罪、盗窃罪。法院认为指控罪名不当，判决：被告人朱某犯抢劫罪，判处有期徒刑十年六个月，剥夺政治权利一年，并处罚金 5000 元。很显然，法院的判决是正确的。

有学者认为，为了消除对“入户抢劫”可能判处无期徒刑乃至死刑的弊端，司法实践选择了以“入户目的的非法性”对其进行限定的做法，即只有在行为人事先具有"侵害户内人员的人身、财产目的"时，才能被认定为"入户抢劫"。这种做法不仅难以实现其初衷，反而会引起入户认定上的主观化、难以对入户抢劫进行全面评价的问题。与其以"入户目的的非法性"要件来限制"入户抢劫"的适用范围，不如结合刑法总则的相关规定来限制入户抢劫的适用。《刑法》第263条所列的加重处罚的八种情形，并非都可以适用死刑。入户抢劫若没有造成致人死亡的严重后果，很难适用死刑。入户抢劫若造成了重伤后果，就适用"致人重伤"的加重处罚规定，用不着适用入户抢劫的规定。抢劫公私财物若没有达到数额巨大的程度，也难以适用无期徒刑。但抢劫公私财物一旦达到数额巨大的程度，就符合了其他的加重处罚的规定，也不用适用"入户抢劫"的规定。是否构成入户抢劫的关键在于行为人入户时是否具有"特定违法目的"，会使得《刑法》第263条作为客观行为而规定的"入户抢劫"的认定被主观化，导致公民住宅权的保护流于形式。将行为人入户时必须具有特定目的作为限定"入户抢劫"的要件，存在不妥，应予取消。[①] 不过，若取消这一限定，可能难以和"在户内抢劫"区分开来。

关于入户抢劫可否存在中止、入户抢劫的既遂的认定标准与抢劫罪既遂是否一致，对中止、未遂的认定，同样应当与总则的相关规定一致。入户抢劫中止的情形相当少见，但仍然可能存在。一般认为，入户抢劫后却将所劫财物留在原地应认定为犯罪中止。例如，被告人韦某（男，25岁）将柳州市某小区301室的房门撬开后进入室内欲盗窃。当其在房间内翻找财物时，恰逢住在该房的阳某（女，26岁）回来，韦某即躲在门后将刚进门的阳某拉进房间。阳某随即倒在地上并大呼"救命"，韦某见状便捂住阳某的嘴不让其呼救并对阳某说自己只是来求财。阳某遂停

① 参见黎宏：《入户抢劫中"入户目的的非法性"的要求应当取消》，载《上海政法学院学报（法治论丛）》2019年第6期。

止呼救并问韦某要多少钱，韦某回答说只要200元，于是阳某掏出200元递给韦某。韦某准备逃离时，因意识到其行为可能后果严重，遂将该200元钱留在房内，然后回到其暂住的该楼602室。韦某虽然已经取得被害人被迫交出的200元，但其未离开房间，劫得的财物尚未完全脱离被害人的控制，韦某在离开房间之前意识到其行为后果严重遂将抢得的200元留在房间内，系在入户抢劫过程中自动放弃犯罪，有效地防止犯罪结果的发生，属犯罪中止。一审法院认定韦某的行为属于犯罪中止，依法予以减轻处罚，以抢劫罪对韦某判处有期徒刑五年，并处罚金人民币6000元。

关于入户抢劫的罪数认定。在入户强奸过程中临时起意劫取财物的，一般不认定“入户抢劫”，而是以强奸罪和抢劫罪的基本犯并罚。在入户抢劫过程中临时起意强奸的，应当认定“入户抢劫”，以抢劫罪的情节加重犯和强奸罪并罚。入户抢劫并强奸的过程中，致人死亡的，究竟是抢劫致人死亡，还是强奸致人死亡，存在一定的争议，应根据具体情况来认定。入户抢劫的共同犯罪人有的还实施了强奸行为，无论其他人是否事先实施了捆绑等人身控制行为，无论是否目睹，均还构成强奸罪，应当与抢劫罪并罚。

审理该类型案件需要查明如下证据：目的、动机、手段，如暴力捆绑、殴打、伤害、胁迫威逼以及用酒、药物麻醉等；抢劫的基本事实、作案次数、活动范围、活动场所、实施犯罪的对象、作案时衣着、抢劫的物品下落、实施抢劫的手段及是否用语言相威胁，持何种凶器，抢劫的人数及作案分工情况；被害人体貌特征、伤情、财产损失等；“户”物理特征和功能特征的认定；行为人“入户”的具体目的及其非法性；行为人的暴力或者胁迫行为必须发生在户内；被害人的财产损失；赃款赃物的去向；共同犯罪的，应查明犯意的提起、策划、联络、分工、实施、分赃等情况，以及每个人在共同犯罪中所起的地位和作用。

需要着重审查下列证据：不动产所有权证、房屋租赁合同（及交房租的证明）、营业执照等书证；现场勘验检查笔录；被害人的人体损伤程度鉴定意见；证人证言；被害人的陈述；被告人的供述和辩解等。

3. 审理该类型案件的裁判规则：入户抢劫，不是“入室抢劫”，也不是“在户内抢劫”。

共同租住的房屋只要是供家庭生活且与外界相对隔离的，就应当认定为刑法意义上的“户”。如果合租人不具有家庭成员关系，但合租的房屋系供生活所用，具有私人住所的特点，应当属于刑法意义上的“户”。不具有家庭成员身份的人共同租用的住所，如果每一个承租人相对于其他人都没有相对独立的空间，该房屋应属于群体共同休息和活动的公共场所，就不能认定为刑法意义上的“户”。家庭成员共同居住的住所，隐私性和排他性则是以整体体现的，即使各成员没有相对独立的空间，也不影响成立“户”。

对于入户抢劫的情况作以下总结。（1）在个体家庭旅馆内对旅馆主人实施抢劫的，因其住所具有开放性，不能认定为入户抢劫。（2）持刀侵入有人居住的电话亭实施抢劫行为的，构成“入户抢劫”。（3）行为人所进入的商住两用场所属于与外界相对隔离的场所，能够被评价为家庭住所，此时行为人的强行劫取被害人财物的行为应认定为“入户抢劫”。（4）“入户抢劫”中的“户”应同时具备场所特征和功能特征，因此进入无人居住的待租房屋实施抢劫，不属于“入户抢劫”。（5）子女进入父母的住宅抢劫的，一般不应当认定为“入户抢劫”。（6）持刀闯入学生宿舍实施抢劫的行为，不属于“入户抢劫”。（7）建筑工地的工人宿舍不具备家庭生活的功能特征，不应认定为刑法意义上的“户”，进入建筑工地抢劫的，不属于“入户抢劫”。（8）进入他人作为赌博场所的住所劫取参赌人员财物的，不应认定为入户抢劫。（9）卖淫女从事卖淫活动时，其出租房对卖淫对象而言不属于“户”。卖淫女在其住所招嫖，该住所具有营业场所的经营特征，不是刑法意义上“户”。行为人基于嫖娼、抢劫双重目的进入卖淫女住所后抢劫，不是“入户抢劫”。行为人进入卖淫女住所嫖宿数天后再行抢劫，只要行为人在入户前具有抢劫故意的，就应认定为“入户抢劫”。（10）提供配好的钥匙给同伙，让同伙入室抢劫共同居住人的，行为人与同伙均构成入户抢劫。

行为人进入被害人的卧室进行抢劫，在形式上符合“入户抢劫”的构成特征，但是，行为人与被害人属于共同生活的家庭成员，无论其进入被害人的居室是否得到被害人的同意，都不属于非法侵入；从我国的传统伦理道德观念来看，无论子女是否成年、是否与父母分开另住，子女进入父母的卧室或者住宅，都是正常的。行为人进入其父母卧室实施的抢劫行为，不能认定为“入户抢劫”。尽管抢劫行为发生在他人住所内，但仅具有进入户内实施抢劫的表面特征，而不具有针对入户实施抢劫的实质内容，故不应认定为“入户抢劫”。行为人以假借购物为由，进入他人经营和生活区域缺乏明显隔离的商店抢劫财物的行为，虽构成抢劫罪，但不具有入户抢劫的情节。以“侵害户内人员的人身、财产为目的”而入户实施抢劫的，均属于“入户抢劫”。入户后由“讨赔偿”目的转化为抢劫故意并实施抢劫行为的，不构成“入户抢劫”。被害人明知行为人具有非法目的，因与行为人熟识，默许其进入家中，后行为人实施抢劫的，排除入户行为的非法性，不认定为“入户抢劫”。

暴力劫财行为始发在户外，持续至户内，仍应当认定为“入户抢劫”。以抢劫为目的，从户外追赶被害人进入户内后实施抢劫的，应认定为“入户抢劫”。户中抢劫是否认定为“入户抢劫”，关键要看行为人是违法入户还是合法入户以及入户的动机，如果是以侵害户内人员的人身、财产为目的而入户，即不仅限于以实施抢劫为目的而入户，在户内实施抢劫，或者实施盗窃、诈骗等犯罪而转化为抢劫的，都应当认定为“入户抢劫”。入户前或者入户时就有抢劫犯罪动机的，即以合法形式掩盖非法目的，此种情况下即使是合法入户也应当认定具有入户的非法性。如利用债务关系、利用亲属关系、利用水电等物业管理维修人员身份有预谋地实施“入户抢劫”等情形。对于这些行为，行为人在入户时已具有抢劫犯意，虽然其入户行为得到主人的邀请或者许可，且是以平和的方式入户，但这是由于其以合法形式掩盖了非法目的，主人的邀请或者许可是受蒙骗而作出的非真实的意思表示。因此，以欺骗方式“合法”入户只是刑法上的手段行为，应当认定具有入户的非法性。

卖淫女从事卖淫活动时其居住的出租房对卖淫对象而言不属于“户”。虽然具有入户目的的非法性、暴力发生在户内两个要件，但是由于卖淫女的出租房在犯罪时不属于刑法意义上的“户”，不属于“入户抢劫”。

行为人虽然以盗窃为目的进入户内，但盗窃行为已经实施完毕，欲离开时被被害人发现，在被害人不明确知道行为人是否实施了盗窃行为的情况下，行为人进而对被害人实施了强奸行为，行为人此时的暴力行为目的并非侵犯财产，而是侵害被害人的人身权利，依据《最高人民法院关于审理抢劫刑事案件适用法律若干问题的指导意见》的规定，其系以侵害户内人员的人身为目的，入户后实施了抢劫行为，故可认定为具有抢劫的主观目的。当行为人以抢劫为目的入户，或者以盗窃、诈骗、抢夺等图财型犯罪为目的入户并转化为抢劫罪的，才可以认定为“入户抢劫”。行为人以实施强奸犯罪为目的进入被害人住所，在强奸过程中临时起意劫取财物的行为，不应认定为“入户抢劫”。提供配好的钥匙给同伙，让同伙入室抢劫共同居住人的，行为人与同伙均构成入户抢劫。

类型化四：在公共交通工具上抢劫的司法认定

1. 司法实践中存在的主要分歧：在公共交通工具上针对特定人抢劫，是否构成在公共交通工具上抢劫？

2. 审理该类型案件的主要思路：应着重查明车辆等公共交通工具的具体情况（是否运营，车内有哪些人，车的位置及所处环境等），公共交通工具上行为人用暴力、胁迫等方法，行为人使用的凶器，被害人受伤和财产损失；关于机动车系公共交通工具的鉴定意见；行为人是一人，还是多人；分工和分赃情况；到案情况，以及有无立功。

审理该类型案件需要查明如下证据：行车记录仪的电子数据、车内监控视频、乘客拍录的录音录像资料；车辆营运许可证等；证人证言；被害人陈述；犯罪嫌疑人、被告人的供述和辩解。

3. 该类型案件的裁判规则：在公共交通工具上针对特定的被害人实施抢劫，属于“在公共交通工具上抢劫”。

“在公共交通工具上抢劫”，既包括在处于运营状态的公共交通工具上对旅客及司售、乘务人员实施抢劫，也包括拦截运营途中的公共交通工具对旅客及司售、乘务人员实施抢劫，但不包括在未运营的公共交通工具上针对司售、乘务人员实施抢劫。

在未运营中的大、中型公共交通工具上针对司售、乘务人员抢劫的，或者在小型出租车上抢劫的，不属于“在公共交通工具上抢劫”。以暴力、胁迫或者麻醉等手段对公共交通工具上的特定人员实施抢劫的，一般应认定为“在公共交通工具上抢劫”。

在公共交通工具上盗窃、诈骗、抢夺后，为了窝藏赃物、抗拒抓捕或者毁灭罪证，在公共交通工具上当场使用暴力或者以暴力相威胁的，构成“在公共交通工具上抢劫”。

出租车驾驶员在正常营运过程中，为牟取非法利益，采用暴力、威胁手段，强行向乘客索取与合理价格相差悬殊的高额出租车服务费，情节严重的，其行为构成《刑法》第 226 条规定的强迫交易罪，不应以抢劫罪定罪处罚。

类型化五：冒充军警人员抢劫的司法认定

1. 司法实践中存在的主要分歧：真军警以真实身份抢劫，是否属于“冒充军警人员抢劫”？《最高人民法院关于审理抢劫刑事案件适用法律若干问题的指导意见》中明确规定，军警人员利用自身的真实身份实施抢劫的，不认定为“冒充军警人员抢劫”，应依法从重处罚。有学者认为，真军警以真实身份抢劫的，应当评价为“冒充军警人员抢劫”。

2. 审理该类型案件的主要思路：抢劫罪中的“冒充军警人员抢劫”的认定，应当满足以下条件：（1）冒充军警的行为应具有一定的表现形式。表现形式主要包括行为人主动亮明自己的军警人员身份、出示军警证件、身着军警制式服装、携带警械、驾驶军警车辆等。当然在具体认定过程中，还要结合行为人的主观方面进行判断。（2）冒充军警人员的行为应达到使一般人能够相信其身份的程度。冒充军警人员的行为不可简单依据结果来认定。

审理该类型案件需要查明如下证据：行为人的穿着、言语、出示的证件，是否使普通人合理地相信其是军警人员；被害人的伤情和财产损失。需要着重审查下列证据：监控视频等；证人证言；被害人的陈述；犯罪嫌疑人、被告人的供述和辩解。

3. 审理该类型案件的裁判规则：认定“冒充军警人员抢劫”，要注重对行为人是否穿着军警制服、携带枪支、是否出示军警证件等情节进行综合审查，判断是否足以使他人误以为是军警人员。对于行为人仅穿着类似军警的服装或仅以言语宣称系军警人员但未携带枪支、也未出示军警证件而实施抢劫的，要结合抢劫地点、时间、暴力或威胁的具体情形，依照一般人判断标准，确定是否认定为“冒充军警人员抢劫”。

类型化六：持枪抢劫的司法认定

1. 司法实践中存在的主要分歧：行为人抢劫时携带了枪支，但未使用枪支的，是否属于持枪抢劫?

2. 审理该类型案件的主要思路：《刑法》第263条第7项规定的“持枪抢劫”，是指行为人使用枪支或者向被害人显示持有、佩带的枪支进行抢劫的行为。“枪支”的概念和范围，适用《枪支管理法》的规定。

审理该类型案件需要查明如下证据：行为人的枪支来源、保管情况，抢劫时枪支的位置，如何使用的，被害人的伤情和财产损失，赃款的去向等。

需要着重审查下列证据：枪支原物；枪支检验鉴定意见；被害人的人身和财产损失情况；被害人的陈述；犯罪嫌疑人、被告人的供述和辩解。

3. 审理该类型案件的裁判规则：持枪抢劫是抢劫罪的加重处罚情节，其法定刑升格的主要原因在于枪支的现实危险性，准确认定持枪抢劫对抢劫罪的量刑具有重要意义。

第一，关于持枪抢劫中“持枪”的理解。根据《最高人民法院关于审理抢劫案件具体应用法律若干问题的解释》第5条的规定，持枪抢劫，是指行为人使用枪支或者向被害人显示持有、佩带的枪支进行抢劫的行为，因此，持枪抢劫包括行为人使用枪支和行为人向被害人显示枪支两种行为方式。此处的“使用”是在抢劫过程中开枪射击，让被害人感受到枪支的杀伤功能；而此处的“显示”则是在抢劫过程中行为人为了达到抢劫目的故意向对方显露枪支，所发挥的并非是枪支的杀伤功能，而是以枪支杀伤功能为基础的威慑功能。

第二，关于持枪抢劫中枪支的认定。假枪、玩具枪在事实上不可能损害被害人的生命健康，不属于“枪支”。在抢劫过程中，行为人持假枪或玩具枪向被害人显示，虽然可能和持真枪抢劫一样对被害人起到精神威慑的作用，但毕竟不具有真枪那样的杀伤力，其与真枪的现实危险程度不同，故不属于持枪抢劫，不适用抢劫罪的加重处罚情节。

第三，关于持枪抢劫的具体把握。如果行为人携带枪支而未使用，亦未向对方显露，或者仅仅是口头上表示有枪，从主观目的和客观行为的一致性以及社会危害性角度考虑，则均不属于我国刑法规定的持枪抢劫，否则容易造成刑罚过重而与罪责难以相当。[①]

第三节　本罪涉及的主要法律法规、司法解释及案例索引

一、法律法规、司法解释及相关规范性文件索引

1. 《刑法》第二百六十三条、第二百六十七条第二款、第二百六十九条

2. 《最高人民法院关于审理抢劫案件具体应用法律若干问题的解释》（法释〔2000〕35 号，2000 年 11 月 28 日施行）

3. 《最高人民法院关于抢劫过程中故意杀人案件如何定罪问题的批复》（法释〔2001〕16 号，2001 年 5 月 26 日施行）

4. 《最高人民法院关于审理抢劫、抢夺刑事案件适用法律若干问题的意见》（法发〔2005〕8 号，2005 年 6 月 8 日施行）

5. 《最高人民法院、最高人民检察院关于办理与盗窃、抢劫、诈骗、抢夺机动车相关刑事案件具体应用法律若干问题的解释》（法释〔2007〕11 号，2007 年 5 月 11 日施行）

6. 《最高人民法院研究室关于〈最高人民法院、最高人民检察院关于办理与盗窃、抢劫、诈骗、抢夺机动车相关刑事案件具体应用法律若

① 参见《刑事审判参考》第 436 号案例，粟某才等抢劫、非法持有枪支案。

干问题的解释〉有关规定如何适用问题的答复》（法研〔2014〕98 号，2014 年 7 月 29 日实施）

7.《最高人民法院关于印发〈审理抢劫刑事案件适用法律若干问题的指导意见〉的通知》（法发〔2016〕2 号，2016 年 1 月 6 日公布）

二、案例索引

1. 上海市嘉定区人民检察院诉魏某明等人抢劫案（《最高人民法院公报》2005 年第 4 期）

2. 重庆市喻中区人民检察院诉朱某伟、雷某平抢劫案（《最高人民法院公报》2006 年第 4 期）

3. 内蒙古自治区乌海市人民检察院诉白某云等人抢劫案（《最高人民法院公报》2008 年第 5 期）

4. 广东省肇庆市人民检察院诉梁某财等抢劫案（《最高人民法院公报》2010 年第 6 期）

5. 张某某抢劫、李某某盗窃案（《刑事审判参考》第 244 号案例）

6. 陆某钢等抢劫案（《刑事审判参考》第 288 号案例）

7. 杨某祥等抢劫案（《刑事审判参考》第 309 号案例）

8. 夏某飞、汪某峰抢劫、敲诈勒索、盗窃案（《刑事审判参考》第 332 号案例）

9. 李某、侍某抢劫案（《刑事审判参考》第 391 号案例）

10. 粟某才等抢劫、非法持有枪支案（《刑事审判参考》第 436 号案例）

11. 王某坚抢劫、强奸、盗窃案（《刑事审判参考》第 613 号案例）

12. 黄某松抢劫案（《刑事审判参考》第 844 号案例）

13. 王某国、肖某美抢劫案（《刑事审判参考》第 1184 号案例）

14. 李某豪抢劫案（《刑事审判参考》第 1201 号案例）

第十五章

抢夺罪类型化审判

第一节　抢夺罪的立法嬗变及相关问题

一、抢夺罪的立法嬗变

抢夺罪，一般是指以非法占有为目的，夺取他人数额较大的财物或者多次夺取他人财物的行为。

抢夺罪作为一种财产犯罪，其立法演变反映了社会经济的发展和法律制度的完善。在中国历史上，抢夺罪最早出现在夏朝，随着历史的发展，抢夺罪的法律条文也逐渐丰富和完善。例如，2014 年《最高人民法院、最高人民检察院关于办理抢夺刑事案件适用法律若干问题的解释》对抢夺罪的认定标准进行了调整，特别是对“数额较大”“数额巨大”“数额特别巨大”的认定标准作了明确规定。根据现行的《刑法》，抢夺罪是指以非法占有为目的，乘人不备，公开夺取数额较大的公私财物的行为。《刑法》第 267 条规定了抢夺罪的法律责任，明确了不同情况下的刑罚范围。此外，最高人民法院和最高人民检察院也发布了相关解释，对办理抢夺刑事案件适用法律的若干问题进行了详细说明，以便更准确地适用法律。总的来说，抢夺罪的立法嬗变体现了我国刑法对于保护公民财产安全的重视，以及对不同犯罪行为进行精细化、层次化规制的努力。随着社会的不断进步，相关的法律规定也会继续补充和完善，以适应新的社会情况和需求。

二、审理抢夺罪的总体思路

1. “乘人不备”的界定：在司法实践中，抢夺罪多以“乘人不备”实施。然而，将“乘人不备”作为抢夺罪客观要件的一个要素可能会导致刑法规范适用的不完整性。因此，法官在审理时应当综合考虑案件的具体情况，不应将“乘人不备”作为唯一的判断标准。

2. 数额标准的确定：抢夺罪的定罪与量刑往往与被抢夺财物的数额有关。不同地区可能会根据当地的经济发展状况和社会治安状况设定不同的数额标准。法官在审理时应当参照本地区的具体标准来判断案件中的数额是否达到“数额较大”等标准。

3. 前科因素的考虑：如果被告人曾因抢劫、抢夺或聚众哄抢受过刑事处罚，或者在一年内有类似犯罪行为，那么在审理时对于“数额较大”的标准可能会有更低的要求。

4. 转化抢劫的认定：在某些情况下，原本的盗窃、诈骗或抢夺行为可能因为行为人为了窝藏赃物、抗拒抓捕或毁灭罪证而当场使用暴力或威胁，从而转化为抢劫罪。法官在审理时应当注意这种转化的可能性，并据此作出相应的法律判断。

5. 社会治安状况的影响：侵财犯罪的数额标准设定首先要考虑社会治安状况和人民群众的安全感。抢夺罪作为刑法打击的重点，其认定的数额起点标准不宜过低，以确保能够有效地打击犯罪，保护人民的财产安全。

6. 证据的充分性：在审理过程中，法官应当确保证据的充分性和合法性，包括证人证言、监控录像、物证等，以确保对犯罪事实的准确认定。

7. 被告人的辩护权利：法官在审理时应当保障被告人的辩护权利，允许其充分陈述自己的意见和辩解，确保审判的公正性。

综上所述，审理抢夺罪时，法官需要综合考虑案件的具体情况，包括行为人的主观恶意、被抢夺财物的价值、犯罪手段、犯罪后果以及被告人的前科等因素，以确保法律的正确适用和公正裁决。

三、抢夺罪构成要件解读

本罪的客体是财产权利。本罪的主体为一般主体，即年满 16 周岁且具有刑事责任能力的自然人。本罪的主观方面要求行为人具有以非法占有他人财物的直接故意。抢夺罪的客观方面表现为夺取公私财物，即针对公私财物实施有形力而非针对物主，同时该种有形力并未达到强制的程度，即有别于劫取。

首先，夺取财物而非窃取财物。抢夺罪与盗窃罪之间的主要区别便在于前者系夺取，后者系窃取。夺取即当着物主的面，公然地对物实施有形力而取走财物，即一般所称的“乘人不备”。但“乘人不备”只是对夺取财物的既有经验的总结，并不能将其作为夺取行为的全部，因此“乘人有备”夺取财物亦有存在的空间。

其次，夺取财物而非劫取财物。抢夺罪与抢劫罪之间的主要区别便在于后者系劫取，即采取强制手段使得物主不能、不知或不敢反抗而获取财物。

根据相关司法解释，抢夺公私财物数额较大，但未造成他人轻伤以上伤害，行为人系初犯，认罪、悔罪，退赃、退赔，且具有下列情形之一的，可以认定为犯罪情节轻微，不起诉或者免予刑事处罚；必要时，由有关部门依法予以行政处罚。(1）具有法定从宽处罚情节的；(2）没有参与分赃或者获赃较少，且不是主犯的；(3）被害人谅解的；(4）其他情节轻微、危害不大的之一的。

尽管刑法条文未对本罪的对象予以明确，但根据一般理解，本罪的对象应当为可移动且能够被抢夺的财物。同时，刑法分则中明确规定特殊条款的对象，如枪支、弹药、爆炸物，以及国家机关公文、证件、印章等，应当以相应罪名规制而不再构成本罪。针对自己的财物为对象进行抢夺的不构成本罪。

多次抢夺。多次抢夺系《刑法修正案（九）》增设的一种抢夺类型，即抢夺罪的行为类型包括普通数额型和特殊多次型。两年内三次以上抢夺便可以构成多次抢夺。多次抢夺的，每一次抢夺的数额显然不满足普通抢夺的数额较大，倘若当数额达到较大以上的便应以抢夺的数额认定普通型抢夺罪。

携带凶器抢夺。首先，只要行为人携带凶器抢夺的，就应以抢劫罪论处。此种情形下，不要求行为人再使用暴力、胁迫等抢劫罪中的强制手段。在这个意义上而言，携带凶器抢夺以抢劫罪论处的规定系法律拟制。但是，若有证据证明携带的凶器确实不是为了实施犯罪的，则不应以抢劫罪论处，抢夺的数额较大或者多次抢夺的，则以抢夺罪论处。其次，凶器一般是指枪支、爆炸物、管制刀具等国家禁止个人携带的器械，或者为了实施违法犯罪携带其他足以危害他人人身安全的器械。若是上述凶器之外的不能被认定为凶器的器械，则只能构成抢夺。最后，携带凶器抢夺认定为抢劫的，要求携带的凶器具备在抢夺时随时可用，倘若不满足该条件的，则只能按照抢夺罪论处。

驾驶机动车、非机动车抢夺。驾驶机动车、非机动车夺取他人财物的，具有下列情形之一的，应当以抢劫罪定罪处罚。（1）夺取他人财物时因被害人不放手而强行夺取的；（2）驾驶车辆逼挤、撞击或者强行逼倒他人夺取财物的；（3）明知会致人伤亡仍然强行夺取并放任造成财物持有人轻伤以上后果的。

第二节　抢夺罪类型化裁判

类型化一：多次抢夺中“次”的司法认定

1. 司法实践中存在的主要分歧：对多次抢夺中“次”的司法认定，第一种观点认为，“次”就应该是在同一时间、同一地点的单个侵害行为；第二种观点则认为，只要是在相对集中的时间和地点范围内实施的抢夺便应认定为一次而非多次；第三种观点认为，若行为人基于一个概括的故意，在相对集中的时空范围内实施的连贯抢夺行为，应认定为一次。

我国刑法中的“多次”是指相同性质的危害行为的次数较多，而不是指同一行为人分别实施不同罪名的犯罪加起来是多次犯罪。“多次犯罪”从表面上看它是一种犯罪现象，并不依赖刑法的规定而客观存在，但作为定罪量刑的对象，研究多次犯罪离不开刑法规定。[①] 我国现行刑法及司法解释对个罪中涉及的“多次”大体上存在犯罪成立条件的“多次”和法定刑升格条件的“多次”。前者如盗窃罪、抢夺罪等，后者如抢劫罪等。实践中对较为典型的“多次”抢夺情形的认定处理比较容易，争议较大的问题是“多次犯罪”以及由抢夺转化为抢劫的情形。

2. 审理该类型案件的主要思路：首先，查明行为方式是否属于“夺取”。其次，查明抢夺的次数、对象。再次，查明每次抢夺的金额是否达到数额较大；多次抢夺作为数额较大型抢夺的兜底性质条款是以单次抢夺金额不满数额较大为前提，若有一次达到了较大数额的，则直接以数额累计认定普通抢夺即可。最后，查明行为人的主观目的是否为非法占

① 参见张正新、金泽刚：《论刑法中的多次犯罪》，载《湖北社会科学》2011 年第 7 期。

有目的。

审理该类型案件需要查明如下证据：（1）案件线索来源；（2）确定犯罪嫌疑人及到案经过；（3）犯罪事实是否为三次以上抢夺，以及作案时间、地点等；（4）作案手段是否为夺取；（5）作案动机及目的。

在认定事实时还需要考虑：犯罪的时间、地点和次数，犯罪嫌疑人通过何种方式获取被害人的财物，每次财物数额尚未达到较大的标准。

3. 该类型案件的裁判规则：在借鉴连续犯的原理下，对多次抢夺中的“次”的认定，具体分析如下。

首先，刑法理论通说认为“连续犯是指基于同一或者概括的犯罪故意，连续实施性质相同的独立成罪的数个行为，触犯同一罪名的犯罪形态”。[①] 可见，连续犯中的数行为必须是数个已经满足构成要件的独立犯罪行为，否则便不能称之为连续犯；同时，若数个行为中有一个符合构成要件的，该行为也不能作为连续犯处理。[②] 因此，多次抢夺中每一次的抢夺行为不能单独构成抢夺罪的“次”，否则便于单次的数额较大型抢夺没有区别，进而失去其作为数额较大型抢夺的补充的意义。

其次，由于连续犯中的每一个行为均是在同一或者概括的犯罪故意下连续实施的性质相同的行为，进而被认定为一罪。故，在借鉴连续犯的原理下，多次抢夺中“次”与“次”之间便不能是在同一或者概括的犯罪故意下连续实施的行为，否则便只能算一次抢夺。同时，倘若行为人是在同一或者概括的犯罪故意下实施若干次抢夺，客观上所实施的数个抢夺行为在缺乏外部的类似关系和时间上的联络的，便不能认定为是一次，而应是多次。

综上所述，行为人在相对集中的时间段内，先后抢夺 3 人以上但每

---

① 参见高铭暄、马克昌主编：《刑法学》，北京大学出版社、高等教育出版社 2011 年版，第 191 页。

② 参见马克昌等主编：《刑法学全书》，上海科学技术文献出版社 1993 年版，第 165 页。

次数额都没有达到数额较大的，可以认定为一次抢夺，若其累计数额达到较大的标准，则应以数额较大型抢夺罪定罪量刑。

需要注意的是，数额较大型的抢夺和多次抢夺处于同一个法定型范围内，且通常情形下多次抢夺的数额累计一般不会超过数额较大的范围。但是，倘若多次抢夺的数额累计超过数额较大的范围，达到数额巨大甚至是数额特别巨大的，显然便不能再以多次抢夺的法定刑量刑，而应根据相应的数额巨大或者数额特别巨大的法定刑量刑。毕竟，多次抢夺仅仅只是为了填充数额型抢夺的处罚漏洞而已。

类型化二：多次抢夺中“多次”的司法认定

1. 司法实践中存在的主要分歧：一般认为三次以上的抢夺“既遂”行为构成多次抢夺理当无异议，但倘若没有“既遂”，而是抢夺“预备”、“未遂”或者“中止”的，应如何认定？

2. 审理该类型案件的主要思路：首先，查明行为方式是否属于“夺取”；其次，查明抢夺的次数、对象；再次，查明每次抢夺是否得逞以及金额是否达到数额较大；最后，查明行为人的主观目的是否为非法占有目的。

审理该类型案件需要查明如下证据：（1）案件线索来源；（2）确定犯罪嫌疑人及到案经过；（3）犯罪形态以及作案时间、地点等；（4）作案手段是否为夺取；（5）作案动机及目的。

在认定事实时还需要考虑：犯罪的时间、地点和次数，犯罪嫌疑人通过何种方式获取被害人的财物，每次行为的犯罪形态如何以及财物数额是否尚未达到较大的标准。

3. 该类型案件的裁判规则：抢夺“多次”中的每一次行为应当是实施抢夺行为“既遂”、“未遂”以及实行着手后的“中止”。言外之意，抢夺“预备”以及预备阶段的“中止”不应计入多次中的次数。

首先，尽管《刑法》第22条规定犯罪预备的也属于犯罪行为，但事实上该条仅是为了防止处罚漏洞性质的兜底性条款。刑法理论与实务一般均不处罚犯罪预备行为，除非该行为一旦着手实施，后果不堪设想或者无法阻止着手实施后的行为，方才对此种情形下的犯罪预备予以处罚。但具体到诸如抢夺罪等一般犯罪行为而言，便不具有处罚预备的必要性。故当行为人实施抢夺“预备”的可以不计入多次抢夺的次数。

其次，对于抢夺“中止”的情形，需要区分为预备阶段的中止和着手后的中止。承上所述，抢夺“预备”不计入次数，那么抢夺“预备”阶段的中止理当也不应计入次数。但着手实施后的抢夺“中止”则应计入，但基于中止系行为人主观上的自动放弃犯罪行为，且尚未造成事实上的财产损失，可以在量刑上从宽。

最后，对于抢夺“未遂”的，若针对数额较大的财产实施抢夺未遂的，则可以直接认定为抢夺罪（未遂）。倘若尚未满足数额较大的，既然“能达目的而不欲”的已经着手实施抢夺中止的都可以计入次数，举轻以明重，属于“欲达目的而不能”的已经着手实施抢夺未遂的便也应当计入次数。

类型化三：抢夺罪既遂的司法认定

1. 司法实践中存在的主要分歧：抢夺既遂如何认定？综观中外刑法理论中关于犯罪既遂的解释，大体上可分为以下观点：一是“结果说”，[①] 二是“目的说”，三是“构成要件说”。其中“构成要件说”是中外刑法理论中关于犯罪既遂较为通行的观点，“当犯罪完全实现刑法分则的犯罪构成要件时，是为‘既遂’”，[②] 即行为人着手实施犯罪行为具备

---

① 如我国国内学者持此观点，其认为犯罪既遂指行为人着手实行犯罪并造成了危害结果的情形。参见周光权：《刑法各论》，中国人民大学出版社2011年版，第183页。

② ［意］杜里奥·帕多瓦尼：《意大利刑法学原理》（评注版），陈忠林译评，中国人民大学出版社2004年版，第304页。

了刑法分则规定的该种犯罪构成要件全部要素的情况。[①] 就应然的角度而言，刑法分则每个罪名的既遂标准应当是唯一的，即每种犯罪既遂的认定应当是单一的。但刑法学是一门规范学，对规范概念的理解必然由于不同认知等因素而呈现出不同样态。由此导致的实然现象是采取不同的学说便有不同的既遂标准，从而可能会使认定某罪的犯罪既遂情形迥异，以及会影响一罪与数罪、罪与非罪的认定等。

2. 审理该类型案件的主要思路：首先，查明行为人的行为方式是否属于“夺取”；其次，查明抢夺的财物特征、数额、所处场所等情况；再次，查明夺取后是否在一般观念上控制、支配了财物；复次，查明被害人在整个案发过程中的反应；最后，查明行为人的主观目的是否为非法占有目的。

审理该类型案件需要查明如下证据：（1）案件线索来源；（2）确定犯罪嫌疑人及到案经过；（3）犯罪形态以及作案时间、地点等；（4）作案手段是否为夺取；（5）作案动机及目的。

在认定事实时还需要考虑：犯罪的时间、地点，犯罪嫌疑人通过何种方式获取被害人的财物，被抢夺的财物特征、所处场所特征。犯罪嫌疑人获取财物后是否控制、支配财物，被害人在案发过程中的反应等。

3. 该类型案件的裁判规则：财产犯罪的既遂应以“控制说”为标准，并在规范意义上理解“控制说”。财产犯罪中，占有和控制应当可以在同等意义上使用，控制即为实际支配，控制作为一种事实上的支配，不仅包括物理范围内的支配，也包括社会观念上可以推知财物的支配人的状态。进而，在对个案财物控制的具体判断上应以占有作整体的判断、以被侵害财物的特征作具体的认定以及以行为人取得财物的时点作占有

---

① 参见高铭暄、马克昌主编：《刑法学》，北京大学出版社、高等教育出版社2011年版，第147页；陈兴良：《教义刑法学》，中国人民大学出版社2010年版，第589页；刘宪权主编：《刑法学》，上海人民出版社2008年版，第196页。

判断的补充。具体分析如下：

第一，以“控制说”作为财产犯罪的既遂标准。刑法的目的是保护法益，刑罚权因法益受到侵害或有被侵害的危险而发动，故法益具有规范性。现代刑法中侵犯财产犯罪的法益要保护的便是实实在在的财产权利。一般而言，由于财产类犯罪是行为人实施了引起他人财产损失这一法定的构成要件实害结果的行为，[①] 因此其“在犯罪既遂构成的检验上，除了行为人一定的行为之外，尚须检验侵害结果的实现，以及行为与侵害结果之间的因果关系”，[②] 并且财产犯罪的构成要件行为侵害了财产法益后便完成犯罪，且法益被侵害的状态已不随后续侵害行为而论。所以，财产犯罪应当属于犯罪分类中的侵害犯、结果犯和状态犯。从法益侵害的角度而言，被害人失去对财物的控制便意味着其财物受到侵害。同时财产犯罪是以非法占有为目的，即排除被害人的占有，由行为人自己或第三人占有。只有破坏他人的占有建立新的占有，即由被害人控制转为行为人控制，是为建立新的占有关系。由此，以“控制说”作为财产犯罪的既遂标准应当是妥当的。即“行为人实际取得财物的控制权，排除他人的占有而将财物处于自己的事实支配之下”。[③] 同时，《现代汉语词典》（第5版）将“占有”解释为“掌握”，[④] 而“掌握”即意味着“控制”。[⑤] 由于“占有”和“控制”都是对行为人（或第三人）取得财物后的状态，当行为人实际控制财物时也就意味着行为人对财物的占有达到持续平稳的程度。[⑥] 同时，由于占有既是判断此罪与彼罪的要素（如盗窃

① 但根据2005年6月8日《最高人民法院关于审理抢劫、抢夺刑事案件适用法律若干问题的意见》第10条规定，具备窃取财物或造成他人轻伤以上后果两者之一的，均属抢劫既遂。

② 黄荣坚：《基础刑法学》（下），中国人民大学出版社2009年版，第380页。

③ 周光权：《刑法各论》，中国人民大学出版社2011年版，第100页。

④ 中国社会科学院语言研究所词典编辑室：《现代汉语词典》（第5版），商务印书馆2005年版，第1713页。

⑤ 中国社会科学院语言研究所词典编辑室：《现代汉语词典》（第5版），商务印书馆2005年版，第1713页。

⑥ 参见周光权：《刑法各论》，中国人民大学出版社2011年版，第77页。

罪和侵占罪)，即占有的有无问题，亦是判断既遂还是未遂的要素（如在别人家中浴室发现戒指，为了便于日后窃走将其藏在浴室的缝隙中)，即占有的归属问题。所以，以下若未作特别说明，将是在占有的归属意义上论及“占有”，即“控制”。[①]

第二，在规范意义上理解控制说。在财产犯罪中，“占有”和“控制”应当可以在同等意义上使用，而“‘控制’即为实际支配”，[②] 进而，控制作为“一种事实上的支配，不仅包括物理范围内的支配，也包括社会观念上可以推知财物的支配人的状态”。[③] 进而，在对个案财物“控制”的具体判断上应结合以下几点。

（1）以“占有”作整体的判断。“刑法上的占有，应该综合考虑客观要件（占有的事实)，即对物的支配，以及主观要件（占有意思)，即支配意思，然后根据一般的社会观念来进行判断”。[④] 而这种支配，“以具有直接的、事实上的支配的情形（如实际持有财物、财物处于封闭的支配领域内）为核心，业已扩大到具有支配的事实可能性的情形。对于后者需以支配意思为必要，即排除他人取得，确保自己支配的意思”。[⑤] 也可以说，“占有作为事实上的支配，不尽是单纯的物理的有形的支配，即便具备物理的、有形的支配人的占有按照社会观念也有被否定的。如在主人的店里，雇员即便现实中持有财物也不具备占有。所以占有是一种规范的社会要素，即便在物理或有形的支配达不到的场合，从社会观

① 参见杜文俊、赵拥军：《财产犯罪既遂标准中的控制说及其司法认定》，载《上海政法学院学报（法治论丛)》2015 年第 2 期。

② 黎宏：《刑法学》，法律出版社 2012 年版，第 750 页。

③ 张明楷：《刑法学》，法律出版社 2011 年版，第 873 页。

④ ［日］山口厚：《从新判例看刑法》，付立庆、刘隽译，中国人民大学出版社 2009 年版，第 130 页。

⑤ ［日］山口厚：《刑法各论》（第 2 版），王昭武译，中国人民大学出版社 2011 年版，第 205～206 页。

念也可以认为是一种占有”。[1] 比如，财物处在像住宅那样的排他性强的场所内时，对于主人一时找不到的财物仍未失去占有。一般而言，使得财物离开此场合即为既遂。但根据财物的性质、大小等特征会存在例外情形，下文详述。

（2）以被侵害财物的特征作具体的认定。在以事实上的占有和支配理解控制说的前提下，对财产犯罪案件仍需要根据财物的性质、形状、行为样态等进行具体的判断。若财物体积较小，便于携带的，如手表、钱包以及拎包等，行为人通过盗窃、抢夺、抢劫等手段将其拿在手中、放入口袋以及随身携带等（或者反过来说，行为人使这些体积较小的财物离开被害人的手中、口袋或不能随身携带等就不能认为是处于被害人的控制之下）即为既遂。例如，抢夺他人手机，当行为人夺取手机后即为既遂。又如，在别人家中卫生间内发现一枚钻戒，当时不方便窃走，为了日后窃走便将其藏在抽水马桶的储水器中。尽管钻戒仍然处在被害人的住宅这样排他性强的场所内，但由于其行为人事实上支配了钻戒，是为既遂。再如，保姆盗窃主人家抽屉里的黄金首饰后藏于主人家里准备隔日带走，藏好后即为既遂；[2] 若财物体积较大的（一般只能盗窃），则需搬离出商店、工厂、房屋等场所，才是既遂。在有些情形下，“如在工厂行窃，如果工厂是任何人都能自由进出的，则将财物搬出原来的仓库、车间，就是既遂；如果工厂的出入相当严格，出大门要经过检查，则只有将财物搬出大门，才是既遂”，[3] 否则仍是未遂；[4] “若体积较大的

① 参见［日］木村龟二主编：《刑法学词典》，顾肖荣等译，上海翻译出版公司 1991 年版，第 687 页。

② 实务中有法院认定为盗窃未遂，参见上海市浦东新区人民法院（2006）浦刑初字第 2202 号刑事判决书。

③ 黎宏：《刑法学》，法律出版社 2012 年版，第 750 页。

④ 实务中，行为人将被害人单位的镀锌铜丝从车间窃出，搬运至围墙，将其中的一半搬出围墙，一半仍未搬出围墙，被联防队员发现并扭获。两审法院均认定为盗窃既遂和未遂。参见上海市松江区人民法院（2013）松刑初字第 850 号刑事判决书和上海市第一中级人民法院（2013）沪一中刑终字第 889 号刑事裁定书。

财物以及其他难以搬出的财物，只要行为人使该财物处于可以搬出的状态，即为既遂。如盗窃汽车时，使汽车发动处于可以逃走的状态即为既遂”;[①] 等等。

（3）以行为人取得财物的时点作占有判断的补充。当行为人控制和被害人的失去控制并非一致时，司法实务中的通常情形是以被害人对财物的控制作为判断时点，但即便是最大限度地考虑被害人与财物之间的时间、距离的隔离的场合，也并不能够肯定被害人对财物的占有。反而言之，只有当行为人取得财物之时点时被害人是否丧失占有才是问题的本源，即当行为人取得行为的时点已确定的前提下，直接以行为人取得的时点判断被害人是否丧失占有。[②] 比如在商场柜台，行为人乘营业员不注意，以非法占有的目的，将钻戒攥在手中。随后（数秒）担心被发现，又放回去的，就应当认定是盗窃既遂，而不是未遂。其返还行为只能认定为盗窃既遂的时候返还财产行为，不能认为行为人只是短暂的攥着戒指，商场营业员尚未丧失对钻戒的控制而认为是未遂。

“刑法学是最精确的法学，而精确的刑法理论以及由此产生的精确的刑法规定，就是在为社会及其成员规定精确自由程度。”[③] 因此，通过规范的设定，犯罪既遂就应当是一个点，一个精确的瞬间的点。在对具体的犯罪既未遂进行认定的时候只能进行形式的而不能是实质的判断。在理论和实务中将“控制说”作为财产类犯罪既遂标准的前提下，如何理解“控制”，便是认定既遂的关键。对此，有论者认为，“在现实生活中，人们对于不同的财物，往往采用不同的控制方式，如随身穿着的衣服与家中存放衣物的橱柜，虽然都在主人的控制之下，但方式明显不同，在

---

① 张明楷：《外国刑法学纲要》，清华大学出版社2007年版，第546页。

② 参见［日］山口厚：《从新判例看刑法》，付立庆、刘隽译，中国人民大学出版社2009年版，第129页。

③ ［德］克劳斯·罗克辛：《德国刑法学总论》（第1卷），王世洲译，法律出版社2005年版，第1页。

相关财产犯罪既未遂标准的掌握上也有一定差异。以盗窃为例主要有身体掌控、目击控制以及场所、器具控制等。所谓身体掌控是指将财物随身携带，置于身体的直接控制之下，如随身穿的衣服、佩戴的手表、拎包等财物。在扒窃场合，行为人将财物从主人的衣袋、拎包中取出即意味着财物脱离主人的控制范围而被行为控制和支配，其为既遂。所谓目击控制是指将财物近距离地置于自己的视线范围之内，以便保管、掌控……”[①] 如行为人扒窃被害人的拎包后转身逃跑，被害人发现后紧追不舍，将行为人抓获。根据前文的目击控制说，行为人在扒窃后逃跑，被害人紧追，此时拎包处于被害人的目击控制范围内，因此行为人并未控制拎包，故应当认定为盗窃未遂。[②] 但是根据该论者上述的身体掌控说，行为人将财物从主人的衣袋、拎包中取出即意味着财物脱离主人的控制范围而被行为控制和支配，就应当是既遂。可见，在呈一维发展的犯罪形态中，当犯罪已然既遂的情形下，如何还能够再通过其他方式（如目击控制）进而认定为犯罪未遂呢？

在犯罪形态呈一维发展的过程中，犯罪既遂后如何又能未遂呢？如果按照所谓的身体掌控到目击控制的无缝连接说法，则对于下列情况的既未遂的认定将会是个矛盾的难题：例如，行为人在地铁快要关门时将站在地铁门边一对恋人中女方的手机抢夺后夺门而逃，以下四种情形该如何判断：（1）行为人将手机抢夺出门后，这对恋人只能眼睁睁地在门里面看着行为人将手机拿走，抢夺既遂还是未遂？（2）行为人将手机抢夺出门后，这对恋人大声叫喊，在车门关上后，车门外的乘客由于听到叫喊声，将行为人抓获，此时抢夺既遂还是未遂？（3）行为人将手机抢夺出门后，女方的男友也冲出门去将行为人抓获，此时抢夺既遂还是未遂？（4）行为人将手机抢夺出门后，旁边有位乘客跟着跑出门将行为人

① 黄祥青：《刑法适用要点解析》，人民法院出版社 2011 年版，第 244 ~ 251 页。

② 参见黄祥青：《盗窃罪的认定思路与要点》，载《人民司法》2014 年第 7 期。

抓获，此时抢夺既遂还是未遂？（以下称地铁抢夺案）又如，行为人预谋抢劫银行，通过暴力、胁迫手段在银行理财室劫得钱款后，进入银行大厅并携款离开后，在银行工作人员等人的追赶下，为逃避抓捕而丢弃钱款。一审法院认为行为人携款离开银行大厅时，并未有人追赶而认定为抢劫既遂。是否可以认为，若当时行为人在离开大厅时有人在追赶，是否就意味着其劫得的钱款处于目击控制之下而认定为抢劫未遂呢？（以下称银行抢劫案）[①] 其实，目击控制属于在支配的意思下按照一般社会观念对财物进行的控制，在一般的社会观念控制下与视线范围无关。其对财物的控制应当按照上文笔者提及的首先根据占有作整体的判断，然后根据财物的特征、行为样态等作具体的认定。对于不是体积较大的以及其他难以搬出的财物，只要是行为人使其脱离被害人的身体或者使财物离开由被害人（单位）控制的排他性强的场所（如前文的地铁抢夺案和银行抢劫案）就应当是由行为人支配和控制，即为既遂，与财物是否处于被害人及他人的目光视线范围没有关系，和被害人是否发现财物被偷、被抢也没有关系。若按目击控制说，将财物近距离地置于自己的视线范围之内以便保管、掌控，如学生、运动员等在运动场上活动时，将衣物等随身财物暂时放置于篮球架旁或运动场一隅。[②] 但问题是，在视线范围之内就是有效控制，若一旦超出视线范围就不属于有效控制了？若一群学生在打篮球，将衣物放置于篮球架旁，其视线能所及篮球场，当有人提议衣物不便放置在篮球架旁，而全部挪放到篮球场之外的教室里面的时候，这些衣物便不属于学生们的有效控制？若有个学生视力特别好能够看到自己的衣物，则他目击控制着自己的衣物，否则便没有控制？如此而言，视力的好坏便决定了犯罪既未遂、此罪与彼罪等。果真如此，刑法学将不再是门规范学。

① 参见上海市第一中级人民法院（2013）沪一中刑终字第184号刑事判决书。

② 参见黄祥青：《刑法适用要点解析》，人民法院出版社2011年版，第244～251页。

综上所述，作为一门规范学的刑法学，其规范评判标准的实质就是通过规范的方式设定的，而不能通过生活事实上的情状来认定。

类型化四：抢夺罪转化为抢劫罪的司法认定

1. 司法实践中存在的主要分歧：转化型抢劫罪中，犯抢夺罪是否需要求达到犯罪既遂的标准？如何考量以窝藏赃物、抗拒抓捕或者毁灭罪证为目的等因素？

2. 审理此类型案件的主要思路：首先，查明基础行为方式是否属于“夺取”，以及是否实行着手；其次，查明抢夺的财物特征、数额，是否处于犯罪嫌疑人的控制、支配；再次，查明被害人等相关人员在整个案发过程中的表现，与犯罪嫌疑人之间是否有肢体接触等；复次，查明犯罪嫌疑人是否当场采取了暴力或者以暴力相威胁的行为；最后，查明犯罪嫌疑人的主观目的是否为非法占有目的，以及在获取财物后所采取的行为方式是否是为了窝藏赃物、抗拒抓捕或者毁灭罪证。

审理该类型案件需要查明如下证据：（1）案件线索来源；（2）确定犯罪嫌疑人及到案经过；（3）财物特征、作案时间、地点等；（4）作案手段是否为夺取，以及犯罪嫌疑人是否有暴力或者以暴力相威胁的行为；（5）作案动机、目的，以及获取财物后所采取暴力或者以暴力相威胁的行为的目的。

在认定事实时还需要考虑：犯罪的时间、地点，犯罪嫌疑人通过何种方式获取被害人的财物，被抢夺的财物特征。犯罪嫌疑人获取财物后是否控制、支配财物，被害人在案发过程中的表现，犯罪嫌疑人是否当场采取了暴力或者以暴力相威胁的行为，以及采取该种行为方式的目的是否是为了窝藏赃物、抗拒抓捕或者毁灭罪证。

3. 该类型案件的裁判规则：转化型抢劫罪也是抢劫罪，作为侵害财产类犯罪，必然要以财产损害的结果为既遂的必要要件，但并不以行为人最终获取到财物为必要要件。在案件中则主要针对行为人的主观意图，分析其行为的目的是否满足转化型抢劫罪中的目的要求。具体分析如下：

第一，转化型抢劫罪也是抢劫罪，作为侵害财产类犯罪，必然要以财产损害的结果为既遂的必要，但并不以行为人最终获取到财物为必要。如果行为人在实施抢夺过程中，尚未占有被害人的财物时就被他人发现，行为人为了非法占有（强取）财物（不是出于《刑法》第269条规定的目的）而使用暴力或者暴力相威胁的，应直接适用《刑法》第263条认定为普通抢劫罪。

第二，转化型抢劫罪中行为人的目的，即“窝藏赃物、抗拒抓捕或者毁灭罪证”既不能狭义地从其字面意思进行解释，也无须行为人必须要实施极为典型的窝藏赃物、抗拒抓捕或者毁灭罪证等行为。在案件中则主要针对行为人的主观意图，分析其行为的目的是否满足转化型抢劫罪中的目的要求。例如，甲将迎面走来且正在翻看手机的乙的手机抢夺后就跑，乙怔在原地大声喊：“抢东西啦，你这个天杀的狗东西……”甲听到后异常生气，便停下来转身向乙走去并质问道：“你骂谁是狗东西?”乙便回道：“就是你，天杀的狗东西。”甲听完后上去就是一拳打在乙的脸上，并将其打倒在地后继续打了几拳踹了几脚后转身离去。本案中的甲能否构成转化型抢劫，便需要讨论其在抢夺行为后，暴力殴打乙的行为是否构成转化型抢劫。这便需要考虑甲殴打时的主观心态及其目的。毁灭罪证是指为了逃避罪责，湮灭作案现场遗留的痕迹、物品以及销毁可以证明其罪行的各种证据。[①] 可以肯定的是本案中的甲殴打乙并不是为了毁灭罪证。抗拒抓捕是指犯罪分子抗拒司法机关依法对其采取的拘留、逮捕等强制措施，以及在犯罪时或犯罪后被及时发现，抗拒群众将其扭

---

① 全国人大法制工作委员会刑法室编：《中华人民共和国刑法条文说明、立法理由及相关规定》，北京大学出版社2009年版，第562页。

送到司法机关的行为。[①] 从其可见，无论是抗拒司法机关的强制措施等，还是抗拒群众的扭送，都必须是现实的正在发生着的，尚未发生的、仅仅是基于一种抗拒抓捕、扭送可能性的，则不能认定为抗拒抓捕。而本案中的甲抢夺乙的手机逃跑后，乙只是在原地骂并未追赶（即便是追赶也不能当然地认为是在抓捕或者扭送），并无其他人和其他任何抓捕或者扭送行为，所以甲也不是为了抗拒抓捕而实施暴力。而窝藏赃物则是指为了保护已经到手的赃物不被追回，[②] 而转移、隐匿抢夺所得到的公私财物的行为。其目的主要是使盗窃等犯罪所得不被恢复到应有状态，[③] 或者说保护已经取得的赃物不被返回、追缴。[④] 本案中乙仅凭站在原地责骂甲也仅仅是"想"以此要回被抢的手机，却并无任何现实的恢复被抢手机应有状态的行为。因此，甲并不是为了保护赃物被追回而实施暴力，因为不存在任何追回赃物的实际行为。所以，甲暴力殴打乙不是为了窝藏赃物、抗拒抓捕或者毁灭证据，而是为了泄愤，因而不满足转化型抢劫罪的目的要求，故不能认定为转化型抢劫罪。[⑤]

第三，当行为人先前在一个概括的财产类犯罪故意下连续犯抢夺行为时，若仅在最后一次实施抢夺行为被发现，而当场使用暴力或者暴力相威胁的，一般而言只能是最后一次的抢夺行为成立转化型抢劫罪，并与前几次抢夺等行为（独立成罪的情形下）并罚。[⑥]

---

① 全国人大法制工作委员会刑法室编：《中华人民共和国刑法条文说明、立法理由及相关规定》，北京大学出版社2009年版，第562页。

② 参见高铭暄、马克昌主编：《刑法学》，北京大学出版社、高等教育出版社2011年版，第500页。

③ 参见黎宏：《刑法学》，法律出版社2012年版，第726页。

④ 参见张明楷：《刑法学》，法律出版社2016年版，第984页。

⑤ 参见赵拥军：《转化型抢劫罪的司法认定思路及要点》，载《青少年犯罪问题》2017年第5期。

⑥ 参见赵拥军：《转化型抢劫罪的司法认定思路及要点》，载《青少年犯罪问题》2017年第5期。

第三节　本罪涉及的主要法律法规、司法解释及案例索引

一、法律法规、司法解释及相关规范性文件索引

1. 《中华人民共和国刑法》第二百六十七条

2. 《最高人民法院关于审理抢劫、抢夺刑事案件适用法律若干问题的意见》（法发〔2005〕8号，2005年6月8日施行）

3. 《最高人民法院、最高人民检察院关于办理与盗窃、抢劫、诈骗、抢夺机动车相关刑事案件具体应用法律若干问题的解释》（法释〔2007〕11号，2007年5月11日施行）

4. 《最高人民法院、最高人民检察院关于办理抢夺刑事案件适用法律若干问题的解释》（法释〔2013〕25号，2013年11月18日施行）

5. 《最高人民法院研究室关于〈最高人民法院、最高人民检察院关于办理与盗窃、抢劫、诈骗、抢夺机动车相关刑事案件具体应用法律若干问题的解释〉有关规定如何适用问题的答复》（法研〔2014〕98号，2014年7月29日施行）

二、案例索引

1. 郭某周故意伤害、抢夺案（《刑事审判参考》第683号案例）

2. 李某峰抢劫、抢夺案（《刑事审判参考》第868号案例）

3. 李某波抢夺案（《刑事审判参考》第933号案例）

第十六章

敲诈勒索罪类型化审判

第一节　敲诈勒索罪的立法嬗变及相关问题

一、敲诈勒索罪的立法嬗变

敲诈勒索罪是指以非法占有为目的，采用暴力、威胁或者其他方法，强迫他人交出财物的行为。

1979年颁布的《刑法》中，明确规定了敲诈勒索罪。随着社会的发展和变化，人们对于敲诈勒索罪的认识和理解也在不断深化。为了更好地同敲诈勒索犯罪作斗争，惩治情节严重的敲诈勒索行为，1997年，我国对《刑法》进行了修订，对相关条款进行了进一步的修改。其中包括增加了“数额较大”的规定，作为敲诈勒索罪的入罪“门槛”，增设了管制刑，并将第二档刑罚进行了调整。此外，《刑法修正案（八）》在敲诈勒索罪中增加了罚金刑，这不仅兼顾了刑罚的衡平性要求，还强化了犯罪预防功能。

然而，尽管法律对敲诈勒索罪的规定有所完善，但仍存在一些争议和不明确之处。例如，关于敲诈勒索的对象是否应该包括财产性利益，而不包括公共权力等，学术界和实务界仍存在不同的看法。又如，现实中有些被认为是敲诈勒索的行为，如正当的维权索赔行为，可能被错误地当作敲诈勒索罪处理。这种情况需要法院在审理时秉持刑法谦抑精神，坚持实质解释的立场，确保公正审判。

总的来说，敲诈勒索罪的立法嬗变反映了我国对于敲诈勒索犯罪行为的认识和态度的变化，仍然存在一些需要进一步完善和明确的地方。

二、审理敲诈勒索罪的总体思路

1. 行为人实施了敲诈勒索的行为是构成本罪的关键。所谓的敲诈勒索是指以威胁或者要挟的方法，强行索取他人财物。

2. 敲诈勒索的对象应该包括财产性利益，而不包括公共权力等其他不法利益。

3. 敲诈勒索的行为只有数额较大或者多次敲诈勒索时，才构成犯罪。数额巨大或者有其他严重情节，是本罪的加重情节。

4. 要挟方法通常是指抓住被害人的某种把柄或弱点，使其感到恐惧或受到威胁，从而被迫交付财物或其他利益。

5. 在进行法律适用时，可以参考最高人民法院、最高人民检察院发布的相关司法解释和指导意见。

6. 在审理过程中，应确保证据的真实性、合法性和充分性，保障当事人的合法权益，确保审判的公正性和公平性。

三、敲诈勒索罪构成要件解读

本罪的犯罪客体是复杂客体，主要客体是公私财产所有权，次要客体是他人的人身权利或其他权益。本罪不一定是当场交付财物，故犯罪对象可以是动产，也可以是不动产。犯罪对象一般是财物，是否包括财产性利益，存在一定的争议，主流观点认为可以包括财产性利益。

本罪的客观行为表现为行为人采用威胁、要挟等方法，向公私财物的所有者、保管者强索公私财物的行为。所谓威胁、要挟等方法，是指对公私财物的所有者、保管者进行精神上的强制，造成心理上的恐惧，不敢抗拒，从而迫使其交出财物的方法。威胁，是指以将来或在其他现场对被害人本人、与其关系密切的亲友人身实施暴力相恐吓，或毁坏被害人财物相恐吓的行为。要挟，是指以揭发被害人隐私、损害其名誉等相恐吓要求其交付财物的行为。威胁、要挟的方式，既可以当面进行，也可以不当面进行，还可以通过第三者转达；可以用语言，也可以用文字，还可以用行为；可以是明示，也可以是暗示。威胁、要挟的内容，通常是生命、健康、自由、财产、隐私等，既可以是真实的，也可以是虚假的。被害人交付财物，可以与威胁、要挟同时同地，也可以时空分离。财物既可以是交付给行为人本人，也可以是交付给行为人指定的第三人。威胁、要挟行为与被害人交付财物之间需要有刑法上的因果关系。

我国传统理论否认暴力和以当场使用暴力相威胁可以成为敲诈勒索罪的手段。敲诈勒索罪不仅不可能当场使用暴力，而且在暴力威胁的情况下，这种暴力也是将来可能实行的暴力，由此进一步地排除当场使用暴力的可能性。只要是为索取财物而实施暴力，就只能构成抢劫罪而不能构成敲诈勒索罪呢？回答是否定的。例如，某甲发现某乙与其妻通奸。一日找到乙，要求乙在一周内向其支付 5 万元“爱情损失费”，遭乙拒绝。于是甲对乙进行拳打脚踢，在乙被迫答应其要求时才住手。事后，乙向公安机关报案，甲被抓获。甲虽然使用了暴力，但并非当场占有乙的财物，故甲不构成抢劫罪，而是构成敲诈勒索罪。关键问题在于，暴力在犯罪中起到了什么作用？根据前述抢劫罪的特点，如果使用暴力是为了排除被害人的反抗，当场占有其财物，当然应当认定为抢劫罪。但是，如果使用暴力的目的是迫使被害人答应在日后某个时间、地点交付财物，其暴力实际起的是与以实施暴力相威胁一样的胁迫作用，只是因为其不是作为当场占有他人财物的手段，所以，不能认为某甲构成抢劫罪。但是如果其暴力造成严重伤残或者死亡，则根据案件的具体情况定故意伤害罪或者故意杀人罪。①

敲诈勒索罪中的“胁迫”，并不要求行为人必须向被害方提出通告，也可以是向第三方提出进而转告被害人，同样也能达到胁迫的效果，同时，该罪中的“胁迫”并不要求行为人必须以明示、言辞的方式向被害方提出，也可以是暗示、行为的方式胁迫被害人。敲诈勒索罪中的“胁迫”必须达到使被害人产生恐惧心理的程度。

敲诈勒索财物数额较大，或者多次敲诈勒索的，才构成犯罪。2013年《最高人民法院、最高人民检察院关于办理敲诈勒索刑事案件适用法律若干问题的解释》对“数额较大”减半入罪作了概括性规定，并授权各省、自治区、直辖市高级人民法院、人民检察院根据本地实际确定具体数额标准。“多次敲诈勒索”，是指二年内敲诈勒索三次以上。

关于敲诈勒索罪的数额认定。行为人的“开价”数额往往很高，但最后到手的财物可能低于“开价”的数额。那么，敲诈勒索罪的犯罪数额，应当以开价数额为准，还是以到手数额为准？主流观点认为，应当以行为人实际敲诈到的数额作为其犯罪数额，同时将开价数额作为量刑情节考虑。如果经过“讨价还价”，行为人最后仍未实际敲诈到钱财的，宜以其最后提出的数额认定敲诈勒索未遂的数额。

敲诈勒索罪存在部分未遂。在实践中，被害人被敲诈勒索后，可能先报警、并配合警方诱出行为人，可能在将一定的款项支付给行为人后旋即将其抓获到案。对采取控制交付条件下的敲诈勒索罪的犯罪形态，实务中存在争议。表面上看，行为人敲诈勒索得到财物，似乎是犯罪既遂。其实，这种情况下行为人往往来不及处理所得款项，被害人并未失去对这些款项的控制，这只是表面上的“既遂”，宜按敲诈勒索罪未遂处

① 参见王作富主编：《刑法分则实务研究》（第3版），中国方正出版社2007年版，第1071页。

理，这更符合罪刑相适应原则。

我国法律没有对“同一敲诈勒索犯罪，既有既遂又有未遂”的情形做出明确规定。但我国刑法在处理诈骗罪“同一犯罪，既有既遂又未遂”的情形时，认为“分别达到不同的量刑幅度，以处罚较重的刑罚处罚；达到同一量刑幅度的，按照犯罪既遂处罚”。作为同样的数额型财产犯罪，敲诈勒索罪也可以适用该原则。

本罪的主体是一般自然人，即年满16周岁的自然人，不包括单位。明知他人实施敲诈勒索犯罪，为其提供信用卡、手机卡、通讯工具、通讯传输通道、网络技术支持等帮助的，以共同犯罪论处。

本罪的主观要件是直接故意，且行为人有非法占有他人财物的目的。

第二节　敲诈勒索罪类型化裁判

类型化一：事出有因型敲诈勒索行为的司法认定

1. 司法实践中存在的主要分歧：事出有因型敲诈勒索罪与正常维权、过度维权的界限是什么？

2. 审理该类型案件的主要思路：行为人是否具有非法占有目的，是区分利用信息网络实施敲诈勒索罪与利用信息网络维权的关键。在具体认定时，需要综合考虑以下因素：（1）是否有正当的权利，即行为人索取财物是否具有法律上的依据。（2）是否在正当权利的范围内行使。如涉及的权利是内容确定的债权，但主张对方给付的财物远超出债权的数额范围之外，则不属于正当权利的范围；如涉及的权利是内容不确定的债权，或者行使损害赔偿请求权的场合，行为人所提出的财产性要求与债权或者损害赔偿请求权直接相关，即使所要求数额较大，也应当视为行使正当权利。（3）行使权利的手段是否具有必要性和相当性，债权本身的重大性、手段行为侵害相对方权益的程度、手段行为本身是否合法，行为人是否存在实施其他行为的可能性等，均是需要考虑的因素。

合理行使权利和敲诈勒索二者之间的划界，在于当事人是否承担相应的刑事责任的问题。揭发犯罪、检举违法的权利不等同于财产权利，以揭发犯罪、检举违法为由逼取财物，原则上属于敲诈勒索行为，只在少数例外情况下不应认定为犯罪。行使合法债权等类似的正当财产权利时，只要权利人的主张在其财产权利的覆盖范围之内，即使使用了胁迫手段以追求权利的实现，也不宜认定敲诈勒索罪。如果其主张超出了权利的覆盖范围，一旦附加了诉讼、举报、媒体或网络曝光等以外的不正当逼迫手段，则有可能认定为犯罪。如果利用虚假的权利胁迫取得财物，宜在敲诈勒索罪之外，再追究形成权利“虚假状态”的诈骗罪等其他犯罪。[①] 提起民事诉讼，不属于威胁、要挟，即使动机不纯，也不宜认为是敲诈勒索行为。以揭发对方的违法、违纪、犯罪行为相要挟，可以成为敲诈勒索行为。

在许多案件中，尽管行为人采取了威胁甚至暴力的手段强取了他人财物，但行为人要求他人给付财物则是出于某种真实存在的原因或理由，而主张的金钱数额又往往与客观损失数额极不匹配，行为人究竟是在维护个人合法权益，还是在敲诈勒索，存在极大分歧。此类案件可称为“事出有因”型敲诈勒索。事出有因之因具有三个特点：事出有因的因应当是真实的原因，而非虚假的原因；事出有因之因既包括合法之因又包括非法之因；事出有因必须与当事人具有利益相关性。因与权利之间有四种组合关系：（1）“合法之因 + 特定权利”。行为人的权利主张有着完全的合法性基础，权利数额也有相对明确的数额，无论行为人客观上是

① 参见蔡桂生：《合理行使权利与敲诈勒索罪的区分》，载《国家检察官学院学报》2018 年第 2 期。

否采取了使被害人陷入心理强制的“威胁”和“胁迫”手段，是否给被害人造成了心理恐惧，都不能认定行为人具有非法占有目的。行为人行使特定权利的自救行为，不构成敲诈勒索罪。（2）“不合法之因＋特定权利”。关键不在于特定权利是否为法律所保护，而是看该特定权利属于纠纷解决的对象还是纠纷解决的借口。如果是前者，直接依照第一种组合关系处理；如果是后者，则构成敲诈勒索罪或者其他犯罪。（3）“合法之因＋不特定权利”。行人为非法占有的主观目的容易判断，只要其敲诈勒索的数额达到了构罪标准，且符合其他构罪要件，即可认定行为之行为构成犯罪。（4）“不合法之因＋不特定权利”。应当将敲诈勒索罪的客观方面引入主观方面的推定中，即以威胁和胁迫的强度来推定是否具有非法占有的目的。前因引出的权利主张分为特定权利和不特定权利。数额的确定性与否决定了敲诈勒索罪的成立空间，原因的正当性反而不是重要的考虑因素。[①]

如果把正常行使权利当成敲诈勒索，将会造成错案。现实中，有的人不享有权利却误以为自己享有权利并采用不合法手段行使权利，即假想的权利行使行为。例如，甲与他人打牌输了3万元，事后认为是乙作弊导致的（已经查证属实），便威胁乙退还其3万元，这并不是正常行使权利，仍不宜认为构成敲诈勒索罪。又如，甲与他人打牌输了3万元，事后认为是乙作弊导致的（已经查证属实），便威胁乙赔偿其5万元。那么，应当认定甲敲诈勒索5万元？2万元？不构成犯罪？再如，甲与他人打牌输了3万元，事后认为是乙作弊导致的（乙是否作弊无法查实），便威胁乙赔偿其5万元。这种情况，认为甲构成敲诈勒索罪是没有争议的。

审理该类型案件需要查明如下证据：物证；监控视频；书信、邮件、聊天记录等；鉴定意见；证人证言；被害人陈述；犯罪嫌疑人、被告人

---

① 参见宋继圣：《“事出有因”型敲诈勒索罪中的主观占有目的》，载《人民检察》2014年第9期。

的供述和辩解。

3. 审理该类型案件的裁判规则：敲诈勒索罪是指以非法占有为目的，对被害人实施威胁或者要挟方法，强行索取公私财物，数额较大的行为。行为人以行使权利为由，使用暴力或以暴力相威胁，迫使被害人交付钱款的，应从主观和客观方面进行全面评价。在不具有合法权利基础的情况下，手段行为与行为人所主张的债权之间没有内在关联，且无法为社会所接受和容忍，此种情形下，应认定行为人具有非法占有目的，构成敲诈勒索罪。

行为人以被害人预谋犯罪为由，对被害人加以控制，并以报警将被害人送交公安机关处理为要挟，向被害人及其亲属强索财物。在实施上述犯罪过程中，行为人虽然在一定程度上限制了被害人的人身自由，并且为控制被害人而采取了轻微暴力，但并未使用暴力、胁迫、麻醉或者其他方法劫持被害人，亦未将被害人藏匿，其行为不构成绑架罪，应当以敲诈勒索罪定罪处罚。

对于因占地补偿引起纠纷，行为人作为土地承包使用人有权提出补偿要求，其所获得民事补偿是基于其享有的民事权利与被害单位进行民事协商的结果，被害单位作为拟制法人，不是基于恐惧不得不交出财物，而是基于商业利益考虑答应了行为人的要求。

类型化二：索要“分手费”型敲诈勒索行为的司法认定

1. 司法实践中存在的主要分歧：刑法介入感情纠纷是否有违谦抑性原则？索要“分手费”行为是否构成敲诈勒索罪，可罚性如何？

2. 审理该类型案件的主要思路：现实中，恋人、情人在分手后，以公布恋情、不雅照、向有关部门反映不正当关系、骚扰闹事、毁坏名誉等为由索要分手费或其他名义的财物的情况屡见不鲜。因感情纠纷索要各种名义的分手费的情形相当复杂，行为人往往有一定的道德权利为基础，其社会危害性与一般恃强凌弱型的敲诈勒索罪有所不同。这类犯罪的定罪量刑容易引起广泛的社会关注，裁判有时和公众的法感情有较大的冲突。应当综合考虑全案情况，力求落实罪责刑相适应原则，不能唯数额论，机械司法。

以上情况相当复杂，主要体现在：行为人的要挟手段只可能使特定关系人产生恐惧心理，对普通人效果不明显（例如，极少有以公布男性裸照为要挟手段的，公布明星的恋情、婚讯的影响远大于公布普通人的恋情的影响）；行为人索要的数额通常达到了甚至远远高于敲诈勒索罪“数额特别巨大”的标准，却往往未超出被害人的支付能力，可能只是被害人的小部分财产；行为人的行为通常完全符合敲诈勒索罪的构成要件，依法会适用较重的法定刑，若机械司法，则宣告刑可能很重，与公众的法感情相悖，判决不易取得良好的法律效果和社会效果；被害人往往存在道德上的过错（如玩弄感情、始乱终弃等），行为人往往对自己的行为的法律性质、后果存在错误认识，不少人甚至认为“行为人才是这段关系中的受害人”。

一般来说，行为人的行为涉嫌敲诈勒索罪，但可以酌情从轻处罚，甚至在法定刑以下量刑。例如，陈某与吴某于2011年相识，后发展为情人关系。陈某于2018年10月8日以曝光隐私为由，向吴某索要人民币4000万元。吴某于2018年10月16日向陈某转账人民币300万元，陈某以进一步公开二人不正当关系、公开其他人的负面信息等理由相威胁，胁迫吴某一次性支付剩余的3700万元。在量刑阶段，法院充分考量陈某的犯罪前因、犯罪手段和犯罪对象均具有一定特殊性，且属于犯罪未遂。2021年，法院判决：陈某犯敲诈勒索罪，判处有期徒刑三年，缓刑三年，并处罚金人民币10万元。

敲诈勒索行为人实施威胁的内容多种多样，但威胁的目的和结果都是取得被害人的财产。如果行为人以公布隐私为由索要分手费，则涉嫌敲诈勒索罪。现实中，有的行为人故意不主动提出赔偿数额，而是等待对方首先提出赔偿数额，以显示自己“不具有勒索财物的目的”“证明非法占有目的的证据不足”。一般不宜认为这种行为构成敲诈勒索罪。

审理该类型案件需要查明如下证据：聊天记录、录音、监控视频；银行转账记录、微信转账记录、支付宝转账记录；证人证言；被害人陈述；犯罪嫌疑人、被告人的供述和辩解等。

3. 审理该类型案件的裁判规则：以要分手费为由，强行勒索他人数额较大的钱财，构成敲诈勒索罪。一方以将二人不正当关系公开等为由向另一方索要财物，数额较大的，应当以敲诈勒索罪追究其刑事责任。迫于对行为人将要实施的暴力或毁坏名誉等行为的恐惧，交出财物的，对行为人以敲诈勒索罪论处。

类型化三：职业打假型敲诈勒索行为的司法认定

1. 司法实践中存在的主要分歧：知假买假后向商家高额索赔，是否涉嫌敲诈勒索罪？

2. 审理该类型案件的主要思路：敲诈勒索必须是以非法占有为目的，如果行为人占有的内容包含在司法机关可能的处理结果之中，或者未明显超出司法机关可能的处理范围，都不应认定为非法占有目的。例如，三倍赔偿、十倍赔偿有法律依据，则明显不具有非法占有目的，向法院提起民事诉讼，不是敲诈勒索罪的威胁、要挟手段。

知假买假后向商家索赔，如果主体是普通消费者，法学界和司法实务中通常不认为构成敲诈勒索罪；如果主体是职业打假人，则有人认为会涉嫌敲诈勒索罪。认定这些的关键在于：其一，知假买假的人是不是消费者？职业打假人是不是消费者、是否享有《消费者权益保护法》规定的消费者权利？其二，以向法院起诉、向市监督管理部门或消费者协会举报要挟，是不是敲诈勒索行为？在法律规定限度内索赔是合法维权，还是敲诈勒索？如果超出法律规定的限度，合理界限是什么？

对此，有专家认为，“对于同一法律事由，以依法起诉为威胁内容的，不构成敲诈勒索罪。但同时实施暴力或者以暴力相威胁的，应当对其暴力或者以暴力相威胁的行为，单独定性。对于同一法律事由，不管是依法起诉还是向司法机关控告，都是法律赋予行为人的合法权利。敲诈勒索必须是以非法占有为目的，如果行为人占有的内容包含在司法机关可能的处理结果之中，或者未明显超出司法机关可能的处理范围，都不应认定为非法占有目的”。[①] 职业打假人以依法起诉为由索要十倍赔偿的，不构成敲诈勒索罪。对于不属于同一法律事由，即如果主张的事由与行为人依法起诉、提出控告的事由无关，行为人占有的财产没有任何法律（道义）依据的，就表明其具有非法占有目的，行为人可以构成敲诈勒索罪。

综上所述，知假买假后依法索赔的，不是敲诈勒索行为，不可能构成敲诈勒索罪，即使顶格索赔，亦不构成敲诈勒索罪；向法院起诉、向消费者协会投诉、向市场监督管理行政部门投诉是合法权利，不是威胁、要挟手段，不可能构成敲诈勒索勒索罪；若行为人是职业打假人，未依法打假的，则应结合其要挟的具体内容、数额等综合判断是否构成敲诈勒索罪。

审理该类型案件需要查明如下证据：经营场所的监控录像；行为人所购买的商品质量及包装、付款凭证、聊天记录；书信、邮件、裁判文书等书证；证人证言；被害人陈述，犯罪嫌疑人、被告人的供述和辩解。

3. 审理该类型案件的裁判规则：知假买假的人不一定是职业打假人。职业打假人借故生非，以曝光相威胁向商家索要“封口费”或者索要远超出合法的最高赔偿额的数额，涉嫌敲诈勒索罪。对职业打假人认定犯

---

① 参见刘晓虎：《司法疑难之 326：对职业打假人的十倍赔偿诉请应否支持？如果不支持，能否认定敲诈勒索罪?》，载微信公众号“刑水浮萍”2020 年 7 月 21 日，https：//mp. weixin. qq. com/s/3260OXnuY5Ku 61Bm_ mZtew。

罪，应当非常慎重。

类型化四：敲诈勒索国家机关行为的司法认定

1. 司法实践中存在的主要分歧：国家机关是否可以成为敲诈勒索罪的被害单位？

2. 审理该类型案件的主要思路：若有人敲诈勒索国家机关，往往以非正常上访（俗称“非法上访”）的形式出现。对于“国家机关可否成为敲诈勒索罪的被害单位”问题，人们存在较大争议。人们通常认为，机关不能成为敲诈勒索罪的被害人（被害单位），主要理由是：其一，机关很强大，个人很弱小，机关根本不会害怕个人；其二，机关没有感知能力，不可能陷入精神恐惧，不会因为自然人的行为而产生恐惧感和压迫感；其三，机关没有人身权利，或者上访只会损害财产权利而不会危及人身权利；其四，如果某个国家机关负责人屈从了上访人的不合理要求，只是个人意志，不代表国家机关的意志；其五，敲诈勒索机关工作人员不同于敲诈勒索机关。

以上这种先验式的断言缺乏事实和法律依据，忽视了现实的复杂性，且脱离构成要件谈罪与非罪，是不可取的。其一，不同级别的机关职权不同、管辖事项和范围不同，其权威性、公信力在人们心目中相差很大。不能笼统地认为，人们都敬畏（或畏惧）机关、都不会产生敲诈勒索机关的想法，或者人们对机关实施敲诈勒索行为一定都不可能达到目的。现实中，敢于敲诈勒索乡政府、县级某局的人并不少见，敢于敲诈勒索更高级别的机关的则比较少见。其二，机关、事业单位、公司、企业都是组织体、人的集合体，都是我国刑法规定的“单位”。机关对外界当然有感知力，只是与自然人以五观感知外界有所不同。机关是否可能陷入精神恐惧，可否因某种原因产生恐惧感、压迫感，也许不好证明，但定罪的关键是看行为人的行为是不是敲诈勒索行为，而不是看被害人（被害单位）的反应。人们论述机关不能成为被害人的理由，大多数也适用于公司、企业，但人们通常又认为公司、企业可以成为敲诈勒索罪的被害人，只不过人们很容易想到黑社会性质组织、某些公职人员可能敲诈勒索公司、企业这类行为。如此，则未坚持逻辑一致性，不能自洽。其三，“机关没有人身权利”和“上访只会损害财产权利而不会危及人身权利”是相矛盾的，且对支撑论点没有丝毫作用。机关固然没有人身权利，但敲诈勒索罪并不以侵犯人身权利为要件，“敲诈勒索行为不会危及单位的人身权利”的理由没有说服力。敲诈勒索罪的主要客体是财产权利，随机客体是人身权利。合法上访不可能损害财产权利，非正常上访可能未损害财产权利（即使如愿以偿，也不一定是“损害财产权利”），也可能损害财产权利。其四，如果机关集体决策屈从了上访人的不合理要求，就不能叫作“国家机关负责人屈从了上访人的不合理要求”。机关负责人的意志，有时会以国家机关的意志的形式表现出来，甚至是不合法的形式（如满足非正常上访人的无理要求）。不能因为其不合法，就认为不代表机关意志。假如国家机关负责人个人决定屈从了上访人的不合理要求，只要所支付的财物是公共财物，仍应当认为这是职务行为，代表了机关意志。机关的意志在很大程度上受该机关负责人的影响，同一机关换了不同风格的负责人，对行为人能否敲诈勒索到财物的影响也很大。行为人实施同样的要挟手段，在有的机关勒索不到财物，在另一个机关却能勒索到财物，是完全可能的。其五，机关工作人员可能成为敲诈勒索罪的被害人，这是没有争议的。行为人的敲诈勒索机关的行为必须通过机关工作人员的接洽、转达等“职务行为”才可能达到目的，但不等于行为人敲诈勒索的是机关工作人员、不是机关本身。区分的关键是，若行为人指向机关管理的财物（公共财物），则是以机关为被害单位；若行为人指向机关工作人员的财物（私人财物），则是以机关工作人员为被害人。

如果认为“机关不能成为敲诈勒索罪的被害单位”，则《刑法》第274条中“敲诈勒索公私财物”之“公”无法体现；也意味着，即使行为人对机关实施了敲诈勒索行为，甚至已经勒索到了较多钱财，也不构成敲诈勒索罪，那么只有两个可能的结论：无罪；构成寻衅滋事罪或者其他罪名。若认定为无罪，则会激励怀着“得理不饶人”“无理也要闹三分”“反正闲着也是闲着”心态的人对机关实施敲诈勒索行为，会妨碍机关正常工作秩序。若处以寻衅滋事罪或其他罪名，必定会引起巨大争议，反而不如认定其构成敲诈勒索罪更准确、清楚。

要否认某个非正常上访行为构成敲诈勒索罪，有的人只能想到一个理由，即“机关不能是敲诈勒索罪的被害人”——似乎有釜底抽薪的效果。其实，这个理由不成立，没有法律依据，需要找其他理由才可能证成。如果论证某个行为不构成敲诈勒索罪，理由可以是：（1）该行为是合法主张权利的行为，不是敲诈勒索行为；（2）该行为是救济手段不当的行为，不是敲诈勒索行为；（3）该行为是过度维权行为，不是敲诈勒索行为；（4）该行为是假想的权利行使行为，不是敲诈勒索行为；（5）行为人没有非法占有公私财物的目的；（6）接访支出不是敲诈勒索的财产损失；[①]（7）行为人的要挟行为和“被害单位”交付财物的结果之间不存在刑法上的因果关系。

国家机关可以成为敲诈勒索罪的被害单位。主要理由是：（1）《刑法》第274条规定“敲诈勒索公私财物……”这里的“公”应当理解为“公共”，即敲诈勒索罪的对象可以包括公共财物。现实中，很多公共财物由机关管理，没有理由认为这部分公共财物不可能成为敲诈勒索罪的对象。（2）行为人的行为是不是敲诈勒索行为，或者说是否属于“要挟+

① 有的刑事判决书把机关工作人员的接访支出算进敲诈勒索数额了，这种计算方式不对。如果行为人无理要求机关报销自己的上访支出（向机关索要的数额与自己上访支出相等，通常是交通费），不应认为构成敲诈勒索罪，也不应计入犯罪数额，依法直接拒绝即可。

索财 + 非法占有目的”，与机关是否恐惧是两个不同的问题。机关因被要挟而恐惧，被迫将公共财物交付给行为人，是可能发生的。（3）依据刑法总则，犯罪未遂的，也可以处罚。行为人对机关敲诈勒索未遂的，也有可罚性，对其定罪量刑不存在法律上的阻碍——少数情况下不排除援引《刑法》第13条但书出罪。（4）承认“国家机关可以成为敲诈勒索罪的被害单位”，只是说不存在法律上的障碍，不等于现实中“某个机关已经成为敲诈勒索罪的被害单位”，也不等于“行为人的某个行为已经构成了敲诈勒索罪”，这样规定有利于维护正常的公共秩序。（5）从刑法来看，国家机关可以成为单位犯罪的主体。实务中，已有上百个机关被人民法院判决单位犯罪、列为失信被执行人。国家机关也可以成为盗窃罪、诈骗罪等侵财犯罪的被害人（被害单位）。

现实中，到机关上访的人很多，非正常上访的人也很多，大多数人并不会构成犯罪；如果非正常上访人实施了寻衅滋事行为且情节恶劣、情节严重，或者实施敲诈勒索行为，则可能构成寻衅滋事罪或者敲诈勒索罪。2013年修订的《公安部关于公安机关处置信访活动中违法犯罪行为适用法律的指导意见》第18条规定，“以制造社会影响、采取极端闹访行为、持续缠访闹访等威胁、要挟手段，敲诈勒索，符合《治安管理处罚法》第四十九条规定的，以敲诈勒索依法予以治安管理处罚；符合《刑法》第二百七十四条规定的，以敲诈勒索罪追究刑事责任”。这说明，实务中并不排除适用敲诈勒索罪的可能性，也确实不乏行为人敲诈勒索机关被判处敲诈勒索罪的案例。例如，吉林省的景某的一起故意伤害案重审改判无罪，依法获得国家赔偿8万余元后，仍不断上访再次要求国家赔偿，金额从83万元升至106万元，并以实施非正常上访行为相要挟，向党政机关、事涉单位及其工作人员索要财物，法院认定其以非法占有为目的，以上访为要挟勒索财物，构成敲诈勒索罪，判处有期徒刑十年。诚然，持相反观点的裁判文书也不难找到，这些裁判文书的“某个被告人不构成敲诈勒索罪”的结论一般是成立的，若理由是“政府机关不能成为敲诈勒索罪的对象（被害单位）”，则理由不成立。

审理该类型案件需要查明如下证据：监控录像；书信、邮件、短信、控告信、检举信、申诉状、书信、电话录音、谈话记录、会议记录、息诉罢访承诺书、赔偿协议书、训诫告知书、治安管理处罚决定书等；现金收据、银行转账记录、支付宝转账记录、微信转账记录等；证人证言；被害人陈述；犯罪嫌疑人、被告人的供述和辩解。

3. 审理该类型案件的裁判规则：非正常上访人以非法占有为目的，以威胁、要挟手段向国家机关索要不合理的高额赔偿款的，构成敲诈勒索罪。若非正常上访人只是索要赔偿款数额过高，未使用威胁、要挟手段，不构成敲诈勒索罪。行为人利用记者、网络从业人员或者假冒新闻单位采编等身份，采取以发表负面报道相要挟的手段，勒索有关机关、企业或他人财物，数额较大的，构成敲诈勒索罪。上访人员拒不配合政府的劝返工作，并且向政府信访工作人员索要钱财的行为构成敲诈勒索罪。

类型化五：多次敲诈勒索行为的司法认定

1. 司法实践中存在的主要分歧：“二年内敲诈勒索三次以上”，是否包括受过行政处罚或刑事处罚的敲诈勒索行为？第一种观点认为，受过刑事处罚的敲诈勒索行为不能计入，而受过行政处罚的敲诈勒索行为可以计入。主要理由是，行政处罚可以在刑期、罚金中抵扣，不违反禁止重复评价原则。第二种观点认为，二者均不能纳入“多次敲诈勒索”的评价范围。主要理由是，若纳入，则会违反禁止重复评价原则，还可能出现行政处罚无法在刑事处罚中折抵的情况。

2. 审理该类型案件的主要思路：2013 年《最高人民法院、最高人民检察院关于办理敲诈勒索刑事案件适用法律若干问题的解释》第 2 条规定，敲诈勒索公私财物，且一年内曾因敲诈勒索受过行政处罚的，“数额较大”的标准可以按照该解释第 1 条规定标准的 50% 确定。此处的“一年内”，应当从行政处罚执行完毕之日起计算，而不是从行政处罚决定作出之日起计算。该解释第 3 条规定，二年内敲诈勒索三次以上的，应当认定为《刑法》第 274 条规定的“多次敲诈勒索”。二年内敲诈勒索三次以上，包括已受行政处罚的行为，不包括已受刑事处罚的行为。

审理该类型案件需要查明如下证据：书信、邮件、短信、聊天记录、录音等；银行转账记录、支付宝转账记录、微信转账记录等；证人证言；被害人陈述；犯罪嫌疑人、被告人的供述和辩解。

3. 审理该类型案件的裁判规则：二年内敲诈勒索三次以上的，符合《刑法》第 274 条规定的“多次敲诈勒索”，这里的“多次”是作为敲诈勒索罪的基本犯罪构成要素。二年内敲诈勒索三次以上，包括已受行政处罚的行为，不包括已受刑事处罚的行为。首先，如敲诈勒索行为已经刑事处罚，显然不能再将其作为犯罪处理，否则有违一事不二罚原则；其次，如之前的行为已经行政处罚，则可计入“多次敲诈勒索”，主要考虑：如已受行政处罚的也不能计入，则从实践看，“多次敲诈勒索”将基本没有适用的可能；行政处罚与刑事处罚性质不同，对已受行政处罚的行为追究刑事责任的，行为人先前所受的行政处罚可在刑期、罚金中作相应抵扣，并不违反禁止重复评价原则。[①] 最后，多次敲诈勒索的成立敲诈勒索罪一罪，涉及行为人的人身危险性评价，犯罪数额应当累计计算。

---

① 参见江必新主编：《最高人民法院司法解释与指导性案例理解与适用》（第二卷），人民法院出版社 2014 年版，第 35 页。

第三节　本罪涉及的主要法律法规、司法解释及案例索引

一、法律法规、司法解释及相关规范性文件索引

1.《最高人民法院关于审理抢劫、抢夺刑事案件适用法律若干问题的意见》（法发〔2005〕8号，2005年6月8日施行）

2.《最高人民法院、最高人民检察院关于办理敲诈勒索刑事案件适用法律若干问题的解释》（法释〔2013〕10号，2013年4月27日施行）

3.《公安部关于公安机关处置信访活动中违法犯罪行为适用法律的指导意见》（公通字〔2013〕25号，2013年7月19日施行）

4.《最高人民法院、最高人民检察院关于办理利用信息网络实施诽谤等刑事案件适用法律若干问题的解释》（法释〔2013〕21号，2013年9月10日施行）

5.《最高人民法院、最高人民检察院、公安部、司法部印发〈关于办理黑恶势力犯罪案件若干问题的指导意见〉的通知》（法发〔2018〕1号，2018年1月16日施行）

6.《最高人民法院、最高人民检察院、公安部、司法部关于办理实施“软暴力”的刑事案件若干问题的意见》（2019年4月9日施行）

7.《最高人民法院、最高人民检察院、公安部关于依法办理“碰瓷”违法犯罪案件的指导意见》（公通字〔2020〕12号，2020年9月22日施行）

8.《最高人民法院、最高人民检察院印发〈关于常见犯罪的量刑指

导意见（试行）〉的通知》（法发〔2021〕21号，2021年7月1日施行）

二、案例索引

1. 袁某彦编造虚假恐怖信息案（2013年5月27日最高人民检察院发布检例第11号）

2. 庄某等人敲诈勒索案（2021年3月2日最高人民检察院发布检例第104号）

3. 谢某海等敲诈勒索案（《最高人民法院公报》2009年第10期）

4. 孟某保等赌博、绑架、敲诈勒索、故意伤害、非法拘禁案（《刑事审判参考》第74号案例）

5. 周某平、卫某林、吴某、刘某志抢劫、敲诈勒索案（《刑事审判参考》第117号案例）

6. 熊某华绑架案（《刑事审判参考》第155号案例）

7. 陈某发故意杀人、敲诈勒索案（《刑事审判参考》第259号案例）

8. 王某结、潘某利、黄某忠抢劫、敲诈勒索案（《刑事审判参考》第282号案例）

9. 夏某飞、汪某峰抢劫、敲诈勒索、盗窃案（《刑事审判参考》第332号案例）

10. 林某明等敲诈勒索案（《刑事审判参考》第349号案例）

11. 袁某彦编造虚假恐怖信息案（《刑事审判参考》第372号案例）

12. 张某娟敲诈勒索案（《刑事审判参考》第443号案例）

13. 苏某强、王某敲诈勒索案（《刑事审判参考》第469号案例）

14. 夏某理等人敲诈勒索案（《刑事审判参考》第509号案例）

15. 李某、袁某京、胡某珍等绑架、非法拘禁、敲诈勒索案（《刑事审判参考》第571号案例）

16. 廖某旺等敲诈勒索案（《刑事审判参考》第1066号案例）

17. 周某宝敲诈勒索案——利用信息网络敲诈勒索犯罪与利用网络维权的界限》（《刑事审判参考》第1344号案例）

18. 李某文、李某武敲诈勒索案（《刑事审判参考》第1500号案例）

第十七章

妨害公务罪类型化审判

第一节　妨害公务罪的立法嬗变及相关问题

一、妨害公务罪的立法嬗变

妨害公务罪，是指以暴力、威胁方法阻碍国家机关工作人员依法执行职务，阻碍人民代表大会代表依法执行代表职务，阻碍红十字会工作人员依法履行职责的行为，以及故意阻碍国家安全机关、公安机关依法执行国家安全工作任务，未使用暴力、威胁方法，造成严重后果的行为。

在我国，妨害公务罪的立法嬗变经历了几个阶段。1979 年《刑法》第 157 条规定了“妨害公务罪”，但是并未明确规定该罪名具体行为方式和构成要件。1997 年《刑法》修改时，对妨害公务罪进行了重新规定，明确了构成要件和行为方式。

“妨害公务罪”是一种严重的犯罪行为，它不仅侵犯了公务人员的人身权利，也破坏了公共秩序和社会安全。然而，审理这种罪行并非易事，需要我们深入理解其内在性质，同时也要注意一些关键问题。

二、审理妨害公务罪的总体思路

1. 明确犯罪主体：在审理妨害公务罪时，我们必须明确犯罪主体是谁。根据我国《刑法》的规定，年满16周岁，具有完全刑事责任能力的人，如果故意阻碍国家机关工作人员依法执行公务，都可以被认定为妨害公务罪。因此，我们在审理时，必须对犯罪主体的身份进行严格的审查。

2. 确定犯罪事实：在审理妨害公务罪时，我们必须对犯罪事实进行详细的调查和核实。这包括犯罪的时间、地点、方式、手段等具体情况，以及犯罪行为是否构成妨害公务罪的要件。只有当所有的犯罪事实都得到了充分的证明，我们才能对犯罪行为进行准确的定性。

3. 评估犯罪情节：在审理妨害公务罪时，我们还需要考虑犯罪情节的严重程度。我国《刑法》规定，对于妨害公务罪，可以根据犯罪情节的轻重，分别处以不同的刑罚。因此，我们在审理时，必须对犯罪情节进行全面、客观、公正的评估。

4. 考虑犯罪动机：在审理妨害公务罪时，我们还需要考虑犯罪动机。犯罪动机是影响犯罪性质和刑罚的重要因素。例如，如果犯罪动机是出于恶意，那么犯罪行为的恶性就会更大；反之，如果犯罪动机是出于无知或者误解，那么犯罪行为的恶性就会相对较小。因此，我们在审理时，必须对犯罪动机进行深入的分析和研究。

总的来说，审理妨害公务罪是一项复杂而严肃的任务，需要我们全面、深入、细致地进行。只有这样，我们才能确保公正、公平、公开地审理每一起案件，维护社会公正和法治秩序。

三、妨害公务罪构成要件解读

妨害公务罪保护的客体为依法执行的“公务”。所谓公务，是指公共管理事务，包括国家机关工作人员依法执行的职务，人民代表大会代表依法执行的代表职务，红十字会工作人员依法履行的职责，国家安全机关、公安机关依法执行的国家安全工作任务。

妨害公务罪的犯罪形式表现为以暴力、威胁方法阻碍国家机关工作人员、人民代表依法执行职务，或者在自然灾害和突发事件中，以暴力、威胁方法阻碍红十字会工作人员依法履行职责，或者虽未使用暴力、威胁方法，但故意妨害国家安全机关、公安机关依法开展国家安全工作任务，引发严重后果之行为。行为手段限定为暴力、威胁，且需达到足以妨害执行公务的程度；特殊情况下，虽不要求使用暴力、威胁方法，但要求实施故意阻碍的行为，且造成严重后果。其中，对于以暴力、威胁方法阻碍国有事业单位人员依照法律、行政法规的规定执行行政执法职务的，或者以暴力、威胁方法阻碍国家机关中受委托从事行政执法活动的事业编制人员执行行政执法职务的，可以以妨害公务罪追究刑事责任。行为对象上，妨害公务行为对象必须是依法执行职务或职责期间的国家机关工作人员、人大代表、红十字会工作人员以及国家安全机关与公安机关工作人员。国家机关工作人员通常包括在我国各级立法机关、司法机关、行政机关中从事公务的人员，以及在中国共产党的各级机关、中国人民政治协商会议的各级机关中从事公务的人员，或者受国家机关委托代表国家机关行使职权的组织中从事公务的人员，或者虽未列入国家机关人员编制但在国家机关中从事公务的人员。

阻碍依法执行职务的行为具有多样性、复杂性，在判断中需明确行为的本质要求：行为内容或针对目标是阻碍国家机关工作人员等依法执行职务，行为手段限定为暴力、威胁，且必须发生在依法执行职务过程中，即从开始实际执行职务到职务执行完毕的全过程。实践中，对依法执行职务的判断，需要结合职务行为、执行对象、执行范围、具体职责及行为持续过程等综合判定。同时，成立妨害公务罪除了要求行为人实施妨害公务的行为之外，还要求国家机关工作人员依法执行职务，即以职务行为的合法性为前提。职务行为的合法要件包括四个方面：主体适格、权限正当、内容得当、程序合法。若国家机关工作人员在依法执行职务过程中，程序严重违法，则执法行为不具有正当性，阻却妨害公务罪的构成。

妨害公务罪的主体为一般主体，即具有刑事责任能力的自然人都可以成为本罪的主体，单位不是本罪的主体。

妨害公务罪的主观方面是故意，即行为人明知对方是正在执行职务或依法履行职责的国家机关工作人员、人大代表、红十字会工作人员而有意以暴力、威胁方法加以阻碍，或者明知对方是正在执行国家安全工作任务的国家安全机关与公安机关工作人员，而有意进行阻碍，希望或放任使之无法正常执行职务或者履行职责的结果发生。

妨害公务罪的法定刑为三年以下有期徒刑、拘役、管制或者罚金。根据《刑法》第 277 条的规定，有下列行为之一的，应当立案：（1）以暴力、威胁方法阻碍国家机关工作人员依法执行职务的；（2）以暴力、威胁方法阻碍全国人民代表大会和地方各级人民代表大会代表依法执行代表职务的；（3）在突发事件和自然灾害状况下，以暴力、威胁方法阻碍红十字会工作人员依法履行职责的；（4）故意阻碍国家安全机关、公安机关依法执行国家安全工作任务，未使用暴力、威胁方法，造成严重后果的。

需要说明的是，对暴力的认定要结合行为性质、犯罪对象、行为强度、危害后果、社会影响等综合加以判定；轻微的推搡、拉扯，若未造成严重的危害后果，不应认定为妨害公务罪之暴力行为。

第二节　妨害公务罪类型化裁判

类型化一：依法执行职务的司法认定

1. 司法实践中存在的主要分歧：对于依法执行职务的判断标准，存在较大争议。有观点认为，依法执行职务应以社会一般人的观点作为认定的标准，执行职务既然要求按照法律规定履职，则必须具有明确的法律依据及相应标准，且不能存在违法之处；亦有观点认为，依法并不意味着职务行为不存在任何瑕疵，如未及时出示证件、有粗暴言语等，相对于被告人的严重妨害公务行为，一般的程序瑕疵不应成为被告人无罪抗辩的理由。

2. 审理该类型案件的主要思路：根据《刑法》中"依法执行职务"法条含义，考察职务行为之合法性，是厘清妨害公务行为的前提和基础。具备相应主体资格的国家机关工作人员，于法定权限范围内遵循法定程序、按照合理方式执行公务，是依法履行职务的前提和基础。公务行为既不能超出职务权限执法，也不能超出权限范围进行再次授权。实践中，对于"依法执行公务"的认定标准，应区分"过度执法"与"瑕疵执法"，对于方法不当或语言生硬等"合法性"略有缺失的行为，在不影响执法权的确证性与执法程序的正当性时，应维护公务行为的合法性。

审理该类型案件需要查明如下证据：（1）妨害公务犯罪案件中，证明国家机关工作人员依法执行公务，应当收集的证据主要有任职证明、聘用合同、授权委托书和相关法律规定等主体身份和授权证明的材料。（2）需要核查相关执行公务的证明材料，是否与被告人供述、证人证言、被害人陈述、执法记录仪记录等言词证据相印证。

在认定事实时还需要考虑：暴力、威胁等行为，只要达到足以阻碍国家机关工作人员执行职务即可，不要求客观上已经妨害国家机关工作人员实际执行职务。如果行为人没有采取暴力、威胁等妨害公务行为，只是不服从管理，辱骂、吵闹，未达到严重侵害法益的程度，则不成立妨害公务罪。对于人民警察出庭作证的问题，根据《刑事诉讼法》第192条第1款、第2款的规定，"公诉人、当事人或者辩护人、诉讼代理人对证人证言有异议，且该证人证言对案件定罪量刑有重大影响，人民法院认为证人有必要出庭作证的，证人应当出庭作证。人民警察就其执行职务时目击的犯罪情况作为证人出庭作证，适用前款规定”。适用本条款时，需要注意审查证人执行职务的内容合法性及程序合法性。

3. 该类型案件的裁判规则：对依法执行职务的判断，应坚持客观认定标准，结合法律规范中对执法所赋予的权限、执法内容的合法性、执法程序的合法性综合加以认定。

第一，执行者需具备概括的法定授权。公务人员需得到最广泛意义上的职务授权，此概括授权可赋予公务人员从事职务行为的合法性和规范性。例如，交警部门职责权限为交通治理等公务活动，若交警部门的公务人员实施市场经营管理或税收征管等公务活动，则不应被视为法定授权。滥用职权或超越职权行为不具有合法性，如刑事侦查机关工作人员虽具备刑事案件侦查权，具备搜查犯罪嫌疑人住所的抽象授权，但工作人员在承办某一案件时，如果没有取得有效证件就对有关涉案地点实施搜查应被视为“越权行为”，其执行的公务就不满足合法性要求。

第二，执法内容需达到合法性要求。我国《宪法》第5条明确规定“一切国家机关和武装力量、各政党和各社会团体、各企业事业组织都必须遵守宪法和法律。一切违反宪法和法律的行为，必须予以追究。任何组织或者个人都不得有超越宪法和法律的特权。”评价执法内容的合法性，主要考量目的、权益是否合理、公平：首先要看公务活动是否出于正当目的，而不是为了某个私利或群体利益损害社会利益、集体利益；其次要看规制行为的权益与所保护权益，体现公务活动之正当性；最后要看实施的公务行为是否一视同仁，公平、合理。

第三，执法形式需符合法定要求。依法执行职务或履行职责，实体合法至为关键，程序合法亦不可忽视。此项要求公务人员在执法过程中要严格根据程序履行职务，从平衡保障国家权力和公民权益的角度出发，精准把握适法性的原则。应当指出的是，一般的程序瑕疵与违法的公务行为应当有所区分，一般的程序瑕疵虽有损执法的严谨性、规范性，但相对于规制对象严重的妨害公务行为，不影响对其依法执行职务行为的认定。

类型化二：犯罪对象的司法认定

1. 司法实践中存在的主要分歧：协警、居（村）委会工作人员、联防队员等是否属于妨害公务罪的犯罪对象？有观点认为，协警、居（村）委会工作人员、联防队员等不属于妨害公务罪的犯罪对象。也有观点认为，根据《刑法》规定，妨害公务行为对象必须是国家工作人员、人大代表、红十字会工作人员以及国家安全机关与公安机关工作人员依法执行职务或职责期间。其中，国家工作人员的范围包括在国家各级立法机关、司法机关、行政机关中从事公共事务的人员，以及在中国共产党的各级机关、中国人民政治协商会议的各级机关中从事公务的人员，受国家机关委托代表国家机关行使职权的组织中从事公务的人员，或者虽未列入国家机关人员编制但在国家机关中从事公务的人员，故协警、居（村）委会工作人员、联防队员等人员应被视为属于妨害公务罪的犯罪对象。

2. 审理该类型案件的主要思路：妨害公务罪保护的法益是国家机关执行公务的权威和秩序。妨害公务罪的犯罪对象，除了典型的国家机关工作人员，如各级行政机关、司法机关、军事机关中从事公务的人员外，还包括依法执行代表职务的各级人大代表，依法履行职责的红十字会工作人员，依法执行国家安全工作任务的国家安全机关、公安机关人员，依法或受委托执行行政执法活动的国有事业单位人员或国家机关中的事业编制人员等。

审理该类型案件需要查明如下证据：认为行为对象为依法执行职务或履行职责存在疑问，或国家机关及其工作人员履行职务的行为存在不合法、不合理等瑕疵的，应收集行为对象工作证及所在单位出具的职务证明等证据材料、证人证言、被告人供述及行政处罚决定书、行政复议决定书、行政裁判文书、决定书等书证，以准确审查案件事实，回应被告人、辩护人的质疑。

在认定事实时还需要考虑：妨害公务中，对不具有国家机关工作人员身份的聘用人员，如联防队员、文员等，其在辅助国家机关工作人员执行公务过程中受到不法侵害的，也应认定为妨害公务罪的犯罪对象，审查重点在于犯罪对象的身份、职权范围以及辅助的具体公务行为。在审查犯罪对象过程中，要重点审查犯罪主体是否属于本罪范畴，若涉及本罪主体之外的情形，则涉及此罪与彼罪以及罪与非罪，此过程涉及简易程序与普通程序的转换、追加起诉及另行起诉的运用。

3. 该类型案件的裁判规则：村（居）民委员会委员、联防队员等在党委、政府的统一部署下，协助党委、政府从事职务活动，如救济物的发放、强制隔离等，应当视为行使职务活动的公务人员，行为人对其采取殴打、撕扯、恐吓、威胁等行为，影响职务活动的顺利开展，应当以妨害公务罪惩处。

第一，妨害公务罪侵犯的客体是国家机关的正常管理活动，政府机关行使一定的执法职能，拥有一定的管理权限，其具体职务行为需通过工作人员具体履行。现实中，公务人员既包括在编人员，也包含临聘人员，但不管何种编制，当其代表国家依法执行职务时，即具备公务活动的特征，对其采取暴力、威胁方法，阻碍其依法执行职务，可以构成妨害公务罪。①

第二，根据《最高人民法院、最高人民检察院、公安部、司法部关于依法惩治妨害新型冠状病毒感染肺炎疫情防控违法犯罪的意见》的相

① 参见马丽娜：《李燕妨害公务案》，载国家法官学院、中国人民大学法学院编：《中国审判案例要览》（2015 年刑事审判案例卷），中国人民大学出版社 2017 年版。

关规定，“受国家机关委托代表国家机关行使疫情防控职权的组织中从事公务的人员”被纳入妨害公务罪国家机关工作人员范畴。居（村）委会虽属基层群众自治组织，但可以接受委托行使行政管理职能，在行使过程中，需公务内容合法、职权来源合法、职权行使合法。①

第三，妨害公务罪关注的重点在于管理的公共事务是否受到妨害，而非公务执行人是否受到影响，协警、联防队员等虽然不具有国家机关工作人员的身份，但其协助警察执行公务的行为属于公务行为。②

类型化三：妨害公务罪中“暴力”的司法认定

1. 司法实践中存在的主要分歧：对于以暴力、威胁方法妨害或者抗拒人民法院执行判决、裁定行为，有观点认为，行为人采取暴力、威胁方法抗拒人民法院执法，其行为本质系妨碍司法机关工作人员依法执行职务行为，应以妨害公务罪惩处。也有观点认为，暴力抗拒人民法院执行判决、裁定的行为，符合拒不执行判决、裁定罪的构成要件，应当以拒不执行判决、裁定罪进行定罪。

2. 审理该类型案件的主要思路：妨害公务中的“暴力”一般是指有形的、直接的暴力，特殊情况下包括间接暴力。在实践中多表现为对公务人员的身体实行打击或者强制，程度上一般要达到足以阻碍公务人员执行公务。妨害公务中的“威胁”，通常表现为以杀害、伤害、毁灭财产或侵害荣誉等形式实行的精神强制。对于暴力和威胁是否具有妨碍公务可能性，要审查判断其对公务行为的妨害程度。

审理该类型案件需要查明如下证据：对妨害行为是否构成妨害公务罪中的“暴力”，需要收集、证明行为人作案手段的证据，如通过被害人

---

① 参见吴春姝、贾晓文：《居（村）委会工作人员可成为妨害公务罪犯罪对象》，载《检察日报》2020 年 2 月 23 日。

② 参见王宇展、徐世亮、孙建保：《侵害协助警察执法的联防队员的行为性质认定》，载《人民法院报》2015 年 10 月 15 日，第 6 版。

陈述、证人证言及辨认笔录、被告人供述、视频资料、监控录像、现场勘验检查笔录及照片等证据相互印证的情况，查明被告人以暴力、威胁方法阻碍公务人员依法执行职务的具体手段、持续时间及造成的危害结果。

在认定事实时还需要考虑：妨害公务中的“暴力”“威胁”行为方式，行为人只要具备其中之一，妨害公务的手段条件便已经成就。妨害公务中暴力程度，一般需要达到行为对象不能适当履行职务的程度。在妨害公务具体行为的判断过程中，经常涉及调取新的物证，申请重新鉴定或者勘验的情况，需要注重审查控辩双方诉求的合理性，如证据的关联性、证明力以及调取、重新鉴定、勘验的必要性。

3. 该类型案件的裁判规则：对于妨害公务罪中的“暴力”，从类型上看，“暴力”既包括对执行公务人员人身的强制，也包括对执行公务中所使用的物的强制；既包括直接暴力，也包括间接暴力；既包括有形力，也包括无形力。对于无形力（如用酒灌醉、药物麻醉等），达到足以导致公务无法正常进行的重大危险或造成实际危害等程度的，并且该行为与国家正常管理活动受到干扰、破坏的危害结果之间存在明显的因果关系，与殴打、捆绑、拘禁等有形力并无实质差别，对此，亦应认定为本罪的“暴力”。

“威胁”，是指以侵犯人身权、财产权、名誉权等手段进行精神强制，使对方产生畏惧感，不敢依法执行职务活动。威胁在程度上一般要求达到足以让社会普通公众产生恐惧心理、进而影响公务活动的正常执行即可。行为人以自杀、自伤、自残等威胁执行公务人员，若导致公务人员处于不敢抗拒的境地，进而影响公务活动正常执行的，应当认定为妨害公务罪中的“威胁”。

执行工作是司法案件办理程序的关键一环，行为人采取暴力抗拒执法的方式妨碍执行工作的正常开展，属于暴力手段阻碍国家机关工作人员依法执行职务的行为，应以妨害公务罪惩处。人民法院工作人员在执行工作中实施的查封、扣押、冻结等执行行为及采取罚款、司法拘留等强制措施，均属于国家机关依法执行职务、履行职责的公务活动。以暴力、威胁方法妨害或者抗拒执行，并以纠缠、撕扯、殴打等形式对抗执行人员，导致执行工作受到影响，本质上属于以暴力、威胁方法阻碍国家机关工作人员依法执行职务的行为，构成妨害公务罪。《全国人民代表大会常委会关于〈中华人民共和国刑法〉第三百一十三条的解释》规定，《刑法》第313条中“有能力执行而拒不执行，情节严重”的情形，不再包含以暴力、威胁方法妨害或者抗拒执行，致使执行工作无法进行等内容。故针对执行人员实施的暴力抗拒执法的行为，不宜认定其构成拒不执行判决、裁定罪，应认定为妨害公务罪。

类型化四：“造成严重后果”的司法认定

1. 司法实践中存在的主要分歧：根据《刑法》第277条的规定，对本罪第4款所规定的犯罪属于实害犯的观点已达成共识，但对于第1款、第2款、第3款所规定的犯罪究竟属于抽象危险犯还是具体危险犯，实践中仍具有争论。

2. 审理该类型案件的主要思路：妨害公务罪侵害的是公共利益、公共秩序。妨害公务罪既遂的标准，需要满足公务行为受到了明显阻碍之程度。在适用时，要综合考量公民行为自由和公务行为权威之间的平衡，一方面可以维护公务人员执行公务的权威，另一方面也有利于国家机关工作人员等公务人员接受人民群众监督。

审理该类型案件需要查明如下证据：审理过程中，要注意查明妨害公务行为危害后果的相关事实，如人身损伤程度、伤残、财产损失以及是否造成群众围观、交通阻塞等后果，需要查明的证据包括：法医学损伤程度鉴定意见书、财物估价结论书、验伤通知书、现场监控录像、照片等。

在认定事实时还需要考虑：在妨害公务罪的认定中，判断的核心要素是行为人是否实施了伤害执行公务的人员、阻碍公务执行的行为，出现导致执法人员履行职责受阻的后果。行为人放任结果发生的态度应当受到刑法否定性评价，而不要求发生导致公务实际未能执行的损害后果。

3. 该类型案件的裁判规则：《刑法》第277条中的前三款均为具体危险犯，以对正常公务活动造成紧迫危险为既遂标准。原因在于：

第一，虽然抽象危险犯能强有力地保护国家法益与社会法益，但因一经实施即认定为既遂，可能存在对公民的人身权利、民主权利等形成潜在的侵害风险。因而应当严格限制抽象危险犯的适用范围，一般仅适用于危害国家安全等罪名中。

第二，本罪罪状表述中虽没有“足以”等具体危险犯的标志性词语，但抽象危险犯限于一经实施即侵害相关法益的行为，诚如前文所述，本罪法益为依法执行的“公务”，实施“以暴力、威胁方法阻碍”这一客观要件行为，还需结合行为程度，判断是否达到妨害公务的程度，因而本罪前三款为具体危险犯，需根据具体案件具体情况判断是否达到对正常公务活动造成紧迫危险的程度。

第三，具体危险犯与抽象危险犯一样不要求必然出现实害结果，只需要结合案情判断妨害行为有导致公务活动无法执行的高度可能性和紧迫性就可以满足，因而虽然较之抽象危险犯提高了既遂标准，但已经将既遂标准提前到实害结果发生之前，足以对本罪法益进行有效保护。

类型化五：择一重罪论处和数罪并罚的司法认定

1. 司法实践中存在的主要分歧：客观行为因存在竞合关系、牵连关系、吸收关系等而可能符合单个或数个犯罪构成要件，具体构成何罪，涉及此罪与彼罪的界分。从司法实践及典型案例认定情况来看，主要涉及妨害公务罪与故意伤害罪、以危险方法危害公共安全罪等相关犯罪的界分。

2. 审理该类型案件的主要思路：由于作案手段以及损害结果的不同，行为人实施妨害公务的行为可能成立不同的犯罪。认定行为人所实施的危害行为是一个还是数个，要结合在案证据予以综合判断。如果在案证据显示，行为人的行为系一个罪过支配下的具有连续性的行为，并具有连续性，则应当被认定为一个犯罪行为，反之，则应认定为数个犯罪行为。在具体判断中，应以刑法规范为思维起点，在刑法规范范围内，判断行为人的行为个数，从而准确界分一罪与数罪。

审理该类型案件需要查明如下证据：法院具体审理过程中，对被告人主观罪过个数的查明，应当结合被告人供述、证人证言、被害人陈述、伤势情况等证据，根据行为人的打击方式、次数、部位、力度、持续时间以及案件起因、动机，被告人案发时的情绪及案发后的认罪悔罪态度等情况，综合判断行为人的主观罪过形态。

在认定事实时还需要考虑：行为人行为构成妨碍公务罪的同时，很可能同时构成故意毁坏财物罪、故意伤害罪，对行为人行为同时触犯刑法其他规定的，遵循重罪吸收轻罪原则，应依照处罚较重的规定定罪处罚，以避免重复评价。在具体行为的判断方面，要秉持重证据、重调查研究、不轻信口供原则，并要合理运用非法证据排除等。

3. 该类型案件的裁判规则：妨害公务罪与相关罪名的界分，要严格把握妨害公务罪的构成要件，其危害后果一般不包括造成人员重伤或死亡等。若行为人在妨害公务行为过程中，以暴力或驾车冲撞等形式侵犯公务人员生命、健康权益，导致重伤、死亡结果的发生，则应直接以故意伤害罪、故意杀人罪进行惩处。若具有导致不特定被害人重伤、死亡的高度可能，则应以以危险方法危害公共安全罪予以惩处。

第一，从客观行为的角度分析。若行为人以投掷点燃汽油瓶方式或驾车在公共道路冲撞国家机关工作人员依法执行职务的，要结合行为是否指向不特定的多数人的生命、健康或重大公私财产安全，且该行为在当时情形下是否可能导致危害公共安全的高度危险；主观上是否仅为了阻碍国家机关工作人员公务行为，还是存在报复社会、危害社会公共利益的主观动机，是否希望或放任危害他人的生命安全等要素；判断行为本质是妨害国家机关工作人员依法履行职务，还是意欲危及公共安全。根据以上标准判断应以妨害公务罪还是以危险方法危害公共安全罪论处。

第二，从立法规定的角度分析。《最高人民法院、最高人民检察院、公安部关于依法惩治袭警违法犯罪行为的指导意见》中规定，“驾车冲撞、碾轧、拖拽、剐蹭民警，或者挤别、碰撞正在执行职务的警用车辆，危害公共安全或者民警生命、健康安全，符合刑法第一百一十四条、第一百一十五条、第二百三十二条、第二百三十四条规定的，应当以以危险方法危害公共安全罪、故意杀人罪或者故意伤害罪定罪，酌情从重处罚”。对于行为人开车冲撞执勤警察致其轻伤行为的认定，如行为人为抗拒民警执行职务，强行驾车逃离现场并撞倒配合民警执勤的协警，致其轻伤结果的发生。主观上，行为人明知对方正在依法执行职务，客观上故意实施暴力行为予以阻碍，造成被害人轻伤是其妨害公务的一种手段，应以妨害公务罪予以惩治，轻伤结果作为量刑情节酌予从重处罚。

类型化六：妨害公务罪与袭警罪的界分

1. 司法实践中存在的主要分歧：《刑法修正案（十一）》增设袭警罪以来，对于如何理解本罪与袭警罪的关系、如何准确区分本罪与袭警罪存在诸多争议。有观点认为，袭警罪的行为手段、犯罪对象存在特殊性，应在着重分析暴力行为的主动性、攻击性的基础上加以界分，且袭警罪的犯罪对象并不包括辅警。亦有观点认为，两罪客观行为虽存在暴力程度的区分，但犯罪对象均应包括辅警。

2. 审理该类型案件的主要思路：袭警罪独立入罪，主要是因为近年来袭警行为呈上升态势，且该行为的社会危害性重于普通的妨害公务罪，故在妨害公务之外，特别规定了袭警罪。袭警罪在客观方面限定为实施暴力袭击警察的行为，通过将暴力袭击正在依法执行职务的人民警察，与暴力、威胁依法执行职务的人民警察相区分，根据行为具体手段、暴力程度、人民警察是否正在执行职务对两者具体加以界分，以体现对袭警行为的严加处置。

审理该类型案件需要查明如下证据：审理过程中，因袭警行为具有袭击性、突发性、瞬时性和意外性，对于渐进式抵抗、由远及近的正面对抗等缓和行为不应认定为袭警罪。因此，在证据收集时要注意查明体现突发性和瞬时性暴力的证据，如体现事先有无预谋实施袭警行为的被告人供述，现场执法记录仪所载音频、视频资料、监控录像、现场勘验检查笔录、照片、行为手段、被告人所使用的犯罪工具等体现暴力性及瞬时性的证据材料。

在认定事实时还需要考虑：在袭警罪中，突发性暴力袭击警察，必然基于行为人主动、积极的追求而形成，也可以说间接故意虽然可能存在于妨害公务罪中，但不能存在于袭警罪中，袭警罪中不存在间接故意。此外，袭警罪犯罪构成表述为暴力袭击警察，对暴力袭击警察的结果无具体要求，不要求客观上导致警察的职务不能执行或具有轻微伤以上的危害后果。在罪名的具体认定过程中，需注重审查客观行为（暴力行为是否具有主动性、攻击性）及犯罪对象（是否属于人民警察）的界分问题。此涉及强制证人出庭作证、调查核实证言、鉴定结论，调取新证据等程序及实体问题。

3. 该类型案件的裁判规则：暴力袭警的行为构成袭警罪还是妨害公务罪，需结合客观行为、行为对象、危害程度等综合加以认定。妨害公务罪与袭警罪规定在同一条文中，从两罪的犯罪构成要件来看，两罪间的关系符合"甲法条记载了乙法条的全部特征（或要素），但同时至少还包含一个进一步的特别特征（要素）使之与乙法条相区别"的法律特别规定的特征，两罪之间系法条竞合关系，其中袭警罪为特别条款，在同时符合两罪构成要件的情况下应优先适用。袭警罪严重损害人民警察执法的权威性、公信力及国家形象，其成立需满足以下条件。

第一，犯罪对象必须是人民警察。公安机关作为最具强制力、威慑力、执行力的国家机关，是维护社会秩序的重要防线。人民警察作为公安机关履行具体职能的代表，是和平年代牺牲最多、风险最大、身处社会矛盾最前沿的群体。对人民警察实施暴力攻击，不仅侵犯其人身权益，更重要的是严重侵犯了国家执法行为的权威和公信力。袭警罪的设置即是为了积极应对暴力抗法、维护人民警察执法威严、提高执法积极性、维护安全感的重大举措。对于辅警可否成为暴力袭警的犯罪对象，我们认为，将辅警认定为妨害公务罪的犯罪对象已经是法律拟制的结果，如将其纳入暴力袭击正在依法执行职务的人民警察范畴，在法律未修改的情况下，适用的是类推解释，严重违反刑法的解释原则，而且将辅警包括在暴力袭警范畴内，明显扩大了本罪的适用范围，既无法体现对人民警察特殊保护的原意，也无法彰显刑罚应有的梯度。另外，从文义解释的角度来看，立法明确规定袭击的对象是人民警察，辅警从字面含义来说，系辅助人民警察，本身不具有人民警察身份，不能独立执行公务，只能在人民警察带领、指挥下做具体的辅助工作，本质上与人民警察属于不同范畴，故辅警不能作为本罪的犯罪对象。如果同一袭击行为涉及警察、辅警，可不数罪并罚。

第二，犯罪手段需为带有暴力手段或具备暴力因素之危害行为。暴力体现在明确对象，并且主动做出攻击，致使危害结果发生的危险性和紧迫性，其手段包括捆绑、殴打等。该攻击必须作用于人民警察的人身权利，如针对的对象是警用车辆、关卡设施等警用工具和财产，则难以被认定为袭警罪。本罪犯罪行为不仅限于针对犯罪对象的暴力手段，还包括具备暴力因素的危害手段，如持械攻击、驾车冲撞等，该两类行为相对于殴打等暴力手段，危害性更为严重。此外，在暴力袭警行为的确认上，要严格区分以攻击、伤害警察人身为目的的暴力袭击行为和以抗拒执法为目的的反抗行为，前者主观恶性和人身危险性更大，契合袭警罪设置的立法初衷。而后者虽也伴随一定程度的暴力行为，如撕扯、蹬踹，但其暴力行为社会危害性较小、程度较低，一般不宜以袭警罪予以规制。

第三，引起的危害后果极为严重。对公务活动的妨害程度可以直接反映危害后果的严重程度。人民警察是否受伤、公务活动秩序是否受到影响、人民群众围观等影响是否存在等危害后果的发生均直接影响到袭警罪的危害程度。另外，持续时间长短与社会危害性的大小也直接相关，持续时间较长不仅可能妨害公务活动开展，影响社会管理秩序，还可能导致交通堵塞、瘫痪，诱发群体性事件等。

第四，合法性是执行职务的应有之义。主体适格、权限正当、程序合法是依法履行职务的必备要素。人民警察只有在法定权限范围内按照法定程序、采取合理方式执行公务，才能被视为具有依法执行职务的前提和基础。但依法并不应被视为执法行为无任何瑕疵，如未及时出示证件、言语存在粗暴之处等，相对于被告人的严重妨害公务、直接侵权行为，一般的程序瑕疵不应成为被告人无罪抗辩的理由。符合袭警罪构成要件的可适用《刑法》第277条第5款之规定，认定为袭警罪；不符合的再结合妨害公务罪的犯罪构成要件进行判断。

类型化七：犯罪动机在刑罚裁量中的具体运用

1. 司法实践中存在的主要分歧：司法实践中，因民警制止行为人酒后滋事引发的妨害公务案件不胜枚举，对此，可否将“醉酒”作为量刑因素加以考量，实践中争议较大。有观点认为，“醉酒”状态下的行为人自由意志被削弱，在此主观意图下实施的犯罪行为危害较小，应当予以从轻处罚。亦有观点认为，行为人“醉酒”状态属于其故意或放任自己所处的状态，对其原因自由行为状态下所实施的犯罪行为，不应当从轻处罚。

2. 审理该类型案件的主要思路：行为人陷入醉酒状态下，实施侵害社会公共利益的行为，说明该人在主观上和动机上对有关行为的放任。因此，醉酒本身不能成为酌定量刑的理由，要重点审查行为人系“醉酒”还是精神疾病，进而判定行为人的主观恶性和社会危害性。

审理该类型案件需要查明如下证据：要查明有无实施妨害公务行为的预谋，注重审查被告人的供述、前科记录、主观故意和动机等材料。可收集证明行为人认为国家机关及其工作人员执行职务存在不合理、不合法情形的证人证言、被告人供述、行政处罚决定书、行政复议决定书、行政裁判文书、裁定书、申诉决定书等书证。

在认定事实时还需要考虑：因行为人酒后滋事引起的妨害公务案件中，行为人的“醉酒”行为具有复杂性，对酒后受到执法人员的劝阻、管制，产生抵抗情绪，进而实施暴力抗拒执法的，其行为性质具有偶发性，社会危险性较低。反之，如果行为人具有经常性的酒后暴力抗拒执法的行为，其行为体现的主观恶性及社会危险性明显较重。

3. 该类型案件的裁判规则：“醉酒”妨害公务在量刑时不应从轻处罚。根据我国《刑法》第18条第4款的规定，醉酒的人犯罪，应当承担刑事责任，因此“醉酒”后的妨害公务行为应当按照妨害公务罪予以定罪处罚。在定罪后的量刑阶段，“醉酒”本身也不能成为酌定量刑情节，在裁判中，不能将“醉酒”直接引用为从轻或者从重的理由，而应综合考虑犯罪动机和行为人的既往表现、危害后果等因素，全面判断行为人的主观恶性，确定是否应处以从轻或者从重处罚。

第一，从司法实践来看。多数行为人属于生理性醉酒，在酒精的刺激下精神亢奋甚至神志不清，因外力刺激，如民警对其寻衅滋事行为进行教育、劝阻或采取羁押措施时，致使其滋生抵触情绪，进而实施暴力妨害执行职务或履行职责的行为，属于典型的激情犯。激情犯由于激情爆发而丧失理智，但往往在事后后悔不迭，相对有预谋的行为人或者暴力犯罪分子，其人身危险性较低。当然，对于激情犯也不能一概而论，还要考察行为人主观方面是否具有反社会性，是否属于惯犯。例如，同为酒后滋事引起的妨害公务，一个经常酗酒曾经被处以同类处罚的行为人，与一个偶有醉酒后失常的行为人的犯罪主观恶性是不同的。前者的主观恶性明显比后者重。

第二，从行为属性来看。犯罪动机是反映犯罪人主观恶性程度之心理要素，是诱发犯罪人进行犯罪行为以达到犯罪目的的内心冲动或起因。犯罪动机回答了行为人基于何种心理实施的犯罪，可以反映出行为人再犯的可能性以及改造的难易程度，直接体现犯罪主体的人身危险性，因此，犯罪动机可以作为酌定量刑情节考量因素。但“醉酒”妨害公务案件中，因醉酒属于犯罪人自陷可能的先行行为，其在先行行为的刺激下实施的妨害公务行为，表明其明知其行为可能产生危害社会的行为，而执意为之，主观恶性较大。作为完全刑事责任能力人，其应为自己的行为负责，故“醉酒”本身不能成为酌定从轻量刑情节。

第三节　本罪涉及的主要法律法规、司法解释及案例索引

一、法律法规、司法解释及相关规范性文件索引

1.《中华人民共和国刑法》第二百七十七条

2.《最高人民检察院关于以暴力威胁方法阻碍事业编制人员依法执行行政执法职务是否可对侵害人以妨害公务罪论处的批复》（高检发释字〔2000〕2号，2000年4月24日施行）

3.《最高人民法院、最高人民检察院关于办理妨害预防、控制突发传染病疫情等灾害的刑事案件具体应用法律若干问题的解释》（法释〔2003〕8号，2003年5月15日施行）

4.《最高人民法院、最高人民检察院、公安部关于依法严肃查处拒不执行判决裁定和暴力抗拒法院执行犯罪行为有关问题的通知》（法发〔2007〕29号，2007年8月30日施行）

5.《最高人民法院、最高人民检察院关于办理非法生产、销售烟草专卖品等刑事案件具体应用法律若干问题的解释》（法释〔2010〕7号，2010年3月26日施行）

6.《最高人民法院关于审理破坏草原资源刑事案件应用法律若干问题的解释》（法释〔2012〕15号，2012年11月22日施行）

7.《最高人民法院、最高人民检察院、公安部关于办理醉酒驾驶机动车刑事案件适用法律若干问题的意见》（法发〔2013〕15号，2013年12月18日施行）

8.《最高人民法院关于审理拐卖妇女儿童犯罪案件具体应用法律若干问题的解释》（法释〔2016〕28号，2017年1月1日施行）

9.《最高人民法院、最高人民检察院、公安部关于依法惩治妨害公共交通工具安全驾驶违法犯罪行为的指导意见》（公通字〔2019〕1号，2019年1月8日施行）

10.《最高人民法院、最高人民检察院、公安部、司法部关于依法惩治妨害新型冠状病毒感染肺炎疫情防控违法犯罪的意见》（法发〔2020〕7号，2020年2月6日施行）

11.《最高人民法院、最高人民检察院、海关总署、公安部、中国海警局关于打击粤港澳海上跨境走私犯罪适用法律若干问题的指导意见》（署缉发〔2021〕141 号，2021 年 12 月 14 日施行）

二、案例索引

1. 禹某敏等人非法管制、非法拘禁、窝藏、妨害公务、行贿案（《最高人民法院公报》1993 年第 4 期）

2. 张某珍、黄某泽、温某云等人侵犯著作权、妨害公务案（《最高人民检察院公报》1998 年第 4 期）

3. 叶某妨害公务案（2020 年 3 月 10 日最高人民法院发布第一批 10 个依法惩处妨害疫情防控犯罪典型案例第 7 号）

4. 钟某辉妨害公务案（2017 年 2 月 14 日最高人民法院发布五起因违法建设及相关行为被追究刑事责任典型案例第 3 号）

5. 姚某良以危险方法危害公共安全、妨害公务案［2019 年 6 月 25 日最高人民法院发布 2019 年十大毒品（涉毒）犯罪典型案例第 9 号］

6. 谢某某、邵某妨害公务案（2021 年 12 月 31 日最高人民法院发布平安中国建设第一批典型案例）

7. 江某田等妨害公务案（《刑事审判参考》第 205 号案例）

8. 朱某根、朱某华等妨害公务案（《刑事审判参考》第 302 号案例）

9. 周某宝妨害公务案（《刑事审判参考》第 731 号案例）

10. 陈某妨害公务案（《刑事审判参考》第 1324 号案例）

11. 黄某尧妨害公务案（《刑事审判参考》第 1325 号案例）

12. 谢某波、邵某妨害公务案（《刑事审判参考》第 1326 号案例）

第十八章

走私、贩卖、运输、制造毒品罪类型化审判

第一节　走私、贩卖、运输、制造毒品罪的立法嬗变及相关问题

一、走私、贩卖、运输、制造毒品罪的立法嬗变

走私、贩卖、运输、制造毒品罪，是指明知是毒品而故意实施走私、贩卖、运输、制造的行为。本罪侵犯的客体是国家对毒品的管理制度和公民的生命健康。本罪的对象是毒品。《刑法》第357条规定："本法所称的毒品，是指鸦片、海洛因、甲基苯丙胺（冰毒）、吗啡、大麻、可卡因以及国家规定管制的其他能够使人形成瘾癖的麻醉药品和精神药品。"

在我国，走私、贩卖、运输、制造毒品罪的立法嬗变经历了两个阶段。一是1979年《刑法》第171条仅规定了制造、贩卖、运输毒品罪的内容，并未将走私毒品的行为纳入其中。二是1997年《刑法》修改时，吸收了1990年通过的《全国人民代表大会常务委员会关于禁毒的决定》（已失效）第2条的内容，将走私毒品的行为纳入刑法予以规制，演变成当前的具体内容。

当前，我国的毒品犯罪仍呈高发态势，形势严峻，禁毒工作任重道远。它不仅侵犯国家对毒品的管理制度，还关涉公众身体健康以及社会公共安全，与暴力犯罪相互交织，危害极为严重，是我国惩治力度最大、重刑犯占比最高的一类罪名。再加上毒品犯罪毒品种类繁多、行为多样、主体多元、危害严重，导致审理此类案件困难重重，亟须厘清相关概念，明晰认定标准，提升对此类案件的审判质效。

二、审理走私、贩卖、运输、制造毒品罪的总体思路

（一）明确犯罪主体

在审理走私、贩卖、运输、制造毒品罪时，我们必须明确犯罪主体是谁。根据我国《刑法》第 17 条第 2 款的规定，已满 14 周岁不满 16 周岁的人贩卖毒品的，应当负刑事责任。但对实施走私、运输、制造毒品的已满 14 周岁、不满 16 周岁的未成年人，不负刑事责任。走私、运输、制造毒品的犯罪主体必须是已满 16 周岁具有刑事责任能力的人。因此，我们在审理时，必须对犯罪主体的年龄以及行为类型进行严格的审查。

（二）确定犯罪事实

在审理走私、贩卖、运输、制造毒品罪时，我们必须对犯罪事实进行详细的调查和核实，包括犯罪的时间、地点、方式、手段等具体情况。鉴于本罪是选择性罪名，其犯罪行为可以是单一行为，也可以是复合行为，实施走私、贩卖、运输、制造毒品行为之一的，即可构成本罪。实施两种以上行为的，则依照行为类型确定罪名，如制造毒品并贩卖，构成贩卖、制造毒品罪。

（三）核查侦查措施合法性

考虑到毒品犯罪的隐蔽性和危害性，采用一般的侦查手段难以收集

证据，隐匿身份侦查成为侦破此类案件的重要手段。在使用隐匿身份侦查时，要注意对隐匿身份侦查措施合法性的认定，以避免使用不当侵犯公民的合法权益。对采取技术侦查措施收集的证据，要重点考察行为人犯意的产生、侦查措施的适用主体、程序是否合法、引诱程度是否在合理范围以及引诱行为与犯罪行为之间是否存在必然的因果关系等因素来决定是否采用。

（四）评估犯罪情节

在审理走私、贩卖、运输、制造毒品罪时，我们需要考虑不同的犯罪情节。犯罪情节直接关系到量刑轻重以及死刑的适用。具体裁判时，要考量以下因素：一是毒品数量、种类；二是是否属于犯罪集团的首要分子；三是是否存在暴力手段抗拒抓捕等；四是是否属于参与有组织的国际贩毒活动；五是是否存在武装掩护毒品犯罪的；六是是否存在犯罪未遂、中止等情节的；七是是否存在未成年人犯罪、老年人犯罪等。我们在审理时，必须对犯罪情节进行全面、客观、公正的评估。

三、走私、贩卖、运输、制造毒品罪构成要件解读

（一）客体要件

走私、贩卖、运输、制造毒品罪侵犯的客体是国家对毒品的管理制度和人民的生命健康。走私毒品行为还侵犯了国家的海关监管秩序。犯罪对象是毒品。

（二）客观要件

客观上本罪的犯罪形式表现为行为人实施走私、贩卖、运输、制造毒品的行为。

走私毒品是指非法运输、携带、邮寄毒品进出国（边）境的行为。

行为方式主要是输入毒品与输出毒品。此外，对在领海、内海运输、收购、贩卖国家禁止进出口的毒品，以及直接向走私毒品的犯罪人购买毒品的，应视为走私毒品。

贩卖毒品是指明知是毒品而非法销售或者以贩卖为目的而非法收买毒品的行为。非法销售毒品，即行为人将毒品交付给对方，并从对方获取物质利益。贩卖是有偿转让，但行为人交付毒品既可能是获取金钱，也可能是获取其他物质利益；既可能在交付毒品的同时获取物质利益，也可能先交付毒品后获取利益或先获取物质利益而后交付毒品。如果是无偿转让毒品，如赠与等，则不属于贩卖毒品。但贩卖毒品罪的成立不要求满足“以牟利为目的”的主观要件。毒品的来源既可以是自己制造的毒品，也可以是自己购买的毒品，还可以是通过其他方法取得的毒品。出于贩卖目的而非法收买毒品的，也应认定为贩卖毒品。

运输毒品是指采用携带、邮寄、利用他人或者使用交通工具等方法在我国领域内将毒品从此地转移到彼地。运输毒品必须限制在国内，而且不是在领海、内海运输国家禁止进出口的毒品，否则便是走私毒品。运输毒品具体表现为转移毒品的所在地，如将毒品从甲地运往乙地。但应注意，从结果上看没有变更毒品所在地，却使毒品的所在地曾经发生了变化的行为，也是运输毒品。例如，行为人先将毒品从甲地运往乙地，由于某种原因，又将毒品从工地运回甲地的，仍属于运输毒品。

制造毒品一般是指使用毒品原植物而制作成毒品。制造通常是指使用原材料制作成原材料以外的物。它包括以下几种情况。一是将毒品以外的物作为原料，提取或制作成毒品，如将罂粟制成鸦片。二是毒品的精制，即去掉毒品中的不纯物，使之成为纯毒品或纯度更高的毒品。如去除海洛因中所含的不纯物。三是使用化学方法使一种毒品变为另一种毒品。如使用化学方法将吗啡制作成海洛因。四是使用化学方法以外的方法使一种毒品变为另一种毒品。如将盐酸吗啡加入蒸馏水，使之成为注射液。五是非法按照一定的处方，针对特定人的特定情况调制毒品。上述五种行为都属于制造毒品。

本罪是选择性罪名，凡实施了走私、贩卖、运输、制造毒品行为之一的，即以该行为确定罪名。凡实施了其中两种以上行为的，如运输、贩卖毒品，则定为运输、贩卖毒品罪，不实行数罪并罚。运输、贩卖同一种毒品的，毒品数量不重复计算；不是同一种毒品的，毒品数量累计计算。居间介绍毒品交易的，无论是否获利，通常与交易一方构成共同犯罪。走私毒品，又走私其他物品构成犯罪的，按走私毒品罪和构成的其他走私罪分别定罪，实行数罪并罚。

对多次走私、贩卖、运输、制造毒品，未经处理的，毒品数量累计计算。所谓“未经处理”的，既包括未经刑罚处理，也包括未作行政处理。但对于犯罪已过追诉时效的，则毒品数量不再累计计算。已经处理的，应视为已经结案。

在客观行为方面，应注意以下问题。

1. 罪与非罪的界限

我国对麻醉药品和精神药品实行管制。同时，为了加强麻醉药品和精神药品的管理，保证麻醉药品和精神药品的合法、安全、合理使用，防止流入非法渠道，国务院制定了《麻醉药品和精神药品管理条例》（以下简称《条例》）。《条例》对麻醉药品和精神药品的实验研究、生产、经营、使用、储存、运输等活动进行了严格的规定。据此，凡是根据医疗、教学、科研等的需要，经政府有关部门按照《条例》特许从事经营、运输、制造麻醉药品和精神药品的是合法行为，只有未经批准而非法买卖、运输、制造毒品的行为，才能认为是犯罪。[①] 确有证据证明出于治疗疾病等相关目的，违反有关药品管理的国家规定，未经许可经营

① 参见高铭暄、马克昌主编：《刑法学》（第10版），北京大学出版社2022年版，第606页。

国家规定管制的、具有医疗等合法用途的麻醉药品、精神药品的，不以毒品犯罪论处；情节严重，构成其他犯罪的，依法处理。实施带有自救、互助性质的上述行为，一般可不作为犯罪处理；确需追究刑事责任的，应依法充分体现从宽。

2. 本罪与其他犯罪的界限

对于走私其他货物、物品的，以实际走私的货物、物品的性质认定犯罪，不能认定为走私毒品罪。行为人在一次走私活动中，既走私毒品又走私其他货物、物品的，一般应按走私毒品罪和构成的其他走私罪，实行数罪并罚。行为人故意以非毒品冒充毒品或者明知是假毒品而贩卖营利的，应认定为诈骗罪，而非贩卖毒品罪，但行为人不明知是毒品而贩卖，事实上具有贩卖毒品的可能性的，应认定为贩卖毒品（未遂）。行为人在生产、销售的食品中掺入微量毒品的，应认定为生产、销售有毒、有害食品罪，不宜认定为贩卖毒品罪。

3. 毒品数量与纯度问题

根据《刑法》第 347 条第 1 款、第 7 款，第 357 条第 2 款的规定，走私、贩卖、运输或制造毒品，无论数量多少，均构成犯罪。对多次走私、贩卖、运输、制造毒品，未经处理的，毒品数量累计计算。毒品的数量以查证属实的走私、贩卖、运输、制造、非法持有毒品的数量计算，不以纯度折算。值得注意的是：第一，毒品数量是毒品犯罪案件量刑的重要情节，但不是唯一情节。对被告人量刑时，特别是在考虑是否适用死刑时，应当综合考虑毒品数量、犯罪情节、危害后果、被告人的主观恶性、人身危险性以及当地禁毒形势等各种因素，做到区别对待。量刑时既不能片面考虑毒品数量，不考虑犯罪的其他情节，也不能片面考虑其他情节而忽视毒品数量。第二，鉴于大量掺假毒品和成分复杂的新类型毒品不断出现，为做到罪刑相当、罚当其罪，保证毒品案件的审判质量，并考虑目前毒品鉴定的条件和现状，对可能判处被告人死刑的毒品犯罪案件，应当根据2007年12月《最高人民法院、最高人民检察院、公安部办理毒品犯罪案件适用法律若干问题的意见》作出毒品含量鉴定；对于含有两种以上毒品成分的混合型毒品，应当根据相关成分和含量鉴定，确定其所含不同毒品的成分及比例，并根据主要毒品成分和具体形态认定毒品种类、确定名称。混合型毒品中含有海洛因或者甲基苯丙胺（冰毒）成分的，一般以海洛因或者甲基苯丙胺分别认定毒品种类；不含海洛因、甲基苯丙胺成分，或者海洛因、甲基苯丙胺含量极低的，可以根据混合型毒品中其他定罪量刑数量标准较低且含量较高的毒品成分认定毒品种类；经鉴定，毒品纯度明显低于同类毒品正常纯度，掺杂掺假后数量达到实际掌握的死刑适用数量标准，或者有证据表明毒品纯度明显偏低但因客观原因无法鉴定的，可以不判处被告人死刑立即执行。①

4. 共犯问题

走私、贩卖、运输、制造毒品罪，常常以共同犯罪的形式出现。在审理共同犯罪案件时应当注意以下几个方面的问题。一是要正确区分毒品共同犯罪中的主犯和从犯。应当从犯意提起、具体分工、出资或者占有毒品的比例、约定或者实际分得毒赃的多少及共犯之间的相互关系等方面，准确认定共同犯罪人的地位和作用。主出资者、毒品所有者或者起意、策划、纠集、组织、指使、雇用他人参与犯罪等起主要作用的，是主犯；起次要或者辅助作用的，是从犯。受指使、雇用实施毒品犯罪的，应当根据其在共同犯罪中具体发挥的作用准确认定为主犯或者从犯。对于在共同犯罪中起次要或者辅助作用的被告人，不能因其具有累犯、毒品再犯等从重处罚情节，而认定为主犯或者按主犯处罚。二是要准确认定共同犯罪人的涉案毒品数量，并非对所有共同犯罪人均按照涉案毒品的总数量认定和处罚。对毒品犯罪集团的首要分子，应当按照集团毒

① 《全国法院毒品案件审判工作会议纪要》（又称昆明会议纪要，2023年6月26日印发）。

品犯罪的总数量认定和处罚。对一般共同犯罪的主犯，应当按照其所参与的或者组织、指挥的毒品犯罪的数量认定和处罚。对从犯，应当按照其所参与的毒品犯罪的数量认定和处罚。三是要根据行为人在共同犯罪中的作用和罪责大小确定刑罚。毒品共同犯罪中有多个主犯的，应当在全面考察各主犯实际发挥作用的差别、具体犯罪情节、危害后果的差异及主观恶性、人身危险性等的基础上，对其中罪行更为严重者依法判处更重的刑罚。对于从犯的处罚，不同的毒品案件不能简单类比。本案从犯的涉案毒品数量可能大于他案主犯，但对本案从犯的处罚并非必然重于他案主犯。依法认定为从犯的，无论主犯是否到案，也无论其涉案毒品数量是否大于他案主犯，均应依法从轻、减轻或者免除处罚。[①]

5. 代购毒品与居间介绍的性质认定

明知他人实施毒品犯罪而为其代购毒品，未从中牟利的，以相关毒品犯罪的共犯论处。代购者加价或者变相加价从中牟利的，以贩卖毒品罪定罪处罚。代购者收取、私自截留部分购毒款、毒品，或者通过在交通、食宿等开销外收取“介绍费”“劳务费”等方式从中牟利的，属于变相加价。代购者从托购者事先联系的贩毒者处，为托购者购买仅用于吸食的毒品，并收取、私自截留少量毒品供自己吸食的，一般不以贩卖毒品罪论处。没有证据证明代购者明知他人实施毒品犯罪而为其代购毒品，代购者亦未从中牟利，代购毒品数量达到《刑法》第 348 条规定的最低数量标准，代购者因购买、存储毒品被查获的，以非法持有毒品罪定罪处罚；因运输毒品被查获的，一般以运输毒品罪定罪处罚。对于辩称系代购毒品者，应当全面审查其所辩称的托购者、贩毒者身份，购毒目的，毒品价格及其实际获利等情况，综合判断其行为是否属于代购，并依照前述规定处理。向购毒者收取毒资并提供毒品，但购毒者无明确

① 《全国法院毒品案件审判工作会议纪要》（又称昆明会议纪要，2023 年 6 月 26 日印发）。

的托购意思表示，又没有其他证据证明存在代购行为的，一般以贩卖毒品罪定罪处罚。[①]

居间介绍者在毒品交易中处于中间人地位，发挥介绍联络作用，通常与交易一方构成共同犯罪，但不以牟利为要件。受购毒者或者贩毒者委托，为其提供交易信息、介绍交易对象、居中协调交易数量、价格，或者提供其他帮助，促成毒品交易的，属于居间介绍买卖毒品。居中倒卖者则属于毒品交易主体，与前后环节的交易对象是上下家关系，直接与上家、下家联系，自主决定交易毒品的数量、价格并赚取差价。受贩毒者委托，为其居间介绍贩卖毒品的，与贩毒者构成贩卖毒品共同犯罪。明知购毒者以贩卖为目的购买毒品，受委托为其介绍联络贩毒者的，与购毒者构成贩卖毒品共同犯罪。受以吸食为目的的购毒者委托，为其提供购毒信息或者介绍认识贩毒者，毒品数量达到《刑法》第348条规定的最低数量标准的，一般与购毒者构成非法持有毒品共同犯罪；同时与贩毒者、购毒者共谋，联络促成双方交易的，与贩毒者构成贩卖毒品共同犯罪。居间介绍者实施帮助行为，对促成毒品交易起次要或者辅助作用，一般应当认定为从犯。以居间介绍者的身份介入毒品交易，但在交易中实际已超出居间介绍者的地位，对交易的发起和达成起重要作用的，可以认定为主犯。[②]

（三）主体要件

本罪的主体为一般主体，凡是具有刑事责任能力的自然人都可以成为本罪的主体，单位亦可以构成本罪的主体。

---

① 《全国法院毒品案件审判工作会议纪要》（又称昆明会议纪要，2023年6月26日印发）。

② 《全国法院毒品案件审判工作会议纪要》（又称昆明会议纪要，2023年6月26日印发）。

（四）主观要件

本罪在主观方面为故意。行为人明知是毒品，而故意走私、贩卖、运输和制造。判断被告人对涉案毒品是否明知，不能仅凭被告人供述，而应当依据被告人实施毒品犯罪行为的过程、方式，毒品被查获时的情形等证据，结合被告人的年龄、阅历、智力等情况，进行综合分析判断。

《刑法》第347条规定，“走私、贩卖、运输、制造毒品，无论数量多少，都应当追究刑事责任，予以刑事处罚。走私、贩卖、运输、制造毒品，有下列情形之一的，处十五年有期徒刑、无期徒刑或者死刑，并处没收财产：（一）走私、贩卖、运输、制造鸦片一千克以上、海洛因或者甲基苯丙胺五十克以上或者其他毒品数量大的；（二）走私、贩卖、运输、制造毒品集团的首要分子；（三）武装掩护走私、贩卖、运输、制造毒品的；（四）以暴力抗拒检查、拘留、逮捕，情节严重的；（五）参与有组织的国际贩毒活动的。走私、贩卖、运输、制造鸦片二百克以上不满一千克、海洛因或者甲基苯丙胺十克以上不满五十克或者其他毒品数量较大的，处七年以上有期徒刑，并处罚金。走私、贩卖、运输、制造鸦片不满二百克、海洛因或者甲基苯丙胺不满十克或者其他少量毒品的，处三年以下有期徒刑、拘役或者管制，并处罚金；情节严重的，处三年以上七年以下有期徒刑，并处罚金。单位犯第二款、第三款、第四款罪的，对单位判处罚金，并对其直接负责的主管人员和其他直接责任人员，依照各该款的规定处罚。利用、教唆未成年人走私、贩卖、运输、制造毒品，或者向未成年人出售毒品的，从重处罚。对多次走私、贩卖、运输、制造毒品，未经处理的，毒品数量累计计算”。

2021年7月1日施行的《最高人民法院、最高人民检察院关于常见犯罪的量刑指导意见（试行）》规定：“1. 构成走私、贩卖、运输、制造毒品罪的，根据下列情形在相应的幅度内确定量刑起点：（1）走私、贩卖、运输、制造鸦片一千克，海洛因、甲基苯丙胺五十克或者其它毒品数量达到数量大起点的，量刑起点为十五年有期徒刑。依法应当判处无期徒刑以上刑罚的除外。（2）走私、贩卖、运输、制造鸦片二百克，海洛因、甲基苯丙胺十克或者其它毒品数量达到数量较大起点的，在七年至八年有期徒刑幅度内确定量刑起点。（3）走私、贩卖、运输、制造鸦片不满二百克，海洛因、甲基苯丙胺不满十克或者其他少量毒品的，可以在三年以下有期徒刑、拘役幅度内确定量刑起点；情节严重的，在三年至四年有期徒刑幅度内确定量刑起点。2. 在量刑起点的基础上，根据毒品犯罪次数、人次、毒品数量等其他影响犯罪构成的犯罪事实增加刑罚量，确定基准刑。3. 有下列情节之一的，增加基准刑的10%—30%：（1）利用、教唆未成年人走私、贩卖、运输、制造毒品的；（2）向未成年人出售毒品的；（3）毒品再犯。4. 有下列情节之一的，可以减少基准刑的30%以下：（1）受雇运输毒品的；（2）毒品含量明显偏低的；（3）存在数量引诱情形的。5. 构成走私、贩卖、运输、制造毒品罪的，根据走私、贩卖、运输、制造毒品的种类、数量、危害后果等犯罪情节，综合考虑被告人缴纳罚金的能力，决定罚金数额。6. 构成走私、贩卖、运输、制造毒品罪的，综合考虑走私、贩卖、运输、制造毒品的种类、数量、危害后果等犯罪事实、量刑情节，以及被告人的主观恶性、人身危险性、认罪悔罪表现等因素，从严把握缓刑的适用。”

第二节　走私、贩卖、运输、制造毒品罪类型化裁判

类型化一：毒品犯罪既未遂的司法认定

1. 司法实践中存在的主要分歧：本罪作为选择性罪名，且作为我国

刑事案件中刑罚最重的罪名之一，对其犯罪形态的认定更具复杂性。对走私、贩卖、运输、制造毒品罪既遂、未遂的判定标准，实践中争议较大。例如，贩卖毒品罪既未遂的判定标准，有人主张采取契约说，即应以交易双方是否达成买卖毒品的契约作为认定贩卖毒品罪既未遂的判定标准；亦有人主张采取交付说，即以毒品实际转移给买方为既遂标准。

2. 审理该类型案件的主要思路：在审理过程中，要严格区分犯罪形态，依据走私、贩卖、运输、制造毒品行为的具体既遂标准，科学认定毒品犯罪的犯罪形态，不能因为涉案毒品数量巨大、人数众多、危害严重，就一律认定为犯罪既遂。

审理该类型案件需要查明如下证据。(1) 注意查明毒品犯罪的具体行为方式及毒品类型，如明确毒品犯罪的毒品类型、行为手段、持续时间、毒品数量、危害后果。(2) 具体证据包括查获经过、涉及毒品的相关物证、书证、鉴定意见、视听资料、电子数据等，尤其是手机微信及短信记录、银行交易明细、通行记录等。(3) 查明行为主体情况，此类犯罪多涉及团伙犯罪、集团犯罪，对行为人应根据在共同犯罪中的作用、犯罪层级等确定主从犯。(4) 被告人是否属于老年人、未成年人、聋哑人、盲人，要合理运用相关法定从轻、减轻情节；犯罪形态，如犯罪未遂、犯罪中止等。(5) 量刑情况，如是否涉及累犯、再犯，有无自首、坦白、认罪认罚、立功等情节。(6) 重点审查前科情况，如上次刑罚的类型及释放时间。

在认定事实时还需要考虑：确定被告人是否明知犯罪的对象是毒品；在为贩卖而购买毒品类型案件中，要明确被告人具有贩卖目的。重点审查查获经过及取证过程，核查毒品犯罪的相关物证，如毒赃、毒资、毒品的存放地，持有人，毒品上的指纹以及涉及毒品的托运记录，账户交易记录等；重视对被告人供述和辩解、现场勘验、检查笔录的审查。被告人的供述具有直接性、易变性，要提升与其口供契合的相关证据的收集，加强综合研判。明确被告人行为的犯罪形态及主体的身份信息、前科劣迹情况。

3. 该类型案件的裁判规则：走私毒品罪中，陆路运输应当以跨越国境线为既遂标准。海路、空路运输则应以船舶或者航空器到达本国港口或领土内为既遂标准。贩卖毒品罪的既遂与未遂，应该以毒品是否实际交付为标准，即交易双方达成毒品买卖契约，卖方将毒品实际交付给买方时为既遂。至于犯罪分子实际上是否得到钱财，或者是否得到了约定的价钱，都不影响既遂的成立。运输毒品既遂的判断可采用“合理位移”的标准，“合理位移”的判断应当综合考虑运输目的、运输工具、运输距离、毒品数量等因素，在行为人实现毒品位移的合理变动且基本实现其运输目的时，应当认定为成立运输毒品罪的既遂。制造毒品罪应以实际上制造出毒品为既遂标准。

（1）走私毒品罪的既遂与未遂。走私毒品主要分为输入毒品与输出毒品，输入毒品分为陆路输入与海路、空路输入。陆路输入的既遂标准不存在争议，应当以毒品跨越国境线的时刻作为既遂标准。通过海路和空路输入毒品的既遂标准则存在争议，有领海、领空说（以载有毒品的船舶或航空器进入我国领海或领空为既遂标准），登陆说（以毒品从船舶转移到我国领域内或从航空器转移到我国领域的地面为既遂标准），关税线说（以毒品转移到保税区之外成立既遂），搬出可能说（装载毒品的船舶或航空器着陆后，出现可能将毒品转移到船舶或航空器之外的状态为既遂标准）。然而，领海、领空说的观点将既遂标准提前，不具有现实性。登陆说、关税线说和搬出可能说则使既遂标准过于推后，[1] 且难以把握。我们认为，应坚持以船舶或者航空器到达本国港口或领土内为既遂标准。

① 参见张明楷：《刑法学》（第6版），法律出版社2021年版，第1514页。

（2）贩卖毒品的既遂与未遂。关于贩卖毒品罪的既遂标准，有人主张采取契约说，即应以交易双方是否达成买卖毒品的契约作为认定贩卖毒品罪既未遂标准的依据，至于行为人是否已将毒品出售获利或者已实际成交，不影响贩卖毒品罪既遂的认定。也有人主张采取交付说，即贩卖的毒品以实际上转移给买方为既遂标准。毒品实际上没有转移，即使已经达成协议，或者行为人已经获得了利益，也不能认定为既遂。从目前刑法学界的主流观点来看，区分贩卖毒品罪的既遂与未遂，应该以毒品是否实际交付为标准，即双方达成买卖契约，并且已将毒品由卖方转移给买方的为既遂。至于犯罪分子实际上是否得到钱财，或者是否得到了约定的价钱，都不影响既遂的成立。因此，如果行为人在毒品未交付之前由于意志以外的原因而停止的，则构成贩卖毒品罪的未遂。

相应地，贩卖毒品罪的未遂，主要包括以下类型：第一，不知道是假毒品而进行贩卖的，无论贩卖行为是否实施完毕，均应认定是贩卖毒品罪的未遂；第二，行为人为贩卖毒品而购买毒品，尚未买进即被查获，或者买进毒品后尚未卖出即被查获的；第三，对非购买方式获得的毒品，试图加以贩卖，尚未卖出而被查获的；第四，在控制下交付、诱惑侦查措施实施的侦查过程中，还未等买卖双方交货即进行抓捕的，在没有确切证据的情况下，也只能对卖方定贩卖毒品罪的未遂。① 值得注意的是，以贩卖为目的购买毒品是否构成贩卖毒品罪的既遂？结合立法背后的推定逻辑和司法实践的妥适性，需准确理解“准备工具、制造条件”的内涵，在以贩卖为目的购买毒品的情况下，基于行为人已与买家达成贩卖毒品的犯意沟通，其为了实现贩卖的意图，若与卖家达成买卖毒品的契约，即为“着手”实施贩卖毒品犯罪，但“完成”标准仍应以其与买家完成交付为准。

---

① 参见张洪成、黄瑛琦：《毒品犯罪法律适用问题研究》，中国政法大学出版社 2013 年版，第 117～118 页。

（3）运输毒品的既遂与未遂。运输毒品罪的既遂标准存在“起运说”和“到达目的说”之争，前者认为运输毒品罪属于举动犯，一经实行即构成既遂，但有扩大打击犯罪之嫌，不符合刑法的谦抑性原理；后者则将运输毒品罪认定为行为犯，以犯罪行为完成作为既遂标准，但实践中在运输途中被抓获的行为人如认定为犯罪未遂，则难以实现严厉打击运输毒品的立法目的。上述两种观点均存在一定程度的偏颇，难以有效界定运输毒品罪的既遂、未遂标准。

因而，可采用“合理位移”的既遂标准，一般应依据其运输工具的特点、运输距离的远近、运输毒品数量的多少来加以认定。[①] 当然，“合理位移”说亦存在一定的缺陷，即不可能有具体明确的判断标准，只能依赖司法人员依据个案的具体证据所反映的事实，作出符合社会常理的判断。[②]

（4）制造毒品罪的既遂与未遂。制造毒品罪应以实际制造出毒品为既遂标准，至于制造出来的毒品数量多少、纯度高低等，都不影响既遂的成立。着手制造毒品后，尚未制造出毒品的，则是制造毒品罪的犯罪未遂。制造毒品案件中，毒品成品、半成品的数量应当全部认定为制造毒品的数量，对于无法再加工出成品、半成品的废液、废料则不应计入制造毒品的数量。对于废液、废料的认定，可以根据其毒品成分的含量、外观形态，结合被告人对制毒过程的供述等证据进行分析判断，必要时可以听取鉴定机构的意见。

类型化二：毒品犯罪主观明知的司法认定

1. 司法实践中存在的主要分歧：对毒品犯罪行为人主观明知的认定，一直是司法实务中的认定难点和焦点。对行为人主观明知的准确认定直

① 参见刘建宏主编：《中国毒品犯罪及其反制》，人民出版社2014年版，第134~136页。

② 参见林亚刚：《运输毒品罪的若干问题研究》，载《法学评论》2011年第3期。

接关系到罪名是否满足主客观相统一的认定原则。鉴于毒品犯罪类型多样、毒品类别千差万别、毒品手段不断翻新，尤其是“网络 + 邮寄”的衍生完成模式，再加上第三人的介入，进一步加剧认定行为人主观明知的难度。

2. 审理该类型案件的主要思路：被告人是否明知，是判断被告人主观故意的关键因素，实践中被告人到案后拒不承认明知是毒品的，对此，应综合被告人的供述、证人证言、通话记录、前科劣迹、起获毒品的场所、数量以及被告人采取的行为手段，结合其年龄、文化程度、生活状况、职业背景、是否有毒品违法犯罪经历及与共同犯罪人之间的关系等情况，分析判断。重点审查被告人的辩解是否有事实依据、对异常行为的解释是否合理、是否存在被蒙骗的可能等，防止认定错误。

审理该类型案件需要查明如下证据：（1）判断主观明知，可重点查明被告人的行为手段，如通过伪装、藏匿等方式逃避检查或故意绕开检查站点，用虚假身份、地址等采取明显异常的运输、携带、托运方式，或者获取的收入远高于寻常的运输、邮寄、携带的报酬等；（2）被告人与其他毒品犯罪的相关人员之间通过“行话”等联系、沟通，并不断变换手机、交易地点、交易方式等，也可作为推定主观明知的重要因素；（3）实践中，对主观明知的判定，可采用刑事推定的证明方式，并允许被告人提出反证。

在认定事实时还需要考虑：要强化客观性证据的收集，客观性证据包括证明被告人行为手段异常性的证据，如逃避申报、检查，支付运输报酬超出常规的书证，视听资料，电子数据等；涉及毒品交易的直接证据，如聊天记录关于毒品种类、交易、价格、数量商定的相关证据。

3. 该类型案件的裁判规则：对毒品犯罪主观明知的认定，应结合被告人供述、证人证言、涉毒场所、物品上提取的痕迹、生物检材、查获地点、行程轨迹、通话记录、物流寄递单据、资金交易记录、主观恶性、前科劣迹，以及从被告人体内或者贴身隐秘处查获的毒品，从被告人体表、随身物品上提取的毒品残留物等证据综合认定。

具体认定过程中，可采取刑事推定的方式，通过正面证成与反向排除合理怀疑相结合的方式来加以论证。首先，存在毒品犯罪的基础事实，该事实既可以是单一的基础事实，还可以是交织的多种基础事实。一方面基础事实是危害结果认定的客观基础；另一方面基础事实与危害结果之间的因果关系具有直接性和可判断性。基础事实与待证事实之间存在高度可能性，亦是认定待证事实的基础和前提。间接证据或其他证据可以起到二次校验的效用。其次，需要明确的是，并不是存在基础事实，就一定可以认定待证事实。实践中，要求基础事实与待证事实之间存在前者引发后者发生的高度可能，两者之间属于多发、常发态势。最后，行为人及其辩护人可以提出合理怀疑，从反向推倒公诉机关指控。合理怀疑要具备客观性、真实性。虚假事实不可能推翻已经收集的客观证据，只有真实、客观的怀疑才具备这种可能，当然这种怀疑依赖的是达到内心确认的法律真实，其与客观真实未必一定画等号。合理怀疑需从反面证实现有证据链得出的结论不具有唯一性。审判人员对案件事实进行认定时，不仅要考虑单个证据的证明力，更要结合整个证据链依照逻辑规则进行分析、论证、判断，依靠缜密的法律思维及经验法则对各种可能性进行探求。与民事诉讼依照优势证据证明标准不同，刑事诉讼要求根据证据链得到的审判结论具有唯一性，不能有其他合理可能。民事优势证据证明标准要求即使一方证据的证明力仅有51%，依旧可以胜诉。但在刑事诉讼中，即使证据的整体证明力达到90%，如果不能排除其他可能结果，依旧无法定罪。

我国规范性文件对刑事推定亦有明确规定，如2023年《全国法院毒品案件审判工作会议纪要》（又称《昆明会议纪要》）对毒品主观明知的推定规定若干情形，在被告人不能做出合理解释时可以推定其明知走私、贩卖、运输、非法持有的对象是毒品，但有证据证明其确实不知情或者确系被蒙骗的除外。①

类型化三：运输毒品之行为人刑事责任的司法认定

1. 司法实践中存在的主要分歧：运输毒品，是指行为人明知是毒品而利用火车、汽车等交通工具，或者采用随身携带的方法，将毒品从一个地方运往另一个地点的行为。对受人指使、雇佣运输毒品的被告人如何量刑，实践中争议较大。有观点认为，运输毒品的类型多样，但其造成的危害后果具有同质性，故无论何种运输类型，不影响刑罚裁量。亦有观点认为，考虑到不同主体在何种状态下运输毒品，结合其在共同犯罪中的可替代程度、主观恶性等，判处不同刑罚。

2. 审理该类型案件的主要思路：坚持从严惩治毒品犯罪的思路，突出打击重点，严惩走私、制造毒品和大宗贩卖毒品等源头性犯罪、集团性犯罪、主犯、累犯，全面贯彻宽严相济刑事政策，体现区别对待，对罪行较轻以及具有自首、立功、从犯、初犯等法定、酌定情节的毒品犯罪分子，要依法予以从宽处罚，以达到分化瓦解的功效。对毒品再犯，一般不适用缓刑。对毒枭、毒品再犯、职业毒贩等毒品犯罪分子的假释，

---

① 根据2023年《昆明会议纪要》的规定，推定的基础事实包括：（1）执法人员在口岸、机场、车站、港口、邮局、快递站点等场所检查时，要求申报为他人运输、携带、寄递的物品和其他毒品疑似物，并告知法律责任，但被告人未如实申报，在其运输、携带、寄递的物品中查获毒品的；（2）以伪报、藏匿、伪装等蒙蔽手段逃避海关、边防等检查，或者行程路线故意绕开检查站点，在其运输、携带、寄递的物品中查获毒品的；（3）在执法人员检查时有逃跑、藏匿、丢弃、试图销毁其携带的物品、弃车逃离或者其他逃避、抗拒检查行为，在其携带的物品或者遗弃的车辆中查获毒品的；（4）采用高度隐蔽方式运输、携带、交接物品，明显违背合法物品的惯常运输、携带、交接方式，从中查获毒品的；（5）以虚假的身份、地址或者物品名称办理托运、寄递手续，从托运、寄递的物品中查获毒品的；（6）采用隐匿真实身份、支付不等值报酬等不合理方式，指使、雇用他人运输、携带、寄递物品或者代为接收物流寄递的物品，从中查获毒品的；（7）为获取不同寻常的高额、不等值报酬，为他人运输、携带、寄递物品或者接收物流寄递的物品，从中查获毒品的；（8）其他可以认定被告人明知的情形。

要严格限制减刑幅度。对于受雇运输毒品的，应当充分考虑各种因素，慎重适用死刑，不能单纯根据涉案毒品数量大小或者所获报酬多少决定死刑适用。

对于受雇运输毒品的人员能否被认定为从犯，应当根据其在犯罪中实际发挥的作用来具体认定。具体而言，从地位作用来看，受雇者系受指使参与犯罪，不具有核心地位。从犯意产生来看，受雇者经教唆、利诱产生相应犯意。从收益分配来看，毒品犯罪主要收益归雇佣者所有，受雇者仅获得少量报酬。综合上述三方面情况，受雇者应当认定为从犯。但是，若受雇者涉案行为对法益侵害结果的作用力大，受雇者实施的是直接侵害法益的实行行为，则不应当认定为从犯。

审理该类型案件需要查明如下证据：对于受雇者，应当重点查明受雇者对毒品种类及其数量认知程度的供述、参与运输毒品次数的有关记录、行程信息、雇主对受雇者的指令记录、监督情况、受雇者在运输毒品过程中发挥的作用、获取的收益等相关证据。

在认定事实时还需要考虑：主要事实包括受雇者的参与次数、在运输中的作用、在雇佣关系中的地位。与雇佣者共同实施运输毒品实行行为的受雇者，一般认定为从犯。但若受雇者多次运输毒品，甚至以此为业，可以考虑不认定为从犯。受雇者多次运输毒品说明其已经从被动的受指使犯罪转化为主动参与犯罪，其行为难以认定为辅助性的、从属性的运输行为。此外，受雇者是高度受制于雇佣者，完全听命于雇佣者，还是能够独立支配运输毒品的过程，直接关系到对其主从犯的认定。

3. 该类型案件的裁判规则：对受人指使、雇佣运输毒品的量刑因素，应当结合案件的具体情况，综合考量行为人运输毒品的数量、对所运输毒品的明知程度、运输毒品的具体方式、前科劣迹以及其他情节，依法判处刑罚。

毒品数量是确定毒品犯罪案件被告人刑罚的重要法定情节，但不是处刑的唯一标准。在对毒品犯罪分子量刑时，特别是在考虑是否适用死刑时，应当坚持“毒品数量 + 其他情节”的标准，综合考虑毒品数量、犯罪情节、危害后果、被告人的主观恶性、人身危险性等各种因素，做到区别对待。不能仅因涉案毒品数量远超过实际掌握的死刑适用数量标准，就不加区分地判处一案多名被告人死刑，还应充分考虑不同被告人的不同犯罪情节。

在审判实践中，不能只强调毒品数量，而忽视案件的其他情节，应当结合案件的具体情况，根据被告人的主观恶性程度，判处的刑罚应当与犯罪分子所犯罪行相适应。运输毒品的犯罪人多为他人雇佣而实施犯罪，其主观恶性存在差异：有的在运输之前就知道是毒品、有的在运输中才推测出是毒品、有的意识到自己运输的是违禁品。这反映出同是运输毒品，而不同案件的被告人主观恶性不同，对此，应当作为酌定情节在处刑时予以考虑。对在运输毒品过程中才意识到运输的是毒品的案件，应当酌情从轻处罚。①

对受雇运输毒品的犯罪分子判处刑罚时，一般应与走私、贩卖、制造毒品和有严重情节的运输毒品犯罪分子有所区别。因为运输毒品与走私、贩卖、制造毒品相比，运输毒品作为毒品犯罪的中间环节，社会危害性相对较低；同时，运输毒品罪的涉案人员大多是一些受指使或受雇佣的农民、边民或无业人员等，犯罪动机往往是其经济困难或受人利诱赚取少量运费，在犯罪中的地位较低、作用较轻，主观恶性较小。《昆明会议纪要》明确指出，对于受人指使、雇用运输毒品的被告人，应当充分考虑其在毒品犯罪链条中所处的地位和实际发挥的作用，体现区别对待，不能单纯根据涉案毒品数量大小或者所获报酬多少决定死刑适用。要综合考虑其运输毒品的次数和距离、犯罪的主动性和独立性、在共同

① 最高人民法院刑事审判一至五庭主办：《中国刑事审判指导案例（5）：妨害社会管理秩序罪》，法律出版社 2017 年版，第 330 ~ 332 页。

犯罪中的地位和作用、社会危害大小、获利方式、主观恶性、人身危险性，结合毒品数量等因素，慎重适用死刑。对于确属受人指使、雇用运输毒品的被告人，具有不排除系初次运输毒品；被雇用者严密指挥或同行人员监视，从属性、辅助性明显；与雇用者同行运输毒品，处于被支配地位；或者确因急迫生活困难而运输毒品等情形之一的，即使毒品数量超过实际掌握的死刑适用数量标准，也可以不判处死刑。对于不能排除受人指使、雇用运输毒品的被告人，符合上述条件的，也可以考虑不判处死刑。

类型化四：毒品代购行为的司法认定

1. 司法实践中存在的主要分歧：毒品代购行为类型多样，在具体认定过程中存在较大争议。有观点认为，毒品代购行为与一方当事人在主观方面具有犯意联络、在客观行为具有实行行为，故应认定为一方的共犯。亦有观点认为，毒品代购过程中实施的截取、蹭吸等行为，应结合具体情况具体分析，不能一概而论。

2. 审理该类型案件的主要思路：对于辩称系代购毒品者，应当全面审查其所辩称的托购者、贩毒者身份、购毒目的、毒品价格及其实际获利等情况，综合判断其行为是否属于代购。向购毒者收取毒资并提供毒品，但购毒者无明确的托购意思表示，又没有其他证据证明存在代购行为的，一般以贩卖毒品罪定罪处罚。贩毒人员有毒品待售或者以代购为名从事毒品犯罪活动，托购者无明确的托购意思表示，在未告知代购者到何处、向何人购买毒品的情况下，依法对代购者以贩卖毒品罪定罪处罚。

代购者从托购者事先联系的贩毒者处，为托购者购买仅用于吸食的毒品，并收取、私自截留少量毒品供自己吸食的，一般不以贩卖毒品罪论处。这时代购者仅起“跑腿”作用，虽对毒品的购买目的有具体的明知，但并无贩卖毒品的主观故意，故一般不以贩卖毒品罪定罪处罚。

审理该类型案件需要查明如下证据：托购者、贩毒者身份、购毒目的、毒品数量、毒品价格及其实际获利等证据。

在认定事实时还需要考虑：没有证据证明代购者明知他人实施毒品犯罪而为其代购毒品，代购者亦未从中牟利，代购毒品数量达到《刑法》第 348 条规定的最低数量标准，代购者因购买、存储毒品被查获的，以非法持有毒品罪定罪处罚；因运输毒品被查获的，一般以运输毒品罪定罪处罚。

3. 该类型案件的裁判规则：将毒品代购牟利认定为毒品贩卖具有合理性，但应注意有所区分。变相贩卖毒品行为的认定应遵循犯罪行为认定的思路与方法，根据具体情形，区别加以认定。

第一，毒品代购中蹭吸一般不应认定为变相贩卖毒品。蹭吸行为仅仅属于吸食毒品的行为，而贩卖毒品要求以出卖为目的，吸食毒品的“获益”与贩卖毒品的“牟利”性质并不能等同，因而无论从语义学角度抑或贩卖毒品罪认定的教义学分析，均不宜将蹭吸行为认定为变相贩卖毒品。当然，如若行为人以蹭吸之名，行囤积毒品为己所用之实，则属于从中牟利，可结合具体情形对其是否构成贩卖毒品罪进行准确判断。

第二，代购毒品克扣的要根据具体情形加以区分。对于毒品代购中的克扣，不排除托购者知情承诺以及代购者为吸食而私自截取等情形。代购者在托购者不知情的情况下，私自截留或者克扣所代购毒品并从中牟利的行为，本质上属于变相加价、贩卖毒品的行为，应以贩卖毒品罪予以惩治。若代购者系为了自己及托购者吸食，而利用托购者事先联系渠道购买的，一般不以贩卖毒品罪论处；若代购者虽有代购毒品行为，但缺乏对其明知认定的相关证据，且代购者未从中牟利的，在达到《刑法》第 348 条规定最低数量标准时，应以非法持有毒品罪予以惩处。

第三，避免采取简单的减法，将托购者支付的毒资减去交通、食宿费后有剩余的情形评价为牟利行为，进而认定为变相贩卖毒品。《昆明会议纪要》只是规定了在交通、食宿等开销外收取“介绍费”“劳务费”等方式从中牟利认定为变相加价，并没有对收取的“介绍费”“劳务费”的数量进行限制。如若在相减之后剩余很少的情况下认定为牟利行为，则有苛责行为人之嫌，即托购者必须精打细算，必须在金额等同或者“赔本”的情况下方才不成立贩卖毒品罪。上述做法未能正确把握《昆明会议纪要》的精神和本意，因而在托购者剩余资金较少的情况下，不宜认定为贩卖毒品。

第四，在代购者取得财物数量过少的情况下，应谨慎进行入罪评价，一般不宜认定为贩卖毒品罪。鉴于我国刑法整体上对毒品犯罪配置了比较严厉的刑罚，为了贯彻罪责刑相适应的刑法基本原则，对于行为是否成立犯罪的解释应节制慎重，避免犯罪认定的结果违背罪责刑相适应原则。①

类型化五：毒品犯罪上下游犯罪的司法认定

1. 司法实践中存在的主要分歧：实践中，毒品犯罪上下游刑罚的适用，存在的突出问题是贩卖毒品行为人在实施贩卖毒品的同时，掩饰毒资行为如何加以认定，是一罪处罚还是数罪并罚，审判中存在以下三种观点：第一种观点认为，行为人转移资金的客观行为，既属于贩卖毒品罪中的接收毒资行为，也是通过金融方式掩饰、隐瞒毒资的行为，同时构成贩卖毒品罪、洗钱罪，根据想象竞合犯理论，应从一重处罚，以贩卖毒品罪予以惩治；第二种观点认为，上游毒品犯罪与洗钱罪存在原因行为与结果行为的牵连关系，应依牵连犯理论，对其从一重处罚；第三种观点认为，上游毒品与下游洗钱罪之间若不存在吸收关系、竞合关系，

---

① 参见何荣功：《毒品代购与代购牟利的行为定性》，载《法学》2022 年第 9 期。

属于独立数罪，则应数罪并罚。

2. 审理该类型案件的主要思路：窝藏、转移、隐瞒毒品、毒赃罪与掩饰、隐瞒犯罪所得罪这两种犯罪所指的对象都包含犯罪所得，主观方面也均表现为故意。但窝藏、转移、隐瞒毒品、毒赃罪客观方面表现为明知是走私、贩卖、运输、制造毒品的犯罪所得而实施窝藏、转移、隐瞒行为；而掩饰、隐瞒犯罪所得罪则表现为明知是犯罪所得而予以窝藏转移、收购、代为销售或者以其他方式掩饰、隐瞒的行为。由此可见，窝藏、转移、隐瞒毒品、毒赃罪只涉及走私、贩卖、运输、制造毒品犯罪分子的犯罪所得，而掩饰、隐瞒犯罪所得罪则泛指所有形式的犯罪所得。窝藏、转移、隐瞒毒品、毒赃罪的行为方式表现为窝藏、转移、隐瞒；而掩饰、隐瞒犯罪所得罪的行为方式除此之外还包括收购、代为销售或者以其他方式掩饰、隐瞒的行为，行为方式更为广泛。掩饰、隐瞒毒赃的，一般情况下应当以窝藏、转移、隐瞒毒赃罪论处；掩饰、隐瞒毒赃以外其他犯罪所得的，应当以掩饰、隐瞒犯罪所得罪论处。

审理该类型案件需要查明如下证据：行为人明知是犯罪所得及其产生的收益的证据，转移、隐瞒所使用的银行卡记录、财产的后续流转记录、上游毒品犯罪的有关证据等。

在认定事实时还需要考虑：在窝藏毒品的同时又包庇毒品罪犯。行为人有时在窝藏毒品的同时也会包庇毒品犯罪分子。在这种情况下，行为人的行为究竟构成单独一罪，还是包庇毒品犯罪分子罪和窝藏、转移、隐瞒毒品、毒赃罪两个罪名，值得探讨。

《刑法》第 349 条规定了两个罪名，但采用的是同条同款的并列规定方式，两罪是选择性的关系。比较合适的做法是，如果行为人的一个行为涉及这两个罪名，选择其中一个罪名予以确定，可以将行为涉及两罪名作为量刑的参考因素。反之，如果将其定为两罪，则势必割裂了行为的内在关联。如果行为人的行为是两个独立的行为，涉及两个罪名，没有内在联系，应当构成两个罪名。

窝藏毒品后又代为销售的。窝藏行为人在窝藏行为持续期间，将所窝藏的毒品进行销售，在这种情况下，行为人的行为是构成一罪还是数罪？此时行为人的行为已经构成了窝藏毒品罪，而在窝藏的过程中又贩卖所窝藏的毒品，行为人的主观意图已经从窝藏转化为贩卖，也符合贩卖毒品罪的犯罪构成，应当认定为同时构成了窝藏毒品罪与贩卖毒品罪，数罪并罚。这种窝藏行为必须持续一段时间，不能只是短暂的窝藏。当行为人改变了主观意图之后，后行为已经是一个独立的犯罪，与之前的窝藏行为没有包容与被包容关系，也不是手段行为与目的行为的牵连关系，所以不能视为吸收犯或牵连犯以一罪论处。当然，如果行为人在窝藏之时就有贩卖意图的话，那么这种窝藏行为就可以视为贩卖行为的犯罪预备行为，可以被随后的贩卖毒品罪的实行行为所吸收，或者将窝藏行为与贩卖行为分别视为手段行为与目的行为，按照牵连犯原则以一罪论处。

3. 该类型案件的裁判规则：行为人实施贩卖毒品的行为，在交付毒品后即构成既遂，其后续实施的资金转移等行为，属于触犯新法益的独立行为，构成独立新罪洗钱罪，故上下游两罪之间既不属于想象竞合犯，也不属于法条竞合，而属于独立意义的数罪，故数罪之间应独立评价、数罪并罚。具体理由如下：

第一，从法益侵害的角度而言，自洗钱具有独立的法益侵害性，与上游犯罪的规范保护目的亦不具有同一性。行为人利用账户接收、支取毒资的方式来转移资金，此行为阻断了对上游犯罪所得及其收益来源和性质的认定，致使“黑钱”洗白以逃避监管，很难监控赃款资金。一方面扩充了地下金融规模，增加了国家金融风险；另一方面，脱离监管的非法金融操控，极易引发犯罪，给金融秩序造成严重的侵害。且自洗钱行为无法在上游犯罪内予以合理评价，侵犯了新的法益，需要独立评价。

第二，从自洗钱行为的社会危害性而言，无论是自洗钱，还是他洗钱，其对法益造成的侵害具有同质性。自洗钱行为并不是上游犯罪的自然延伸，其通过动态“漂白”对上游犯罪的犯罪所得及其收益的来源和性质实施阻断行为，本质上，此行为具有改变赃物、“黑钱”性质的用意，不仅导致上游毒品犯罪难以查获、难以惩治，从而放大危害后果，还对我国的金融体系造成严重冲击，进而影响到我国的社会稳定，破坏金融秩序，侵犯公众权益，对其具有规制的必要性。

第三，从想象竞合犯的角度而言，想象竞合犯是指一个行为同时触犯数个罪名的犯罪形态，即行为人行为具有单一性，且此单一行为触犯数个罪名。贩卖毒品罪既遂的标准是交付毒品，通过他人资金账户转移资金的行为并未在贩卖毒品案件中予以评价，且行为人实施的具体行为具有多数性，既包括贩卖毒品的行为，还包括资金接收行为等，不符合想象竞合犯单一行为触犯数个罪名的犯罪形态。

第四，从牵连犯的角度而言，牵连犯是指以实施某一犯罪目的，其方法行为或目的行为又触犯其他罪名的犯罪形态。牵连犯的成立要求行为人以实施一个犯罪为目的，实施的数个行为之间存在手段—目的或原因—结果的牵连关系，且触犯不同罪名。在牵连关系方面，要求手段行为与目的行为、原因行为与结果行为之间具有通常的方法或结果关系，即两者之间具有经常性、惯常性、必然性。行为人在实施贩卖毒品犯罪过程中，为了掩饰、隐瞒犯罪所得，利用本人或他人银行账户转移资金。首先，行为人实施了两个具有法定意义的具体行为，但自洗钱行为不是上游犯罪的必然结果，两者之间并不存在经常性、惯常性，不能认定为具有牵连关系；其次，行为人上下游犯罪之间，犯罪目的具有独立性，尤其是自洗钱具有掩饰、隐瞒犯罪所得及其收益的主观意图，且两者侵犯的法益具有独立性，无法被彼此所包容、囊括、涵盖，应当分别予以评价。

第五，从罪数形态而言，刑法学界的通说认为，犯罪构成是区分罪数的判断标准，若符合一个构成要件，则为一罪，符合多个构成要件，则为数罪。自洗钱作为洗钱罪的特殊形态，本质上与他洗钱具有同质性，侵害的法益具有相同性，当行为人通过转账等形式转移上游犯罪的资金时，其行为侵害新的法益，此危害不能被上游犯罪法益所覆盖和吸收，且其产生的危害在某种程度上超越上游犯罪的危害程度，因而成立洗钱罪，与上游犯罪之间成立数罪，符合数罪并罚的前提条件。再考虑到具体行为不属于想象竞合犯，且上游贩卖毒品犯罪与洗钱罪之间不存在吸收关系以及特殊法与一般法的法条竞合关系，亦不属于法条竞合，故上下游犯罪成立数罪，应数罪并罚。

类型化六：采取技术侦查措施收集的证据如何适用

1. 司法实践中存在的主要分歧：对侦查人员或特情人员采用隐匿身份的技术侦查措施，在毒品案件的侦破过程中收集的证据适用方面，实践中存在较大争议，有观点认为隐匿身份人员收集的证据带有引诱属性，一律不能采用；亦有观点认为，对隐匿身份侦查措施收集的证据应根据类型区分适用，不能一概而论。

2. 审理该类型案件的主要思路：毒品犯罪案件中，特情贴靠区别于犯意引诱，行为人已具有贩卖毒品的犯罪故意并持毒待售，仅因特情贴靠、接洽而破获案件，应依法处理。针对犯意引诱，则应考察侦查人员或特情人员是否遵循相关规定，是否存在诱导本无犯意的行为人，若存在，则应排除通过此手段收集证据的适用。

审理该类型案件需要查明如下证据：（1）毒品犯罪案件中，技术侦查措施的适用较为普遍，对技侦证据效力的审查重点应为合法性审查，兼顾其客观性、关联性。（2）对技侦证据合法性的审查，包括程序和实体两个方面。（3）裁判过程中，技侦证据可采取庭审质证和庭外核实两种方式，应最大限度保证辩护律师的参与权和被告人的异议权，对技侦证据采信应遵循排除合理怀疑原则和补强原则。

在认定事实时还需要考虑：对于监听，需要判明通话的主体是不是被告人。实践中，现有规范缺乏对监听摘录文字稿如何整理、摘录的统一规定，导致某些摘录文字稿缺乏通话主体、特殊用语的标注，甚至存在监听人员的猜测性摘录，缺乏客观性。

需要判明被告人在和谁通话。对方是一个指控事实中未出现过的人，还是提到过的人，是在案的人，还是在逃的人。特别是对行为人之间责任不清的案件，各行为人往往避重就轻，监听录音可客观反映各行为人的隶属、指挥关系，通过将监听录音与收集的其他证据相互印证，可解决诸多认定难题。

需要判明通话内容是否在谈论毒品犯罪。尽管通话双方并不知道他们在被监听，但基于谨慎等方面的考虑，双方在谈论毒品时，多以“货”“东西”“猪肉”之类的暗语来加以替代。此种情形下，需结合物证、书证、电子证据、视听资料等，综合对这些疑似毒品的暗语作出判断。行为人亦可提供证据对其暗语作出合理解释。

需要判明通话内容是否在谈论本案中的毒品犯罪。即便监听录音内容表明行为人在谈论毒品犯罪，但鉴于行为人实施过多起毒品犯罪，监听录音内容亦存在谈论其他起毒品犯罪的可能，未必能在本案中加以采用。

需要判明通话内容能否证实起诉书指控的关键环节。若获取的证据不能反映案件的关键环节，仅仅反映部分环节，则需结合其他证据材料综合加以判定本案基本事实。

3. 该类型案件的裁判规则：对采取技术侦查措施收集的证据，要重点考察行为人犯意的产生、侦查措施的适用主体、程序是否合法、引诱程度是否在合理范围以及引诱行为与犯罪行为之间是否存在必然的因果关系等因素来决定是否采用。

考虑到毒品犯罪的隐蔽性和危害性，采用一般的侦查手段难以收集证据，隐匿身份侦查成为侦破此类案件的重要手段。在肯定此类侦查可有效节约司法资源、最大限度地打击毒品犯罪的同时，也不应忽视对隐匿身份侦查措施合法性的认定，以避免使用不当侵犯公民的合法权益。

首先，需要明确的是，在运用隐匿身份侦破案件时，引诱犯罪是被禁止的，如有些隐匿身份人员未严格遵守有关规定，在介入毒品犯罪案件侦破过程中，行为人实施毒品犯罪的主观故意是在隐匿身份人员的诱惑下而引发的，则属于“犯意引诱”。如若隐匿身份人员向被引诱人提供购买毒品渠道、毒资等而被引诱人恰恰利用上述毒品、毒资实施犯罪，则不能作为认定被引诱人实施毒品犯罪的证据。

其次，对隐匿身份人员提供毒品、毒资、购毒渠道以外形式收集的证据，要重点考察行为人犯意的产生、侦查措施的适用主体、程序是否合法、引诱程度是否在合理范围以及引诱行为与犯罪行为之间是否存在必然的因果关系等，若被引诱人在隐匿身份人员引诱下，自己主动垫付赌资、寻找毒品来源、开拓贩卖渠道等，亦应作为证据加以使用，但应结合引诱程度作为量刑情节加以考量。

最后，在被引诱人原本仅意欲实施数量较小的毒品犯罪，在特情引诱下实施数量较大的毒品犯罪，则属于数量引诱。按照《昆明会议纪要》精神，虽然毒品数量达到实际掌握的死刑适用数量标准，但原本意图实施的毒品犯罪数量未达到实际掌握的死刑适用数量标准，确系或者不排除因受隐匿身份人员引诱的，可以不判处被告人死刑。[1] 行为人在特情既为其安排上线，又提供下线的双重引诱，即“双套引诱”下实施毒品犯罪的，处刑时可予以更大幅度的从宽处罚或者依法免予刑事处罚。

① 《全国法院毒品案件审判工作会议纪要》（又称《昆明会议纪要》，2023 年 6 月 26 日印发）。

类型化七：隐匿身份侦查措施的司法认定

1. 司法实践中存在的主要分歧：实践中，隐匿身份侦查措施具体包括机会提供型侦查措施和犯意引诱侦查措施，如何对两者进行有效界分，存在较大争议。

2. 审理该类型案件的主要思路：诱惑侦查是侦查机关为了发现和揭露犯罪而采用的秘密侦查方法，需要从毒品犯罪的实施程度、侦查机关充当的角色、立法依据、是否具有诱导性、监控的内容等方面综合考量诱惑侦查对于毒品犯罪的影响。诱惑侦查可分为犯意型和机会提供型两种基本形式，两者的区别主要表现在犯意来源、诱导程度、合法性等方面。

查明被告人被诱惑前是否已有犯意，是认定犯意引诱的关键。若犯意在诱惑侦查之前已经存在，则犯意与诱惑侦查之间不存在因果关系，不存在犯意引诱。在审判阶段，法院审查是否存在犯意引诱的诱惑行为时，不能仅依靠传闻、怀疑，甚至依靠坏名声以及劣迹品格来判断行为人存在犯罪故意。因为主观因素需要借助客观行为来加以判定。在排除犯意型诱惑侦查时，必须有一系列的客观证据予以支持。

审理该类型案件需要查明如下证据：在毒品案件中，诱惑侦查适用较为普遍，犯罪嫌疑人、被告人的供述与辩解等言词证据所占比重较大，同时物证、书证等间接证据与案件事实的特殊关联性特性，使得毒品案件中被告人及其辩护人提出非法证据排除的情形较多，通过排除犯意引诱手段获取的证据，是规范诱惑侦查的应有之义。

在认定事实时还需要考虑：其一，被告人过去是否有涉毒经历。如果有毒品犯罪前科，或者吸毒等违法行为，被告人在诱惑侦查之前已有犯意的可能性较高，对毒品犯罪的敏感程度及认知能力较强。其二，被告人被诱惑时的反应和表现。若被告人被诱惑时，立刻应允，行为积极主动，则表明被告人有犯意的可能性较高。若被告人被诱惑时第一时间并没有应允，表现出否定、犹豫、被动的态度，则其犯意可能因诱惑侦查而起。其三，被告人的犯罪能力。如果被告人能在诱惑侦查之后短时间内完成货源筹备等行为，反映出其拥有毒品犯罪渠道，或者提前已做准备，被告人在诱惑侦查前已有犯意的可能性较大。若被告人实施毒品犯罪行为生疏、无法按时按量准备货源，被告人提前有犯意的可能性较低。

3. 该类型案件的裁判规则：按行为人在被诱惑之前是否具有犯意，诱惑侦查可以区分为机会提供型侦查措施和犯意引诱型侦查措施。机会提供型侦查措施是指行为人本身即有犯意，侦查人员或特情人员为其提供机会或创造条件，诱导或加速其实施犯罪进程的侦查措施；犯意引诱型侦查措施，是指侦查人员或特情人员引诱本身无犯意的人员，致使其产生犯意进而实施犯罪行为的侦查措施。机会提供型侦查措施和犯意引诱型侦查措施的区分，可结合以下因素。

第一，诱惑行为与犯罪行为之间的因果关系不同。在机会提供型侦查措施实施中，虽然侦查人员或特情人员对行为人实施了一定程度的诱惑，但引诱程度并没有超过必要限度，其提供的仅仅是毒品交易的机会、条件，在客观上促进或加速了毒品交易的进行，即使没有侦查人员的引诱行为，行为人也会自己寻找机会、创造条件，进而实施犯罪，故引诱行为与犯罪行为之间并不存在必然的因果关系。在犯意引诱侦查措施实施中，行为人本身没有犯意，没有侦查人员的诱惑行为，就没有行为人犯罪行为的实施，故引诱行为与犯罪行为之间存在必然的因果关系。

第二，犯意产生时间不同。在机会提供型侦查措施实施中，行为人在被诱惑之前即具有犯意，同时这种犯意与侦查人员诱惑行为人要实施的犯罪相一致，即侦查人员适用侦查措施前已明悉行为人的犯意，在此基础上为行为人实施犯罪提供了机会，加速了犯罪的完成。在犯意引诱侦查措施实施中，行为人本没有犯意，但在侦查人员的诱惑下产生犯意并实施了犯罪行为。

第三，是否符合正当程序要求不同。机会提供型侦查措施遵循了正当程序的基本要求，行为人具有选择是否实施犯罪的自由意志，引诱行为并没有使行为人丧失主观能动性，其承担刑事责任是罪责自负原则的体现。而在犯意引诱侦查措施实施中，行为人的犯意是在侦查机关的诱惑下产生的，具有制造犯罪的嫌疑，让行为人承担刑事责任，违背了罪责自负的原则，严重影响到公众对司法的信任度。[①]

第三节　本罪涉及的主要法律法规、司法解释及案例索引

一、法律法规、司法解释及相关规范性文件索引

1.《最高人民法院、最高人民检察院、公安部关于印发〈办理毒品犯罪案件适用法律若干问题的意见〉的通知》（公通字〔2007〕84 号，2007 年 12 月 18 日施行）

2.《最高人民法院关于审理毒品犯罪案件适用法律若干问题的解释》（法释〔2016〕8 号，2016 年 4 月 11 日施行）

3.《最高人民法院、最高人民检察院关于印发〈关于常见犯罪的量刑指导意见（试行）〉的通知》（法发〔2021〕21 号，2021 年 7 月 1 日施行）

---

① 参见石魏、李国平：《诱惑侦查措施下贩卖毒品罪既未遂认定》，载《人民司法（案例）》2016 年第 29 期。

4.《全国法院毒品案件审判工作会议纪要》（又称《昆明会议纪要》，2023年6月26日印发）

二、案例索引

（一）最高人民法院公布典型案例

1. 张某川走私、运输毒品案
2. 严某柱贩卖、制造毒品，董某震贩卖、运输毒品案
3. 阮某华贩卖、运输毒品案
4. 蔡某雄、林某波贩卖、运输毒品案
5. 吴某剡等非法生产制毒物品案
6. 韩某华走私、贩卖、运输毒品、强奸、传授犯罪方法，张某淼走私毒品、强奸案
7. 马某根等贩卖毒品案
8. 夏某欢贩卖毒品案
9. 纪某林贩卖毒品案
10. 韦某故意杀人案

（二）最高人民检察院发布典型案例

11. 孙某贩卖毒品、强奸、传授犯罪方法、巫某文贩卖毒品、对非国家工作人员行贿案
12. 张某诈骗、周某等人非法提供麻醉药品精神药品案
13. 方某等人贩卖毒品案
14. 李某君等人贩卖毒品案
15. 肖某锋等人贩卖毒品案

（三）《刑事审判参考》指导案例

16. 武汉同济药业有限公司等四单位及孙某民等人贩卖、运输、制造、转移毒品案第 528 号案例

17. 周某花运输毒品案第 550 号案例

18. 刘某芳贩卖毒品案第 1014 号案例

19. 姚某跃等贩卖毒品案第 1231 号案例

20. 齐某贺贩卖、运输毒品案第 1385 号案例